I0874686

Analytische Wissenschaftstheorie

Einführung sowie Anwendung auf einige Stücke der Volkswirtschaftslehre

Von

Dr. Gerhard Brinkmann

Universitätsprofessor für Volkswirtschaftslehre
an der Universität-Gesamthochschule-Siegen

Dritte, überarbeitete und erweiterte Auflage

R. Oldenbourg Verlag München Wien

Die Deutsche Bibliothek - CIP-Einheitsaufnahme

Brinkmann, Gerhard:
Analytische Wissenschaftstheorie : Einführung sowie Anwendung auf einige Stücke der Volkswirtschaftslehre / von Gerhard Brinkmann. - 3., überarb. und erw. Aufl. - München ; Wien : Oldenbourg, 1997
ISBN 3-486-24126-5

Rosenheimer Straße 145, D-81671 München
Telefon: (089) 45051-0, Internet: http://www.oldenbourg.de

Gedruckt auf säure- und chlorfreiem Papier
Gesamtherstellung: R. Oldenbourg Graphische Betriebe GmbH, München

ISBN 3-486-24126-5

Inhaltsverzeichnis

Zitierweise und Symbole

Die zitierte Literatur wird mit dem Namen des Verfassers in Kapitälchen, dem Erscheinungsjahr seiner Publikation und, bei Bedarf, mit kleinen Buchstaben gekennzeichnet. Beispiel: STEGMÜLLER 1973a. Die ausführliche bibliographische Angabe findet sich im Literaturverzeichnis.

Die Anführungszeichen "...." bezeichnen den metasprachlichen Gebrauch von Begriffen und Sätzen (von dem das wörtliche Zitat ein Sonderfall ist).

Die logischen und mathematischen Symbole für Variable werden jeweils an den Stellen erklärt, an denen sie gebraucht werden. Die logischen Operationszeichen werden in Abschnitt 3.6.1 eingeführt.

Aus dem Vorwort zur ersten Auflage

Wissenschaftstheorie handelt über die Prinzipien, durch deren Anwendung Erkenntnis zu Wissenschaft wird (wenn die Prinzipien aus der formalen Logik stammen, wird die entsprechende Wissenschaftstheorie "analytisch" genannt). Wenn Wissenschaftstheoretiker jene Prinzipien ableiten und darlegen, prüfen sie auch häufig, ob Texte aus bestimmten Wissenschaften, zu denen sie eine besondere Affinität haben, jenen Kriterien genügen.

Diese beiden Inhalte verleihen der Wissenschaftstheorie Faszination, verschaffen ihr aber auch Ablehnung: Es ist faszinierend, sowohl für den Wissenschaftler als auch für den Benutzer von Wissenschaft, sich klar darüber zu werden, was diese Art von Erkenntnis aus anderen Arten heraushebt; einzusehen, daß manche Ergebnisse, die beanspruchen, Wissenschaft zu sein, deren Kriterien nicht erfüllen. Gerade daraus erwächst der Wissenschaftstheorie aber auch Ablehnung: Der Wissenschaftler, dem die Wissenschaftstheorie vorhält, seine Ergebnisse seien nach Kriterien, die nicht er, sondern sie kreiert hat, unwissenschaftlich, wird darüber wohl selten erfreut sein, sondern häufig die Wissenschaftstheorie als unwissenschaftlich verwerfen oder sie ignorieren oder eine Wissenschaftstheorie fordern (vielleicht sich auch selber zurechtlegen), die ihn bestätigt statt kritisiert.

Ich halte alle diese Reaktionen für unangemessen, obwohl es scheinen könnte, daß *Thomas S. Kuhn* in seinem berühmten Buch "The Structure of Scientific Revolutions" von 1962 gerade deren Rationalität bewiesen habe; ich bin vielmehr der Meinung, daß Wissenschaftstheorie zum Verständnis von Wissenschaft einen großen Beitrag zu leisten hat und daß wissenschaftstheoretisch fundierte Kritik von Wissenschaft zu deren Fortschritt notwendig ist. Insofern (aber auch noch in anderen Hinsichten, die in diesem Buch dargelegt werden) bin ich ein Anhänger des kritischen Rationalismus *Poppers*, den dieser so beschreibt: "Bewußtes Lernen aus unseren Fehlern, bewußtes Lernen durch dauernde Korrektur ist das Prinzip der Einstellung, die ich den 'Kritischen Rationalismus' nenne" (POPPER 1974, S. IX). In diesem Geist habe ich das hier vorliegende Buch zu schreiben versucht. Es wendet sich wegen meiner Profession in der Hauptsache an Studenten der Volkswirtschaftslehre, aber ich hoffe, daß auch Studenten anderer Sozialwissenschaften, insbesondere der Betriebswirtschaftslehre, Nutzen aus ihm ziehen können.

In seinem ersten Teil bietet das Buch eine Einführung in die *allgemeine* Wissenschaftstheorie, insofern, als die dargestellten Aussagen beanspruchen, für *alle* Wissenschaften zu gelten. Traditioneller Weise werden in den Lehrbüchern und Monographien über allgemeine Wissenschaftstheorie die realwissenschaftlichen Beispiele zum größten Teil den Naturwissenschaften entnommen; ich habe auch Beispiele aus der Volkswirtschaftslehre herangezogen, mich dabei jedoch bemüht, den Charakter der Darlegungen als einer allgemeinen Wissenschaftstheorie zu wahren.

Der zweite Teil des Buches bringt eine *spezielle* Wissenschaftstheorie: die der Volkswirtschaftslehre: Einige Stücke von ihr, die meiner Meinung nach das repräsentieren, was heute diese Wissenschaft ausmacht, werden mit Hilfe der Kriterien, die den Gegenstand des ersten Teiles bilden, analysiert, und zwar unter der Rücksicht, ob sie empirisch und, wenn ja, bewährt sind. Diese Fragen werden gestellt, einerseits, weil wohl die meisten akademischen Vertreter der Volkswirtschaftslehre behaupten, daß ihre Wissenschaft sowohl empirisch als auch bewährt sei; andererseits, weil es - meiner Meinung nach ernstzunehmende - Vorwürfe gibt, daß für viele Stücke von ihr die eine oder die andere Behauptung nicht zutreffe. Der kritische Anspruch der Wissenschaftstheorie tritt in diesem Teil besonders deutlich hervor; ich hoffe, daß der Leser durch den Text des gesamten Buches in den Stand gesetzt wird, die Kritik an der Volkswirtschaftslehre seinerseits kritisch zu prüfen.

Gerhard Brinkmann

Vorwort zur dritten Auflage

Bei der Überarbeitung des Buches habe ich seinen Geist und seine Struktur nicht verändert, aber ich habe an vielen Stellen versucht, die Botschaft klarer zu fassen. Außerdem habe ich es um eine Reihe neuer Abschnitte ("12.4 Vorhersagen ohne Gesetze", "12.6 Sich selbst erfüllende und sich selbst zerstörende Vorhersagen", "15.5.5 Aggregierung nichtlinearer Strukturen", "17.5.3 Das Ausschöpfungstheorem", "19.4 Angewandte Gleichgewichtsmodelle") sowie um ein neues Kapitel ("20 Über Rationalität") erweitert. Selbstverständlich sind die Literaturangaben aktualisiert worden.

Frau Edith Volkmann hat den Text in die hier reproduzierte Form gebracht und mich dabei vergessen lassen, daß die Schriftsetzer eine vom Aussterben akut bedrohte Spezies sind.

Gerhard Brinkmann

Erster Teil:

Einführung in die analytische Wissenschaftstheorie

1 Begriffsdefinitionen

1.1 Wissenschaft

"Wissenschaft" ist geordnete Erkenntnis. In dieser Definition dient "Erkenntnis" als undefinierter Grundbegriff (s. Kapitel 5); über das Ordnungsprinzip der Erkenntnis sprechen wir in Abschnitt 1.3.

Wissenschaft kann als Ergebnis und als Prozeß betrachtet werden. "Wissenschaft als Prozeß" bezeichnet die Tätigkeiten, durch die Wissenschaftler zu geordneter Erkenntnis zu gelangen streben. "Wissenschaft als Ergebnis" sind die geordneten Erkenntnisse, wie sie in Veröffentlichungen und Vorträgen mitgeteilt werden. Dieses Buch beschäftigt sich hauptsächlich mit Wissenschaft als Ergebnis.

Wenn man die wissenschaftlichen Ergebnisse nach der Zeit ihrer Entstehung hintereinander reiht, kann man diese Zeitreihe als Entwicklung der Wissenschaft (als Prozeß) interpretieren; der so verstandene Begriff des Prozesses fällt jedoch ebenfalls unter den Umfang des Begriffes von "Wissenschaft als Ergebnis".

Überwiegend beschäftigt sich Wissenschaftstheorie (s. dazu Abschnitte 1.12 und 1.13) mit Wissenschaft als Ergebnis oder mit Anweisungen an Wissenschaftler, wie diese sich bei der Gewinnung von Erkenntnissen verhalten sollten, also mit Wissenschaft als einem in Zukunft zu gestaltenden Prozeß. Eine der bekanntesten Veröffentlichungen der letzten 30 Jahre, die Wissenschaft zum Gegenstand haben (KUHN 1978; erste Auflage des Originals 1962), beschäftigt sich dagegen zum größten Teil mit Wissenschaft als einem abgeschlossenen Prozeß, nämlich dem tatsächlichen Verhalten von Wissenschaftlern in der Vergangenheit, um dadurch die Aufeinanderfolge wissenschaftlicher Ergebnisse zu erklären. Nach meiner Auffassung gehört KUHN 1978 daher überwiegend zur Wissenschaftsgeschichte, steuert jedoch auch wichtige Hypothesen zur Wissenschaftstheorie bei.

1.2 Einteilung der Wissenschaften

1.2.1 Explikative und dezisive Wissenschaften

Wissenschaften, deren Zweck darin besteht, *Aussagen* aufzustellen und zu überprüfen, nennen wir "explikativ"; als "Aussage" definieren wir dabei einen sprachlichen Ausdruck, "der einen Sachverhalt intendiert und dadurch den Charakter erhält, wahr oder falsch zu sein" (BOCHENSKI/MENNE 1973, S. 27; s. auch Abschnitt 3.2.5).

Wissenschaften, die den Zweck haben, *Befehle* aufzustellen oder *Befehle* anzuwenden, nennen wir "dezisiv"; als "Befehl" definieren wir dabei einen sprachlichen Ausdruck, der einen Sachverhalt intendiert, derart, daß der Adressat des Ausdruckes den Sachverhalt herstellen soll. Generelle Befehle der Form: "Immer wenn die Umstände x vorliegen, tue y!" nennen wir "Regeln" (s. auch Abschnitt 3.2.5). (Als Oberbegriff für Aussage, Regel oder Befehl und Frage, welche wir in Abschnitt 3.2.5 definieren, benutzen wir den Begriff "Satz").

Beispiel für eine explikative Wissenschaft ist die Volkswirtschaftstheorie; Beispiel für eine dezisive Wissenschaft ist die Theorie der Volkswirtschaftspolitik. Über das Verhältnis einer explikativen und einer dezisiven Wissenschaft auf demselben Gebiet, zum

Beispiel über das Verhältnis von Theorie der Volkswirtschaftspolitik zu Volkswirtschaftstheorie, sprechen wir in Kapitel 13.

1.2.2 Formal- und Realwissenschaften

Nach ihrem Verhältnis zu Sinneseindrücken teilen wir die Wissenschaften in Formal- und in Realwissenschaften ein.

Die *Realwissenschaften* haben die Aufgabe, Aussagen über Sinneseindrücke oder Regeln über den Umgang mit Sinneseindrücken sowie mit den Gegenständen, die jene repräsentieren, aufzustellen ("Sinneseindruck" dient hier als undefinierter Grundbegriff, zur weiteren Exemplifizierung s. Abschnitt 8.1). Nach ihrem Gegenstandsbereich teilen wir die Realwissenschaften ein in *Natur-* und in *Kulturwissenschaften*. Diejenigen Kulturwissenschaften, die das Verhalten von Menschen und ihr Zusammenleben behandeln, nennen wir "Sozialwissenschaften".

Die *Formalwissenschaften* haben keinen Bezug zu Sinneseindrücken, ihre Sätze beschäftigen sich nur mit der Art der Zeichen, die in einem Ausdruck vorkommen, und der Weise, in der die Zeichen geordnet werden, nicht aber mit den Sinneseindrücken, welche diese Zeichen bezeichnen können (CARNAP 1961a, S. 10; BOCHENSKI/MENNE 1973, S. 11f.). Da die Sätze der Realwissenschaften ebenfalls aus Zeichen bestehen, sind die Formalwissenschaften für die Realwissenschaften von großer Bedeutung; darüber reden wir in Abschnitt 3.1. Die Formalwissenschaften bestehen aus *reiner Mathematik* und *reiner Logik*.

1.3 Das Ordnungsprinzip, durch das Erkenntnis zu Wissenschaft wird

Zwischen den verschiedenen Schulen von Wissenschafts- und Erkenntnistheoretikern bestehen bis heute nicht entschiedene Kontroversen über das Ordnungsprinzip, durch dessen Anwendung Erkenntnis zu Wissenschaft wird. Die *Logischen Positivisten* (zur Geschichte des Wiener Kreises, der allgemein als Ursprung des Neopositivismus angesehen wird, vgl. KRAFT 1950) und die *Kritischen Rationalisten* postulieren als Ordnungsprinzip für sämtliche Wissenschaften, daß aus allgemeinen Sätzen weniger allgemeine deduziert werden (POPPER 1934, S. 7f.) oder daß die Erkenntnisse stammbaumartig aufeinander zurückgeführt werden (CARNAP 1961b, S. XVIII, S. 1, S. 4 und passim); einen speziellen Satz aus weniger speziellen deduzieren oder ihn auf solche zurückführen, heißt im Verständnis dieser Wissenschaftstheoretiker: "jenen durch diese *erklären*" (POPPER 1934, S. 32; ALBERT 1967a, S. 51). Die höchste Entwicklungsstufe dieser Erklärung ist das *axiomatische System*, das wir später genauer beschreiben (Abschnitt 6.1). Dieses Erklärungsschema wird auch das "deduktiv-nomologische" (s. STEGMÜLLER 1974a) genannt. HEMPEL/OPPENHEIM 1948 haben für die Realwissenschaften eine bestimmte Spezifizierung des deduktiv-nomologischen Erklärungsschemas vorgeschlagen, das in der wissenschaftstheoretischen Literatur häufig zitiert wird und nach seinen Verfassern das "Hempel-Oppenheim-Schema" heißt; wir zitieren es in Abschnitt 6.2. Für die Realwissenschaften wird darüber hinaus gefordert, daß sie die von ihnen zu erklärenden Sinneseindrücke nach akzeptierten Regeln feststellen (s. dazu Kapitel 8).

Viele andere Schulen von Wissenschafts- und Erkenntnistheoretikern lassen dieses Prinzip nur für die Naturwissenschaften gelten, während sie für die Kulturwissenschaften andere Ordnungsprinzipien postulieren. Eine systematische Darstellung dieser Prinzipien aus der Sicht des kritischen Rationalismus findet man bei ALBERT 1967a, ein Darstellung aus neomarxistischer oder neohegelianischer Sicht bei HABERMAS 1967. Diese Veröffentlichung beschränkt sich darauf, die Prinzipien und Probleme der deduktiv-nomologischen Erklärung darzustellen.

1.4 Erklärung, Prognose, Prophezeiung

Beschreibt die Aussage, die aus allgemeineren Aussagen abgeleitet wird, einen Sinneseindruck, der, vom Zeitpunkt der Ableitung aus betrachtet, in der Vergangenheit stattgefunden hat oder in der Gegenwart stattfindet, so nennen wir die Ableitung "Erklärung im engeren Sinn" oder auch einfach nur "Erklärung". Wird der Sinneseindruck dagegen erst in der Zukunft stattfinden, so nennen wir die Ableitung, sofern sie Ort und Zeit des zukünftigen Sinneseindruckes angibt, "Prognose"; gibt die Ableitung Ort oder Zeit oder beides nicht an, so nennen wir sie "Prophezeiung"; mit diesem Wort werden auch solche Aussagen über die Zukunft belegt, gleichgültig, ob sie Ort und Zeit angeben oder nicht, die nicht aus allgemeineren Aussagen abgeleitet sind, sondern sich, wenn überhaupt, auf andere Begründungen stützen, etwa auf göttliche Offenbarung oder auf die behauptete Fähigkeit eines Menschen, zukünftige Ereignisse vorauszuschauen. Nur die Prognose wird als wissenschaftlich anerkannt; sie kann, wenn überhaupt, nur in den Realwissenschaften vorkommen, nicht dagegen in den Formalwissenschaften (zum Problem der Prognose s. Kapitel 12).

1.5 Theorie

Als "Theorie" bezeichnen wir ein System von Sätzen, welches derart geordnet ist, daß aus bestimmten Sätzen dieses Systems ein anderer deduziert werden kann. Die Sätze, aus denen deduziert wird, nennen wir "Vordersätze" oder "Explanantia", ihre Gesamtheit wird auch mit dem Begriff in der Einzahl ("Explanans") belegt; den deduzierten Satz nennen wir "Folgesatz" oder "Explanandum". Reiche Theorien sind so aufgebaut, daß in ihnen diese Deduktionen oftmals wiederholt werden, indem die Vordersätze eines bestimmten Ableitungsstadiums als Folgesätze eines allgemeineren Ableitungsstadiums erscheinen (LEINFELLNER 1967, passim; ALBERT 1967, S. 50-52).

Die hier dargelegte Auffassung von Theorie bezeichnet STEGMÜLLER 1973a (passim) nach dem Vorbild von SNEED 1971 als "Aussagenkonzeption von Theorien" oder als "statement view", welchem er die strukturalistische Auffassung oder den "non-statement-view" einer (empirischen) Theorie gegenüberstellt. Nach diesem besteht eine empirische Theorie aus einem Strukturkern K und der Klasse der intendierten Anwendungen I (das ist die Klasse der Phänomene, welche die Theorie erklären will). Der Strukturkern K bleibe im Laufe der Zeit relativ stabil und sei charakteristisch für die Theorie, während die intendierten Anwendungen sich ändern könnten, ohne daß die Theorie aufgegeben werde.

Beispiel: Man könnte daran denken, daß in der volkswirtschaftlichen neoklassischen Nutzentheorie die substitutionale Nutzenfunktion und deren Maximierung den Strukturkern bilden, während die Nachfrage nach Gütern verschiedener Art und das Arbeitsangebot die intendierten Anwendungen darstellen (s. dazu Abschnitt 17.4).

Nach *Stegmüller* ist nun der Theoriekern kein Aussagen-, sondern ein begriffliches Gebilde (daher die Bezeichnung "non-statement-view"), während die intendierten Anwendungen Aussagen darstellen. Dies hat Konsequenzen für die Falsifizierbarkeit von Theorien, auf die wir später (Abschnitt 10.3.2.2) zurückkommen. Hier merke ich jedoch bereits an, daß mir die Behauptung, der Strukturkern einer Theorie sei keine Aussage, sondern ein begriffliches Gebilde, als falsch erscheint; ich halte vielmehr das, was *Stegmüller* als Strukturkern bezeichnet, für die Allaussagen einer Theorie, die als Axiome dienen (zu den Begriffen "Axiom" und "Allaussage" s. die folgenden Definitionen sowie Abschnitt 3.6). Hiermit soll nicht ausgeschlossen sein, daß auf einer metametasprachlichen Ebene (zur "Metasprache" s. Abschnitt 3.2) eine Menge von Aussagen auch als begriffliches Gebilde bezeichnet werden kann; dies hat aber nicht die Konsequenz, daß der Aussagencharakter der Bestandteile eines solchen begrifflichen Gebildes verlorengeht (s. dazu KÜTTNER 1981).

1.6 Theorem

Sätze, die innerhalb einer Theorie aus anderen Sätzen abgeleitet werden, nennen wir die "Theoreme" dieser Theorie.

1.7 Axiom

Vordersätze, die innerhalb einer Theorie nicht mehr selber aus noch allgemeineren Sätzen abgeleitet werden, nennen wir die "Axiome" dieser Theorie (BOCHENSKI/MENNE 1973, S. 43; POPPER 1934, S. 11).

1.8 Reduktion

Die Deduktion der Axiome einer Theorie T_1 aus einer anderen Theorie T_2 nennen wir die "Reduktion" jener (speziellen) auf diese (allgemeinere) Theorie.

1.9 Gesetz

1.9.1 Allgemeine Definition

Der Gebrauch des Terminus "Gesetz" ist in den verschiedenen Wissenschaften nicht einheitlich. In den Formalwissenschaften bezeichnet er eine behauptete Aussage, ist also der Oberbegriff zu Axiomen und Theoremen (BOCHENSKI/MENNE 1975, S. 50). In den Realwissenschaften bezeichnet er eine nach Ort und Zeit nicht eingeschränkte Allaussage, die als bewährt angesehen wird (POPPER 1934, S. 30f.) und die eine faktische Notwendigkeit beschreibt.

Beispiel: "Bei einem Druck von 1 bar gefriert reines Wassen dann und nur dann, wenn es kälter als 0°C ist" ist ein Gesetz, während "Alle meine Enten schwimmen auf dem See" eine nach Ort und Zeit (auch wenn diese nicht explizit genannt werden) eingeschränkte Allaussage ist, die keine faktische Notwendigkeit beschreibt, sondern höchstens zufällig wahr ist.

Allaussagen, die zwar nach Ort und Zeit eingeschränkt sind, in diesem Rahmen aber eine faktische Notwendigkeit ausdrücken, werden "Quasigesetze" genannt.

Eine weitverbreitete wissenschaftstheoretische Meinung besagt, daß die meisten, wenn nicht alle eine faktische Notwendigkeit ausdrückenden Allaussagen der Sozialwissenschaften Quasigesetze sind, d.h. höchstens für bestimmte Zeiten und bestimmte Kulturen gelten.

In den normativen Wissenschaften bezeichnet der Begriff "Gesetz" generelle Handlungsanweisungen. Wir werden den Terminus nur in der ersten Bedeutung benutzen. Generelle Handlungsanweisungen nennen wir "Regeln" (s. Abschnitt 1.2.1).

1.9.2 Deterministische und probabilistische Gesetze

Wir nennen ein realwissenschaftliches Gesetz "deterministisch", wenn die in ihm ausgedrückte Notwendigkeit für jedes einzelne Element des Gegenstandsbereiches behauptet wird.

Beispiel: Das in Abschnitt 1.9.1 zitierte Gesetz ist deterministisch formuliert.

Wir nennen ein realwissenschaftliches Gesetz "probabilistisch" oder "statistisch", wenn die in ihm ausgedrückte Notwendigkeit nicht für jedes einzelne Element des Gegenstandsbereiches behauptet wird, derart, daß in ihm Wahrscheinlichkeitsbegriffe vorkommen.

Beispiel: Das in Abschnitt 1.9.1 zitierte Gesetz lautet in probabilistischer Formulierung: "Bei einem Druck von 1 bar gefriert reines Wasser, wenn es kälter als 0°C ist, mit einer Wahrscheinlichkeit von r, wobei $0 \leq r \leq 1$ gilt." Bei $r = 0$ und bei $r = 1$ geht das probabilistische Gesetz in ein deterministisches über. Damit die Aussage ein probabilistisches Gesetz ist, muß der Wert von r angegeben werden.

Was die Wahrscheinlichkeitsbegriffe bedeuten, erörtern wir in Kapitel 11.

1.9.3 Koexistenz- und Sukzessionsgesetze

Wir nennen ein realwissenschaftliches Gesetz ein "Sukzessionsgesetz", wenn die Explanantia Sachverhalte intendieren, die dem vom Explanandum intendierten Sachverhalt zeitlich vorausgehen; wir nennen es ein Koexistenzgesetz, wenn Explanantia und Explanandum gleichzeitige Sachverhalte intendieren.

Beispiel: Das in Abschnitt 1.9.1 zitierte Gesetz ist ein Sukzessionsgesetz (denn Wasser gefriert erst, wenn es zuvor Temperaturen unter dem Gefrierpunkt ausgesetzt worden ist), obwohl die zeitliche Abfolge in der hier gebrachten Formulierung nicht ausdrücklich erwähnt wird. Dagegen ist "Alle Unternehmer maximieren immer ihren Gewinn" ein Koexistenzgesetz, sofern man annimmt, daß die Aussage bewährt ist (darüber s. Abschnitt 17.5).

1.10 Hypothese

Jede beliebige Aussage und jedes beliebige System von Aussagen kann als "Hypothese" bezeichnet werden. Damit wird ausgedrückt, daß die so bezeichneten Aussagen kein sicheres Wissen, sondern nur widerrufbare und widerlegbare Vermutungen sind.

1.11 Modell, Homomorphie, Isomorphie, Abbildung

1.11.1 Modell

Wenn zwischen einem Objekt M und einem Objekt O (dem Modelloriginal) Analogien bestehen, ist M für ein kybernetisches System S (das Modellsubjekt) ein *Modell von O*, sofern Informationsbeziehungen zwischen S und M dazu beitragen können, Verhaltensweisen von S gegenüber O zu beeinflussen. Der Modellbegriff bezeichnet also eine mindestens dreistellige Relation zwischen M, O und S.

Modell $=_{\text{def}}$ Menge von Elementen, zwischen denen Relationen bestehen, mit der Eigenschaft

a) daß die einzelnen Elemente und deren Relationen untereinander in Abbildungsbeziehungen (mindestens eindeutig) zu einem Original stehen;

b) daß das Modellsubjekt seine Verhaltensweisen gegenüber dem Original durch das Modell beeinflussen lassen kann.

Modelle können bereits bestehende Originale abbilden, aber auch noch nicht bestehende; sie sind dann Entwürfe einer noch zu schaffenden Realität. Modelle sind so gut wie immer einfacher als das Original, sowohl was die Zahl der Elemente, als auch, was die Relationen zwischen diesen angeht, weil das Modellsubjekt die oft unüberschaubare Komplexität des Modelloriginals reduzieren muß, wenn es Erkenntnis des Orginals erlangen will.

Man kann die Modelle unterteilen

- nach der Art der Relation zwischen M und O in *homomorphe* und *isomorphe* (zu diesen Begriffen s. Abschnitt 1.11.2/3); die Behauptung, daß Homomorphie oder Isomorphie zwischen M und O bestehe, muß in den Realwissenschaften einem empirischen Test unterworfen werden;
- nach dem Material, aus dem Modelle konstruiert sind, in materielle und ideelle; *ideelle Modelle* bestehen lediglich aus Zeichen, z.B. aus mathematischen Zeichen oder bei einer Landkarte aus graphischen Zeichen, *materielle Modelle* bestehen aus greifbarem Stoff, z.B. werden Modelle von Betonhäusern häufig aus Holz gebaut;
- nach den Beziehungen zwischen M und S in interne und externe Modelle; *interne Modelle* bestehen nur innerhalb des Modellsubjektes, z.B. als Gedankengebilde eines Menschen; alle nicht-internen Modelle sind *extern*.

Ist ein Modell erst einmal vorhanden, wird häufig anstelle des Originals das Modell untersucht, wobei die Untersuchungsergebnisse als gültig auch für das Original angenommen werden.

Ein Beispiel aus der Wirtschaftstheorie ist das in Abschnitt 15.1 dargelegte mikroökonomische Modell einer realen Wirtschaft. Das *Modelloriginal* ist die Wirtschaft der Bundesrepublik Deutschland. Das *Modell* besteht aus mathematischen Gleichungsoperatoren. Die *Elemente* des Modells bestehen aus den Variablen der Operatoren. Die *Relationen* zwischen den Variablen sind durch die Operatoren bezeichnet. *Modellsubjekte* können sein: ein Wissenschaftler, der Erkenntnisse über das Modelloriginal gewinnen will; ein Politiker, der wissen möchte, welche Wirkungen wirtschaftspolitische Eingriffe in das Modelloriginal haben können. Die *Untersuchungen an dem Modell* können vielfältig sein; sie betreffen z.B. das Problem, ob ein Gleichgewicht in diesem Modell besteht (Abschnitt 19.3); auch die eben skizzierte Frage des Politikers wird durch Untersuchungen am Modell zu beantworten versucht.

Das Modellsubjekt kann ein Modell so konstruieren, daß dieses keinen Bezug zu einem real existierenden oder real zu schaffenden Modelloriginal besitzt, so daß es selbst zu einem (allerdings nur in der Vorstellung des Modellsubjektes vorkommenden) Original wird. Solche Gebilde nennen wir "Utopien", solche Vorstellungen nennen wir "Modellplatonismus", nach Albert 1967, der diesen Begriff zur Kennzeichnung der neoklassischen Wirtschaftstheorie geprägt hat. (Zum Modellbegriff s. KLAUS 1969, S. 411-426;.STEGMÜLLER 1974a, S. 131-137; ENZYKLOPÄDIE II, S. 911-913; STACHOWIAK 1989).

1.11.2 Homomorphie und Isomorphie

Ein Gebilde M ist *homomorph* zum Gebilde O, wenn Elemente des Gebildes O den Elementen des Gebildes M vermittels einer eindeutigen Abbildung von O (Vorbereich) nach M (Nachbereich) so zugeordnet sind, daß jeder Beziehung zwischen Elementen von O eine Beziehung zwischen den Elementen von M entspricht, die jenen Elementen von O zugeordnet sind. Ist die Abbildung von O nach M eineindeutig, sind O und M *isomorph* (nach KLAUS 1969, S. 250).

1.11.3 Abbildung

"Abbildung" ist ein grundlegender Begriff der Mathematik. Eine *Abbildung F* aus einer Menge A in eine Menge A' ist eine Teilmenge der Kreuzmenge A x A'. (Eine Kreuzmenge ist die Menge der geordneten Paare [a,b] mit a∈A und b∈A'). Ist [a,b] ∈F, so heißt b ein "Bild des Elements a", a ein "Urbild des Elements b". Die Menge Vb (F) derjenigen Elemente von A, die ein Bild in der Menge A' haben, heißt der "Vorbereich von F", die Menge Nb (F) derjenigen Elemente von A', zu denen es ein Urbild in A gibt, heißt der "Nachbereich von F". Ist der Vorbereich von F mit A identisch, so sprechen wir von einer Abbildung von A *in* A'; ist außerdem der Nachbereich von F mit A' identisch, so sprechen wir von einer Abbildung von A *auf* A'. Eine Abbildung F aus A in A' heißt "eindeutig", wenn jedes Element aus Vb (F) genau ein Bild hat; solche Abbildungen heißen auch "mathematische Funktionen". Von den eindeutigen Abbildungen aus A in A' werden diejenigen, bei denen es zu jedem b∈Nb (F) auch genau ein Urbild in A gibt, als "eineindeutige Abbildungen" aus A in A' bezeichnet (fast wörtlich nach KLAUS 1969, S. 1).

1.12 Wissenschaftstheorie

Unter "Wissenschaftstheorie" verstehen wir ein System von Sätzen, die über die Ordnungsprinzipien handeln, durch deren Anwendung Erkenntnis zu Wissenschaft wird, und die Ableitung von Sätzen aus jenen Ordnungsprinzipien über bestimmte Probleme der wissenschaftlichen Erkenntnis, z.B. über das Problem der Reduktion, der Induktion, der Wahrscheinlichkeit. Da die Ordnungsprinzipien aus der Logik stammen, ist Wissenschaftstheorie auf Erkenntnis angewandte Logik (s. POPPER 1934, S. 4; s. auch Abschnitt 3.1). Eine so verstandene Wissenschaftstheorie wird "analytisch" genannt; eine weitergehende Bedeutung verbinden wir mit diesem Terminus nicht. Die Wissenschaftstheorie ist eine Theorie der Theorie (POPPER 1934, S. 31) oder, mit einer anderen Bezeichnung, Metatheorie. Zu jeder Metatheorie kann wiederum eine Metatheorie, in bezug auf die ursprüngliche Theorie also eine Metametatheorie entwickelt werden; der unendliche Regreß wird durch eine Entscheidung des Forschers abgebrochen.

Die Sätze der Wissenschaftstheorie bestehen aus Aussagen oder Regeln (von Fragen sehen wir hier ab). Die *Regeln* geben Anweisungen an die Wissenschaftler, wie diese sich im Prozeß der Erkenntnisgewinnung verhalten sollten (das zur Zeit berühmteste Beispiel dürfte *Poppers* Anweisung sein, die Wissenschaftler sollten versuchen, ihre Theorien zu falsifizieren). Die *Aussagen* geben Lösungen für Probleme der Wissenschaft, verstanden als Ergebnis, an. Die hier vorgelegte Wissenschaftstheorie konzentriert sich auf Aussagen, und zwar aus drei Gründen: zum ersten, weil die Regeln ein Werturteil erfordern, das wir vermeiden wollen (s. dazu Abschnitt 13.3); zum zweiten, weil die praktizierenden Wissenschaftler die Regeln der Wissenschaftstheorie vollständig zu ignorieren pflegen, wofür es gute Motive geben mag (s. z.B. in Hinsicht auf *Poppers* Regel KEUTH 1978); zum dritten, weil Anweisungen an die praktizierenden Fachwissenschaftler nicht mit dem hier akzeptierten Verständnis von Wissenschaft als Ergebnis zu vereinbaren sind, wobei dieses Verständnis auch wegen der ersten beiden Gründe gewählt worden ist.

1.13 Andere Wissenschaftswissenschaften

Außer der Wissenschaftstheorie gibt es weitere Wissenschaften, die sich mit Wissenschaft beschäftigen, nämlich mindestens die Wissenschaftsgeschichte und die Wissenschaftssoziologie (s. KNORRE 1980). Man kann sich gut vorstellen, daß auch die Ökonomik und die Jurisprudenz einen dankbaren Gegenstand in der Wissenschaft (definiert sowohl als Prozeß wie auch als Ergebnis) finden würden. Auch die Sprachwissenschaft ist auf Wissenschaft anwendbar; unter dem Titel "Rhetorik" hat das in jüngster Zeit MCCLOSKEY 1985 für die Volkswirtschaftslehre getan. Alle diese, bereits existierenden oder denkbaren, Wissenschaftswissenschaften sind, anders als die Wissenschaftstheorie, Realwissenschaften, die das Phänomen "Wissenschaft" unter der ihnen eigentümlichen *empirischen Fragestellung* behandeln wollen, während die Wissenschaftstheorie, als angewandte Logik, sich auf *formale Probleme* der Wissenschaften konzentriert. Dieses Buch beschäftigt sich (abgesehen von den Abschnitten 20.3 und 21.3) allein mit formalen Problemen und geht deshalb auf die Realwissenschaften, die Wissenschaft zum Gegenstand haben, nicht ein.

1.14 Erkenntnistheorie

Unter "Erkenntnistheorie" verstehen wir ein System von Aussagen, aus denen die Bedingung der Möglichkeit von Erkenntnis überhaupt abgeleitet wird, oder, anders formuliert, aus denen die Antwort auf die Frage deduziert wird, ob und wie wahre Erkenntnis möglich sei. Systeme von Aussagen, welche über die Bedingung der Möglichkeit von realen Phänomenen handeln, nennen wir "metaphysische Theorien"; sie gehören zu den Realwissenschaften, können aber durch Beobachtungsaussagen nicht widerlegt werden (s. Abschnitt 10.2.4), weshalb wir sie nicht zu den empirischen Theorien rechnen. Auf erkenntnistheoretische Fragen gehen wir kurz im nächsten Kapitel und in den Abschnitten 8.1 bis 8.3 ein.

2 Zum Verhältnis von Erkenntnistheorie und Wissenschaftstheorie

Obwohl erkenntnistheoretische Fragen bereits von den *Vorsokratikern* diskutiert wurden (HÖNIGSWALD 1935, S. 1-11); obwohl die *Sophisten* des 5. vorchristlichen Jahrhunderts die Frage nach der Gültigkeit der Erkenntnis zum Hauptthema ihrer Philosophie machten (wobei ihr Ergebnis war, daß die Erkenntnis nicht gültig sei) (HÖNIGSWALD 1935, S. 13f.); obwohl seitdem diese Frage aus der abendländischen Philosophie nicht mehr verschwunden ist; obwohl sie seit *Descartes* wieder der Hauptgegenstand der europäischen Philosophie ist (ASTER 1921), sind mir keine Monographien über die Geschichte der Erkenntnistheorie bekannt, mit Ausnahme derjenigen von *Hönigswald* und *Aster*, die heutigen Ansprüchen nicht mehr genügen. Artikel in Lexika, so verdienstvoll sie auch immer sein mögen (s. z.B. HAMLYN 1967), können die Lücke nicht schließen. Was die Geschichte der Wissenschaftstheorie angeht, so gibt es lediglich eine Darstellung von HABERMAS 1968, der die "Vorgeschichte des neueren Positivismus in der systematischen Absicht einer Analyse des Zusammenhanges von Erkenntnis und Interesse" (S. 9) rekonstruieren will: In der Geschichte der Erkenntnistheorie und der Wissenschaftstheorie habe bis zu den *Positivisten* des vorigen Jahrhunderts jene immer den Vorrang vor dieser gehabt: Wissenschaft sei als Spezialfall von Erkenntnis verstanden worden, die Erkenntnistheorie sei auch zugleich Wissenschaftstheorie gewesen (HABERMAS 1968, S. 11 und passim). Erst *Comte* und *Mach* hätten dieses Verhältnis verdreht, hätten Wissenschaft als einzig mögliche Erkenntnis angesehen, hätten auf diese Weise die Erkenntnistheorie zu Wissenschaftstheorie verstümmelt und so die philosophische Frage nach der Bedingung der Möglichkeit von Erkenntnis überhaupt verdrängt (S. 13, S. 88, passim).

Vermutlich hat *Habermas* insofern Recht, als die *Positivisten* des vorigen Jahrhunderts und die *Neopositivisten* dieses Jahrhunderts Wissenschaft mit Erkenntnis, Wissenschaftstheorie mit Erkenntnistheorie gleichsetzen. Ob dies auch die heutigen Anhänger des deduktiv-nomologischen Erklärungsschemas tun (z.B. die *Kritischen Rationalisten*), ist strittig.

Meine eigene Position ist die folgende: Die Wissenschaft ist ein Spezialfall der Erkenntnis. Die Erkenntnistheorie hat deshalb eine größere Reichweite als die Wissenschaftstheorie. Die Axiome einer allgemeinen Wissenschaftstheorie können auf Erkenntnistheorie reduziert werden. Wie bei jedem Reduktionsverhältnis (s. Kapitel 7) können die Axiome einer Theorie bestimmter Reichweite, in unserem Falle also die einer bestimmten Wissenschaftstheorie, aus vielen Theorien größerer Reichweite, in unserem Falle aus vielen Erkenntnistheorien abgeleitet werden, die miteinander nicht in Einklang zu stehen brauchen. Immerhin, gewisse Theorien größerer Reichweite werden durch eine bestimmte zu reduzierende Theorie unmöglich gemacht (s. Kapitel 7). Die hier vertretene Wissenschaftstheorie setzt voraus, daß es intersubjektiv nachprüfbare Erkenntnis gibt. Erkenntnistheorien, die dies leugnen, sind mit der hier vertretenen Wissenschaftstheorie unvereinbar, alle anderen sind mit ihr zunächst vereinbar, es sei denn, sie enthielten weitere Aussagen, die mit weiteren Axiomen oder Theoremen der hier vertretenen Wissenschaftstheorie in Widerspruch stehen. Ein Beispiel: Insofern der *Dialektische Materialismus* behauptet, daß die Realität durch Widersprüche gekennzeichnet sei und daß deshalb die Aussagen der Wissenschaft ebenfalls Widersprüche enthalten müßten (s. dazu ENGELS 1878, S. 111f.; 1973, S. 583), ist er mit der hier vertretenen Wissenschaftstheorie unvereinbar.

Um das Verhältnis von Erkenntnistheorie zu Wissenschaftstheorie zu demonstrieren, kennzeichnen wir die in der europäischen Geistesgeschichte aufgestellten Erkenntnistheorien mit den folgenden einander entgegengesetzten Begriffen (s. dazu LENZEN 1980a; KLAUS/BUHR 1972, S. 316-326; die Artikel zu "Idealismus" in ENZYKLOPÄDIE II): "Realismus" versus "Idealismus" und "Rationalismus" versus "Empirismus".

Der *Realismus* nimmt an, daß eine vom erkennenden Subjekt unabhängige objektive Realität besteht, während der *Idealismus* annimmt, daß eine vom erkennenden Subjekt unabhängige objektive Realität nicht besteht, daß vielmehr die Realität Ideen oder Eindrücke im Geist des erkennenden Subjektes sind. Für die allermeisten Vertreter des *Realismus* (unter ihnen *Aristoteles*, *Thomas v. Aquin*, die *orthodoxen Marxisten*, beginnend mit *Marx* und *Engels*) impliziert diese Überzeugung intersubjektiv nachprüfbare Erkenntnis, weil nämlich die für sich existierende Realität vom Subjekt mehr oder weniger sicher erkannt werden kann.

Die Vertreter des *Idealismus* können eingeteilt werden in Anhänger eines totalen Subjektivismus und Relativismus (intersubjektiv nachprüfbare Erkenntnis ist nicht möglich) und in Anhänger einer objektiven Erkenntnis (z.B. Vertreter des *Deutschen Idealismus*). Wie die betreffenden Erkenntnistheoretiker die intersubjektive Nachprüfbarkeit der Erkenntnis erklären, braucht uns hier nicht zu interessieren.

Nach dem *Rationalismus* ist die menschliche Vernunft die einzige Quelle sicherer Erkenntnis, Sinneswahrnehmungen dagegen bieten keine solche Basis. Deshalb sind Erkenntnisse über Erfahrungstatbestände a priori zur Erfahrung möglich. Als Lehre wurde der Rationalismus besonders von *Descartes, Spinoza, Leibniz, Wolff* vertreten, aber auch *Platon* und *Kant* zählen zu ihm. Von den Wirtschaftswissenschaftlern kann man vielleicht *Carl Menger* ihm zuordnen, einen der Begründer der neoklassischen Theorie, mit Sicherheit aber nach seinen eigenen Deklarationen *Ludwig von Mises*, den Stammvater dessen, was heute in den USA "Austrian economics" genannt wird (s. dazu BLAUG 1980, S. 91). Wie Vernunfterkenntnis möglich sei, darüber besteht unter den Anhängern des Rationalismus keine Einigkeit. *Platon* postulierte einen Bereich von Ideen, an die sich die Seele des Menschen im Erkenntnisprozeß wiedererinnert; *Descartes* nahm angeborene Ideen an, *Kant* ebensolche Kategorien eines transzendentalen Subjektes. Der Rationalismus behauptet, daß Erkenntnis intersubjektiv nachprüfbar ist; insofern ist er mit der hier vertretenen Wissenschaftstheorie vereinbar. Der Rationalismus behauptet auch, daß es synthetische Aussagen (zu diesem Begriff s. Abschnitt 3.5) über Sinneseindrücke gibt, die unabhängig von jeder Erfahrung mit Notwendigkeit wahr seien, die also durch Erfahrung nicht widerlegt werden könnten; insofern steht er in Widerspruch zu der hier vertretenen Wissenschaftstheorie.

Der *Kritische Rationalismus* ist kein Rationalismus im eben beschriebenen erkenntnistheoretischen Sinn; mit jenem Wort bezeichnet *Popper*, der Begründer dieser Doktrin, "daß ich an Diskussion und an Argumentation glaube. Und ich glaube auch, daß es möglich, ja sogar wünschenswert ist, die Wissenschaft auf Probleme anzuwenden, die sich auf sozialem Gebiete stellen" (POPPER 1965, S. 114; s. dazu auch das Zitat aus POPPER 1974 im Vorwort zur ersten Auflage). Hauptkennzeichen des kritischen Rationalismus in erkenntnistheoretischer Hinsicht ist der *Fallibilismus*, die Auffassung, daß die menschliche Erkenntnis nicht absolut sicher, sondern stets fehlbar sei (s. dazu ALBERT 1989).

Gegen den Rationalismus trat der englische *Empirismus* auf (u.a. *Locke, Hume*); er behauptet, daß die Erfahrung die einzige Quelle menschlicher Erkenntnis sei, angeborene Ideen leugnet er. Auch der Empirismus nimmt intersubjektiv nachprüfbare Erkenntnis an; insofern ist auch er mit der hier vertretenen Wissenschaftstheorie vereinbar. Das trifft jedoch für eine andere Behauptung, zu der Empiristen zu neigen pflegen, nicht zu, nämlich für die Behauptung, logische Induktion sei möglich (s. dazu Kapitel 9). (*David Hume* allerdings, einer der Erzväter des Empirismus, hat die Unmöglichkeit der logischen Induktion klar erkannt).

Rationalismus versus Empirismus und Realismus versus Idealismus sind voneinander unabhängige Eigenschaften von Erkenntnistheorien. Rein faktisch, nicht notwendig, dürften in existierenden Erkenntnistheorien die Verbindung "Rationalismus und Idealismus" sowie "Empirismus und Realismus" häufiger vorkommen als die beiden anderen möglichen Kombinationen. Die hier vorgelegte Wissenschaftstheorie bezieht in diesen Kontroversen, abgesehen von den erwähnten Ausnahmen, keine Stellung. Sie macht nur noch zwei weitere erkenntnistheoretische Annahmen, nämlich daß alle *objektsprachlichen* Aussagen, darunter auch alle Aussagen über Sinneseindrücke (Beobachtungsaussagen) fehlbar sind (s. Abschnitt 8.2); daß dagegen von den *metasprachlichen* Aussagen (zur Unterscheidung von Objektsprache und Metasprache (s. Abschnitt 3.2) mindestens die gerade gemachte unfehlbar ist.

3 Einige logische Grundlagen der Wissenschaftstheorie

3.1 Das Verhältnis von Logik und Wissenschaftstheorie

Gemäß dem hier akzeptierten Verständnis von Wissenschaft besteht deren Ordnungsprinzip darin, aus allgemeinen Sätzen weniger allgemeine zu deduzieren (Abschnitt 1.3). Nun gibt es eine Wissenschaft, deren Gegenstand Gesetze und Regeln über Deduktion sind, die Logik. Da wir unter Wissenschaftstheorie ein System von Sätzen verstehen, die über die Ordnungsprinzipien handeln, durch deren Anwendung Erkenntnis zu Wissenschaft wird (Abschnitt 1.12), ist die Wissenschaftstheorie auf formale - nicht inhaltliche - Probleme der Wissenschaft angewandte Logik (BOCHENSKI 1956, S. 4; LEINFELLNER 1967, S. 25; TARSKI 1977, S. 126ff.). Wir geben deshalb in den weiteren Abschnitten dieses Kapitels einen sehr knappen Überblick über die logischen Begriffe und Gesetze, die wir in den folgenden Kapiteln benötigen; er sollte nicht als Einführung in die Logik mißverstanden werden.

3.2 Begriffe und Systeme der Logik

3.2.1 Logik und Metalogik

Die "Logik" ist die Lehre von der Folgerichtigkeit des Schließens. Die Folgerichtigkeit hängt nicht von der inhaltlichen Bedeutung der Ausdrücke ab, sondern allein von deren syntaktischer Form; deshalb ist die Logik eine formale Wissenschaft (siehe oben Abschnitt 1.2.2). Unter "Ausdruck" versteht die Logik ein graphisches Zeichen oder eine Gruppe von graphischen Zeichen (BOCHENSKI/MENNE 1973, S. 19). Ein System von Ausdrücken nennen wir eine "Sprache" (CARNAP 1961a, S. 3). Die Theorie der Zeichen oder Ausdrücke heißt "Semiotik". Sie wird unterteilt in die *Syntaktik*: Theorie der Beziehungen zwischen den Zeichen; die *Semantik*: Theorie der Beziehungen zwischen den Zeichen und dem Bezeichneten; die *Pragmatik*: Theorie der Beziehungen zwischen den Zeichen und ihren Benutzern. Die Semiotik ist die Metatheorie der Logik, das heißt, aus ihr werden die Axiome und Regeln der Logik abgeleitet.

3.2.2 Objektsprache und Metasprache

Eine wichtige Unterscheidung, welche die *Semantik* in bezug auf die Sprache vornimmt, ist diejenige zwischen Objektsprache und Metasprache. Die Zeichen der *Objektsprache* bezeichnen außersprachliche Gegenstände (in der Aussage: "Alle Menschen sind sterblich" gehört das Wort "Mensch" der Objektsprache an); die Zeichen der *Metasprache* bezeichnen die Zeichen der Objektsprache. Der in Anführungszeichen stehende Satz gehört z.B. der Metasprache an. (Wie zu Anfang dieses Buches gesagt, kennzeichnen wir den metasprachlichen Gebrauch von Ausdrükken, indem wir sie in Anführungszeichen setzen.)

Die Verwechslung von Objektsprache und Metasprache stiftet viel Unheil, was man an den folgenden Beispielen sehen kann: Die Aussage "Bonn ist eine Stadt" ist wahr, während "Bonn hat vier Buchstaben" falsch ist, da nicht eine Stadt, sondern nur ein geschriebenes Wort Buchstaben haben kann. Das Wort "Bonn" müßte metasprachlich gebraucht werden, damit der Satz ""Bonn" hat vier Buchstaben" wahr ist. Eine der folgenschwersten Verwechslungen von Objektsprache und Metasprache ist dem Marxismus und dessen Ziehvater, dem Hegelianismus, unterlaufen: "Widerspruch" ist eine geborene metasprachliche Kategorie (s. Abschnitt 3.4), da sich nur Aussagen - sprachliche Gebilde - zueinander in Widerspruch befinden können, nicht aber außersprachliche Objekte. Genau dies jedoch nimmt der Marxismus an, indem er z.B. vom Widerspruch zwischen Arbeit und Kapital im Kapitalismus spricht und dabei die Zurückweisung, die ein sprachliches System mit Widersprüchen zu Recht erfährt, auch auf das außersprachliche Objekt "Kapitalismus" überträgt. Die Nicht-Unterscheidung von Objektsprache und Metasprache führt zu den metalogischen Paradoxien (s. dazu BOCHENSKI/MENNE 1973, S. 88-94), die um 1900 die Mathematik und Logik in eine Grundlagenkrise gestürzt haben.

3.2.3 Atomare und molekulare Ausdrücke

Die Ausdrücke eines logischen Systems werden nach ihrer Zusammensetzung unterteilt in atomare und molekulare. *Atomare* Ausdrücke haben keine Teile, die wieder Ausdrücke des betrachteten logischen Systems sind. *Molekulare* Ausdrücke bestehen aus Teilen, die wiederum Ausdrükke des betrachteten Systems sind.

3.2.4 Konstante und Variable

Nach ihrer Bedeutung werden die Ausdrücke eines logischen Systems unterteilt in Konstante und Variable. *Konstante* haben innerhalb eines logischen Systems immer dieselbe Bedeutung (z.B. "und", "oder", "nicht", "Mensch", "sterblich", "Fritz"). *Variable* haben keine eigene Bedeutung, sondern geben nur Leerstellen an, an denen Konstante eingesetzt werden können; diese Konstanten heißen auch die "Werte der Variablen". Variable, die durch Aussagen ersetzt werden können, nennen wir "Aussagenvariable" (entsprechend könnte man "Fragenvariable" und "Befehlsvariable" definieren), und solche, die durch Terme (Begriffe) ersetzt werden können, nennen wir "Termvariable". Ein Ausdruck mit Variablen, der zu einer Aussage wird, wenn wir für die Variablen deren Werte einsetzen, heißt "Aussageform" (entsprechend könnte man "Frageform" und "Befehlsform" definieren).

3.2.5 Satz, Aussage, Frage, Befehl und Regel

"Satz" ist in *syntaktischer Hinsicht* definiert als ein Ausdruck, der in einem logischen System für sich stehen kann, während Ausdrücke, die dies nicht können, Teile von Sätzen sind. In *semantischer und pragmatischer Hinsicht* teilen wir die Sätze ein in Aussagen, in Fragen und in Befehle oder Regeln.

In der logischen Literatur wird "Satz" häufig mit "Aussage" gleichgesetzt; wir vermeiden diesen Sprachgebrauch, sondern benutzen "Satz" ausdrücklich als Oberbegriff von "Aussage", "Frage" und "Befehl" oder "Regel" (s. BORKOWSKI 1976, S. 10-12).

"Aussage" ist in *semantischer Hinsicht* definiert als ein Satz, der einen Sachverhalt intendiert, derart, daß er entweder wahr oder falsch ist (bei zweiwertiger Logik); oder: derart, daß er einen und nur einen Wahrheitswert aus einer Menge von mehr als zwei Wahrheitswerten besitzt (bei einer mehr als zweiwertigen Logik). In *pragmatischer Hinsicht* richtet sich die Aussage an einen Adressaten, damit dieser die Wahrheit oder Falschheit der Aussage prüft, oder: damit er die Wahrheit der Aussage akzeptiert.

"Frage" ist definiert als ein Satz, der einen Sachverhalt intendiert (*semantische Hinsicht*) und sich an einen Adressaten wendet, derart, daß der Adressat eine Antwort geben soll, indem er eine Aussage über den intendierten Sachverhalt macht (*pragmatische Hinsicht*). "Wahr" und "falsch" können nicht Prädikate der Frage sein, sondern "zulässig" und "unzulässig" sind es an ihrer Stelle.

"Befehl" ist definiert als ein Satz, der einen Sachverhalt intendiert und sich an einen Adressaten richtet, derart, daß der Adressat den intendierten Sachverhalt herstellen soll. "Wahr" und "falsch" können nicht Prädikate des Befehls sein. "Regel" ist ein genereller Befehl der Form: "Immer wenn die Umstände x vorliegen, tue y!"

3.2.6 Name und Begriff

"Name" ist in *syntaktischer Hinsicht* definiert als ein Ausdruck, der in der Aussageform (s. dazu Abschnitt 3.2.4) "S ist P" Subjekt oder Prädikat sein kann.

In *semantischer Hinsicht* nennen wir den Sinn eines Namens "Begriff". Man unterscheidet den Umfang (Extension) und den Inhalt (Intension) eines Begriffes.

Der "Umfang eines Begriffes" ist die Gesamtheit der Objekte, die mit dem betreffenden Begriff bezeichnet werden können; sie werden auch "Designate" genannt. Nach der Zahl der Designate werden unterschieden:

- Allgemeinbegriffe: sie haben mehr als ein Designat;
- Einzelbegriffe oder Eigennamen: sie haben genau ein Designat;
- leere Begriffe: sie haben kein Designat.

Leere Begriffe haben in einer empirischen Wissenschaft keinen legitimen Platz. Dennoch gibt es gute Gründe für die Behauptung, daß die heute herrschende Volkswirtschaftslehre mit einer Vielzahl leerer Begriffe operiere (s. dazu vor allem die Kapitel 17, 18 und 19).

Der "Inhalt eines Begriffes" ist die Gesamtheit der Merkmale, die er ausdrückt (s. dazu auch Abschnitt 4.2.1).

3.2.7 Funktor und Argument

"Funktor" ist definiert als ein "Ausdruck, der einen anderen Ausdruck (oder mehrere Ausdrücke) näher bestimmt" (BOCHENSKI/MENNE 1973, S. 21). Die vom Funktor bestimmten Ausdrücke werden "Argumente" genannt. Beispiele für Funktoren sind die Junktoren "und", "oder", "entweder - oder", "nicht", "wenn - dann", aber auch andere. Die Funktoren werden in syntaktische Kategorien nach folgenden Kriterien eingeteilt:

1) nach der syntaktischen Kategorie des zusammengesetzten Ausdrukkes, den der betreffende Funktor mit seinen Argumenten bildet,
2) nach der Zahl der Argumente,
3) nach den syntaktischen Kategorien der aufeinanderfolgenden Argumente (BORKOWSKI 1976, S. 15).

Als Beispiele bringen wir Funktoren, die Aussagen bilden, und solche, die Namen bilden.

Der Funktor "und" bildet im folgenden Beispiel aus zwei Aussagen (Argumenten) eine neue: "Er raucht und er trinkt."

Der Funktor "erwärmt" bildet im folgenden Beispiel aus zwei Namen (Argumenten) eine Aussage: "Das Feuer erwärmt die Stube." Funktoren aus Namen, die eine Aussage bilden, nennen wir auch "Prädikatoren" (s. auch Abschnitt 3.2.9).

Der Funktor "tief" bildet im folgenden Beispiel aus einem Namen (Argument) einen neuen Namen: "Tiefes Tal".

3.2.8 Operatoren

"Operatoren" sind die Quantoren (auch "Quantifikatoren" genannt):

- "Für alle x gilt..." (Allquantor);
- "Es gibt mindestens ein x, für das gilt..." (Existenzquantor);

Auch die folgenden Ausdrücke sind Operatoren:

- "Dasjenige x, für das gilt..." (deskriptiver Operator);
- "Die Menge solcher x, für die gilt..." (Abstraktionsoperator);
- x bezeichnet in diesen Definitionen eine Variable.

"Ausdrücke, die Quantifikatoren enthalten, bestehen aus drei aufeinanderfolgenden Teilen: 1. dem Quantifikator, 2. einer Variablen, 3. einer Aussageform"(BORKOWSKI 1976, S. 23). Der Quantifikator bindet die freie Variable in der Aussageform, die dadurch eine Aussage wird (es sei denn, es kämen weitere freie Variablen in der Aussageform vor), weil die gebundene Variable nicht mehr beliebig substituiert werden kann, so daß der Ausdruck einen Wahrheitswert hat, den die Aussageform nicht besitzt.

Quantoren, die mit Konstanten auftreten, z. B. "Alle Menschen sind sterblich", oder "Es gibt mindestens einen Menschen, der sterblich ist", sind keine Operatoren, sondern Funktoren.

3.2.9 Prädikate und Prädikatoren

Unter "Prädikat" verstehen wir den Namen für eine Beschaffenheit, oder wie weiter oben gesagt, die Intention oder den Inhalt eines Begriffes (Abschnitt 3.2.6). Unter "Prädikator" verstehen wir einen Funktor, der aus einem oder mehreren Namen als Argumenten eine Aussage bildet, indem er die Beschaffenheit des Prädikats den Argumenten zuordnet. (Wenn in dem Ausdruck ungebundene Variable vorkommen, ist dieser keine Aussage, sondern eine Aussageform). Häufig werden in der logischen Literatur "Prädikat" und "Prädikator" synonym gebraucht.

Der Prädikator wird in der Prädikatenlogik (s. dazu Abschnitt 3.2.10) mit kleinen oder großen Buchstaben f, F, g, G, h, H usw. bezeichnet. Die Argumente, wenn es sich um Individuenvariable handelt, werden häufig mit den kleinen Buchstaben x, y, z; wenn es sich um Individuenkonstante handelt, mit den kleinen Buchstaben a, b, c, d usw. belegt. Selbstverständlich sind dies willkürliche Festlegungen, die jederzeit geändert werden können.

Die Prädikate werden unterschieden

- nach der Anzahl ihrer Argumente in ein-, zwei-, ..., n-stellige Prädikate; die Intention einstelliger Prädikate ist die Beschaffenheit von Gegenständen, die Intention mehrstelliger Prädikate sind Beziehungen (Relationen) zwischen Gegenständen;
- nach der Sprachebene in Prädikate erster, zweiter, ..., n-ter Stufe: Prädikate der ersten Stufe werden über nicht-sprachliche Gegenstände ausgesagt, gehören also der Objektsprache an; Prädikate der zweiten Stufe werden über Prädikate der ersten Stufe ausgesagt, gehören also der Metasprache an, usf.

Beispiel:

Einstelliges Prädikat der ersten Stufe:

$$\underbrace{\text{Meine Freundin}}_{b}\quad\underbrace{\text{ist schön}}_{f}\qquad : f\ (b).$$

Zweistelliges Prädikat der ersten Stufe:

$$\underbrace{\text{Ich}}_{c}\quad\underbrace{\text{liebe}}_{g}\quad\underbrace{\text{meine Freundin}}_{b}\qquad : g\ (c,\ b)$$

Einstelliges Prädikat der zweiten Stufe:

$$\underbrace{\text{Die Aussage: "Meine Freundin ist schön"}}_{f(b)\,=\,d}\quad\underbrace{\text{ist wahr}}_{h}\qquad :h\ (d)\ = h[f(b)]$$

3.2.10 Systeme der Logiken

Die Systeme der Logiken werden unterschieden nach den Ausdrücken, die ihren Gegenstand bilden.

Gegenstand der Logik können *Fragen* sein; sie heißt dann "Fragenlogik".

Gegenstand der Logik können *Befehle* oder *Regeln* sein; sie heißt dann "imperative Logik" oder "deontische Logik" (deontische Logiken, deren Gegenstand *logische* Regeln sind, im Gegensatz zu Befehlen, welche außersprachliche Sachverhalte betreffen, werden "Regellogiken" genannt).

Gegenstand der Logik können *Aussagen* sein. Wir wollen diesen Teil der Logik "Aussagenlogik" nennen, obwohl dieser Begriff in der logischen Literatur fast ausschließlich für dasjenige Teilgebiet der Logik verwandt wird, das unzerlegte Aussagen behandelt, im Gegensatz zu Aussagen, die in ihre Bestandteile zerlegt werden (s. dazu weiter unten in diesem Abschnitt).

Die bisher vorgelegten Logiken haben zum Gegenstand ganz überwiegend Aussagen, sind also Aussagenlogik in dem von uns definierten Sinn. Deontische Logiken (außer Regellogiken) und Fragelogiken sind erst in jüngerer Zeit entwickelt worden; wir werden auf sie nicht eingehen.

Wenn die Aussagenlogik über die *Verbindung von nicht zerlegten Aussagen* und deren Folgerichtigkeit handelt, wird sie in der jüngeren Literatur "Junktorenlogik" genannt, weil die Aussagen durch die Junktoren "und", "oder", "entweder - oder", "nicht", "wenn..., dann..." und andere miteinander verbunden werden.

Wenn die Aussagenlogik die *Aussagen in deren Bestandteile (Terme) analysiert*, wird sie "Termlogik" genannt.

Die Bezeichnungen der verschiedenen Termlogiken sind nicht einheitlich. Wir halten uns an die folgende Terminologie von BOCHENSKI/MENNE 1973:

Wenn die Terme nach ihrem Inhalt betrachtet werden, heißt die entsprechende Logik "Prädikatenkalkül" (zum Begriff "Kalkül" s. Abschnitt 3.3), sofern das Prädikat einstellig ist; "Relationenkalkül", sofern das Prädikat mehrstellig ist.

Andere Autoren bezeichnen diese Logiken insgesamt als "Prädikatenlogiken" oder auch als "Quantorenlogiken", da die Aussagen mit Quantoren versehen werden (s. Abschnitte 3.2.8 und 3.6).

Wird ein Term nach seinem Umfang betrachtet, heißt die entsprechende Logik "Klassenkalkül" oder "Mengenkalkül".

3.3 Die historischen Gestalten der Logik

Die formale Logik wurde von *Aristoteles* als Aussagenlogik (in dem in Abschnitt 3.2.10 definierten Sinn) mit Variablen für Terme entwickelt. Die *Stoiker* schufen eine Regellogik mit Variablen für Aussagen. Die Semiotik ist in der Antike zwar vorhanden, aber nicht stark entwickelt. Die Logik dieser Periode ist objektsprachlich formuliert.

Die *Scholastiker* des Mittelalters schufen sowohl eine Junktoren- als auch eine Termlogik. Beide Arten sind metasprachlich formuliert und besitzen eine sehr ausführliche Semiotik. Sowohl die antike als auch die scholastische Logik benutzen keine künstliche, sondern eine natürliche Sprache (Griechisch und Latein).

Die moderne Gestalt der Logik (auch "Logistik" genannt), die ihre Entstehung vor allem der "Begriffsschrift" von *Gottlob Frege* verdankt (FREGE 1879), benutzt eine künstliche Sprache, die bis 1930 objektsprachlich ist. Bis zu diesem Zeitpunkt bestand keine nennenswerte Semiotik, wurde dann jedoch stark entwickelt. Der Aufbau der Logistik richtet sich nur nach der Art der verwendeten Zeichen, die, wenn überhaupt, erst danach inhaltlich gedeutet werden. Die "Logistik" kann man deshalb als die Lehre vom Logikkalkül definieren. Dabei ist ein "Kalkül" ein System von Zeichen mit den dazugehörigen Operationsregeln (BOCHENSKI/MENNE 1973, S. 13).

Nach vielen Polemiken ist das Verhältnis der Logistik zu den anderen Formen der Logik heute geklärt: Alle Sätze der traditionellen Logik sind unter denen der Logistik enthalten, aber bei weitem nicht alle Sätze der Logistik unter denen der traditionellen Logik.

3.4 Die Begriffe "wahr" und "falsch" in der Logik und der Satz vom Widerspruch

In semantischer Hinsicht haben wir die "Aussage" als einen Satz definiert (s. Abschnitt 3.2.5), "der einen Sachverhalt intendiert und dadurch den Charakter erhält, *wahr* oder *falsch* zu sein" (BOCHENSKI/MENNE 1973, S. 27). Damit haben wir uns für eine Logik entschieden, die nur die beiden Werte "wahr" und "falsch" kennt und deshalb "zweiwertige Logik" heißt. Etwas Drittes zwischen wahr oder falsch gibt es in der zweiwertigen Logik nicht (Satz vom ausgeschlossenen Dritten).

Der Satz vom Widerspruch (lateinisch: Contradictio) lautet in der zweiwertigen Logik:

"Eine Aussage kann nicht zugleich und unter derselben Rücksicht wahr und falsch sein, sondern: sie ist entweder wahr oder falsch", oder: "Es ist nicht möglich, daß eine Aussage und ihr Widerspruch gleichzeitig und unter derselben Rücksicht wahr sind, und es nicht möglich, daß eine Aussage und ihr Widerspruch gleichzeitig und unter derselben Rücksicht falsch sind, sondern: die eine Aussage ist wahr, die andere ist falsch" (der Widerspruch einer Aussage ist deren Verneinung).

Der Satz vom Widerspruch ist ein geborener metasprachlicher Ausdruck; er ist grundlegend für alle Wissenschaften; Aussagensysteme, in denen ein Widerspruch vorkommt, sind zu verwerfen.

Es sind auch mehr als zweiwertige widerspruchsfreie Logiken entwickelt worden, die n Wahrheitswerte unterscheiden. Im Falle einer dreiwertigen Logik könnte man diese Werte etwa bezeichnen als "wahr", "wahrscheinlich", "falsch", aber selbstverständlich auch anders, z.B. mit den Zahlen 1, ½, 0. Es ist möglich, die zweiwertige Logik als Grenzfall einer n-wertigen Logik zu interpretieren. In einer n-wertigen Logik lautet der Satz vom Widerspruch:

"Eine Aussage kann nicht zugleich und unter derselben Rücksicht mehr als einen der n-Wahrheitswerte besitzen, sondern: sie besitzt einen und nur einen Wahrheitswert".

Die mehrwertigen Logiken wurden unabhängig voneinander von *Lukasiewicz* und *Post* entwickelt, worüber BOCHENSKI 1956 (S. 469-472) berichtet. Von REICHENBACH 1949 wurde die mehrwertige Logik zum Versuch einer Lösung des Wahrscheinlichkeitsproblems benutzt, worauf wir später zurückkommen (Kapitel 11). In der Praxis der Wissenschaften kommen bis heute so gut wie ausschließlich zweiwertige Logiken vor.

Die Begriffe "wahr" und "falsch" sind metasprachliche Prädikate objektsprachlicher Aussagen, so daß Aussagen, in denen die Wahrheit oder Falschheit anderer Aussagen behauptet wird, immer der Metasprache angehören; sie sind Prädikate zweiter Stufe (s. Abschnitt 3.2.9).

Die Begriffe "wahr" und "falsch" sind innerhalb der Logik nicht definiert; wo sie vorkommen, zählen sie also zu den Grundbegriffen (s. dazu auch Kapitel 5 und 6). "Wahr" und "falsch" werden in der Metatheorie der Logik, der Semiotik, und zwar in deren Bestandteil "Semantik", definiert (s. dazu TARSKI 1977, S. 244-263):

Eine Aussage "ist dann und nur dann *wahr*, wenn der Sachverhalt besteht, dessen Existenz dieser Satz feststellt, und *falsch* dagegen, wenn dieser Sachverhalt nicht existiert" (BORKOWSKI 1976, S. 11).

Wenn wir eine beliebige objektsprachliche Aussage p betrachten und deren metasprachlichen Namen mit "p" bezeichnen, dann lautet die metasprachliche Definition von wahr in der Formulierung von *Tarski*:

""p" ist wahr dann und nur dann, wenn p" (TARSKI 1977, S. 262).

Die beiden Definitionen sind äquivalent.

Von den metalogischen Prädikatoren "wahr" und "falsch" sind die beiden folgenden Probleme scharf zu unterscheiden:

1) Was ist das Kriterium für wahr und falsch?, oder: Was ist das Kriterium dafür, daß der festgestellte Sachverhalt existiert oder nicht existiert?, oder: Was ist das Kriterium dafür, daß p ist oder nicht ist? Diese Fragen sind nicht Gegenstand der Logik, sondern der zuständigen empirischen Wissenschaften und der Erkenntnistheorie (s. Abschnitt 1.14 und Kapitel 2).

2) Wenn ein Wissenschaftler sich über die Existenz oder Nichtexistenz eines Sachverhaltes p nicht sicher ist, bezeichnet er das sehr häufig mit der Aussage: "Ich glaube, daß p existiert" oder "Ich halte mit einer Wahrscheinlichkeit von x % dafür, daß p existiert".

Diese Aussagen enthalten keine metasprachlichen Prädikate der objektsprachlichen Aussage, obwohl das häufig vorgegeben wird, etwa im Sinne einer mehrwertigen Logik, sondern es sind Aussagen über die Befindlichkeit des Wissenschaftlers, d.h. objektsprachliche Aussagen (s. dazu Abschnitt 11.1). Ihre Konfundierung mit Metasprache führt zu ähnlichen Konsequenzen wie die Nicht-Unterscheidung von Objektsprache und Metasprache.

Es gehört, um es zu wiederholen, nicht zu den Aufgaben der Logik festzustellen, ob eine Aussage wahr oder falsch ist (sie stellt nur dar, was aus wahren oder falschen Aussagen folgt), abgesehen von der Beurteilung analytischer Aussagen und deren Verneinungen.

3.5 Analytische und synthetische Aussagen

Um darzulegen, was unter analytischen Aussagen verstanden wird, betrachten wir zunächst solche Aussagen, die in die Terme "Subjekt", "Prädikat" und "Kopula" zerlegt werden können; sie werden kategorische Aussagen genannt (zur Verallgemeinerung der Darlegungen s. STEGMÜLLER 1974a, S. 60ff.). Eine solche Aussage ist *analytisch*, wenn die Merkmale des Begriffes, der das Subjekt bildet, ausdrücklich zu den Merkmalen des Begriffes gehören, der das Prädikat bildet (inhaltslogische Interpretation der Begriffe), oder: wenn unter die Designate des Prädikats ausdrücklich auch die Designate des Subjekts fallen (umfangslogische Interpretation der Begriffe) (s. dazu auch Abschnitte 3.2.6 und 3.6.1). Allgemeiner gesprochen ist eine Aussage dann analytisch, wenn das Prädikat die explizite Definition des Subjekts ist. Beispiel: "Das Dreieck ist dreieckig". Solche Aussagen bieten keine Informationen, die nicht bereits im Begriff des Subjekts enthalten sind. Analytische Aussagen werden deshalb auch "tautologisch" genannt. Sie sind logisch wahr.

Wir gehen nun über zu Aussagen, die nicht nur aus Subjekt, Prädikat und Kopula bestehen. Sie sind dann analytisch, wenn sie wahr sind bereits allein auf Grund definitorischer oder logischer Vereinbarungen. Zu diesen letzteren: Es gibt Aussageformen, bei denen alle Einsetzungen für die Variablen zu wahren Aussagen führen, z.B.: "a = a".

Abgesehen von der Bestimmung analytischer Aussagen gehört es nicht zu den Aufgaben der Logik festzustellen, ob eine Aussage wahr ist.

Aussagen sind *synthetisch*, wenn sie nicht analytisch sind; für den Fall der oben betrachteten Aussagen aus Subjekt, Prädikat und Kopula heißt das: Wenn die Merkmale des Subjekts nicht ausdrücklich zu den Merkmalen des Prädikates gehören, oder: wenn unter die Designate des Prädikats nicht ausdrücklich die Designate des Subjekts fallen, sind die Aussagen synthetisch. Allgemeiner gesprochen: Aussagen sind synthetisch, wenn sie nicht bereits allein auf Grund definitorischer oder logischer Vereinbarungen wahr sind.

Zur Klasse der synthetischen Aussagen gehören als Teilklasse auch die Verneinungen analytischer Aussagen. Sie sind logisch falsch. Beispiel: "Das Dreieck ist nicht dreieckig". Aussageformen, bei denen alle Einsetzungen für die Variablen zu falschen Aussagen führen, sind Verneinungen der oben erwähnten Aussageformen, bei denen alle Einsetzungen zu wahren Aussagen führen, also z.B. "a≠a". Abgesehen von dieser Ausnahme gehört es nicht zu den Aufgaben der Logik festzustellen, ob eine Aussage falsch ist.

Die Unterscheidung von analytischen und synthetischen Aussagen ist seit der "Kritik der reinen Vernunft" von *Kant* außerordentlich kontrovers, da *Kant* behauptete, daß synthetische Aussagen a priori (zur Erfahrung) mit Notwendigkeit wahr in bezug auf Sinneseindrücke sein können, z.B. die Aussagen der Euklidischen Geometrie. Dies wurde von den *Neopositivisten des Wiener Kreises* bestritten; aus diesem Grunde erklärten sie alle a-priorischen Aussagen, z.B. auch die der Formalwissenschaften, die natürlich immer a-priorisch zur Erfahrung sind, da sie sich mit dieser gar nicht beschäftigen, für analytisch (vgl. dazu PAP 1955, S. 193ff.; FEIGL 1959, S. 3ff.). Die Folge ist dann, daß man die Formalwissenschaften für nicht kognitiv erklären muß, da sie nur tautologische Aussagen enthalten. Das Problem kann allerdings auch dadurch gelöst werden, daß man synthetischen Aussagen a priori in bezug auf Sinneswahrnehmungen nur Hypothesencharakter zuerkennt (POPPER 1934, S. XXVI); die Aussagen der Formalwissenschaften braucht man dann nicht für analytisch zu halten (PAP 1955, S. 193ff.). Für die oben angeführte Behauptung *Kants* bedeutet dies unter anderem: Wenn die Aussagen der Euklidischen Geometrie a priori zur Erfahrung mit Notwendigkeit als wahr angesehen werden, gehören sie zur reinen Mathematik, nicht zu den Realwissenschaften. Wenn sie als zu den Realwissenschaften gehörig betrachtet werden, sind sie nicht a priori zur Erfahrung wahr (s. dazu STEGMÜLLER 1974b, S. 152ff.).

3.6 Singuläre, partikuläre und Allaussagen

3.6.1 Darstellungsweise

Bei vielen Problemen der Wissenschaftstheorie (Basisproblem, Induktion, Verifizierbarkeit und Falsifizierbarkeit von Theorien) spielt die Unterscheidung der Aussagen in universelle (Allaussagen), partikuläre und singuläre eine große Rolle. Was diese Unterscheidungen bedeuten, legen wir zunächst, wie im vorhergehenden Abschnitt, an kategorischen Aussagen dar, solchen, die in Subjekt, Prädikat und Kopula analysiert werden können, d.h. wir halten uns an die Darstellungsweise der klassischen Logik, und zwar aus zwei Gründen: Einmal ist der Formalismus der klassischen Logik enger an die Umgangssprache angelehnt als derjenige der Logistik und deshalb für einen Nicht-Logiker leichter zugänglich; zum anderen reichen die elementaren Einsichten, welche diese Darstellungsweise erlaubt, zur Lösung der wissenschaftstheoretischen Probleme aus, für welche jene Unterscheidung der Aussagen von Wichtigkeit ist: Durch die Wahl der traditionellen Darstellungsweise minimieren wir also den Aufwand an logischem Formalismus, in der Hoffnung, dadurch der Gefahr des Esoterismus zu entgehen. Um jedoch den Zusammenhang der traditionellen mit der modernen Darstellung zu zeigen, interpretieren wir die Aussagen auch im Sinne des Prädikatenkalküls und des Klassen- oder Mengenkalküls (s. Abschnitte 3.2.6 und 3.2.10). Die Aussagen des Mengenkalküls werden unter der Bedingung formuliert, daß die Begriffe weder leer sind noch die Allklasse (das Universe of Discourse) bilden; bei der singulären Aussage nehmen wir an, daß das Subjekt der Aussage existiert.

Für die graphische Darstellung des Mengenkalküls symbolisieren wir den Umfang jedes Allgemeinbegriffes durch eine geschlossene Linie (einen Kreis oder eine Ellipse). Innerhalb der geschlossenen Linie soll sich die Gesamtheit, aber auch nur diese, der Gegenstände befinden, die mit dem betreffenden Begriff belegt werden. Die Kreise und Ellipsen ordnen wir in einem Rechteck an, das die Gesamtheit der Gegenstände umfassen soll, über die in der betreffenden Sprache oder Theorie geredet wird, dem "Universe of Discourse". Bei einigen Aussagen und Syllogismen schraffieren wir der Deutlichkeit halber die gemeinten Mengen. Einen Einzelbegriff oder Namen symbolisieren wir durch einen Punkt.

Für die symbolische Darstellung der Aussagen und der Syllogismen benötigen wir die folgenden Zeichen:

x	:	eine Variable für Individuen,
$\forall x$...	:	für alle x gilt... (Allquantor),
$\exists x$...	:	es existiert wenigstens ein x, für das gilt... (Existenzquantor).
S(x)	:	x hat die Eigenschaft S,
$x \in S$	:	x ist Element der Menge S,
$x \notin S$	:	x ist nicht Element der Menge S,
b	:	ein Name für ein Individuum (eine Individuenkonstante),
"A" $\Rightarrow$ "B"	:	aus der Aussage "A" folgt die Aussage "B" (logische Implikation),
"A" $\Leftrightarrow$ "B"	:	aus der Aussage "A" folgt die Aussage "B", und aus der Aussage "B" folgt die Aussage "A" (logische Äquivalenz),
$A \rightarrow B$	:	wenn der Sachverhalt A, dann der Sachverhalt B (faktische Implikation),
$A \leftrightarrow B$	:	wenn der Sachverhalt A, dann der Sachverhalt B, und wenn der Sachverhalt B, dann der Sachverhalt A, oder: nur wenn A, dann B,
$\wedge$	:	und
$\vee$	:	oder,
$\neg$	:	nicht.

Die Zeichen "$\Rightarrow$" und "$\Leftrightarrow$" bezeichnen die logische Folge, nämlich daß eine Aussage aus einer anderen Aussage oder mehreren anderen mit Notwendigkeit folgt; sie gehören also immer der Metasprache an. Die Zeichen "$\rightarrow$" und "$\leftrightarrow$" bezeichnen die faktische Bedingung, nicht eine logische Notwendigkeit; sie können (müssen aber nicht) der Objektsprache angehören; die Behauptung der faktischen Bedingung kann empirisch wahr oder empirisch falsch sein.

3.6.2 Die positive Allaussage

Umgangssprachliches Beispiel:

Alle Menschen sind sterblich.

Formale klassische Formulierung:

S a P.

Die formale klassische Formulierung ist keine Aussage, sondern eine Aussageform, weil sie neben der Konstanten "a" und der gebundenen Variablen S die ungebundene Variable P enthält.

Verbale prädikatenlogische Interpretation:

Für alle x gilt: wenn x die Eigenschaft S hat, dann hat es auch die Eigenschaft P.

Schreibweise in Symbolen:

$\forall x\ [S(x) \rightarrow P(x)]$.

Daß wir in der Aussageform für die Allaussage das Zeichen der faktischen Implikation "→" benutzen, symbolisiert, daß, nach Substitution der Variablen durch Konstante, die Aussage eine faktische Notwendigkeit bezeichnet, also ein Gesetz ist (s. Abschnitt 1.9). Will man ausdrücken, daß die Aussage nur zufällig wahr ist, muß man das Zeichen "∧" benutzen, wie es bei den partikulären Aussagen geschieht (Abschnitt 3.6.3 und 3.6.7).

Verbale mengentheoretische Interpretation:

Für alle x gilt: Wenn x Element der Menge S ist, dann ist es auch Element der Menge P.

Schreibweise in Symbolen:

$\forall x\ (x \in S \rightarrow x \in P)$.

Darstellung 3/1: Die positive Allaussage in mengentheoretischer Interpretation

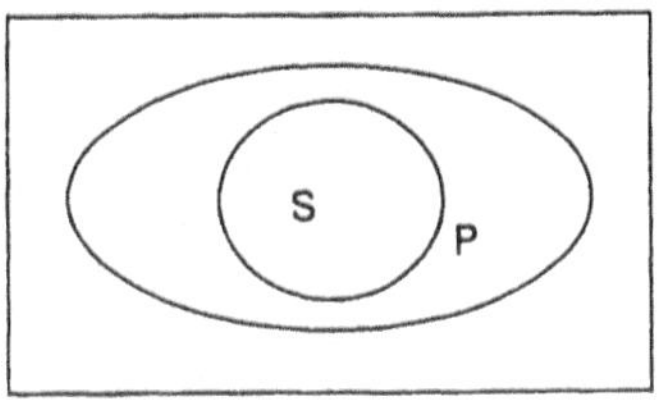

Universe of Discourse

3.6.3 Die positive partikuläre Aussage

Umgangssprachliches Beispiel:

Irgendein (nicht näher bestimmter) Mensch ist sterblich.

Formale klassische Formulierung:

S i P.

Verbale prädikatenlogische Interpretation:

Es existiert wenigstens ein x, für das gilt:
x hat die Eigenschaft S und die Eigenschaft P.

Schreibweise in Symbolen:

$\exists x\ [S(x) \wedge P(x)]$.

Verbale mengentheoretische Interpretation:

Es existiert wenigstens ein x, für das gilt: x ist Element der Menge S und Element der Menge P.

Schreibweise in Symbolen:

$\exists x\ (x \in S \wedge x \in P)$.

Darstellung 3/2: Die positive partikuläre Aussage in mengentheoretischer Interpretation

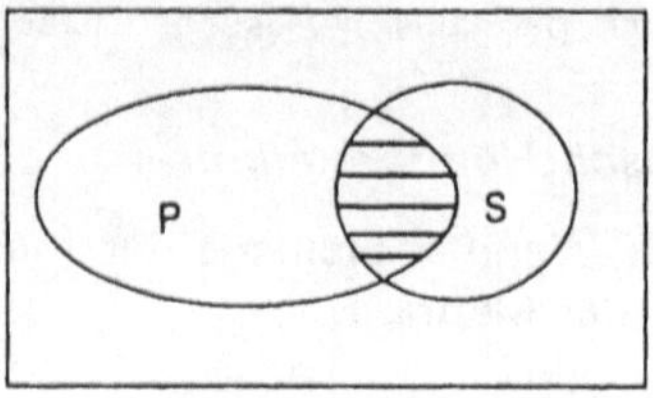

Universe of Discourse

Die positive partikuläre Aussage wird auch die "positive generelle Es-gibt-Aussage" genannt.

3.6.4 Die positive singuläre Aussage.

Umgangssprachliches Beispiel:

Peter ist sterblich.

Peter möge zu den Designaten des Begriffes "Mensch" gehören. Wir bezeichnen als singuläre Aussage deshalb auch den Satz "Dieser Mensch ist sterblich", wenn darüber Klarheit herrscht, daß mit "dieser Mensch" Peter gemeint ist. Das Subjekt der singulären Aussage bezeichnet einen von andern wohlunterschiedenen Gegenstand; das betreffende Symbol nennen wir auch den Eigennamen des Gegenstandes (s. Abschnitt 3.2.6).

Die Konjunktion mehrerer Singuläraussagen zu einer Allaussage betrachten wir nicht als Singuläraussage. Beispiel: Die in Abschnitt 1.9 zitierte Allaussage: "Alle meine Enten schwimmen auf dem See" kann durch die Konjunktion von drei Singuläraussagen gebildet werden, wenn ich genau drei Enten besitze und von jeder aussage, daß sie gerade auf dem gemeinten See schwimmt. Hierauf kommen wir beim Problem der Induktion zurück (s. Kapitel 9).

Formale klassische Formulierung:

existiert nicht.

Vorschlag:

S' i P.

Verbale prädikatenlogische Interpretation:

Ein von anderen wohlunterschiedener Gegenstand b hat die Einschaft S und die Eigenschaft P.

Schreibweise in Symbolen:

$S(b) \wedge P(b)$.

Verbale mengentheoretische Interpretation:

Ein von anderen wohlunterschiedener Gegenstand b ist Element der Menge S und Element der Menge P.

Schreibweise in Symbolen:

$b \in S \wedge b \in P$.

"b" ist der Name des Gegenstandes, durch den er von anderen Gegenständen unterschieden wird.

Darstellung 3/3: Die positive singuläre Aussage in mengentheoretischer Interpretation

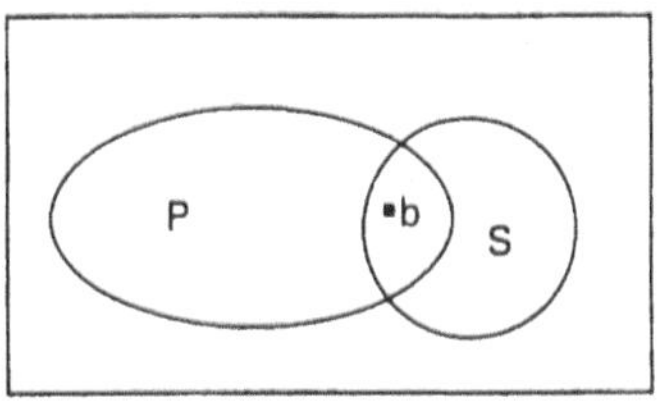

Universe of Discourse

Natürlich ist es möglich, daß die singuläre Aussage nur eine Kopula hat, also lautet: "S(b)" oder "P(b)" bzw. "b∈S" oder "b∈P". Sowohl im alltäglichen als auch im wissenschaftlichen Sprachgebrauch dürfte jedoch diese Form sehr viel seltener vorkommen als die von uns gebrachte: Wenn wir nicht von vornherein für das Individuum, über das wir eine Aussage machen, einen Allgemeinbegriff benutzen, den wir durch sprachliche oder außersprachliche Zeichen (Gesten) auf das gemeinte Individuum beziehen, ist doch meistens - explizit oder implizit - behauptet, daß das Individuum unter die Extension eines Allgemeinbegriffes fällt, wie in den Beispielen indiziert.

Es ist weiterhin möglich, daß die singuläre Aussage lautet: "b∈c", wobei auch c ein Eigenname ist. Diese Aussage bedeutet, daß das eine Individuum zwei Eigennamen hat. In der Wissenschaft dürften solche Aussagen nicht sehr häufig vorkommen, wohl aber in Kriminalromanen.

Die singuläre Aussage wird bis heute in der Logik sehr stiefmütterlich behandelt; in manchen Lehrbüchern kommt sie überhaupt nicht vor, in den übrigen nur sehr knapp. Dies ist deshalb bedauerlich, weil sie mindestens in den empirischen Wissenschaften von enormer Bedeutung ist: Die Sinneseindrücke nämlich, deren Beschreibung und Erklärung das Ziel dieser Wissenschaften ist (s. Abschnitt 1.2), können nur mit Singuläraussagen beschrieben werden (s. Abschnitt 8.4).

Die mittelalterliche Logik hat in der Syllogistik (s. dazu Abschnitt 3.7) die singulären Aussagen wie Allaussagen behandelt: "Peter" wurde als eine eigene Klasse angesehen, die nur ein Element enthält; insofern kann man die singuläre Aussage tatsächlich als Allaussage ansehen. Diese Annahme hat aber doch eine gewisse Künstlichkeit, außerdem weist die als Allaussage interpretierte Singuläraussage sowohl bei der Feststellung ihres Widerspruchs (s. Abschnitt 3.6.8) als auch bei ihrer Funktion in deduktiven Zusammenhängen (s. Abschnitt 3.7) Unterschiede zur normalen Allaussage auf, welche die Gleichsetzung beider als unzweckmäßig erscheinen lassen.

3.6.5 Die negative Allaussage

Umgangssprachliches Beispiel:

Kein Mensch ist sterblich,
oder: Alle Menschen sind nicht sterblich.

Formale klassische Formulierung:

S e P.

Verbale prädikatenlogische Interpretation:

Für alle x gilt: Wenn x die Eigenschaft S hat, dann hat es nicht die Eigenschaft P.

Schreibweise in Symbolen:

$\forall x\ [S(x) \rightarrow \neg P(x)]$.

Verbale mengentheoretische Interpretation:

Für alle x gilt: Wenn x Element der Menge S ist, dann ist es nicht Element der Menge P.

Schreibweise in Symbolen:

$\forall x\ (x \in S \rightarrow x \notin P)$.

Darstellung 3/4: Die negative Allaussage in mengentheoretischer Interpretation

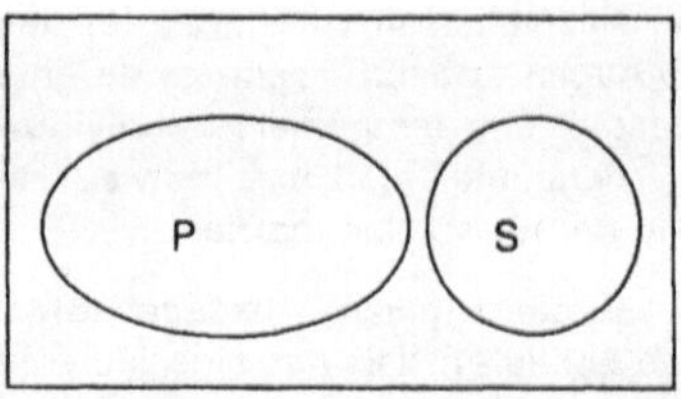

Universe of Discourse

Die negative Allaussage wird auch die "universelle Es-gibt-nicht-Aussage" genannt.

3.6.6 Die negative partikuläre Aussage

Umgangssprachliches Beispiel:

Irgendein (nicht näher bestimmter) Mensch ist nicht sterblich.

Verbale prädikatenlogische Interpretation:

Es existiert wenigstens ein x, für das gilt: x hat die Eigenschaft S und nicht die Eigenschaft P.

Schreibweise in Symbolen:

$\exists x\ [S(x) \wedge \neg P(x)]$.

Formale klassische Formulierung:

S o P.

Verbale mengentheoretische Interpretation:

Es existiert wenigstens ein x, für das gilt: x ist Element der Menge S und nicht Element der Menge P.

Schreibweise in Symbolen:

$\exists x\ (x \in S \wedge x \notin P)$.

Darstellung 3/5: Die negative partikuläre Aussage in mengentheoretischer Interpretation

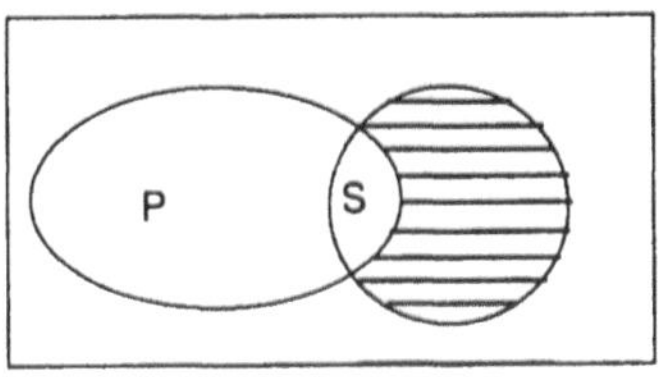

Universe of Discourse

Die negative partikuläre Aussage wird auch die "negative generelle Es-gibt-Aussage" genannt.

3.6.7 Die negative singuläre Aussage

Umgangssprachliches Beispiel:

Peter ist nicht sterblich.

Formale klassische Formulierung:

existiert nicht.

Vorschlag:

S' o P.

Verbale prädikatenlogische Interpretation:

Ein von anderen wohlunterschiedener Gegenstand b hat die Eigenschaft S und nicht die Eigenschaft P.

Schreibweise in Symbolen:

$S(b) \wedge \neg P(b)$.

Verbale mengentheoretische Interpretation:

Ein von anderen wohlunterschiedener Gegenstand b ist wohl Element der Menge S und nicht Element der Menge P.

Schreibweise in Symbolen:

$b \in S \wedge b \notin P$.

Darstellung 3/6: Die negative singuläre Aussage in mengentheoretischer Interpretation

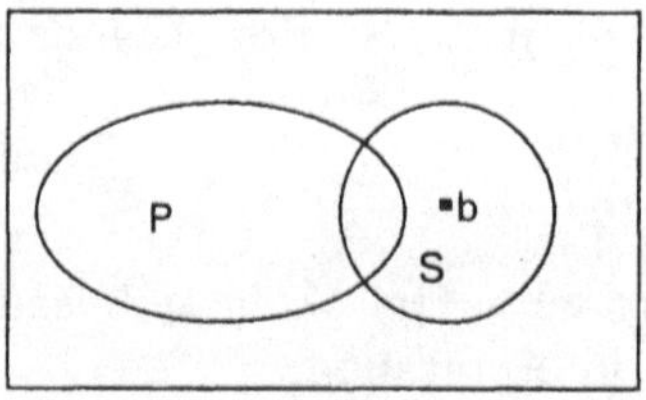

Universe of Discourse

3.6.8 Aussagen mit gemischten Quantoren

Bei mehrstelligen Prädikaten (s. Abschnitt 3.2.9) kann jedes Argument für sich durch einen Quantor bestimmt werden; sind diese unterschiedlich, nennen wir die Ausdrücke "Aussagen mit gemischten Quantoren".

Umgangssprachliches Beispiel I:

Für jedes wirtschaftliche Gut gilt: Es gibt einen Preis des Gutes, bei dem das Angebot dieses Gutes gleich der Nachfrage nach diesem Gute ist.

Schreibweise in den Symbolen des Prädikatenkalküls:

$$\forall i\ \exists p_i\ [f\ (x_i,\ p_i) = g\ (x_i,\ p_i)],$$

x_i : Mengenvariable für das wirtschaftliche Gut i,

i : 1, ..., n, Zählvariable für wirtschaftliche Güter,

p_i : Variable für den Preis des Gutes i,

$f\ (x_i,\ p_i)$: Angebot des Gutes i in Abhängigkeit von p_i,

$g\ (x_i,\ p_i)$: Nachfrage nach dem Gute i in Abhängigkeit von p_i.

Umgangssprachliches Beispiel II:

Es gibt einen Preisvektor aller wirtschaftlichen Güter derart, daß für alle Güter gilt: Das Angebot eines Gutes ist gleich der Nachfrage nach diesem Gute.

Schreibweise in den Symbolen des Prädikatenkalküls:

$$\exists[p_i]\ \forall i\ \{f\ (x_i,\ [p_i]) = g\ (x_i,\ [p_i])\},$$

$$[p_i] = p_1, p_2, \ldots, p_n.$$

Aussagen mit gemischten Quantoren kommen in allen empirischen Wissenschaften vor; ihre Rolle ist umstritten (s. dazu Abschnitt 10.3.1.2).

3.6.9 Die Aussagen und ihr Widerspruch

Weiter vorn (Abschnitt 3.4) haben wir den Satz vom Widerspruch als grundlegend für alle Wissenschaften bezeichnet. Der Widerspruch zu einer Aussage ist deren Verneinung. Die Verneinung von SaP ist $\neg$(SaP), was mit SoP äquivalent ist. In der folgenden Darstellung 3/7 sind die acht hier behandelten Aussagen und die Äquivalente ihrer Verneinungen aufgeführt. Neben den Aussagen bringen wir auch die Aussageformen, wobei wir natürlich voraussetzen, daß die Variablen in den Aussageformen jeweils durch dieselben Konstanten substituiert werden. Damit ist auch gesagt, daß die Aussagen sich auf derselben Sprachstufe befinden müssen: Aussagen verschiedener Stufen können nicht im Widerspruch zueinander stehen. Die prädikatenlogischen Formulierungen der Aussagen reduzieren wir auf die einfachste Form f(x). Wir setzen weiter voraus, wie bereits erwähnt, daß die Begriffe nicht leer sind und nicht die Allklasse bilden. Die Tabelle kann sowohl von links nach rechts als auch von rechts nach links gelesen werden.

Darstellung 3.7: Aussagen und die Äquivalente ihrer Verneinung

Aussage (Äquivalent der Verneinung)	Äquivalent der Verneinung (Aussage)
Positive Allaussage Alle Menschen sind sterblich. S a P $\forall x\ (x \in S \rightarrow x \in P)$ $\forall x\ f(x)$	**Negative Partikuläre Aussage** Irgendein Mensch ist nicht sterblich. S o P $\exists x\ (x \in S \wedge x \notin P)$ $\exists x\ \neg f(x)$
Positive Partikuläre Aussage Irgendein Mensch ist sterblich. S i P $\exists x\ (x \in S \wedge x \in P)$ $\exists x\ f(x)$	**Negative Allaussage** Alle Menschen sind nicht sterblich. S e P $\forall x\ (x \in S \rightarrow x \notin P)$ $\forall x\ \neg f(x)$
Positive Singuläre Aussage Peter (ein ganz bestimmter Mensch) ist sterblich. S' i P $b \in S \wedge b \in P$ $f(b)$	**Negative Singuläre Aussage** Peter (ein ganz bestimmter Mensch) ist nicht sterblich. S' o P $b \in S \wedge b \notin P$ $\neg f(b)$
Aussagen mit gemischten Quantoren $\forall x \exists y\ f(x,y)$ $\exists x \forall y\ f(x,y)$	**Aussagen mit gemischten Quantoren** $\exists x \forall y\ \neg f(x,y)$ $\forall x \exists y\ \neg f(x,y)$

Der Widerspruch zur positiven Allaussage ist die negative partikuläre Aussage, und umgekehrt.

Der Widerspruch zur negativen Allaussage ist die positive partikuläre Aussage, und umgekehrt.

Der Widerspruch zur positiven singulären Aussage ist die negative singuläre Aussage, und umgekehrt (bei der Verneinung der singulären Aussagen setzen wir voraus, daß die Verneinung sich nicht auf den Aussageteil "$b \in S$" bezieht).

Der Widerspruch zu einer Aussage mit gemischten Quantoren ist ebenfalls eine Aussage mit gemischten Quantoren.

Eine von zwei kontradiktorischen Aussagen ist mit Notwendigkeit wahr, die andere falsch.

3.6.10 Die Übertragung von Wahrheitswerten zwischen den Aussagen

3.6.10.1 Das logische Quadrat

Von großer Wichtigkeit für bestimmte Probleme der Wissenschaftstheorie, vor allem für das Induktionsproblem (s. Kapitel 9) sowie das Problem der Verifizierbarkeit und Falsifizierbarkeit von Theorien (s. Kapitel 10) ist die Frage, ob, wenn der Wahrheitswert einer der acht dargestellten Aussagen festliegt, daraus die Wahrheitswerte anderer Aussagen folgen. Diese Frage läßt sich auch so formulieren: "Angenommen, der Wahrheitswert einer Aussage liegt fest, welche anderen Aussagen folgen dann aus ihr?" Diese Frage ist zum Teil bereits im vorigen Abschnitt beantwortet worden, nämlich in bezug auf die Kontradiktionen, wir dehnen sie nun auf weitere Konstellationen aus. Die mittelalterliche Logik hat das Verhältnis zwischen den vier von ihr analysierten Aussagen in einem logischen Quadrat dargestellt; wir erweitern es um die beiden singulären Aussagen zu einem logischen Rechteck (s. Darstellung 3/8). Die Aussagen mit gemischten Quantoren nehmen wir in das Rechteck nicht auf, weil die Folgerungen aus ihnen eine Mischung der Folgerungen aus ihren Bestandteilen sind, wie sich im vorigen Abschnitt ja schon gezeigt hat. Bei der formalen Darstellung beschränken wir uns der Kürze halber auf die klassischen Symbole. Wir setzen wieder voraus, daß die Begriffe nicht leer sind und nicht die Allklasse bilden. Die behauptete Übertragung der Wahrheitswerte und die behaupteten Folgebeziehungen kann man sich durch die Betrachtung der graphischen Darstellungen der einzelnen Aussagen und des erweiterten logischen Quadrates leicht veranschaulichen. Selbstverständlich ist auch hier vorausgesetzt, daß die Aussagen sich auf derselben Sprachstufe befinden; andernfalls könnten die dargestellten Beziehungen zwischen ihnen nicht stattfinden.

Darstellung 3/8: Die Verhältnisse zwischen den sechs Aussagen

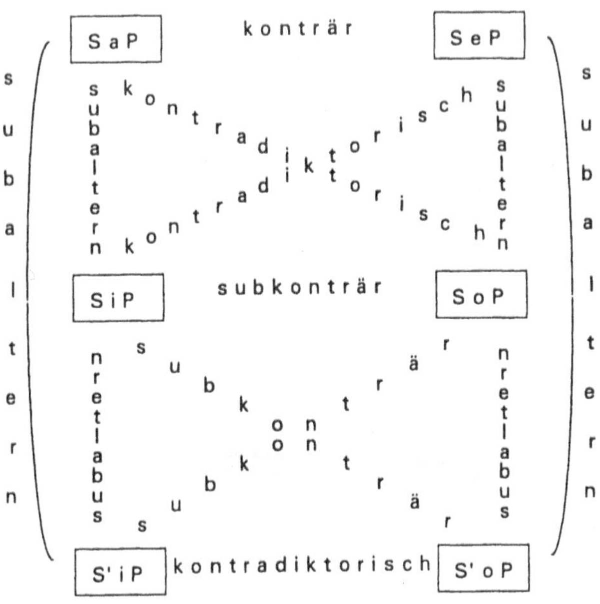

3.6.10.2 Die subalternen Beziehungen

Wenn die *positive Allaussage (SaP) wahr* ist, dann müssen auch die positive partikuläre (SiP) und die positive singuläre Aussage (S'iP) wahr sein; denn wenn alle Elemente der mit S bezeichneten Menge auch Elemente der mit P bezeichneten Menge sind, dann auch irgendeines (Wahrheit von SiP) und auch ein ganz bestimmtes (Wahrheit von S'iP):

$$(SaP) \Rightarrow (SiP) \text{ und } (SaP) \Rightarrow (S'iP).$$

Die Umkehrung gilt nicht: Aus der Wahrheit von S'iP und SiP folgt nicht die Wahrheit von SaP. Wohl aber folgt aus der Wahrheit von S'ip die Wahrheit von SiP:

$$S'iP \Rightarrow SiP.$$

Analoges gilt für die negativen Aussagen:

$$(SeP) \Rightarrow (SoP) \text{ und } (SeP) \Rightarrow (S'oP); (S'oP) \Rightarrow (SoP).$$

Wenn die *positive partikuläre Aussage (SiP) falsch* ist, müssen auch die positive Allaussage (SaP) und die positive singuläre Aussage (S'iP) falsch sein; denn wenn nicht irgendeines der Elemente der mit S bezeichneten Menge auch Element der mit P bezeichneten Menge ist, dann auch nicht alle (Falschheit von SaP) und auch nicht ein ganz bestimmtes (Falschheit von S'iP):

$$\neg (SiP) \Rightarrow \neg (SaP) \text{ und } \neg (SiP) \Rightarrow \neg (S'ip).$$

Die Umkehrung gilt nicht: Aus der Falschheit von SaP folgt nicht die Falschheit von SiP und S'iP.

Analoges gilt für die negativen Aussagen:

$$\neg (SoP) \Rightarrow \neg (SeP) \text{ und } \neg (SoP) \Rightarrow \neg (S'oP).$$

Wenn die *positive singuläre Aussage (S'iP) falsch* ist, dann muß auch die positive Allaussage (SaP) falsch sein, nicht aber die positive partikuläre Aussage (SiP); denn, wenn ein ganz bestimmtes Element der Menge S nicht Element der Menge P ist, dann auch nicht alle. Es ist aber möglich, daß auch dann irgendeines der Elemente der Menge S Element der Menge P ist (Wahrheit von SiP):

$$\neg (S'ip) \Rightarrow \neg (SaP).$$

Analoges gilt für die negativen Aussagen:

$$\neg (S'oP) \Rightarrow \neg (SeP).$$

Wir heben den Aspekt der Ergebnisse, den wir zur Lösung der oben genannten Probleme benötigen, noch einmal hervor:

Aus der Wahrheit der Allaussage folgt die Wahrheit der entsprechenden singulären Aussage, aber aus der Wahrheit der singulären Aussage folgt nicht die Wahrheit der entsprechenden Allaussage; aus der Falschheit der Allaussage folgt nicht die Falschheit der entsprechenden singulä-

ren Aussage, aber aus der Falschheit der singulären Aussage folgt die Falschheit der entsprechenden Allaussage.

Dies ist (allgemeiner formuliert) der berühmte Satz von POPPER 1934 über die Asymmetrie von Falsifizierbarkeit und Verifizierbarkeit.

3.6.10.3 Die konträren Beziehungen

Wenn SaP wahr ist, folgt daraus die Falschheit von SoP und daraus wiederum die Falschheit von SeP. Zu demselben Ergebnis kommt man auch über die Wahrheit von SiP:

$$(SaP) \Leftrightarrow \neg (SoP) \Rightarrow \neg (SeP), \text{ oder}$$

$$(SaP) \Rightarrow (SiP) \Leftrightarrow \neg (SeP).$$

Analog gilt für die Wahrheit von SeP:

$$(SeP) \Leftrightarrow \neg (SiP) \Rightarrow \neg (SaP).$$

Wenn SaP falsch ist, folgt daraus jedoch nichts für die Wahrheit oder Falschheit von SeP; es kann wahr, oder es kann falsch sein. Denn es gilt zwar:

$$\neg(SaP) \Leftrightarrow (SoP),$$

woraus jedoch nichts für die Wahrheit oder Falschheit von SeP folgt. Analoges gilt für die Falschheit von SeP.

Die konträren Aussagen SaP und SoP können also gleichzeitig und unter derselben Rücksicht falsch sein, aber wenn eine der beiden Aussagen wahr ist, ist die andere mit Notwendigkeit falsch.

3.6.10.4 Die subkonträren Beziehungen

Wenn SiP falsch ist, folgt daraus die Wahrheit von SeP und daraus wiederum die Wahrheit von SoP:

$$\neg (SiP) \Leftrightarrow (SeP) \Rightarrow (SoP).$$

Analoges gilt für die Falschheit von SoP, S'iP und S'oP.

Wenn SiP wahr ist, folgt daraus jedoch nichts für die Wahrheit oder Falschheit von SoP. Denn es gilt zwar:

$$(SiP) \Leftrightarrow \neg (SeP),$$

woraus jedoch nichts für die Wahrheit oder Falschheit von SoP folgt; es kann wahr oder falsch sein. Analoges gilt für die Wahrheit von SoP, S'iP und S'oP.

Zwei subkonträre Aussagen können also gleichzeitig und unter derselben Rücksicht wahr sein, aber wenn eine der beiden Aussagen falsch ist, ist die andere mit Notwendigkeit wahr.

3.7 Vier Gesetze des kategorischen Syllogismus

3.7.1 Der kategorische Syllogismus

Viele Theorien sind durch reichere deduktive Beziehungen zwischen ihren Aussagen gekennzeichnet, als wie sie bisher dargestellt haben. In diesem Abschnitt 3.7 bringen wir vier umfangreichere - aber immer noch elementare - Gesetze, die wir für die Lösung einiger wichtiger Probleme der Wissenschaftstheorie (Reduktionsproblem, Induktionsproblem, Verifizierbarkeits- und Falsifizierbarkeitsproblem) benötigen. Aus den Gründen, die wir in Abschnitt 3.6.1 dargelegt haben, stellen wir diese Gesetze zunächst als solche des kategorischen Syllogismus (er enthält nur Aussagen der Form "S ist P", die "kategorisch" genannt werden) und dann des definiten Klassenkalküls (in dem die Null- und Allklasse nicht zugelassen sind) dar (auf die Darstellung in den Symbolen des Prädikatenkalküls verzichten wir der Kürze halber).

Von *Aristoteles*, dem Begründer der Logik, stammt die klassische Definition des kategorischen Syllogismus: "Der Syllogismus ist aber ein Logos, in welchem - indem gewisse Voraussetzungen gemacht werden - etwas anderes als die Voraussetzungen mit Notwendigkeit wegen dieser Voraussetzungen folgt" (zitiert nach BOCHENSKI 1956, S. 53, Fundstelle bei *Aristoteles*: Topik A1, 100a, 18 ff.).

Ein kategorischer Syllogismus besteht aus drei Aussagen der Form "S ist P", nämlich aus zwei Vordersätzen, den Prämissen, und dem Schlußsatz, der mit Notwendigkeit aus ihnen folgt.

In jedem kategorischen Syllogismus kommen drei Begriffe vor: das Subjekt der Schlußaussage (S), das Prädikat der Schlußaussage (P), ein dritter Begriff, der in beiden Prämissen, nicht aber in der Schlußaussage vorkommt; er wird Mittelbegriff (M) genannt. Die Lehre vom kategorischen Syllogismus beschäftigt sich mit den Fragen, welche Stellung (Subjekt- oder Prädikatsstellung) der Mittelbegriff einnehmen und von welcher Qualität (negativ oder positiv) und Quantität (Umfang) die Aussagen eines Syllogismus sein müssen, damit der Schluß von den Prämissen auf die Konklusion folgerichtig ist. Je nach der Stellung des Mittelbegriffes unterscheidet man vier Figuren des Syllogismus:

I. Figur	II. Figur	III. Figur	IV. Figur
McP	PcM	McP	PcM
ScM	ScM	McS	McS
Also ScP	Also ScP	Also ScP	Also ScP

Der Buchstabe "c" möge eine Variable für die vier Kopulakonstanten "a", "e", "i" und "o" bezeichnen.

Die Kombination verschiedener Arten von Aussagen im kategorischen Syllogismus, d.h. die Kombination verschiedener Kopulakonstanten, bezeichnet man als seine Modi; die mittelalterliche Logik hat sie mit Merkwörtern belegt, in denen die Abfolge der Kopulakonstanten wiederkehrt.

Wir beschäftigen uns hier nur mit drei Modi der ersten Figur, die zur Exemplifizierung der zitierten Gesetze ausreichen (zum Syllogismus s. J. N. KEYNES 1906, S. 285-347).

3.7.2 Das erste Gesetz und seine Exemplifizierung: der Modus Barbara

Das Gesetz lautet:

Der Umfang der Schlußaussage ist nicht größer als der Umfang der schwächsten Prämisse.

Unter dem Umfang einer Aussage, die in Subjekt und Prädikat analysiert wird, verstehen wir die Menge der Designate ihres Subjektes, über die Aussagen gemacht werden. Unter mehreren Aussagen mit demselben Subjekt ist diejenige am schwächsten, die Aussagen über die wenigsten Designate des Subjektes macht. Die stärkere Prämisse (die Major) wird im Syllogismus an die erste Stelle gesetzt, die schwächere (die Minor) an die zweite.

Wir exemplifizieren das Gesetz mit dem Modus "Barbara": Sowohl die Prämissen als auch der Schlußsatz sind in diesem Modus positive Allaussagen.

Umgangssprachliches Beispiel:

Alle Menschen sind sterblich.
Alle Europäer sind Menschen.

Also: Alle Europäer sind sterblich.

Formale klassische Formulierung:

M a P.
S a M.

Also: S a P.

Verbale mengentheoretische Interpretation:

Wenn alle Elemente der Menge M auch Elemente der Menge P sind und wenn alle Elemente der Menge S auch Elemente der Menge M sind, dann sind alle Elemente der Menge S auch Elemente der Menge P.

Schreibweise in Symbolen:

$$[\forall x(x \in M \rightarrow x \in P) \wedge \forall x(x \in S \rightarrow x \in M)] \Rightarrow \forall x(x \in S \rightarrow x \in P).$$

Darstellung 3/9: Der Modus Barbara in mengentheoretischer Interpretation

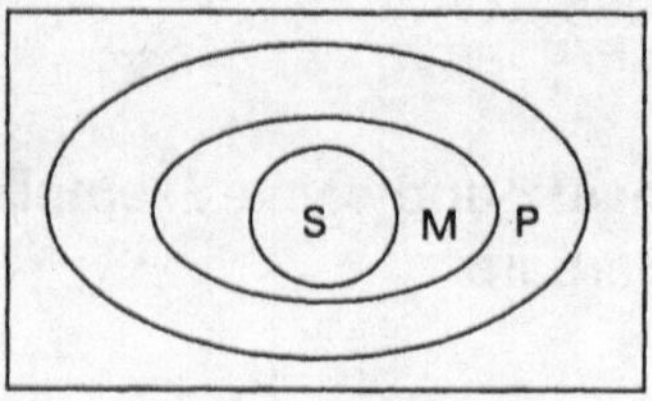

Universe of Discourse

Die schwächere Prämisse (die Minor) ist SaM, weil S einen geringeren Umfang hat als M; deshalb kann im Schluß nur eine Aussage über S gemacht werden. Der Schlußsatz ist als solcher in den Prämissen nicht enthalten, folgt aber mit Notwendigkeit aus ihnen.

Das Gesetz, um das es hier geht, kann auch so formuliert werden:

Das logische Schließen führt nicht zu einer Gehaltserweiterung der Schlußaussage über die Prämissen hinaus.

Im Abschnitt 3.6.4 haben wir darauf hingewiesen, daß die mittelalterliche Logik die singulären Aussagen als Allaussagen angesehen hat. Tatsächlich bleiben alle gültigen Modi des Syllogismus, dessen Prämissen ausschließlich aus Allaussagen bestehen, gültig, wenn man alle Allaussagen durch Singuläraussagen ersetzt.

Umgangssprachliches Beispiel:

Dieser ganz bestimmte Mensch ist sterblich.
Peter ist dieser ganz bestimmte Mensch.

Also: Peter ist sterblich.

Schreibweise in den Symbolen des Mengenkalküls:

$d \in S$
$b \in d$ (b und d sind Eigennamen).

Also: $b \in S$

Auch hier gilt selbstverständlich, daß das Schließen keine Gehaltserweiterung bringt.

Die Analogie zwischen Allaussagen und Singuläraussagen hat aber, wie im nächsten Abschnitt gezeigt wird, Grenzen.

3.7.3 Das zweite Gesetz und seine Exemplifizierung: der Modus Darii

Das Gesetz lautet:

Wenn eine der Prämissen partikulär ist, dann ist auch die Schlußaussage partikulär. Wenn eine der Prämissen singulär ist, dann ist auch die Schlußaussage singulär.

Wir exemplifizieren das Gesetz mit dem Modus Darii: Die erste Prämisse ist eine positive Allaussage (a), die zweite Prämisse ist positiv partikulär (i), der Schlußsatz ist deshalb positiv partikulär (i).

Umgangssprachliches Beispiel:

Alle Menschen sind sterblich.
Einige Europäer sind Menschen.

Also: Einige Europäer sind sterblich.

Formale klassische Formulierung:

M a P.
S i M.

Also: S i P.

Verbale mengentheoretische Interpretation:

Wenn alle Elemente der Menge M auch Elemente der Menge P sind und wenn mindestens ein Element der Menge S auch Element der Menge M ist, dann ist mindestens ein Element der Menge S auch Element der Menge P.

Schreibweise in Symbolen:

$$[\forall x(x \in M \rightarrow x \in P) \land \exists x(x \in S \land x \in M)] \Rightarrow \exists x(x \in S \land x \in P).$$

Darstellung 3/10: Der Modus Darii in mengentheoretischer Interpretation

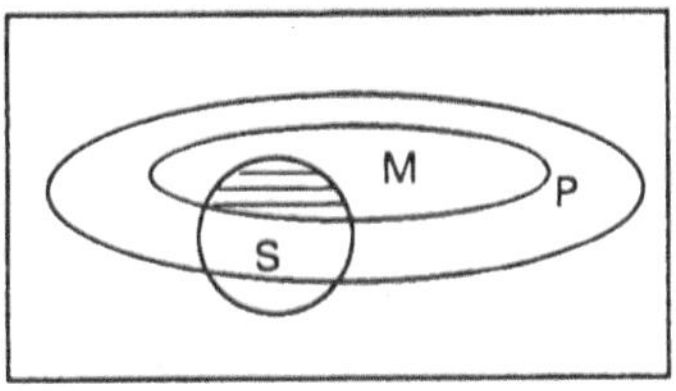

Universe of Discourse

Der Umfang der Schlußaussage (partikulär) wird durch den Umfang der schwächeren Prämisse, die ebenfalls partikulär ist, bestimmt. Wiederum ist die Schlußaussage als solche in den Prämissen nicht enthalten, folgt aber mit Notwendigkeit aus ihnen.

Man sieht leicht, daß, wenn die zweite Prämisse singulär ist (S'iM lautet), die Folgerung ebenfalls singulär ist (S'iP heißen muß).

An dieser Stelle endet jedoch die Analogie zwischen Allaussagen und Singuläraussagen: Zwar bleiben alle gültigen Modi, deren Prämissen aus einer Allaussage und einer Partikuläraussage bestehen, gültig, wenn man die Minor durch eine Singuläraussage ersetzt; die Schlußaussage ist dann ebenfalls singulär. Ersetzt man jedoch in solchen Modi die Allaussage (die Major) durch eine Singuläraussage, während die Minor eine Partikuläraussage bleibt, erhält man keinen gültigen Schluß. Wir gehen darauf im nächsten Abschnitt ein.

3.7.4 Exemplifizierung des dritten Gesetzes

Das Gesetz lautet:

Aus zwei partikulären Prämissen oder aus einer singulären und einer partikulären Prämisse kann kein Schluß gezogen werden.

Wir fragen zunächst, ob man aus zwei partikulären Prämissen folgerichtig einen Schluß ziehen kann.

Aufgrund des zweiten Gesetzes ergibt sich, daß eine solche Schlußaussage höchstens partikulär, niemals universell sein kann. Die Frage schränkt sich also darauf ein, ob aus zwei partikulären Prämissen wenigstens ein partikulärer Schluß gezogen werden kann. Ein solcher Syllogismus müßte in

formaler klassischer Formulierung in der ersten Figur so lauten:

M i P.
S i M.
Also: S i P.

Der Schluß ist nicht folgerichtig. Dies sieht man leicht, wenn man die Darstellung 3/11 betrachtet.

Darstellung 3/11: Das mengentheoretische Verhältnis der Aussageformen MiP und SiM

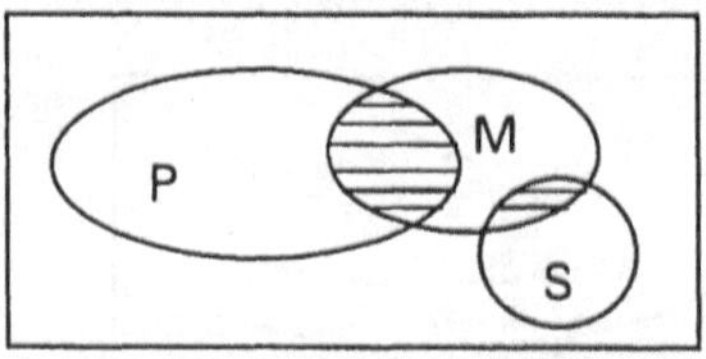

Universe of Discourse

Die Darstellung demonstriert weiterhin, daß, wenn eine der partikulären Aussageformen durch eine singuläre ersetzt wird, also etwa an die Stelle von SiM die Form S'iM tritt, ebenfalls kein gültiger Schluß möglich ist.

3.7.5 Das vierte Gesetz und seine Exemplifizierung: der Modus Ferio

Das Gesetz lautet:

Wenn eine der Prämissen negativ ist, dann ist auch die Schlußaussage negativ.

Wir exemplifizieren das Gesetz mit dem Modus Ferio: Die erste Prämisse ist eine negative Allaussage (e), die zweite Prämisse ist positiv partikulär (i), der Schlußsatz ist deshalb negativ partikulär (o).

Umgangssprachliches Beispiel:

Alle Menschen sind nicht sterblich.
Irgend ein Europäer ist ein Mensch.

Also: Irgend ein Europäer ist nicht sterblich.

Formale klassische Formulierung:

M e P.
S i M.

Also: S o P.

Verbale mengentheoretische Interpretation:

Wenn kein Element der Menge M Element der Menge P ist und wenn irgendein Element der Menge S auch Element der Menge M ist, dann ist irgendein Element der Menge S nicht Element der Menge P.

Schreibweise in Symbolen:

$$[\forall x(x \in M \rightarrow x \notin P) \wedge \exists x(x \in S \wedge x \in M)] \Rightarrow \exists x(x \in S \wedge x \notin P).$$

Darstellung 3/12: Der Modus Ferio in mengentheoretischer Interpretation

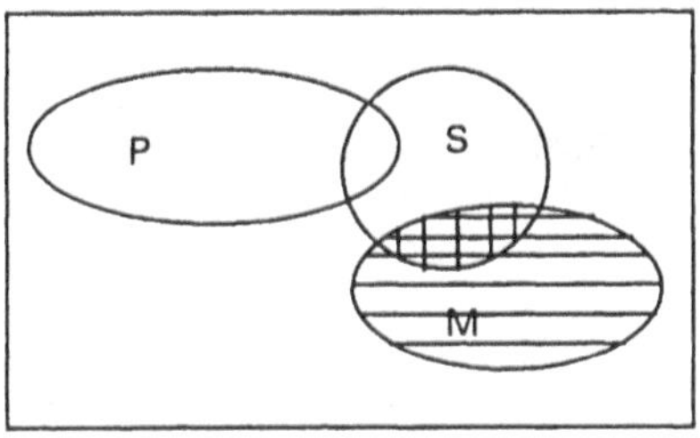

Universe of Discourse

Man sieht leicht, daß, wenn die zweite Prämisse singulär ist (S'iM lautet), die Folgerung negativ singulär ist (S'oP lautet). Der Modus Ferio demonstriert sowohl das zweite Gesetz als auch das vierte Gesetz. Wiederum ist der Schlußsatz als solcher in den Prämissen nicht enthalten, folgt aber mit Notwendigkeit aus ihnen.

3.7.6 Die Übertragung von Wahrheitswerten zwischen den Aussagen eines Schlusses

Aus denselben Gründen, aus denen zwischen den Aussagen der Wert "wahr" nur von der Allaussage auf die entsprechenden partikulären und singulären Aussagen übertragen werden kann (s. Abschnitt 3.6.10), kann in einem folgerichtigen Schluß der Wert "wahr" nur von den Prämissen auf die Schlußfolgerung übertragen werden, das heißt:

Wenn die Prämissen wahr sind, folgt daraus die Wahrheit der Schlußfolgerung. Wenn die Schlußfolgerung wahr ist, folgt daraus nicht die Wahrheit der Prämissen.

Aus denselben Gründen, aus denen zwischen den Aussagen der Wert "falsch" nur von der partikulären und singulären auf die entsprechende Allaussage übertragen werden kann, kann in einem folgerichtigen Schluß der Wert "falsch" nur von der Schlußfolgerung auf die Prämissen übertragen werden, und das heißt:

Wenn die Schlußaussage falsch ist, muß wenigstens eine der Prämissen falsch sein; es können auch beide falsch sein. Wenn eine oder beide Prämissen falsch sind, folgt daraus nicht die Falschheit der Schlußaussage.

Wenn wir diese Aussagen auf den Aspekt beschränken, den wir beim Falsifizierbarkeitsproblem benötigen werden, dann lauten sie:

Aus der Wahrheit der Schlußaussage einer Deduktion folgt nicht die Wahrheit der Prämissen. Aus der Falschheit der Schlußaussage folgt die Falschheit wenigstens einer Prämisse.

Wir haben hier wieder den logischen Grund für den berühmten Satz von POPPER 1934 über die Asymmetrie von Verifizierbarkeit und Falsifizierbarkeit, den wir ausführlich in Kapitel 10 besprechen.

An dem logischen Gesetz, daß, wenn die Konklusion einer Deduktion falsch ist, mindestens eine der Prämissen falsch ist, daß aber keineswegs klar ist, welche der Prämissen dies ist (und ob es nicht mehrere oder auch alle sind), ist das in der Wissenschaftstheorie berühmte *Duhem-Quine-Theorem* festgemacht: Empirische Theorien seien ein komplexes Konglomerat von Allaussagen, singulären Aussagen über Anwendungsmöglichkeiten und gefolgerten singulären Behauptungen über Einzelereignisse. Erweise sich eine solche Behauptung als falsch, sei es unmöglich, die Ursache dafür in dem Theoriegebäude zu isolieren, insbesondere den Fehler bei den Allaussagen zu finden. Zuerst ist diese These von DUHEM 1906 formuliert, dann von QUINE 1951 wieder aufgegriffen und verschärft worden (s. dazu auch ENZYKLOPÄDIE I, S. 624 f. und weiter hinten Abschnitt 10.2.1).

4 Über Begriffsbildung und Skalen

4.1 Begriffsdefinitionen

4.1.1 Begriffsbildung

Unter "Begriffsbildung" kann man dreierlei verstehen (s. dazu STEGMÜLLER 1980):

- die nominale festsetzende Definition (s. Kapitel 5);
- die nominale feststellende Definition (s. Kapitel 5);
- die Unterscheidung von Begriffen in klassifikatorische, komparative und quantitative (Begriffsformen).

Wir beschäftigen uns in den Abschnitten 4.2 bis 4.4 mit diesen Begriffsformen. Zur Definition des Begriffes "Begriff" verweisen wir auf Abschnitt 3.2.6.

4.1.2 Skala

Als "Skala" definieren wir "das geordnete Tripel aus einem empirischen relationalen System A, dem numerischen relationalen System N und dem Morphismus f: A → N" (KROMREY 1980, S. 110).

Unter einem "relationalen System" verstehen wir dabei eine Menge von Elementen, unter denen Relationen bestehen. *Numerisch* ist das System dann, wenn es aus Zahlen besteht; *empirisch* ist das System dann, wenn es durch Beobachtungen erfaßt wird.

Unter einem "Morphismus" verstehen wir eine eindeutige (homomorphe) oder eineindeutige (isomorphe) Abbildung aus der Menge A in die Menge A' (s. dazu Abschnitt 1.11.3).

Eine "Skala" ist also die mindestens eindeutige Abbildung eines empirischen Systems in ein Zahlensystem. Eine solche Abbildung nennen wir "messen". Wir unterscheiden Nominal-, Ordinal- und metrische Skalen. Die Abbildbarkeit von empirischen Systemen in diese verschiedenen Arten von Skalen hängt davon ab, mit welcher Art von Begriffen jene Systeme beschrieben werden: quantitative Begriffe können in alle drei Typen von Skalen, komparative Begriffe können in Ordinal- und Nominal-, klassifikatorische Begriffe können nur in Nominalskalen abgebildet werden. Wir besprechen diese Skalen deshalb jeweils bei den einzelnen Begriffsformen.

4.2 Klassifikatorische Begriffe und Nominalskala

4.2.1 Klassifikatorische Begriffe

Klassifikatorische Begriffe oder *qualitative* Begriffe bezeichnen Klassen von gleichartigen Objekten, z.B. Mensch, grün, lebendig. Die Klasse nennt man auch den "Umfang des Begriffs"; die vom Begriff intendierte Gleichartigkeit der Objekte nennt man auch den "Inhalt des Begriffes" (s. Abschnitt 3.2.6).

Die Relation, die klassifikatorische Begriffe intendieren, ist also die der Gleichartigkeit zwischen mindestens zwei Objekten. Dies ist eine zweistellige Relation, die wir bezeichnen mit

Kxy: die Objekte x und y sind in Hinsicht auf das betrachtete Merkmal gleichartig (koinzidieren, stehen in Äquivalenzrelation).

Die Relation muß die folgenden Postulate erfüllen (wir betrachten die Postulate als metasprachliche Aussagen; wo Folgebeziehungen vorkommen, handelt es ich um die logische Folge, die wir mit $\Rightarrow$ oder $\Leftrightarrow$ bezeichnen):

P^1: $\forall x(Kxx)$: K ist total reflexiv, oder: ein Objekt fällt mit sich selbst zusammen.

P^2: $\forall x \forall y(Kxy \Leftrightarrow Kyx)$: K ist symmetrisch, oder: wenn x mit y zusammenfällt, dann auch y mit x.

P^3: $\forall x \forall y \forall z[(Kxy \wedge Kyz) \Rightarrow Kxz]$: K ist transitiv, oder: wenn x mit y zusammenfällt und y mit z, dann auch x mit z.

Mit klassifikatorischen Begriffen verfolgen wir zwei Ziele: Informationen über die Eigenschaft von Objekten zu geben und einen Gesamtbereich B von Gegenständen in verschiedene Klassen zu zerlegen. Das letztere Ziel erfordert zwei elementare Adäquatheitsbedingungen:

P^4: $\forall x\ \forall i \neq j\ \forall j \neq i\ (L_i x \Rightarrow \neg L_j x)$:

mit L_i, L_j, $i = 1, \ldots, n$; $j = 1, \ldots, n$,: die n Klassen, in die der Gegenstandsbereich B eingeteilt wird;
L_ix, L_jx: x fällt in die Klasse L_i bzw. L_j.

Die einzelnen Klassen des Gesamtbereiches müssen scharf gegeneinander abgegrenzt sein, derart, daß kein Objekt mehr als einer Klasse angehört. Die Klassen müssen sich also gegenseitig ausschließen.

P^5: $\forall x(L_1x \vee L_2x \vee \ldots \vee L_nx)$: Jedes Objekt des Gesamtbereiches muß in eine Klasse fallen, die Klasseneinteilung muß also erschöpfend sein.

Die Klassen, in die wir einen Gesamtbereich mittels der klassifikatorischen Begriffe einteilen, können einander gleichgeordnet sein (Beispiel: die Einteilung des Gesamtbereiches der Menschen in Männer und Frauen); es ist aber auch möglich, daß die Klassen in Hierarchien geordnet sind, die in Begriffspyramiden dargestellt werden können (Beispiele: die Systeme der Zoologie und Botanik [s. Darstellung 4/1] sowie Berufsklassifikationen [s. Abschnitt 16.7]).

Darstellung 4/1: Begriffshierarchie der Biologie

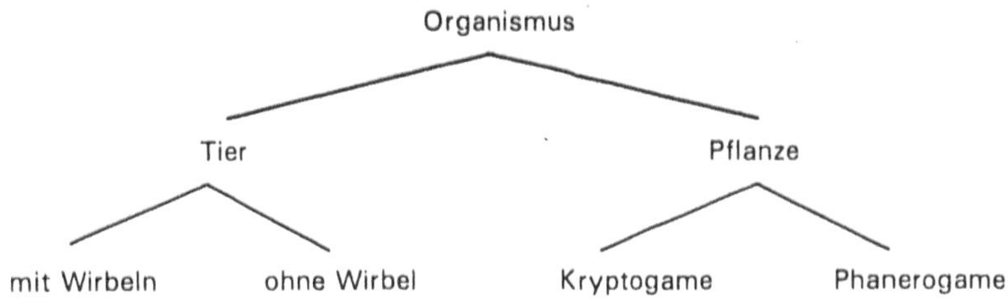

Die Spitze der Pyramide nimmt derjenige Begriff ein, der sämtliche Objekte des Bereiches bezeichnet; jede Stufe der Pyramide ist in einander gleichgeordnete Klassen aufzugliedern. Einander gleichgeordnete Pyramidenstufen (in der Darstellung 4/1 z.B.: "Tier" und "Pflanze") können in je unterschiedliche Klassen weiter aufgeteilt werden; es gibt aber auch Begriffshierarchien, in denen einander gleichgeordnete Stufen in je gleiche Klassen weiter aufgegliedert werden. Strikt verboten ist es, Klassen einer Pyramidenstufe auf einer anderen (tieferen oder höheren) noch einmal zu verwenden. Die oben angeführten Adäquatheitsbedingungen P^4 und P^5 würden dadurch verletzt (s. als Beispiel die Klassifizierung der Berufe in Abschnitt 16.7).

Im übrigen ist es schwierig festzustellen, ob einander gleichgeordnete Klassen die Adäquatheitsbedingung P^5 erfüllen (wir verweisen dazu auf STEGMÜLLER 1974b, S. 19-27).

4.2.2 Die Nominalskala

Ein empirisches System, das mit klassifikatorischen Begriffen beschrieben wird, kann nach folgenden Vorschriften in ein Zahlensystem abgebildet werden, d.h. der Morphismus f muß die folgenden Postulate erfüllen (das resultierende Tripel heißt "Nominalskala"):

P^6: $\forall x \forall y[Kxy \Leftrightarrow f(x) = f(y)]$: Wenn x und y gleichartig sind, muß ihnen dieselbe Zahl zugewiesen werden, und umgekehrt: Wenn x und y dieselbe Zahl zugewiesen wird, sind sie gleichartig.

P^7: $\forall x \forall y[\neg Kxy \Leftrightarrow f(x) \neq f(y)]$: Wenn x und y nicht gleichartig sind, müssen ihnen verschiedene Zahlen zugewiesen werden, und umgekehrt.

Die Zahlen der Nominalskala sind nichts weiter als Namen der Klassen, die zu deren Identifikation dienen. Gegenüber den Namen bietet die Nominalskala den (sehr großen) Vorteil der Ordnung: Auf Grund der ihm zugeordneten Zahl ist die Stellung eines Namens im Namensystem sofort erkennbar, vorausgesetzt natürlich, die Namen sind nach einer solchen Ordnung in das Zahlensystem abgebildet worden. Die Nominalskala ändert ihre Bedeutung bei beliebigen eineindeutigen Transformationen nicht, weil diese lediglich eine nachvollziehbare Umbenennung der Klassen bedeuten. Die Operationen mit den Zahlen der Skala: Addieren, Subtrahieren, Dividieren, Multiplizieren und alle Operationen der höheren Mathematik sind sinnlos. Beispiel für Nominalskalen sind das Postleitzahlensystem der Bundesrepublik Deutschland und die Berufsklassifikation (s. Abschnitt 16.7).

4.3 Komparative Begriffe und Ordinalskala

4.3.1 Komparative Begriffe

Komparative Begriffe sind Relationsbegriffe, die einen Vergleich zwischen verschiedenen Objekten erlauben, derart, daß man von je zwei Objekten die Aussagen "mehr", "weniger" oder "gleich" (bzw. ähnliche Aussagen) in Hinsicht auf eine angegebene Eigenschaft, z.B. das Gewicht, die Intelligenz, die Qualität, machen kann. Nach STEGMÜLLER 1974b (S. 27-44) demonstrieren wir die Einführung eines komparativen Begriffes an dem des Gewichtes. Es stehe eine Waage mit gleich langen Balken und mit zwei Schalen zur Verfügung, auf die wir je ein Objekt legen. Wenn die linke Schale sich neigt, ist das linke Objekt schwerer als das rechte; wenn die rechte Schale sich neigt, ist das linke Objekt leichter als das rechte; wenn beide Schalen gleich hoch sind, wiegen linkes und rechts Objekt gleich schwer. Die Einführung komparativer Begriffe beruht, wie das Beispiel zeigt, auf Operationen, die ihrerseits durch empirische Gesetze erklärt werden (dies ist auch bei klassifikatorischen Begriffen der Fall, allerdings in weniger starkem Maße deutlich), aber sie erfordert kein Maßsystem wie die quantitativen Begriffe (s. Abschnitt 4.4). Die Relationen, die komparative Begriffe intendieren, bezeichnen wir mit

Kxy: die Objekte x und y sind in Hinsicht auf das betrachtete Merkmal gleichartig (koinzidieren, stehen in Äquivalenzrelation) (wie in Abschnitt 4.2.1);

Gxy: x geht y in Hinsicht auf das betrachtete Merkmal voran (x ist schwerer als y).

Die Anforderungen an die Relationen sind die folgenden:

P^1, P^2 und P^3: wie in Abschnitt 4.2.1.

P^4 und P^5 aus Abschnitt 4.2.1 treffen auf komparative Begriffe nicht zu, statt dessen ist von der Relation G zu fordern:

P^8: $\forall x \forall y \forall z (Gxy \wedge Gyz \Rightarrow Gxz)$: G ist transitiv, oder: wenn x y vorangeht und y z, dann geht x auch z voran.

P^9: $\forall x \forall y (Kxy \Rightarrow \neg Gxz)$: G ist K-irreflexiv, oder: wenn x und y zusammenfallen, dann geht x y nicht voran.

P^{10}: $\forall x \forall y(Kxy \vee Gxy \vee Gyx)$: Die Relation ist K-zusammenhängend, oder: zwei Objekte fallen entweder zusammen oder das eine geht dem anderen oder das andere dem einen voran.

Zusätzlich zu der Relation K, die auch von den klassifikatorischen Begriffen intendiert wird, erfassen die komparativen Begriffe noch die Relation G; die komparativen Begriffe vermitteln deshalb mehr Informationen als die klassifikatorischen, ohne von deren Informationen etwas aufzugeben. Deshalb kann ein System komparativer Begriffe in ein solches klassifikatorischer Begriffe überführt werden, natürlich unter Aufgabe von Informationen; die Transformation klassifikatorischer in komparative Begriffe ist dagegen nicht möglich, es sei denn, man führe die Relation G ein.

4.3.2 Die Ordinalskala

Ein empirisches System, das mit komparativen Begriffen beschrieben wird, kann nach folgenden Vorschriften in ein Zahlensystem abgebildet werden, d.h. der Morphismus f muß die folgenden Postulate erfüllen (das resultierende Tripel heißt "Ordinalskala"):

P^{6}: wie in Abschnitt 4.2.2

P^{11}: $\forall x \forall y[Gxy \Leftrightarrow f(x) > f(y)]$: Wenn x y vorangeht, muß x eine größere Zahl zugewiesen werden als y, und umgekehrt: wenn x eine größere Zahl zugewiesen wird als y, geht x y voran.

Wie die komparativen Begriffe erlaubt auch die Ordinalskala nur die Aussagen "gleich", "mehr", "weniger" in bezug auf die betrachtete Eigenschaft, im Zahlensystem symbolisiert durch "=", ">", "<". Weitergehende Operationen mit den Zahlen der Ordinalskala (die vier Grundrechenarten und alle Operationen der höheren Mathematik) sind sinnlos. Streng monotone Transformationen ändern die Bedeutung der Skala nicht, weil sie die Relationen "=", ">", "<" nicht ändern.

Wie bei den klassifikatorischen Begriffen ist auch bei den komparativen die Abbildung in ein Zahlensystem, also die Konstituierung einer Ordinalskala, nicht unbedingt notwendig. Eines der am häufigsten benutzten Systeme komparativer Begriffe, die Schulnoten, wird zum Beispiel oft in der Ursprungsform benutzt: "sehr gut, gut, befriedigend, ausreichend, mangelhaft, ungenügend". Wenn jedoch die Begriffe und mit ihnen die zu erfassenden Differenzierungen des empirischen Systems zahlreicher werden, bringt die Abbildung der Begriffe in ein Zahlensystem eine starke Sprachvereinfachung mit sich. So kann man in die sechs Schulnoten, die man etwa in die Zahlen 25, ..., O abbildet, beliebig viele Zwischenstufen einschieben, die mit Namen kaum mehr zu erfassen sind.

Mit der Abbildung von komparativen Begriffen in ein numerisches relationales System, also mit der Konstituierung von Ordinalskalen, ist sehr häufig, sowohl in der Wissenschaftspraxis als auch im nichtwissenschaftlichen Alltagsleben, ein Mißbrauch verbunden, der unausrottbar zu sein scheint: die Verarbeitung der Skalenwerte mit den vier

Grundrechenarten und mit Operationen der höheren Mathematik zu neuen, angeblich aussagekräftigen Werten. Als Beispiele mögen die Bildung von Durchschnittsnoten dienen (die Durchschnittsabiturnote entscheidet in Deutschland über die Zulassung zu bestimmten Studiengängen!) sowie die Differenzierung und Integrierung von Nutzenfunktionen in der Volkswirtschaftslehre, obwohl doch sehr häufig die Autoren, die dies tun, der Meinung sind, daß Nutzen nur in eine Ordinalskala abgebildet werden kann (s. dazu Abschnitt 17.4). Diese Vorgehensweisen sind sinnlos, sie bringen einen Widerspruch in das Sprachsystem.

4.4 Quantitative Begriffe und metrische Skalen

4.4.1 Zweck und Anforderungen

Quantitative Begriffe *müssen*, anders als die klassifikatorischen und die komparativen, in ein numerisches relationales System abgebildet werden, wenn sie ihren Erkenntniszweck erfüllen sollen. Dieser besteht darin, die Relationen "<" und ">", welche die Ordinalskala angibt, unter Beibehaltung der Relation "=", so zu bestimmen, daß mit den Skalenwerten die Operationen des Addierens und Subtrahierens, des Dividierens und Multiplizierens sowie die Operationen der höheren Mathematik vorgenommen werden können. Wenn dies gelingt, wird es möglich, die hochentwickelten Kalküle der Mathematik zur Lösung empirischer Probleme einzusetzen. Alle Forderungen, die an komparative Begriffe (P^1 bis P^3, P^8 bis P^9) sowie an deren Überführung in eine Ordinalskala (P^6 und P^{10} in Abschnitt 4.3) gestellt worden sind, bleiben erhalten; zusätzlich müssen zwei weitere Regeln aufgestellt werden:

1) Für den quantitativen Begriff, z.B. den der Länge, und so für jeden anderen, muß ein Einheitswert festgestellt werden, d.h.: ein Maßsystem muß festgelegt werden.

2) Es muß festgelegt werden, mit Hilfe welcher Operationen einem konkreten Objekt ein Wert aus der Skala zugewiesen wird.

Was die Wahl der *Maßeinheit* angeht, so unterscheiden wir zwischen willkürlich gewählten und unausweichlichen. Wenn die Elemente von Mengen abgezählt werden, ist die *unausweichliche* Maßeinheit das System der *natürlichen Zahlen einschließlich der Null.* Weiterhin entstehen unausweichliche Maßsysteme, wenn natürliche Zahlen, die Mengen charakterisieren, weiter verarbeitet werden, z.B. zu Geburtsraten (Menge der Geburten/Menge der Frauen im gebärfähigen Alter). Die *nicht unausweichlichen* Maßeinheiten beruhen auf Konvention, z.B. der *Urmeter*, der mit der Zahl 1 belegt wird.

Was die *Operation* angeht, durch die einem konkreten Objekt ein Wert auf der Skala zugewiesen wird, so ist beim Maßsystem der natürlichen Zahlen das *Abzählen* unausweichlich vorgegeben. Die durch Vereinbarung festgesetzten Maßeinheiten erfordern eine weitere Konvention über die Vorgehensweise, mit der einem konkreten Objekt ein Wert zugewiesen wird. Allerdings ist bei allen Operationen folgende Bedingung zu erfüllen, weil sonst die Relationen "<" und ">" nicht in solche Größen überführt werden können, die addiert und subtrahiert werden können: Angenommen, wir wollten für die Länge einen quantitativen Begriff einführen und wir wollten zwei Gegenstände x und y messen. Die Meßwerte seien f(x) und f(y). Fügen wir nun die beiden Gegenstände zu einem zusammen, indem wir sie nach den eingeführten Regeln in gerader Linie aneinanderlegen (diese Operation bezeichnen wir mit xoy), so muß gelten:

P^{12}: $f(x \circ y) = f(x) + f(y)$.

Diese Regel kann leicht für andere quantitative Begriffe veranschaulicht werden, z.B. den des Gewichtes, den der Zeit, und so fort. Noch deutlicher als bei den komparativen Begriffen beruht bei den quantitativen der Meßvorgang auf empirischen Theorien, die als bewährt angesehen werden.

Nach dem Kriterium, ob und wie weit metrische Skalen Transformationen unterworfen werden können, ohne ihre Aussage zu ändern, unterscheiden wir absolute Skalen, Verhältnisskalen und Intervallskalen.

4.4.2 Die absolute Skala

Die absolute Skala kommt dadurch zustande, daß bei ihr sowohl die Maßeinheit (das System der natürlichen Zahlen einschließlich der Null) als auch die Meßoperation (das Abzählen) natürlich vorgegeben sind. Es handelt sich darum, die Anzahl der Elemente von Mengen festzustellen. Der Nullpunkt, Addieren, Subtrahieren und Relationen von Skalenwerten sind sinnvoll. Es ist nicht erlaubt, die Skalenwerte irgendwelchen Transformationen zu unterwerfen, weil dadurch ihre Aussage geändert würde.

4.4.3 Die Verhältnis- (Ratio-) Skala

Eine *Verhältnis-* oder *Ratioskala* hat zwar einen absoluten Nullpunkt, das heißt einen Nullpunkt, der eindeutig natürlich festgelegt ist (Beispiele: Länge, Gewicht, Einkommen, Alter), die Maßeinheit ist jedoch willkürlich gewählt, wie die aufgeführten Beispiele deutlich machen. Proportionale Transformationen der Skalenwerte, die den Nullpunkt unberührt lassen, der Art

$$f_2(x) = af_1(x), \; a > 0$$

ändern die Aussage der Skala nicht. Es handelt sich um die Übersetzung einer Maßeinheit (z.B. Meter) in eine andere (z.B. Fuß). Die Anwendung aller mathematischen Rechenoperationen auf die Werte der Skala ist sinnvoll.

4.4.4 Die Intervallskala

Eine *Intervallskala* unterscheidet sich dadurch von einer Verhältnisskala, daß bei ihr auch der Nullpunkt willkürlich gewählt ist (Beispiel: Temperaturmessung in Grad Celsius). Deshalb ändert die Skala ihre Aussage nicht, wenn sie einer Transformation

$$f_2(x) = af_1(x) + b, \; a > 0$$

unterworfen wird. Auch hier handelt es sich um die Übersetzung einer Maßeinheit (zum Beispiel Grad Celsius) in eine andere (z.B. Grad Fahrenheit). Die Skala erlaubt Aussagen über die Quantität des Abstandes zweier Punkte. Differenzenbildung ist deshalb sinnvoll, ebenso die Bildung von Verhältnissen von Differenzen z.B.:

$$(60^\circ \text{ C} - 30^\circ \text{ C}) = 6 \cdot (10^\circ \text{ C} - 5^\circ \text{ C}),$$

nicht jedoch die Bildung von Verhältnissen zwischen absoluten Werten der Skala (die Aussage "Ein Körper von 5° C ist halb so warm wie ein Körper von 10° C" ist sinnlos, weil die Skala keinen absoluten Nullpunkt hat) (z. Kapitel 4 s. STEGMÜLLER 1974b, S. 34-109; KROMREY 1980, S. 107-118; KUTSCHERA 1972, S. 16-44).

5 Über Definitionen

5.1 Definition der Definition

Im weitesten Sinn verstehen wir unter "Definition" "jede Art der Feststellung oder Festsetzung einer Zeichenverwendung" (Enzyklopädie I, S. 439). Das Zeichen, dessen Verwendung festgestellt oder festgesetzt wird, heißt "Definiendum" (zu definierend) oder "Definitum" (definiert); die Zeichen, welche die Verwendung des Definiendums feststellen oder festsetzen, heißen "Definiens" (definierend). Jede Definition kann als logische Gleichung von der Form

$$y =_{def} f(x_1, \ldots, x_n)$$

geschrieben werden. y sei das Definiendum; $x_1, \ldots, x_n$ seien das Definiens; f bezeichne die syntaktische Form der definierenden Zeichen; das tiefgestellte def wird dem Definiens vorangestellt.

In diesem Buch verwenden wir, von Ausnahmen abgesehen, nicht die eben eingeführte logische Gleichung, sondern wir kennzeichnen das Definiendum durch Anführungszeichen; als syntaktische Form des Definiens benutzen wir Sätze der deutschen Sprache, um ein möglichst flüssiges Lesen zu ermöglichen.

Nach ihrer Sprachebene und nach ihrer Semantik werden Definitionen so eingeteilt, wie Darstellung 5/1 es zeigt.

Darstellung 5/1: Die Einteilung der Definition nach Sprachebene und Semantik

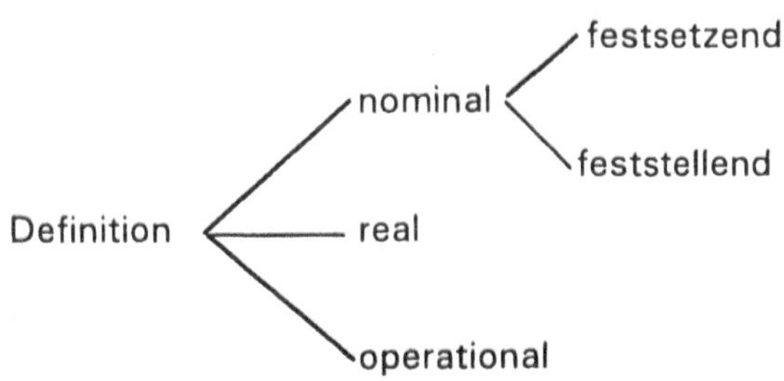

Die nominalen Definitionen gehören der Metasprache an, weil sie nur Sätze (Regeln und Aussagen) über sprachliche Zeichen aufstellen.

Die reale Definition gehört der Objektsprache an. Die "reale Definition" ist eine Aussage des Inhalts, daß bestimmte Eigenschaften einem außersprachlichen Objekt zukommen, wodurch es von anderen Objekten unterschieden werde.

Die reale Definition erfüllt nicht die zu Anfang dieses Kapitels festgesetzte Definition der Definition. Daß wir sie hier dennoch erwähnen, hat drei Gründe:

1) Die klassische Logik (das ist die Logik von *Aristoteles* bis *Frege* ausschließlich) hat die Realdefinition als einen ihrer legitimen Gegenstände angesehen.

2) Obwohl der Objektsprache angehörend, tritt die Realdefinition in der Form von Aussagen über die Verwendung von Begriffen auf, d. h. in metasprachlichem Gewande. Hierdurch können, wie immer bei der Nicht-Unterscheidung der Sprachebenen, Fehler auftreten, auf die wir verweisen wollen (s. Abschnitt 5.3).

3) Die Realwissenschaften, so auch die Volkswirtschaftslehre, machen weitgehenden Gebrauch von Realdefinition, und deshalb sollten sie behandelt werden.

Unter "nominaler festsetzender Definition" verstehen wir eine *Regel*, der gemäß ein sprachlicher Ausdruck durch einen anderen ersetzt werden kann (HEMPEL 1965b, S. 2; BOCHENSKI/MENNE 1973, S. 50). Der Zweck der Operation besteht darin, längere Zeichenreihen abzukürzen (das Definitum ist kürzer als das Definiens), da sonst die Sprache unhandlich oder völlig unbrauchbar wird (s. das Beispiel im Abschnitt 5.3).

Die angeführte Definition der nominalen festsetzenden Definition kann rein syntaktisch verstanden werden: die definierenden Zeichen sind semantisch nicht interpretiert und damit natürlich auch nicht das definierte Zeichen. Die syntaktische Definition regelt den Gebrauch der Zeichen in formalen Kalkülen. Wenn die definierenden Zeichen semantisch interpretiert sind, was in allen Realwissenschaften immer der Fall ist, wird durch die nominale festsetzende Definition die Bedeutung der definierenden Zeichen auf das definierte Zeichen übertragen.

Unter "nominaler feststellender Definition" verstehen wir eine *Aussage* des Inhalts, daß in bestimmten Sprachen bestimmte Ausdrücke, die definierten, als Abkürzungen für andere, die definierenden, benutzt werden.

Beispiel: N $=_{\text{dof}}$ Menge der natürlichen Zahlen.

Diese Definition kann als nominal festsetzend angesehen werden: Ein Mathematiker beschließt, den Ausdruck "Menge der natürlichen Zahlen" durch den Ausdruck "N" abzukürzen. Die Definition kann auch als nominal feststellend angesehen werden: Sie behauptet dann, daß praktisch alle Mathematiker den rechtsstehenden Ausdruck durch den linksstehenden Ausdruck abkürzen. Beide Male sind die Zeichen semantisch interpretiert.

Die "operationale Definition" ist eine *Anweisung (Regel)*, bestimmten Zeichen (dem Definiendum) bestimmte Sinneseindrücke zuzuordnen. Wir sprechen über sie in den Abschnitten 8.5 und 8.6.

5.2 Eigenschaften

In der Definition der Definitionen sind gewisse Eigenschaften impliziert, die wir hier noch einmal aufführen:

1) Da die nominale Definition eine Abkürzung des Definiens durch das Definitum darstellt, sind Definiens und Definitum einander äquivalent.

Deshalb können sie durcheinander substituiert werden. Äquivalenz heißt, daß die nominale Definition nicht kreativ ist: das Definitum bedeutet nichts anderes (nicht mehr und nicht weniger) als das Definiens.

2) Es ist nicht möglich, jedes Zeichen einer Sprache zu definieren. Jede Sprache besitzt deshalb undefinierte Zeichen, die "Grundzeichen" oder, wenn es sich um Begriffe handelt, "Grundbegriffe" heißen.

3) Die nominale festsetzende Definition, da Regel, ist nicht wahr oder falsch, aber sie kann zweckmäßig oder unzweckmäßig sein (diese Beurteilung ist immer nur in Hinsicht auf den Zweck, den der Definierende verfolgt, möglich). Die nominale feststellende Definition und die reale Definition sind Aussagen und damit wahr oder falsch.

5.3 Regeln

Mit Hilfe einiger Werturteile werden die Eigenschaften 1) und 2) zu Regeln umgeformt, einige weitere Regeln sind Spezifizierungen des Postulats der Klarheit und Einfachheit:

1) Die Zeichen einer Sprache, oder, wenn wir uns auf Begriffe beschränken, die Begriffe einer Sprache müssen in Grundbegriffe und abgeleitete (definierte) Begriffe eingeteilt sein. Alle Grundbegriffe und Definitionsregeln sollen ausdrücklich gegeben, alle abgeleiteten Begriffe sollen ausdrücklich definiert sein. (Dieses Postulat wiederholen wir in Abschnitt 6.1 über das axiomatische System.)

2) Zirkeldefinitionen müssen vermieden werden, d.h.: das Definitum darf nicht in seinem eigenen Definiens und auch nicht im Definiens einer früheren Definition vorkommen.

3) Definitum und Definiens müssen derselben syntaktischen Kategorie angehören (zu den Kategorien s. Abschnitt 3.2).

4) Das Definitum soll nur ein zu definierendes Zeichen enthalten.

5) Junktoren und Quantoren dürfen im Definitum nicht vorkommen.

6) Wenn in einer Definition freie Variable vorkommen, müssen sie sowohl im Definitum als auch im Definiens vorkommen.

7) Ein Zeichen sollte in einer Sprache nur einmal definiert werden.

Viele dieser Regeln werden in wissenschaftlichen Publikationen, so auch in wissenschaftlichen volkswirtschaftlichen Veröffentlichungen nicht befolgt. Die allermeisten volkswirtschaftlichen Publikationen sind z.B. nicht axiomatisiert, was man unter anderem daran erkennt, daß die Begriffe nicht in Grundbegriffe und definierte unterschieden und daß keine Definitionsregeln angegeben sind (als eine schon ältere Ausnahme s. WITTMAN 1968).

Die klassische Logik hat als Regel für Definitionen postuliert, daß ein Begriff durch die Angabe des genus proximum und der differentia specifica zu definieren sei, z.B.:

homo $=_{def}$ animal rationale,

Mensch $=_{def}$ vernünftiges Tier.

Die Regel ist zu eng: sie betrifft nur einstellige Prädikate. Außerdem, da solche Definitionen durchweg auch als Realdefinitionen interpretiert wurden, gibt es zahlreiche Kontroversen über genus proximum und differentia specifica. In realer Betrachtung z.B.: Ist das genus proximum für Mensch nicht "Säugetier" statt "Tier"?

Wenn "animal" mit "Lebewesen" übersetzt wird, wie es die lateinische Sprache erlaubt und wie es häufig geschieht, sind die Zweifel, daß es das genus proximum zu "Mensch" ist, natürlich noch berechtigter.

5.4 Ein Beispiel: die Definition des Begriffes "Arbeitsmarkt"

Wir geben zunächst eine nominale festsetzende Definition, definieren dann einige der verwendeten Begriffe weiter, um schließlich die undefinierten Begriffe des kleinen Sprachspiels als solche zu kennzeichnen.

Arbeitsmarkt $=_{def}$ Markt der Arbeitsleistung.

Markt eines Gutes x $=_{def}$ Ort, an dem das Gut x angeboten, nachgefragt, gekauft und verkauft wird.

Arbeitsleistung $=_{def}$ menschliche Tätigkeit, die der Aneignung des Natürlichen für menschliche Bedürfnisse sowie der Herstellung von Gebrauchswerten dient.

Gebrauchswert $=_{def}$ alles, was zur Befriedigung menschlicher Bedürfnisse dient.

Bedürfnis $=_{def}$ Empfindung eines Mangels.

Wenn wir an dieser Stelle abbrechen, dann sind undefinierte Grundbegriffe: Mangel, Empfindung, menschlich, Befriedigung, alles, Herstellung, Natürliches, Aneignung, Tätigkeit, verkaufen, kaufen, nachfragen, anbieten, Ort (Gut "x" dient nur als Variable für "Arbeitsleistung"). Alle diese Grundbegriffe benötigen wir zur Definition von "Arbeitsmarkt"; die enorme Sprachvereinfachung, welche die Definition leistet, wird klar, wenn man versucht, "Arbeitsmarkt" durch das Definiens aus Grundbegriffen zu ersetzen.

Indem wir behaupten, daß "Arbeitsmarkt" von manchen deutschsprachigen wirtschaftswissenschaftlichen Autoren in dem eben definierten Sinn gebraucht wird, geben wir eine nominale feststellende Definition. Zum Beweis dieser Aussage führen wir einige Literaturstellen an: WATRIN 1975; ZERCHE 1979, S. 38; BRIEFS 1965; MERTENS 1973, S. 229.

Die zitierten Autoren benutzten die von uns bis jetzt als nominal angesehen Definition des Arbeitsmarktes als Realdefinition: Sie belegen mit der Definition im angeführten Sinn denjenigen Markt, auf dem über die Beschäftigung, Arbeitslosigkeit und Entlohnung der Unselbständigen entschieden wird, indem sie behaupten, daß auf diesem Markt Arbeitsleistungen angeboten, nachgefragt, verkauft und gekauft werden. Diese Aussage ist falsch. *Arbeitsleistungen werden nämlich von selbständigen Gewerbetreibenden angeboten*, von Handwerkern, Rechtsanwälten, Notaren, Steuerberatern, Unternehmensberatern, Ärzten, Architekten. Die unselbständig Erwerbenden bieten auf dem Markt sich selbst an, und zwar mit der Maßgabe, daß der Käufer ihre Arbeitskraft für eine vereinbarte Arbeitszeit für meistens relativ weit beschriebene Zwecke benutzen darf. Wir wollen diesen Markt "Arbeitsmarkt" nennen, den anderen Markt dagegen "Dienstleistungsmarkt", und zwar zunächst im Sinne von nominalen festsetzenden Definitionen. Wir definieren also:

Dienstleistungsmarkt $=_{def}$ Markt der Arbeitsleistung von Selbständigen.

Selbständiger $=_{def}$ Person, die auf eigenes Risiko ein Gewerbe ausübt.

Arbeitsmarkt $=_{def}$ Markt der unselbständigen Erwerbspersonen.

unselbständige Erwerbspersonen $=_{def}$ Personen, die ihre Arbeitskraft anderen Personen zur Verfügung stellen, derart, daß sie deren Anweisungen zu gehorchen haben, aber auch nicht das Risiko für das Gelingen tragen.

Die Überführung dieser Nominaldefinitionen in Realdefinitionen macht die Aussagen nicht falsch, sondern wahr. Folgende Aussagen beweisen dies: Die Anbieter von Dienstleistungen bestimmen ihre Arbeit selbst, sowohl was die Zeit als auch was die Arbeitsbedingungen als auch was die Art der Arbeit angeht, und tragen das Risiko für deren Gelingen; die Unselbständigen, die sich selbst anbieten, unterliegen einer Fremdbestimmung, aber sie tragen auch nicht das Risiko für das Gelingen der Arbeit, von Vorsatz und Fahrlässigkeit abgesehen. Der Selbständige schließt mit den Käufern der Dienstleistung einen Vertrag ab, in dem der Dienst beschrieben ist; mit der Vollendung des Dienstes endet der Vertrag. Der Unselbständige schließt mit dem Käufer (genannt "Arbeitgeber") einen Arbeitsvertrag ab, der gewöhnlich über eine nicht bestimmte Zeit läuft und der ihn verpflichtet, den Anweisungen des Käufers zu folgen.

Warum in der deutschsprachigen Literatur eine so falsche Realdefinition des Arbeitsmarktes in Umlauf gesetzt wurde, geht sehr klar aus WATRIN 1975 hervor: Es sollte bestritten werden, daß die unselbständig Beschäftigten unselbständig und abhängig sind. Indem man diese Behauptung als Definition (und man darf wohl sagen: als Nominaldefinition) ausgibt, entzieht man sie einer empirischen Überprüfung. Der Zweck unserer Ausführungen besteht darin, den Leser vor einem solchen Mißbrauch zu warnen.

6 Über das axiomatische System und über das Hempel-Oppenheim-Schema

Als Ordnungsprinzip, durch dessen Anwendung Erkenntnis zu Wissenschaft wird, haben wir in Abschnitt 1.3 postuliert, daß aus allgemeinen Sätzen weniger allgemeine deduziert werden. Die Deduktion wird "Erklärung" genannt; deren höchste Entwicklungsstufe ist das axiomatische System. Wir geben in Abschnitt 6.1 einen knappen Abriß dessen, was unter einem axiomatischen System zu verstehen ist (vgl. BOCHENSKI/MENNE 1973, S. 49-53; CARNAP 1964, S. 271-275); in Abschnitt 6.2 skizzieren wir das Hempel-Oppenheim-Schema. Über spezielle Probleme des deduktiv-nomologischen Systems in den Realwissenschaften sprechen wir in den Abschnitten 8.4 bis 8.6 sowie in den Kapiteln 10 und 11.

6.1 Über das axiomatische System

Das "axiomatische System" wird von BOCHENSKI/MENNE 1973 definiert als eine "Menge von Ausdrücken, die in zwei Klassen zerfallen, derart, daß die Elemente der zweiten Klasse durch die Anwendung von ausdrücklich formulierten Regeln aus den Elementen der ersten Klasse erhalten werden" (S. 49). Für unsere Zwecke reicht es, die Ausdrücke in der angeführten Definition als Begriffe und Aussagen anzusehen. Wenn wir die Definition des axiomatischen Systems zunächst auf die Begriffe anwenden, erhalten wir deren Zweiteilung in die *Grundbegriffe* und in die *abgeleiteten Begriffe*. Alle Grundbegriffe und Definitionsregeln müssen ausdrücklich gegeben, alle abgeleiteten Begriffe müssen ausdrücklich definiert sein.

Durch Anwendung der im System ebenfalls gegebenen Aussagebildungsregeln kann man aus den Begriffen Aussagen bilden. Auch diese bestehen gemäß der oben angeführten Definition aus zwei Klassen: den *Axiomen*, die innerhalb des Systems nicht aus anderen Sätzen abgeleitet werden, und den abgeleiteten Aussagen, den *Theoremen*. Die Ableitung geschieht mit Hilfe der ebenfalls angegebenen Deduktionsregeln.

Das System ist *formalisiert*, wenn seine Regeln ausschließlich die graphische Form der Ausdrücke, nicht aber deren mögliche Bedeutungen berücksichtigen.

Das axiomatische System enthält einen *Widerspruch* (dazu s. Abschnitt 3.4), wenn man mit seinen gegebenen Regeln aus seinen Axiomen eine Aussage und zugleich deren Kontradiktion deduzieren kann oder wenn bereits mindestens zwei Axiome in Widerspruch zueinander stehen. Ein solches System ist unbrauchbar, weil der Unterschied zwischen wahren und falschen Aussagen nicht mehr besteht.

In Abschnitt 17.5.3 zeigen wir, daß gewisse Axiome der neoklassischen Theorie der Unternehmung einen Widerspruch implizieren.

Ein axiomatisches System nennen wir "vollständig in weiterem Sinn", wenn aus seinen Axiomen alle wahren Aussagen des Gegenstandsbereiches, des Universe of Discourse, deduziert werden können; wir nennen es "vollständig in engerem Sinn", wenn jede Aussage, die nicht aus den Axiomen abgeleitet ist oder selber zu den Axiomen gehört, in das System einen Widerspruch bringt, wenn sie unter die Axiome aufgenommen wird. Es ist das Ziel jeder Wissenschaft, ein widerspruchsfreies und vollständiges System für ihren Gegenstandsbereich zu errichten. Die zweite Bedingung stellt höhere Anforderungen an das System als die erste (s. hierzu BOCHENSKI/MENNE 1973, S. 52f.; BORKOWSKI 1976, S. 482-488; KUTSCHERA 1967, S. 163). "Nur wenige axiomatische deduktive Systeme erwiesen sich als vollständig. K. Gödel (GÖDEL 1931) wies nach, daß jedes Axiomensystem, in dem die Arithmetik der natürlichen Zahlen enthalten ist, unvollständig ist" (BORKOWSKI 1976, S. 484).

Das axiomatische System kann als "analytisch" bezeichnet werden, insofern nämlich, als alle Theoreme, die in ihm abgeleitet werden können, in den Axiomen bereits enthalten sind; anders könnten sie ja nicht abgeleitet werden (in Abschnitt 3.7.2 haben wir dies als das Gesetz formuliert, daß das logische Schließen keine Gehaltserweiterung bringt). Anders als die analytische Aussage, die keinen Informationsgehalt hat, der über denjenigen der in ihr enthaltenen Begriffe hinausgeht (s. Abschnitt 3.5), kann das axiomatische System einen sehr großen Informationsgehalt haben. Dies liegt einerseits daran, daß die Theoreme, obwohl in den Axiomen enthalten, mit diesen nicht identisch, sondern von ihnen verschieden sind, wie es bereits die Definition des kategorischen Syllogismus durch *Aristoteles* feststellt (s. Abschnitt 3.7); andererseits daran, daß erst durch die Ableitungen klar wird, was alles an Theoremen gleichsam verborgen in den Axiomen gelegen hat. Wissenschaften, die sich bemühen, ihre Aussagen als axiomatisches System zu etablieren, werden gelegentlich "analytisch" genannt, so z.B. die formalisierte Volkswirtschaftslehre.

6.2 Über das Hempel-Oppenheim-Schema

HEMPEL/OPPENHEIM 1948 haben vier (häufig zitierte) Bedingungen angegeben, denen ihrer Meinung nach die wissenschaftliche Erklärung eines Ereignisses genügen muß, (s. auch STEGMÜLLER 1974a, S. 86; CZAYKA 1991, S. 124-128). Sie sind meiner Meinung nach eine Konkretisierung der Eigenschaften eines axiomatischen Systems für empirische Aussagensysteme und lauten:

1) Das Explanandum muß aus dem Explanans logisch korrekt hergeleitet werden.
2) Das Explanans muß mindestens ein Gesetz enthalten.
3) Das Explanans muß wahr sein.
4) Das Explanans muß empirischen Gehalt besitzen.

Zur Bedingung 1):

Diese Bedingung sagt nichts anderes, als daß der erste Teil des Ordnungsprinzips, das wir für Wissenschaft postuliert haben (Abschnitt 1.3), nämlich daß bestimmte Sätze aus anderen zu deduzieren seien, zu gelten hat; selbstverständlich muß die Ableitung den logischen Gesetzen entsprechen. Gelegentlich wird behauptet, die logisch korrekte Deduktion des Explanandum aus dem Explanans könne nur bei deterministischen Aussagesystemen angewandt werden, nicht jedoch bei probabilistischen (STEGMÜLLER 1974a, S. 86). Ich halte diese Behauptung nur dann für wahr, wenn das Explanans ausschließlich durch *eine einzelne* Singuläraussage beschrieben wird. Wenn das Explanans jedoch aus der Beschreibung einer empirischen Häufigkeitsverteilung besteht (welche ihrerseits durch die Konjunktion mehrerer Singuläraussagen zustande kommt), kann es meiner Meinung nach korrekt aus probalistischen Aussagen abgeleitet werden. (s. Abschnitt 11.3).

Zur Bedingung 2):

Diese Bedingung konkretisiert den zweiten Teil des in Abschnitt 1.3 postulierten Ordnungsprinzips, nämlich daß die Deduktion aus allgemeineren Sätzen erfolgen solle: die allgemeineren Sätze müssen ein Gesetz sein. Dieses Postulat geht über das, was die Logik fordert, hinaus. Denn die Logik fordert nur, daß mindestens eines der Explanantia eine Allaussage sei, wenn wir von dem Sonderfall absehen, daß alle Prämissen auch Singuläraussagen sein können (s. Abschnitt 3.7, insbesondere 3.7.2), d.h. die Logik betrachtet nur die Form des Satzes, nicht seinen Inhalt. Daß ein Satz ein Gesetz der Realwissenschaften sei, betrifft neben seiner Form aber auch seinen Inhalt (s. Abschnitt 1.9), nämlich daß er eine Allaussage sei (Form), die nach Ort und Zeit nicht eingeschränkt sei, eine faktische Notwendigkeit beschreibe und bewährt sei (Inhalt). Ich halte diese Erweiterung für sinnvoll und notwendig, denn nur so kann man den stetigen Fluß der empirischen Phänomene auf unwandelbare Ursachen zurückführen, d.h. erklären. Im übrigen beschreibt diese Bedingung nur, was die empirischen Wissenschaften schon immer versucht haben: empirische Gesetze für ihren Gegenstandsbereich zu finden. Daß dies ein äußerst schwieriges und häufig erfolgloses Unterfangen ist; daß vor allem in den Sozialwissenschaften die Allaussagen, wenn sie sich überhaupt bewährt haben, meistens nur Quasigesetze sind, d.h. auf bestimmte Räume und Kulturen eingeschränkt, kann nicht dazu führen, die Bedingung (2) als unerfüllbar zu verwerfen.

Zur Bedingung 3):

In Abschnitt 3.7.6 haben wir gezeigt, daß innerhalb einer folgerichtigen Ableitung der Wahrheitswert "wahr" von den Prämissen, dem Explanans, auf die Schlußfolgerung, das Explanandum notwendig übertragen wird. Zwar wird der Wahrheitswert "falsch" nicht mit Notwendigkeit von den Prämissen auf die Konklusion übertragen, vielmehr kann bei falschen Prämissen die Folgerung wahr oder falsch sein (die Logik kann darüber nichts sagen). Aber das deduktive System macht nur dann einen Sinn, wenn es mit Sicherheit wahre Konklusionen liefert, und das ist nur bei wahren Prämissen der Fall. Bedingung (3) ist deshalb die Umformulierung eines logischen Gesetzes in eine Adäquatheitsbedingung für realwissenschaftliche Erklärungsversuche, also genau das, was in diesem Buche unter "Wissenschaftstheorie" verstanden wird (s. Abschnitt 1.12).

Die vor allem von FRIEDMAN 1953 in der Volkswirtschaftslehre in Umlauf gesetzte Meinung, in deduktiven Systemen komme es nicht auf die Wahrheit der Prämissen, sondern allein der Konklusionen an, ist ein groteskes Mißverständnis des Zweckes deduktiver Systeme. Vermutlich wollte *Friedman* auf diese Weise der sonst unvermeidlichen Konsequenz entgehen, einen guten Teil der Axiome der neoklassischen Theorie (s. dazu Kapitel 17 und 19) zu verwerfen, weil sie sich als falsch herausgestellt haben; vermutlich genau dieser Funktion verdankt die These ihre große Popularität in der herrschenden Volkswirtschaftslehre.

Natürlich erhebt sich die Frage, wie man über die Wahrheit der Prämissen, speziell der empirischen Gesetze unter ihnen, Sicherheit erlangen kann (s. dazu Abschnitt 10.1, zu Beobachtungsaussagen Abschnitt 8.3). Hier nur soviel, daß man über die Wahrheit empirischer Gesetze keine Sicherheit erlangen kann, daß es aber Bedingungen gibt, unter denen man sie als bewährt ansehen kann; damit muß man sich begnügen. Wenn man dies nicht tut, sondern den Wahrheitsnachweis für empirische Gesetze fordert, muß man die Vorstellung aufgeben, daß es in empirischen Wissenschaften unter anderem um die Aufstellung empirischer Gesetze geht.

Zur Bedingung 4):

Da aus den Prämissen eines deduktiven Systems keine Folgerungen gezogen werden können, die nicht - wenn auch verborgen - bereits in ihm enthalten sind (s. Abschnitte 3.7.1 und 6.1), muß das Explanans einer deduktiven Erklärung eines empirischen Sachverhaltes selber empirisch sein. Auch die Bedingung (4) ist also, wie die Bedingung (3), die Umformulierung eines logischen Gesetzes in eine Adäquatheitsbedingung für realwissenschaftliche Erklärungsversuche. Es ist jedoch auch hier schwierig zu entscheiden, wann diese Bedingung erfüllt ist. Wir sprechen darüber in den Abschnitten 8.4 bis 8.6.

7 Über das Problem der Reduktion

7.1 Die Erfindung einer reduzierenden Theorie

Die Axiome einer Theorie T_1 aus einer anderen Theorie T_2 ableiten, haben wir oben (Abschnitt 1.8) die "Reduktion" jener (speziellen) auf diese (allgemeinere) Theorie genannt. Um einige hiermit verbundene Probleme darzustellen, nehmen wir zunächst an, die Aufgabe bestehe darin, zu einer vorliegenden Theorie T_1 eine reduzierende Theorie T_2 zu erfinden. Dies bedeutet, daß die Grundbegriffe von T_1 durch die Grundbegriffe von T_2 definiert (HEMPEL 1958, S. 56; SCRIVEN 1958, S. 122-127; CARNAP 1964, S. 102-106; NAGEL 1961, S. 336-397), daß weiterhin die Axiome von T_1 als Theoreme von T_2 dargestellt werden müssen (NAGEL 1961, S. 354). Aus der Menge der wissenschaftstheoretischen Fragen, die man zu diesem Vorgang stellen kann, werden wir die zwei in Abschnitt 7.1.1 und in Abschnitt 7.1.2 gestellten diskutieren.

7.1.1 Ist es möglich, von einer speziellen Theorie folgerichtig auf eine allgemeinere zu schließen?

Damit der Schluß von der speziellen (T_1) auf die allgemeinere (T_2) Theorie folgerichtig sei, müssen die Axiome der speziellen Theorie T_1 einen größeren Umfang als die zu findenden Axiome der allgemeineren Theorie (T_2) haben (s. Gesetz 1, Abschnitt 3.7). Damit jedoch die Axiome von T_1 aus T_2 deduziert werden können, müssen sie einen geringeren Umfang als die Axiome von T_2 haben. Der Versuch, folgerichtig von einer speziellen auf eine allgemeinere Theorie zu schließen, führt also zu einem Widerspruch. Aus diesem Grunde ist es unmöglich, von einer speziellen Theorie folgerichtig auf eine allgemeinere zu schließen. Hieraus entsteht natürlich das Problem, wie ein Forscher, der zunächst eine spezielle Theorie hat und zu dieser eine allgemeinere sucht (das dürfte die normale Situation in den Wissenschaften sein), vorgehen soll. Das Problem wird uns bei der Induktion in ähnlicher Weise wiederum begegnen. Die analytische Wissenschaftstheorie kann ihm gegenüber nichts anderes tun, als sich für unzuständig erklären: Für die Erfindung von Theorien gibt es keine logischen Regeln.

7.1.2 Wieviel allgemeinere Theorien gibt es, aus denen man die Axiome einer speziellen deduzieren kann?

Wenn man aus einer speziellen Theorie nicht folgerichtig auf eine allgemeinere Theorie schließen kann, muß es möglich sein, mehr als eine allgemeinere Theorie zu konstruieren, aus der man eine spezielle deduzieren kann. Es ist möglich, zu jeder beliebigen Menge von allgemeineren Theorien, aus der eine bestimmte spezielle deduziert werden kann, eine weitere mit eben dieser Eigenschaft hinzuzuerfinden; die Menge dieser

Theorien ist abzählbar unendlich (MALEWSKI 1965; FEYERABEND 1962, S. 48).

7.2 Die Reduktion auf eine vorliegende Theorie

Wir variieren nun die Aufgabe der Reduktion und fordern nicht mehr, zu einer vorliegenden Theorie T_1 eine reduzierende Theorie T_2 zu erfinden, sondern vielmehr, eine vorliegende Theorie T_1 auf eine ebenfalls vorliegende Theorie T_2 zu reduzieren. Dies ist der normale Fall, über den die Reduktionismusliteratur handelt; als Beispiele werden aufgeführt: die Reduktion der *Keplerschen* und *Galileischen* Theorien auf die *Newtons*; die Reduktion der Mathematik auf die Logik, die Reduktion der Soziologie auf die Psychologie; die Reduktion der Volkswirtschaftslehre auf die Soziologie oder die Psychologie.

Alles, was wir bisher über die Reduktion gesagt haben, behält auch für die abgewandelte Aufgabe seine Gültigkeit, außerdem treten neue Probleme auf: Es ist so gut wie nie möglich, eine vorliegende Theorie T_1 auf eine andere vorliegende Theorie T_2 zu reduzieren, ohne daß an der einen oder der anderen oder an beiden Theorien tiefgreifende Veränderungen vorgenommen werden, und zwar sowohl in bezug auf die Grundbegriffe als auch in bezug auf die Definitionen als auch in bezug auf die Axiome als auch in bezug auf die Theoreme, weil eben die beiden Theorien nicht zum Zwecke der Reduktion entwickelt worden sind (FEYERABEND 1965). Wegen der Vielzahl möglicher reduzierender Theorien gibt es keine allgemein gültigen Kriterien dafür, welche der beiden vorliegenden Theorien T_1 und T_2 auf die andere reduziert werden und welche Veränderungen an den Theorien vorgenommen werden sollen.

7.3 Das Ziel der Reduktion

Wer eine Theorie T_1 auf eine Theorie T_2 zu reduzieren versucht, verfolgt das Ziel, die Theorie T_1 dadurch letztlich überflüssig zu machen, daß er sie als einen Spezialfall von T_2 darstellt, um so die Überschaubarkeit der Theorien und damit das Weltverständnis zu erhöhen. Das letzte Ziel in den empirischen Wissenschaften könnte darin bestehen, die Beschreibung aller empirischen Phänomene und damit ihre Erklärung aus einer einzigen Theorie abzuleiten. Im 19. Jahrhundert ist tatsächlich die Auffassung vertreten worden, alle Ereignisse, auch die menschlichen Entscheidungen und deren Ergebnisse, seien durch eine physikalische Theorie, letztlich die Bewegung der Materie, zu erklären. Dieses Ziel wird heute wohl kaum mehr ernsthaft verfolgt. Aber auch die Bestrebungen, für eine Wissenschaft, etwa die Physik, eine einheitliche Theorie zu konstruieren, auf die alle bestehenden Theorien dieses Gebietes reduziert werden könnten, haben sich als praktisch undurchführbar erwiesen. In den Sozialwissenschaften wird gelegentlich, allerdings nur von einer sehr kleinen Minderheit aller Sozialwissenschaftler, der Anspruch erhoben, wie bereits erwähnt, alle Theorien auf die Pyschologie zu reduzieren.

Der in jüngerer Zeit aufgetretene Imperialismus der volkswirtschaftlichen neoklassischen Mikroökonomik (s. dazu Abschnitt 17.2), der darin besteht, dieses Erklärungsmuster auch auf menschliche Verhaltensweisen auszudehen, die bisher nicht als ökonomisch galten, versucht nicht, andere Theorien auf die Mikroökonomik zu reduzieren, sondern sie zu verdrängen.

Insgesamt können wir sagen, daß zumindest in der Praxis der heutigen Sozialwissenschaften Versuche zur Reduktion bestimmter Theorien auf andere nur sehr selten vorkommen (als Literatur s. außer der erwähnten auch NICKLES 1980).

8 Über das Basisproblem

8.1 Die Aspekte des Problems

Die Realwissenschaften werden dadurch von den Formalwissenschaften unterschieden, daß die Aufgabe jener darin besteht, Sinneseindrücke zu beschreiben und zu erklären. Der Terminus "Sinneseindruck" ist ein undefinierter Grundbegriff dieser Darlegungen. Sein Sprachgebrauch wird dadurch exemplifiziert, daß "Beobachtung" als gleichbedeutend benutzt wird (LEINFELLNER 1967, S. 108; POPPER 1934, S. 69). Unter "Beobachtung" und "Sinneseindruck" fallen auch sämtliche *Messungen*, die mit Hilfe von Apparaten vorgenommen werden. Eine Theorie erklärt dann Sinneseindrücke, wenn aus ihren Axiomen, gemäß ihren Deduktionsregeln, Aussagen abgeleitet werden, die das Eintreten bestimmter Sinneseindrücke behaupten, und wenn diese dann tatsächlich beobachtet werden. Aussagen, die eingetretene Sinneseindrücke beschreiben, werden "Protokollsätze" genannt; alle überhaupt denkbaren Aussagen über Sinneseindrücke, gleichgültig, ob diese nun stattgefunden haben oder nicht, werden "Basissätze" genannt, sehr oft werden "Protokollsatz" und "Basissatz" aber auch als Synonyma benutzt.

Wir erinnern an dieser Stelle daran, daß weithin in der Literatur "Satz" synonym mit "Aussage" gebraucht wird, weshalb hier "Basissatz" für eine bestimmte Art von Aussage steht, während wir "Satz" als Oberbegriff für "Aussage", "Befehl" und "Frage" ansehen.

Der Name "Basissatz" rührt daher, daß die *Empiristen* und die frühen *Neopositivisten des Wiener Kreises* glaubten, die Sinneseindrücke seien die Basis aller Erkenntnis; wir verbinden keine solche Vorstellung mit dem Wort "Basissatz". Ein weiteres Synonymon für Aussagen, die Sinneseindrücke beschreiben, gleichgültig, ob diese nun stattgefunden haben oder nicht, ist "Beobachtungsaussage". Wir werden dieses Wort benutzen.

Unter der Überschrift des "Basisproblems" pflegt die Wissenschaftstheorie sich mit Fragen zu befassen, die wir so aufzählen können:

1) Wie kommen überhaupt Sinneseindrücke und Aussagen über diese zustande?

2) Wie wählt man aus allen möglichen Aussagen über Sinneseindrücke diejenigen aus, die für eine Realwissenschaft relevant sein sollen? Oder: Was ist das Wahrheitskriterium der Beobachtungsaussagen?

3) Was ist die logische Struktur der Aussagen über Sinneseindrücke, und auf welche Weise kann man sie aus Axiomen deduzieren?

4) Welche Anforderungen sind an die Meß- und Beobachtungssprache zu stellen?

5) Wie verhalten sich die Begriffe in der Beobachtungsaussage zu den Begriffen in den Prämissen der Theorie, oder: Können alle Begriffe der Theorie durch Beobachtungsbegriffe definiert werden?

Diese Fragen werden in den folgenden Punkten behandelt.

8.2 Die Bedingung der Möglichkeit von Sinneseindrücken und der Aussagen über sie

Warum Sinneseindrücke und Aussagen über sie möglich sind und was das Wahrheitskriterium solcher Aussagen ist, das zu untersuchen ist nach der hier vertretenen Auffassung nicht Aufgabe der Wissenschafts-, sondern der Erkenntnistheorie. Viele Wissenschaftstheoretiker (z.B. Popper 1934 S. 60-76 und passim [zur Erkenntnistheorie *Poppers* s. Keuth 1978b]; Leinfellner 1967, S. 108-118; Pap 1955, S. 27ff.; Carnap 1961b, S. 83ff.; Stegmüller 1974b, S. 181-212 und passim) versuchen allerdings doch, Antworten auf jene Fragen zu geben, und gerade bei den Beobachtungaussagen liegt das nahe. Ich beschränke mich im folgenden auf einige vorwiegend negative Aussagen.

Dem klassischen älteren *Empirismus*, dem älteren *Positivismus* und dem *Neopositivismus des Wiener Kreises* in seinen Anfängen war die Auffassung zu eigen, daß Sinneseindrücke das der Wahrnehmung unmittelbar Gegebene und daß Aussagen über sie deshalb absolut wahr seien. Die meisten Wissenschaftstheoretiker sind heute jedoch der Überzeugung, daß jene Auffassung falsch sei: Sinneseindrücke seien nicht unmittelbar gegeben, sondern sie kämen zustande, indem das erkennende Individuum aktive Erkenntnisleistungen vollbringe, die von vielfältigen Motiven und auch - zumindest rudimentären - empirischen Theorien gesteuert seien. Ganz deutlich werde dies da, wo Messungen mit Hilfe von Apparaten vorgenommen würden: Die Arbeitsweise der Apparate werde mit empirischen Theorien erklärt, ihre Meßergebnisse würden wegen dieser Theorien akzeptiert. Die Aussagen über Sinneseindrücke seien außerdem in den Wissenschaftssprachen und auch im überwiegenden Teil der Alltagssprache nicht phänomenalistisch (das heißt: strikt nur Sinneseindrücke beschreibend), sondern reistisch (das heißt: Dinge beschreibend) abgefaßt: Sinneseindrücke werden als Beschreibungen von unabhängig existierenden Dingen wiedergegeben. Diese Übersetzung der Beschreibung von Sinneseindrücken in eine Beschreibung von Dingen geschehe unter Zuhilfenahme von Theorien, die als bewährt angesehen werden (eindrucksvolle Beschreibungen des Einflusses von Theorien auf Beobachtungsaussagen findet man bei Kuhn 1978, Abschnitt X). Deshalb sei keine unmittelbare Evidenz von Beobachtungsaussagen gegeben, deshalb könnten Aussagen über Sinneseindrücke nicht absolut, unbezweifelbar wahr sein, sie seien vielmehr fehlbar.

Ich schließe mich dieser Meinung an.

8.3 Die Auswahl der relevanten Beobachtungsaussagen

8.3.1 Auswahl durch Beschluß

Auch wer der Meinung ist, daß Beobachtungsaussagen fehlbar sind und daß Menschen deshalb nicht endgültig Gewißheit über deren Wahrheit oder Falschheit erlangen können, muß, wenn er nicht in vollständigen Skeptizismus verfällt und behauptet, es gebe kein irgendwie geartetes Wahrheitskriterium, nach dem man (wenn auch nur vorläufig) wahre von falschen Beobachtungsaussagen unterscheiden könne, muß (um es zu wiederholen) dieses Wahrheitskriterium angeben. In der "Logik der Forschung" hat *Popper* über die Akzeptierung der Beobachtungsaussagen geschrieben:

"Die Basissätze werden durch Beschluß, durch Konvention anerkannt, sie sind *Festsetzungen*. Die Beschlußfassung ist geregelt; vor allem dadurch, daß wir *nicht einzelne Basissätze*, voneinander logisch isoliert, anerkennen, sondern daß wir eine *Theorie* überprüfen und bei dieser Gelegenheit systematische Fragen aufwerfen, die wir dann durch Anerkennung von Basissätzen beantworten" (POPPER 1934, S. 71).

Das Kriterium für die Akzeptierung von Beobachtungssätzen ist nach *Popper* eine geregelte, nicht eine willkürliche Konvention; die Aussagen über die Regeln der Konvention sind an der zitierten Stelle und auch sonst in der "Logik der Forschung" in hohem Maße unklar und strittig (s. dazu KEUTH 1978a). Insofern ist es nicht verwunderlich, daß frühere Angehörige der *Popper*-Schule zum Skeptizismus abgewandert sind, wie *Feyerabend*, der den Irrationalismus propagiert (Alles ist erlaubt: FEYERABEND 1976) oder *Lakatos*, dessen "verfeinerter Falsifikationismus" überhaupt kein Wissen mehr als irgendwie sicher, vor anderem ausgezeichnet, anerkennt (LAKATOS 1974 und 1982; s. auch Abschnitt 10.3.2.3).

8.3.2 Die Kriterien der Auswahl

In der Praxis der empirischen Wissenschaften gibt es zwei Kriterien, nach denen Beobachtungsaussagen als vorläufig wahr akzeptiert werden:

1) Einzelne Beobachtungsaussagen dürfen solchen Theorien, die allgemein akzeptierte Beobachtungsaussagen erklären und die von der Zunft der Wissenschaftler als bewährt angesehen werden, nicht widersprechen.

Ein Beispiel: Berichte über die stattgefundene Auferweckung von Toten, wie sie bekanntlich im Neuen Testament vorkommen, werden als unwahr angesehen, weil sie Theorien widersprechen, welche die allgemein akzeptierten Beobachtungsaussagen erklären, daß einmal Tote nicht wieder lebendig geworden sind. Nur wenn Beobachtungsaussagen, die bisher akzeptierten Theorien widersprechen, ihrerseits immer wieder gemachte Beobachtungen beschreiben, und wenn eine Theorie zur Verfügung steht, die sowohl die mit der alten Theorie erklärbaren als auch die mit dieser nicht erklärbaren Beobachtungen erklärt, haben diese Beobachtungen eine Chance, anerkannt zu werden, so daß schließlich jene bisher akzeptierten Theorien verworfen werden.

POPPER 1934 hat diesen Sachverhalt so ausgedrückt: "Widersprechen anerkannte Basissätze einer Theorie, so sind sie nur dann Grundlage für deren Falsifikation, wenn sie gleichzeitig eine falsifizierende Hypothese bewähren" (S. 55), (zur Falsifizierbarkeit s. Abschnitt 10.2). Dieser Satz gehört zu den oben erwähnten Regeln *Poppers* über die Akzeptierung von Basisaussagen, und an ihm können wir ihre generelle Unklarheit gut demonstrieren: a) Wenn Basisaussagen anerkannt sind und wenn sie einer Theorie widersprechen, dann ist die Theorie falsifiziert. Will man dieses nicht zulassen, bleibt nur übrig, die Basisaussagen nicht anzuerkennen. b) Nehmen wir an, das zu falsifizierende Element der Theorie bestehe aus einem Gesetz der Form SaP (s. weiter vorn Abschnitt 3.6.2). Dann kann es nur durch eine partikuläre Aussage der Form SoP (Abschnitt 3.6.6) falsifiziert werden, denn nur diese steht in Widerspruch zu ihr (Abschnitt 3.6.8/9); SoP wäre seinerseits durch eine anerkannte Basisaussage S'oP zu verifizieren (Abschnitt 3.6.9). Nun ist kaum anzunehmen, daß *Popper* unter der falsifizierenden Hypothese die partikuläre Aussage der Form SoP versteht, denn das wäre äußerst trivial. Eine wohlwollende Interpretation seines Textes (die ihm viele seiner Kritiker allerdings nicht angedeihen lassen) würde darin bestehen, was wir eben gesagt haben: Einer anerkannten Theorie widersprechende Beobachtungsaussagen werden nur dann akzeptiert, wenn eine neue Theorie zur Verfügung steht, die sowohl die der alten Theorie widersprechenden als auch die mit ihr konformen Beobachtungsaussagen erklärt. Dies kann man im übrigen als die Position von KUHN 1978 (s. Abschnitt 10. 3.2) bezeichnen.

2) *Die Beobachtungen müssen mit den anerkannten Methoden der betreffenden Wissenschaft gewonnen worden sein.*

Diese Methoden werden durch andere empirische Theorien erklärt, die ihrerseits bestimmte Beobachtungen als richtig und Aussagen über diese als vorläufig wahr akzeptieren. Der unendliche Regreß in der Erklärung der empirischen Methoden wird dadurch vermieden, daß der Forscher durch eine Entscheidung diesen Prozeß abbricht und bestimmte Methoden ohne weitere Erklärung vorläufig als hinreichend sicher annimmt. Selbstverständlich ist es möglich, daß durch den Fortschritt der Wissenschaft solche Entscheidungen wieder aufgehoben werden.

8.3.3 Gründe für die Konstruktion von Beobachtungsmethoden

Die anerkannten Beobachtungsmethoden sollen die Objektivität, Zuverlässigkeit und Gültigkeit der empirischen Daten gewährleisten.

8.3.3.1 Die Objektivität der Daten

Durch die anerkannten Beobachtungsmethoden soll die intersubjektive Nachprüfbarkeit der Sinneseindrücke und der Aussagen über sie sichergestellt werden (Kriterium der *Objektivität der Daten*; vgl. dazu HEMPEL 1965, S. 20ff.). Ein Sinneseindruck und die Aussage über ihn sind dann intersubjektiv nachprüfbar, wenn jeder Mensch mit gesunden Sinnesorganen grundsätzlich (das heißt, wenn er die nötige Schulung hätte und wenn die Beobachtungssituation dieselbe wäre), dieselben Beobachtungen machen könnte wie der individuelle Forscher, der einen bestimmten Sinneseindruck protokolliert. Die beste Gewähr für die intersubjektive Nachprüfbarkeit eines Sinneseindruckes bietet dessen beliebige Reproduzierbarkeit. Wenn eben möglich, arbeiten empirische Wissenschaften deshalb mit dem Laboratoriumsexperiment; denn dieses besteht darin, daß der Forscher alle als relevant angesehenen Variablen kontrolliert. Deshalb kann jeder andere Forscher das Experiment wiederholen und so intersubjektiv nachprüfen.

Dennoch ist die beliebige Reproduzierbarkeit eines bestimmten Sinneseindruckes, obwohl viele Wissenschaftstheoretiker sie fordern (z.B. POPPER 1934, S. 19), keine notwendige Bedingung für dessen intersubjektive Nachprüfbarkeit. Viele Wissenschaften haben es mit historisch einmaligen Ereignissen zu tun. Dies gilt generell für die Sozialwissenschaften: Alle Ereignisse, die den Gegenstand dieser Wissenschaften bilden, sind raum- und zeitbedingt und deshalb in genau der gleichen Weise unwiederholbar. Dies gilt aber auch für viele Naturwissenschaften, z.B. die Meteorologie und die Astronomie: Eine bestimmte Wetterlage (man denke an einen großen Katastrophenfall in der Vergangenheit) oder die Spektralanalyse des Lichtes eines Sternes, der sich von unserem Sonnensystem entfernt, sind in genau der gleichen Weise unwiederholbar; trotzdem besteht kein Anlaß, die Protokollaussagen über diese Ereignisse nicht zu akzeptieren, sofern sie mit den akzeptierten Methoden der betreffenden Wissenschaft gewonnen worden sind und sofern sie bewährten Theorien nicht widersprechen. Die Erfahrung zeigt allerdings, daß gerade bei unwiederholbaren (und auch bei schwer wiederholbaren) Ereignissen die Versuchung zum Betrug besonders groß ist. Gerade bei solchen Ereignissen muß deshalb rigoros auf die Anwendung der akzeptierten Methoden gedrungen werden.

Die intersubjektive Nachprüfbarkeit von Sinneseindrücken und der Aussagen über sie kann durch verschiedene Faktoren gestört werden:

1) Durch *Sinnestäuschung*. Die wirksamste Methode, solche zu vermeiden, besteht darin, die menschlichen Sinnesorgane durch Apparate zu ersetzen; wo das nicht möglich ist, geben die Methoden der empirischen Wissenschaften in der Regel detaillierte Anweisungen, wie Täuschungen zu vermeiden sind.

2) *Durch Lücken in der Kontrolle der Einflußfaktoren.* Werden nicht alle Einflußfaktoren von merkbarer Bedeutung kontrolliert, dann mißlingt die Reproduktion eines an sich reproduzierbaren Sinneseindruckes; ein von Natur aus nicht reproduzierbarer Sinneseindruck unterliegt dann Fehlinterpretationen.

Wissenschaften, die den Anspruch erheben, empirisch zu sein, aber nicht über ausgearbeitete und anerkannte Methoden der Datenerhebung verfügen, müssen als empirisch unreif angesehen werden. Die Volkswirtschaftslehre (ebenso die Betriebswirtschaftslehre) besitzt keine von ihr entwickelten und anerkannten Methoden der Datenerhebung; es findet in ihr nicht einmal eine Diskussion über solche Methoden statt (s. dazu Kapitel 16).

3) Durch *unzulässige Einwirkungen auf das zu beobachtende Phänomen*. Wir wissen heute, daß jede Beobachtung unvermeidlich einen Einfluß auf das zu Beobachtende ausübt, der nicht genau erfaßt werden kann. Das ist in der Mikrophysik, aber auch in den Sozialwissenschaften der Fall. Die empirischen Wissenschaften versuchen deshalb Methoden zu entwickeln, mit denen dieser Einfluß minimiert werden kann; Sinneseindrücke und Aussagen über sie, die nicht mit solchen Methoden gewonnen worden sind, müssen als irrelevant angesehen werden, in der Sozialforschung z.B. die Antworten auf Suggestivfragen.

4) Durch *mehrdeutige Wörter in den Protokollsätzen*. Um dieser Schwierigkeit zu entgehen, müssen die empirischen Wissenschaften eine eindeutige Zuordnung der in den Protokollaussagen gebrauchten Wörter zu den gemeinten Begriffen, eine eindeutige Zuordnung der Wörter zu den gemeinten Phänomenen entwickeln (siehe dazu auch Abschnitt 8.6).

8.3.3.2 Die Zuverlässigkeit und Gültigkeit der Daten

Die anerkannten Beobachtungsmethoden sollen ferner bewirken, daß systematische Fehler bei der Datenerhebung vermieden werden (Kriterium der *Zuverlässigkeit*). Die gleichen Faktoren, welche die Objektivität beeinträchtigen, üben diesen Einfluß auch auf die Zuverlässigkeit aus, allerdings in intersubjektiv wirksamer Weise.

Schließlich benötigen die empirischen Wissenschaften spezielle Datenerhebungsmethoden, damit die Sinneseindrücke, die sie erklären wollen, ihren theoretischen Begriffen entsprechen (Kriterium der *Gültigkeit*). Auf dieses Kriterium werden wir weiter unten (Abschnitt 8.6) zurückkommen.

8.3.3.3 Das Verhältnis von Objektivität, Zuverlässigkeit und Gültigkeit

Ein empirisches Datum, das nicht objektiv ist, kann auch nicht zuverlässig und gültig sein. Denn wenn eine Beobachtung nicht intersubjektiv nachprüfbar ist, braucht nicht erörtert zu werden, ob es Fehler bei der Datenerhebung gibt, die intersubjektiv wirken. Eine intersubjektiv nicht nachprüfbare Beobachtung kann auch keine gültige Verknüpfung eines theoretischen Begriffes mit einem empirischen Tatbestand sein, weil dann ja offenbar beliebige Daten dem theoretischen Begriff zugeordnet werden können. Die Objektivität der Daten ist also eine *notwendige* Bedingung für ihre Zuverlässigkeit und ihre Gültigkeit, die Zuverlässigkeit aus dem bereits genannten Grund eine *notwendige* Bedingung für die Gültigkeit.

Die Objektivität eines Datums ist aber keine *hinreichende* Bedingung für seine Zuverlässigkeit und seine Gültigkeit. Denn auch bei intersubjektiver Nachprüfbarkeit einer Beobachtung können systematische, intersubjektiv wirkende Fehler auftreten. Auch wenn solche nicht vorliegen, kann die Verknüpfung der theoretischen Begriffe mit den Daten der Bedeutung jener nicht entsprechen; die Zuverlässigkeit der Beobachtung ist also ebenfalls keine *hinreichende* Bedingung für ihre Gültigkeit.

Das Verhältnis der drei Kriterien in mengentheoretischer Betrachtung ist also so, wie Darstellung 8/1 es zeigt.

Darstellung 8/1: Das Verhältnis der Kriterien "objektiv", "zuverlässig", "gültig" in mengentheoretischer Betrachtung

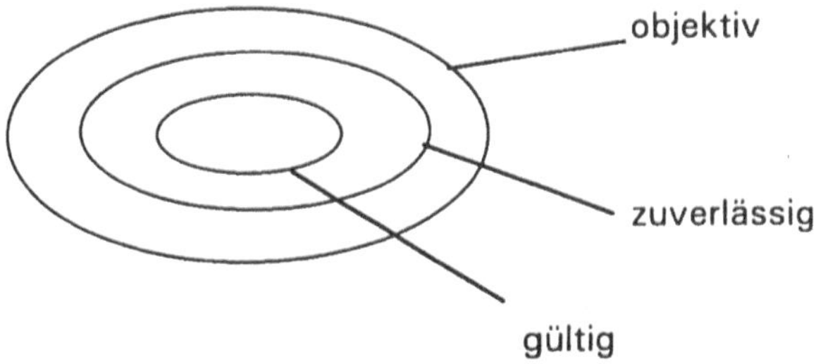

8.4 Die logische Struktur von Beobachtungsaussagen und deren Deduzierbarkeit aus Theorien

Beobachtungsaussagen sind dadurch definiert, daß sie Sinneseindrücke beschreiben. Eine simple Beobachtungsaussage könnte lauten: "Dieser Tisch ist weiß", wobei das Subjekt der Aussage "Tisch" (ein Universalbegriff) durch den Zusatz "dieser", den man sich mit einer hinweisenden Handbewegung verbunden denken kann, auf einen ganz bestimmten Gegenstand eingeschränkt ist; dieser Gegenstand könnte statt durch einen Universalbegriff durch einen Eigennamen bezeichnet werden. Weil Sinneseindrücke zu einer bestimmten Zeit an einem bestimmten Ort stattfinden, können die Aussagen, die sie beschreiben, niemals universell und niemals partikulär, sondern sie müssen immer singulär sein; sie müssen, wenn sie für eine empirische Wissenschaft relevant sein sollen, Ort und Zeit des beschriebenen Sinneseindruckes enthalten. Zu fragen ist, ob sie nur positiv oder ob sie auch negativ sein können (zur Unterscheidung dieser Aussageformen s. weiter vorn Abschnitt 3.6). Dafür, daß Beobachtungsaussagen nur positiv sein können, scheint zunächst zu sprechen, daß Sinneseindrücke, wenn sie beschrieben werden sollen, vorhanden sein müssen. Dieses Argument reicht jedoch nicht hin, da wir die Beobachtungsaussagen ohnehin nicht in einer phänomenalistischen, sondern in einer Dingsprache formulieren (s. Abschnitt 8.2), d.h.: Wir interpretieren unsere Sinneseindrücke im Lichte von Theorien. Dann jedoch können wir unsere Sinneseindrücke auch so interpretieren, daß ein bestimmtes Ereignis an einem bestimmten Ort zu einer bestimmten Zeit nicht stattgefunden hat; in der Regel werden wir dies jedoch nur tun, wenn die Theorie, mit der wir uns gerade beschäftigen, die Kontradiktion der negativen Beobachtungsaussage, also die entsprechende positive Beobachtungsaussage behauptet. Wir nehmen also an, daß Beobachtungsaussagen sowohl positiv als auch negativ sein können.

Damit befinden wir uns im Einklang mit der Praxis der empirischen Wissenschaften, aber im Gegensatz zur "Logik der Forschung" von *Popper*, der von Basisaussagen postuliert, daß sie positiv seien (POPPER 1934, S. 66f.). Dies hat Konsequenzen für das Falsifizierbarkeitskriterium, auf die wir später (Abschnitt 10.2.2) zurückkommen.

Empirische Theorien sind Systeme von Aussagen, von denen wenigstens eine ein Gesetz sein muß (siehe oben Abschnitt 6.2). Die nicht abgeleiteten Aussagen einer Theorie haben wir "Axiome" genannt (siehe oben Abschnitt 1.6). Eine singuläre Aussage folgt dann aus einem Axiomensystem, wenn eines dieser Axiome singulär ist (siehe oben Gesetz 2, Abschnitt 3.7); ein solches Axiom pflegt man als die raum-zeitliche Randbedingung zu bezeichnen, die eine allgemeine Theorie für konkrete Situationen anwendbar macht. Wenn die abgeleitete Basisaussage positiv ist, müssen alle Vordersätze positiv sein. Wenn die abgeleitete Basisaussage negativ ist, muß einer der Vordersätze negativ sein (s. Gesetz 4 in Abschnitt 3.7).

8.5 Die Meß- und Beobachtungssprache

Damit die aus einer Theorie deduzierte singuläre Aussage als Behauptung über das Eintreten eines Sinneseindruckes interpretiert werden kann, muß die Sprache, in der sie formuliert ist, die Meß- und Beobachtungssprache, die folgenden Forderungen erfüllen:

1) Die Grundbegriffe der Meß- und Beobachtungssprache dürfen sich nur auf Beobachtbares oder Meßbares beziehen.
2) Die abgeleiteten Begriffe der Meß- und Beobachtungssprache müssen in deren Grundbegriffen explizit definiert sein.
3) Die Werte der deskriptiven Variablen müssen beobachtbare oder meßbare Entitäten sein; jedem Wert jeder deskriptiven Variablen muß also ein Symbol in der Meß- und Beobachtungssprache entsprechen.
4) Modale Satzverknüpfungen (notwendig, möglich, zufällig) sind in der Meß- und Beobachtungssprache nicht zugelassen (CARNAP 1959, S. 41; LEINFELLNER 1967, S. 117), weil man solche Modalitäten nicht beobachten kann.

Eine solche Sprache zeichnet sich dadurch aus, daß sie (vorausgesetzt natürlich, man kennt die Wörter und die Grammatik) für jeden verständlich ist.

8.6 Theoretische Begriffe und Beobachtungsbegriffe

8.6.1 Die Nicht-Reduzierbarkeit aller Begriffe auf Beobachtungsbegriffe

Es war eine Forderung der frühen *Neopositivisten*, daß alle Grundbegriffe einer empirischen Theorie der Meß- und Beobachtungssprache angehören, daß also alle abgeleiteten Begriffe durch solche, die sich auf Sinneseindrücke beziehen, ersetzt werden können. Es hat sich herausgestellt, daß diese Forderung unerfüllbar ist: Die Sprachen empirischer Theorien enthalten Grundbegriffe, die nicht auf Beobachtbares zu reduzieren sind (HEMPEL 1965b, S. 29ff.; CARNAP 1959, S. 48). Für die *Neopositivisten* droht damit das Sinnkriterium der Wissenschaft, für die *Kritischen Rationalisten* das Abgrenzungskriterium der empirischen von anderen Wissenschaften hinfällig zu werden. Beispiele für Begriffe, die in empirischen Theorien verwandt werden und die dennoch nicht restlos durch Grundbegriffe zu definieren sind, die sich nur auf Beobachtbares oder Meßbares beziehen (s. Abschnitt 8.5), sind zunächst die sogenannten Dispositionsbegriffe.

"Unter einer Disposition eines Objektes versteht man dessen Fähigkeit ..., unter geeigneten Umständen in bestimmter Weise zu reagieren" (STEGMÜLLER 1974b, S. 214). Beispiele für Dispositionsbegriffe sind "zerbrechlich", "löslich in Wasser", "magnetisch", "zerreißbar", "dehnbar", aus der Volkswirtschaftslehre "substituierbar", "elastisch in Hinsicht auf den Preis". Dispositionsbegriffe sind sowohl in der Alltagssprache als auch in der Wissenschaftssprache weit verbreitet. Dispositionsbegriffe bezeichnen nicht etwas schlechthin Wahrnehmbares, sondern etwas, das nur unter bestimmten Bedingungen wahrnehmbar ist. Deshalb lassen sich die Dispositionsbegriffe nicht vollständig durch Begriffe definieren (und das heißt: ersetzen [s. Kapitel 5]), die sich nur auf Sinneseindrücke beziehen. Denn wir belegen mit Dispositionsbegriffen auch solche Objekte, und dies sogar überwiegend, an denen wir die behauptete Reaktion nicht beobachtet haben. Zwei Beispiele: Wir behaupten von einer bestimmten Partie Salz, sie sei in Wasser löslich, auch wenn wir diese Menge Salz den geeigneten Umständen (nämlich sie in genügend Wasser zu geben) nicht ausgesetzt haben und deshalb die Reaktion (die Auflösung) nicht beobachten konnten. In der Volkswirtschaftslehre behaupten wir, die Nachfrage nach einem Gut sei elastisch in Hinsicht auf den Preis dieses Gutes, d.h.: die Nachfrage ändere sich, wenn der Preis sich ändere, auch wenn weder eine Preis- noch eine Nachfrageänderung beobachtet worden ist.

Die Beispiele zeigen, daß die Belegung eines Objektes mit einem Dispositionsbegriff Allaussagen involviert (in dem zweiten Beispiel mindestens die Aussage: "Immer, wenn ceteris paribus der Preis eines Gutes sich ändert, ändert sich die Nachfrage nach diesem") und daß deshalb der Begriff nicht durch reine Beobachtungsbegriffe definiert, das heißt:

ersetzt werden kann (zum Problem der Dispositionsbegriffe s. STEGMÜLLER 1974b, S. 213-238).

Außer den Dispositionsbegriffen enthalten alle wissenschaftlichen empirischen Theorien und auch die Alltagssprache weitere Begriffe, die nicht vollständig, sondern höchstens teilweise empirisch gedeutet werden können, und oft nicht einmal das. Als Beispiele werden aus der physikalischen Theorie die Begriffe "Masse", "Elektron", "elektromagnetisches Feld" und andere angeführt, in der Volkswirtschaftslehre könnte man an die Begriffe "Markt", "Gleichgewicht", "Kreislauf", "Nutzen", "technischer Fortschritt" und ebenfalls weitere denken.

8.6.2 *Carnaps* Lösungsvorschlag: die Unterscheidung der Wissenschaftssprache in eine theoretische und eine empirische

Die unvermeidbare Existenz solcher auf Beobachtbares nicht rückführbarer Begriffe in den Wissenschaftssprachen hat *Carnap* dazu veranlaßt, die Wissenschaftssprache L in zwei Teilsprachen zu zerlegen:

> "Von der für sich verständlichen empirischen Grundsprache, die von nun an die Beobachtungssprache L_B heißen soll, ist eine zweite wissenschaftliche Sprache: die theoretische Sprache L_T, zu unterscheiden, in der die Theorie T formuliert wird und die nicht für sich verständlich ist und auch nicht vollständig, sondern nur partiell empirisch gedeutet wird, nämlich auf dem Wege über eigene Korrespondenz - oder Zuordnungsregeln Z, welche einige (aber nicht alle!) nichtlogischen Ausdrücke von L_T mit Ausdrücken der Beobachtungssprache verknüpfen" (STEGMÜLLER 1974b, S. 234f.). Oder: Die Wissenschaftssprache L ist zu zerlegen "in die Beobachtungssprache L_B mit dem Vokabular V_B und in die theoretische Sprache L_T mit dem Vokabular V_T. Die Terme von V_T erhalten nur eine indirekte und partielle empirische Deutung mit Hilfe der Korrespondenz - oder Zuordnungsregeln Z. Die reine Theorie T ist gänzlich in der Sprache L_T formuliert; die interpretierte Theorie, welche in der Konjunktion $T \wedge Z$ besteht, enthält hingegen Ausdrücke aus beiden Sprachen" (STEGMÜLLER 1974b, S. 293).

Die Zuordnung von Begriffen des Vokabulars V_T zu Begriffen des Vokabulars V_B, das für sich verständlich ist, nennen wir die "Operationalisierung der theoretischen Begriffe". Der Begriff "Operationalisierung" ist von BRIDGMAN 1927 in die Wissenschaftssprachen eingeführt worden. Das Konzept bedeutete, daß jeder physikalische Begriff vollständig durch Handlungen, insbesondere quantitatives Messen (s. dazu Abschnitt 4.4) zu definieren sei. Wie eben dargelegt, ist das Postulat nicht realisierbar; deshalb versteht man unter "Operationalisierung" heute auch die Zuordnung beobachtbarer Tatbestände zu theoretischen Begriffen, wodurch diese wenigstens teilweise empirisch interpretiert werden.

Ob durch die Zweiteilung der Wissenschaftssprache in eine theoretische und in eine Meß- und Beobachtungssprache sowie durch die nur teilweise empirische Interpretation der ersteren nicht die Unterscheidbarkeit der Wissenschaften in empirische und nicht-empirische aufgehoben wird, ist strittig. CARNAP 1959 (S. 47ff.) schlägt die Lösung vor, nicht die

Begriffe von V_T für sich allein genommen mit Begriffen von V_B zu verknüpfen, sondern Sätze aus L_T mit Sätzen aus L_B:

"Danach soll ein theoretischer Term dann als empirisch gehaltvoll oder empirisch signifikant anerkannt werden, wenn eine bestimmte hypothetische Annahme über diesen Term 'einen Unterschied in der Vorhersage eines beobachtbaren Ereignisses ausmacht', d.h. wenn mittels der diesen Term enthaltenden Annahme Ereignisse prognostiziert werden können, die sich ohne eine diesen Term verwendende Annahme nicht voraussagen lassen" (STEGMÜLLER 1974b, S. 320f.).

Stegmüller widmet *Carnaps* Kriterium eine ausführliche Darstellung; sie mündet in die These vom Zusammenbruch der Signifikanzidee: jeder Versuch, empirisch signifikante Terme von nicht signifikanten, empirisch signifikante Theorien von nicht signifikanten zu unterscheiden, sei zum Scheitern verurteilt (s. dazu auch Kapitel 10).

8.6.3 Die Relativierung der Dichotomie auf eine bestimmte Theorie nach dem Vorschlag von *Stegmüller*

Carnaps im vorhergehenden Abschnitt 8.6.2 skizzierter Vorschlag zeichnet sich dadurch aus, daß die Wissenschaftssprache ein für allemal in eine theoretische (L_T) und in eine empirische (L_B) Sprache eingeteilt wird, so als wäre ein für allemal klar, welche Begriffe für sich verständlich, weil sich auf Beobachtbares beziehend, und welche Begriffe nicht für sich verständlich seien. Bevor von irgendeiner Person irgendeine Theorie formuliert wird, ist die dabei zu benutzende Sprache bereits in eine theoretische und in eine empirische eingeteilt; die Dichotomie ist unabhängig von Personen und Theorien. Tatsächlich jedoch wird die Verständlichkeit von Begriffen davon abhängen, von welchen Personen mit welcher Ausbildung sie benutzt werden und in welcher Theorie sie vorkommen.

STEGMÜLLER 1973a schlägt in Anlehnung an SNEED 1971 vor, für Begriffe und Funktionen die Dichotomie "theoretisch/nicht-theoretisch" einzuführen und diese auf eine bestimmte Theorie T zu relativieren; die Begriffe und Funktionen werden gemäß diesem Vorschlag eingeteilt in T-theoretische und in T-nicht-theoretische. "Als *T-theoretisch* werden diejenigen Größen bezeichnet, deren Werte sich nur dadurch berechnen lassen, daß man auf eine erfolgreiche Anwendung von T zurückgreift" (STEGMÜLLER 1973a, S. 18). *T-nicht-theoretisch* seien Begriffe und Funktionen, die sich ohne Rückgriff auf eine erfolgreiche Anwendung von T bestimmen ließen.

Dieser Vorschlag wird an *Newtons* Theorie der Mechanik, insbesondere an deren zweitem Gesetz, exemplifiziert. Die drei Gesetze (Axiome) *Newtons* lauten (s. MEYERS ENZYKLOPÄDISCHES LEXIKON Nr. 17, 1978, S. 174):

1) Ursache der Beschleunigung eines Körpers ist die auf ihn einwirkende Kraft.

2) Die Beschleunigung eines Körpers ist der einwirkenden Kraft proportional und ihr gleichgerichtet.
3) Die Wirkung ist stets gleich der Gegenwirkung.

Die Beschleunigung a wird bei geradliniger Bewegung definiert mit

$$a = \frac{\Delta v}{\Delta t}, \tag{8-1}$$

v: Geschwindigkeit,
t: Zeit,
a: Beschleunigung.

Die Geschwindigkeit eines Körpers wird aus dem Weg, den er in der Zeit zurücklegt, berechnet. Dieser Weg sei eine zweimal differenzierbare Funktion der Zeit:

$$s = f(t), \tag{8-2}$$

s: zurückgelegter Weg.

Die Geschwindigkeit v_t zu einem beliebigen Zeitpunkt t ist

$$v_t = \frac{ds}{dt}, \tag{8-3}$$

die Beschleunigung a_t zu demselben Zeitpunkt t beträgt

$$\frac{dv_t}{dt} = \frac{d^2s}{dt^2} = a_t. \tag{8-4}$$

Integration von (8-4) ergibt als Ausdruck für die Geschwindigkeit, wenn a über den gesamten betrachteten Zeitraum konstant, d.h. die Beschleunigung gleichförmig ist (die Integrationskonstante wird in (8-5) und (8-6) fortgelassen, da sie beim bestimmten Integral ja wegfällt):

$$v_t = t\,a; \tag{8-5}$$

die Integration von (8-5) ergibt als Ausdruck für den Weg

$$s_t = \tfrac{1}{2} a\, t^2, \tag{8-6}$$

woraus sich als Ausdruck für die Beschleunigung ergibt:

$$a = \frac{s_t}{t^2} \cdot 2. \tag{8-7}$$

Nach dem 2. *Newtonschen Axiom* ist die Beschleunigung der einwirkenden Kraft F proportional und gleichgerichtet:

$$a\,m = F, \tag{8-8}$$

F: einwirkende Kraft,
m: Masse des Körpers.

Die Masse des Körpers, von der bisher nicht die Rede war, kommt dadurch ins Spiel, daß sie sein empirisches Maß darstellt. Die Formel wird in m/sec^2 oder in cm/sec^2 angegeben, die Einheit ist dyn: 1 dyn ist jene Kraft, die der Masse von 1 g die Beschleunigung von 1 cm/sec^2 erteilt:

$$1 \text{ dyn} = 1 \text{ cm} \cdot \text{g/sec}^2, \tag{8-9}$$

für den 1000er Bereich von g und den 100er Bereich von cm (10^5cm · g) wird festgesetzt:

$$1\text{m} \cdot \text{kg/sec}^2 = 1 \text{ Newton (N)}, \tag{8-10}$$

$$1 \text{ N} = 10^5 \text{ dyn}. \tag{8-11}$$

Die Begriffe "Kraft" und "Masse" sowie alle Funktionen, in denen sie vorkommen, sind nach *Stegmüller* theoretisch in bezug auf *Newtons* Theorie, weil sie sich ohne Rückgriff auf eine bestimmte erfolgreiche Anwendung dieser Theorie nicht bestimmen ließen; die Begriffe "Ort" und "Zeit" dagegen, die zur Bestimmung der Beschleunigung eines Körpers in der Bewegungsgleichung neben den Begriffen der "Kraft" und der "Masse" ebenfalls benötigt werden, seien in bezug auf die Theorie *Newtons* nicht-theoretisch. Die erfolgreiche Anwendung der Theorie, von der eben die Rede war, sei die Erklärung der Bewegung der Körper.

Durch die skizzierte Vorgehensweise werde das folgende Problem der theoretischen Begriffe konstituiert: Wenn die Anwendungen der Theorie von endlicher Zahl seien, führe die Benutzung der theoretischen Begriffe in einen Zirkel; wenn die Anwendungen der Theorie dagegen unendlich seien, führe die Benutzung der theoretischen Begriffe in einen unendlichen Regreß. Konkretisiert für das zweite *Newtonsche Gesetz* bedeute dies: Wenn das Gesetz wirklich ein Gesetz sei, müsse es eine von ihm unabhängige Methode der Kraftbestimmung geben. Wenn es aber keine solche Bestimmung gebe, sei das angebliche Gesetz nur eine Definition. Die Berufung auf eine erfolgreiche Anwendung heißt nun nach STEGMÜLLER 1973a: Es gibt weder eine von dem Gesetz unabhängige Art der Kraftbestimmung noch ist der Satz eine Definition. Dann aber komme man entweder in einen Zirkel oder in einen unendlichen Regreß. Die Lösung dieses Problems soll in dem *Ramsey-Sneed-Satz* der empirischen Theorie bestehen (s. den folgenden Abschnitt).

8.6.4 Der *Ramsey-Sneed*-Satz einer empirischen Theorie

Der *Ramsey-Satz* (benannt nach dem früh verstorbenen englischen Mathematiker und Wissenschaftstheoretiker *Ramsey* [1903-1930]) einer Theorie will deren empirischen Gehalt ausdrücken, und zwar auf folgende Weise:

Nehmen wir an, P sei die fundamentale mathematische Struktur der Theorie T (dazu s. weiter vorn Abschnitt 1.5), x sei eine der intendierten Anwendungen der Theorie, das heißt: ein Bereich von Phänomenen, welche die Theorie erklären soll; in der Volkswirtschaftslehre etwa wird das Arbeitsangebot einer Person (Phänomen) durch die Maximierung der Nutzenfunktion dieser Person unter Nebenbedingungen (Struktur der Theorie) erklärt.

Die Aussage der Theorie laute

$$x \text{ ist } P. \tag{8-12}$$

Nun wird x in x^* transformiert, indem es ausschließlich durch nicht-theoretische Terme ausgedrückt wird, was unproblematisch ist, da es sich nach Annahme um eine Anwendung der Theorie handelt. In P werden die theoretischen Terme zu ersetzen versucht durch Variable y_1 y_2, ..., y_n, ausgedrückt durch nicht-theoretische Terme, die genau jenen empirischen Eigenschaften entsprechen, welche die Theorie den theoretischen Termen zuschreibt; diese Variable werden mit Existenzquantoren ("Es gibt...") versehen, und dann wird der Ausdruck P^* gebildet:

$$P^* =_{def} \exists y_1, \exists y_2, \ldots, \exists y_n: \{P\,(y_1, y_2, \ldots, y_n)\}. \tag{8-13}$$

Der *Ramsey-Satz* der Theorie lautet dann:

$$x^* \text{ ist ein } P^*. \tag{8-14}$$

Wenn es gelungen ist, aus P^* alle theoretischen Terme zu entfernen, sagt man, daß diese *Ramsey-eliminierbar* sind.

"Liegt keine Ramsey-Eliminierbarkeit vor, so erbringen die theoretischen Terme nachweislich eine unverzichtbare Leistung bei der Festlegung des empirisches Gehaltes: Mit ihrer Hilfe werden mögliche beobachtbare Sachverhalte ausgeschlossen, die sich nicht mit Bedingungen eliminieren lassen, welche in der Sprache T-nicht-theoretischer Terme (in der 'Sprache der Beobachtung') allein formulierbar sind" (STEGMÜLLER 1973a, S. 18f.).

Wenn die theoretischen Terme *Ramsey-eliminierbar* sind, können sie dennoch eine Leistung erbringen, nämlich die Theorie vereinfachen. Wir werden weiter hinten prüfen, ob der volkswirtschaftliche Begriff des Nutzens, der mindestens in gewissen Anwendungen *Ramsey*-eliminierbar ist, eine solche Vereinfachung leistet (s. Abschnitt 17.4).

Der *Ramsey*-Satz wird nun zum *Ramsey-Sneed*-Satz (nach dem Vorschlag von SNEED 1971) dadurch erweitert, daß mehrere Anwendungsbereiche der Theorie zugelassen werden; daß Nebenbedingungen für die T-theoretischen Funktionen eingeführt werden; daß der Strukturkern P der Theorie verschärft wird, dergestalt, daß nun auch spezielle, nur in gewissen Anwendungsbereichen geltende Gesetze abgeleitet werden können. Der *Ramsey-Sneed-Satz* wird auch der "zentrale empirische Satz einer Theorie" genannt, weil er deren empirischen Gehalt zu einer bestimmten Zeit ausdrückt (damit ist angedeutet, daß dieser im Lauf der Zeit wechseln kann). Soweit das Referat von STEGMÜLLER 1973a.

8.6.5 Zur Kritik der Position von *Sneed* und *Stegmüller*

Es erhebt sich zunächst die Frage, ob der *Ramsey-Satz* oder der *Ramsey-Sneed-Satz* einer Theorie etwas anderes sind als eine oder die Gesamtheit aller zur Zeit bekannten empirischen Ableitungen aus den axiomatischen Allsätzen der Theorie. Mir scheint, daß sie genau das sind. Die eben zitierten Aussagen über die Leistung der theoretischen Begriffe werden durch diese skeptische Beurteilung nicht falsch.

Sodann erhebt sich die Frage, ob *Stegmüllers* Ausführungen über den *Ramsey-Sneed-Satz* seine - sehr ungewöhnliche - Behauptung belegen, das zweite *Newtonsche Axiom* sei weder eine Definition (oder eine Meßanweisung) für den Begriff "Kraft", die dann unwiderlegbar ist, noch auch ein widerlegbares empirisches Gesetz (es könne eben deshalb nicht widerlegt werden, weil es eine von diesem Gesetz unabhängige Messung der Kraft nicht gebe).

Die Physiker (s. dazu HOYER 1977, S. 293-296), darunter so bedeutende wie *Hertz, Mach, Planck*, sind wohl überwiegend der Meinung, daß das zweite *Newtonsche Axiom* eine Meßanweisung für den Begriff "Kraft" sei. Wenn es aber ein Gesetz sei, dann müsse es eine von ihm unabhängige Möglichkeit zur Messung von Kraft (und auch von Masse) geben. HOYER 1977 versucht zu zeigen, daß dies der Fall ist. Für uns ist nicht wichtig, welche dieser beiden Meinungen recht hat, für uns ist nur wichtig, daß das zweite *Newtonsche Axiom* nicht gleichzeitig und unter derselben Rücksicht beides sein kann: empirisches Gesetz und Meßanweisung für Kraft.

Was bedeutet das für das Problem der theoretischen Begriffe? Es bedeutet, daß der Vorschlag von *Sneed* und *Stegmüller* nicht akzeptabel ist: Theoretische Begriffe können nicht ohne schwerwiegende Nachteile dadurch verständlich gemacht werden; ihre Werte können nicht dadurch berechnet werden, daß man lediglich auf eine erfolgreiche Anwendung der Theorie verweist. Geschieht das dennoch, wird die entsprechende Theorie tautologisiert und damit bedeutungslos. Die Volkswirtschaftslehre weist dafür einige eindrucksvolle Beispiele auf: unter anderen die Behandlung des technischen Fortschritts in empirischen Wachstumsuntersuchungen (s. Abschnitt 16.4.2.3) und die Quantitätstheorie des Geldes. Ich bringe diese Theorie in der Form, die zur Erklärung der Inflation benutzt wird. Man geht von der sogenannten Verkehrsgleichung aus:

$$M_t \cdot V_t = Y_{r,t} \cdot P_t, \qquad (8\text{-}15)$$

Y_r : reales Volkseinkommen,

P : Preisindex des Volkseinkommens,

M : Geldmenge,

V : Einkommenskreislaufgeschwindigkeit des Geldes,

t : Zeitindex.

"Inflation" wird definiert als die relative Änderung des Preisindex P in der Zeit, als seine Wachstumsrate:

$$\text{Inflation} =_{\text{def}} \frac{\frac{dP_t}{dt}}{P_t}. \tag{8-16}$$

Wenn wir Gleichung (8-15) nach P_t auflösen und die Operation der rechten Seite von (8-16) durchführen, erhalten wir

$$\frac{\frac{dP_t}{dt}}{P_t} = \frac{\frac{dM_t}{dt}}{M_t} + \frac{\frac{dV_t}{dt}}{V_t} - \frac{\frac{dY_{r,t}}{dt}}{Y_{r,t}}. \tag{8-17}$$

In Worten: Die Inflation ist größer als Null, d.h. es herrscht Inflation, wenn die Summe der Wachstumsraten von Geldmenge und Umlaufgeschwindigkeit größer ist als die Wachstumsrate des realen Volkseinkommens; es herrscht totale Stabilität des Preisniveaus, wenn die Summe der Wachstumsraten von Geldmenge und Umlaufgeschwindigkeit den gleichen Wert hat wie die Wachstumsrate des realen Volkseinkommens.

Die empirischen Werte der Größen "Geldmenge (M)", "reales Volkseinkommen (Y_r)," "Preisindex (P)" und "Zeit (t)" können unabhängig von den Gleichungen (8-15) bis (8-17) bestimmt werden, nicht aber die Größe der Umlaufgeschwindigkeit (V). Die einzige bekannte Methode zur Bestimmung ihrer Größe besteht in der Auflösung der Gleichung (8-15) nach V_t:

$$V_t = \frac{Y_{r,t} \cdot P_t}{M_t}. \tag{8-18}$$

Die Bestimmung (8-18) in (8-15) eingesetzt macht diese zu einer immer erfüllten Identität, ebenso alle Ableitungen aus (8-15). Tautologien sagen nun nichts über die Wirklichkeit (s. Abschnitt 3.5), sie taugen deshalb auch nicht dazu, in dezisive Theorien (s. Abschnitt 13.4) umformuliert zu werden. Desungeachtet stützt der *Monetarismus* (bekannte Vertreter: *Friedman, Meltzer, Brunner)* seine wirtschaftspolitischen Empfehlungen zur Vermeidung von Inflation auf die Gleichung (8-17): Als politisches Instrument sieht er allein die Veränderung der Geldmenge an. Dabei müssen die Monetaristen allerdings Annahmen über die Änderung der Umlaufgeschwindigkeit des Geldes machen, die sie, wenn überhaupt, nur dadurch begründen können, daß in vergangenen Perioden die Bestimmung (8-18) bestimmte Werte erreicht hat. Die einfachste Annahme, daß V_t nach der Gleichung (8 -18) im Zeitablauf konstant sei, erweist sich immer wieder als falsch; bewährte Hypothesen über eine Änderung der Umlaufgeschwindigkeit, die zu deren Prognose taugen könnten, sind nicht bekannt. An dem fanatischen, manchmal sektiererisch anmutenden Glauben der Monetaristen, die absolut wahre Erklärung der Inflation und das passende Rezept zu ihrer Bekämpfung zu besitzen, ändert das nichts.

Zurück zum Problem der Messung theoretischer Begriffe. Wenn wir sowohl das zweite *Newtonsche Axiom* als auch die Gleichung (8-15) als Anweisungen zur Messung gewisser theoretischer Begriffe betrachten, dann fällt zwischen den beiden Vorgehensweisen ein entscheidender Unterschied in die Augen:

Das Meßergebnis für "Kraft" dient nicht zur Tautologisierung einer bestimmten Aussage; vielmehr kann das Meßergebnis in anderen Zusammenhängen verwandt werden, z.B. zur Messung der Leistung von Verbrennungsmotoren; das Meßergebnis für "Umlaufgeschwindigkeit" dient nur zur Tautologisierung der Verkehrsgleichung in einer bestimmten Anwendungssituation; außerhalb dieser kann es nicht benutzt werden. Nur die Vorgehensweise bei der Verkehrsgleichung entspricht der Beschreibung *Stegmüllers* der Behandlung T-theoretischer Begriffe; diese Behandlung ist nicht akzeptabel.

Damit kommen wir auf den Lösungsvorschlag *Carnaps* betreffend das Verhältnis der theoretischen Begriffe zu den empirischen zurück (s. Abschnitt 8.6.2): Er scheint mir der einzig praktikable zu sein. *Stegmüller* kann man insofern Recht geben, als nicht ein für alle Mal feststeht, welche Begriffe zur theoretischen Sprache L_t, welche zur empirischen L_B gehören; das dürfte von den kulturellen Gegebenheiten und dem Entwicklungsstand der Wissenschaften abhängen.

9 Über das Induktionsproblem

9.1 Definition

Unter "Induktion" versteht man den Schluß von partikulären oder singulären auf universelle Aussagen, die nicht aus einer Konjunktion der vorhergehenden Aussagen bestehen. Wenn wir diese Begriffe für die empirischen Wissenschaften spezifizieren, dann ist Induktion der Schluß von Beobachtungsaussagen auf allgemeine Hypothesen oder Gesetze (induktive Verallgemeinerung, universal inference). In formaler mengentheoretischen Darstellung lautet der Schluß:

$$(x_1 \in S \wedge x_2 \in S \wedge \ldots \wedge x_n \in S) \Rightarrow \forall x\, (x \in S),$$

$x_1 \in S, \ldots, x_n \in S$: Beobachtungsaussagen, die Designate von x sind durch $x_1, \ldots, x_n$ nicht erschöpft.

Eine abgeschwächte Form der Induktion ist der Schluß von einem beobachteten Teil einer Klasse auf einen anderen, nicht beobachteten Teil derselben Klasse (predictive inference) (CARNAP 1962, S. 205 und S. 567; PAP 1955, S. 93).

$$(x_1 \in S \wedge x_2 \in S \ldots \wedge x_n \in S) \Rightarrow x_{n+1} \in S).$$

In der heutigen Literatur wird das induktive Schließen meist unter der Voraussetzung besprochen, daß seine Konklusion ein statistisches Gesetz ist. Diese Problematik verschieben wir auf Kapitel 11 und behandeln hier die Induktion nur, soweit sie zu universellen nicht-probabilistischen, d.h. deterministischen Aussagen führen soll.

Von den eben definierten Begriffen der Induktion sind zwei andere zu unterscheiden: die *mathematische Induktion* und die *vollständige Induktion*. Jene ist ein mathematisches Beweisverfahren und trotz ihrem Namen rein deduktiv; wir gehen auf sie nicht weiter ein. Diese gehört zu den empirischen Verfahrensweisen: Sie basiert auf Beobachtungen über jeden einzelnen Gegenstand des gesamten Objektbereiches und faßt die entsprechenden Protokollaussagen zu einer Aussage über den gesamten Gegenstandsbereich zusammen. Als Beispiel diene die schon öfters zitierte, nach Raum und Zeit eingeschränkte Allaussage: "Alle meine Enten schwimmen auf dem See." Die vollständige Induktion kann mit dem oben eingeführten Induktionsschluß formalisiert werden, allerdings mit dem entscheidenden Unterschied, daß die Designate von x genau aus den beobachteten x_1 bis x_n bestehen. Die vollständige Induktion bietet keine wissenschaftstheoretischen Schwierigkeiten, die das Induktionsproblem in dem oben explizierten Sinn betreffen.

9.2 Die induktive Verallgemeinerung

Die Induktion, um die es hier geht, will im Bereich der empirischen Wissenschaften von Beobachtungsaussagen auf Gesetze (s. Abschnitt 1.9) schließen. Die Frage, ob dieser Schluß folgerichtig sei, ist das Induktionsproblem. Seine Lösung ist sehr einfach: Da Beobachtungsaussagen singulär (s. Abschnitt 8.4) sind und da aus singulären Prämissen höchstens singuläre Konklusionen folgen (s. Abschnitt 3.7), ist ein induktiver Schluß nicht folgerichtig.

Man hat die Induktion dadurch zu retten versucht, daß man den Protokollaussagen über immer wieder beobachtete Phänomene eine universelle Aussage, das sogenannte *Induktionsprinzip* (das Prinzip wird etwa so formuliert: "Gleichförmige Phänomene haben dieselbe Ursache") hinzufügte, um dann aus diesem System universelle Gesetze und Hypothesen zu folgern. Auch das ist unmöglich, denn der Umfang der Schlußaussage kann nicht größer sein als der Umfang der schwächsten Prämisse, mit anderen Worten: Wenn eine der Prämissen, in diesem Zusammenhang also jede beliebige Protokollaussage, singulär ist, muß auch die Konklusion singulär sein (siehe oben Gesetz 2, Abschnitt 3.7).

9.3 Die induktive Voraussage

Die Induktion im abgeschwächten Sinn (predicitve inference) will keine All-, sondern nur eine Singuläraussage ableiten:

$$(x_1 \in S \wedge x_2 \in S \wedge \ldots \wedge x_n \in S) \Rightarrow x_{n+1} \in S).$$

Der Schluß wäre folgerichtig, wenn die Induktion zuvor zu einem allgemeinen Gesetz $\forall x(x \in S)$ führte; denn aus dem läßt sich dann $x_{n+1} \in S$ ableiten. Dieser Weg ist jedoch, wie eben gesagt, nicht möglich. Auch die Hoffnung, aus der Menge der singulären Aussagen $x_1 \in S \wedge \ldots \wedge x_n \in S$ auf die weitere singuläre Aussage $x_{n+1} \in S$ schließen zu können, trügt; denn $x_{n+1} \in S$ ist nicht in den Prämissen impliziert, was jedoch die Bedingung für folgerichtige Schlüsse ist (s. oben Abschnitt 3.7).

9.4 Die Bedeutung der Induktion

Die Frage nach der Folgerichtigkeit des Induktionsschlusses ist in der europäischen Geistesgeschichte seit *David Hume* (1711-1776) heftig umstritten. *Hume* hat als erster die Frage nach der logischen Folgerichtigkeit des induktiven Schließens gestellt und die Antwort gegeben, daß es nicht folgerichtig ist. Viele Philosophen sind ihm darin nicht gefolgt. Heute jedoch sind sich die meisten Wissenschaftstheoretiker darüber einig, daß die eben vorgetragenen Argumente richtig sind, daß die Induktion also kein folgerichtiger Schluß ist, wenigstens soweit er nichtstatistische universelle Aussagen ohne Raum-Zeit-Einschränkung betrifft (als abweichende Meinung s. KLAUS/BUHR 1972, S. 517-519).

Daß die These von der Möglichkeit der Induktion in der europäischen Geistesgeschichte so lange vertreten worden ist, hat natürlich seine Gründe: Am Anfang einer empirischen Wissenschaft stehen nur selten fertige axiomatische Theorien (eines der wenigen Beispiele: die Relativitätstheorie *Einsteins*), aus denen man dann Behauptungen über Sinneseindrücke ableitet, sondern Beobachtungen, für die der Wissenschaftler eine Erklärung sucht. Die Induktion hätte den großen Vorteil, daß, wenn sie möglich wäre, sie sowohl einen sicheren Weg zur Entdeckung von Theorien zeigen als auch deren Wahrheit beweisen würde, solange man die Wahrheit der induzierenden Beobachtungsaussagen annimmt. Es ist verständlich, daß man vor der Einsicht in die Unmöglichkeit der Realisierung beider Wunschvorstellungen gern die Augen verschließt; es ist weiterhin verständlich, daß derjenige, der empirische Forschung betreibt, sich von der analytischen Wissenschaftstheorie im Stich gelassen fühlt, wenn sie ihm auf die Frage, wie er relevante Theorien entdecken und konstruieren könne, antwortet, nicht der Entdeckungs-, sondern nur der Begründungszusammenhang sei ihr Gegenstand (ALBERT 1967, S. 53). Trotzdem kann die Wissenschaftstheorie eine andere Antwort nicht geben.

10 Über die Abgrenzbarkeit empirischer von nicht-empirischen Theorien

10.1 Zur Verifizierbarkeit von Theorien

Wenn die aus einer Theorie deduzierte Behauptung über das Eintreffen eines Sinneseindrucks mit der Protokollaussage identisch ist, die gemäß den Regeln der betreffenden Wissenschaft einen Sinneseindruck beschreibt und die gemäß den Regeln akzeptiert wird (s. Abschnitte 8.2 und 8.3), dann wird jene Behauptung als (vorläufig) wahr angesehen. Dem Wissenschaftler, der sie deduziert hat, ist es gelungen, das erklärungsbedürftige Phänomen durch eine Theorie zu erklären. Man könnte nun versucht sein, da die Konklusion der Theorie sich als wahr erwiesen hat, auch die gesamte Theorie für wahr zu erklären. So haben denn auch alle Mitglieder des *Wiener Kreises* in den dreißiger Jahren die Möglichkeit, eine Theorie an Sinneseindrücken zu verifizieren, zum Sinnkriterium der kognitiven Wissenschaften überhaupt erklärt (PAP 1955, S. 1ff.; KRAFT 1950).

Abgesehen davon, ob empirische Theorien verifizierbar sind, werden in Zusammenhang mit diesem Sinnkriterium häufig die folgenden zwei Probleme genannt:

Widerspricht dieses Sinnkriterium nicht sich selbst, da es ja durch Sinneseindrücke nicht zu verifizieren ist? Das ist nicht der Fall. Denn die wahre Behauptung, daß das Sinnkriterium nicht durch Sinneseindrücke zu verifizieren ist, ist eine Aussage zweiter Stufe über das Sinnkriterium. Aussagen verschiedener Stufen können aber nicht im Widerspruch zueinander stehen (s. Abschnitte 3.6.9 und 3.6.10).

Wie verhält sich das Sinnkriterium zu den Formalwissenschaften? Die *Neopositivisten* versuchten, das Problem dadurch zu lösen, daß sie die Sätze der Formalwissenschaften für nicht-kognitiv, sondern für tautologisch erklärten. Dies impliziert in bezug auf das Sinnkriterium weitere Schwierigkeiten, auf die wir nicht näher eingehen (siehe PAP 1955, S. 3ff. und die dort referierte Literatur).

Mit diesen Problemen sich näher zu beschäftigen, lohnt indessen nur, wenn es möglich ist, Theorien durch die Wahrheit ihrer Theoreme zu verifizieren.

Es ist nicht möglich, eine Theorie durch Sinneseindrücke zu verifizieren, weil aus der Wahrheit der Konklusion einer Theorie nicht die Wahrheit ihrer Prämissen folgt. Insbesondere folgt aus Beobachtungsaussagen, die Singuläraussagen sind, nicht die Wahrheit der Allaussagen, die in jeder Theorie enthalten sind (s. Abschnitt 3.7.6). Es war *Popper*, der in der "Logik der Forschung" (1. Auflage 1934) auf diesem (seit den Anfängen der Logik bekannten) Argument gegen den *Wiener Kreis* insistiert hat; es ist inzwischen in der Wissenschaftstheorie allgemein akzeptiert.

Eine Theorie, aus der wahre Behauptungen über Sinneseindrücke abgeleitet werden, nennen wir "bewährt". Wir können sie so lange zur Erklärung der Wirklichkeit benutzen, als sie durch neu akzeptierte Aussagen über Sinneseindrücke nicht falsifiziert wird (darüber gleich mehr) oder als wir sie nicht durch eine andere Theorie ersetzen. Das ist möglich, weil eine bestimmte Klasse von Sinneseindrücken grundsätzlich durch beliebig viele unterschiedliche Theorien erklärt werden kann. Welche der miteinander konkurrierenden bewährten Theorien, sofern es solche geben sollte, ein individueller Forscher bevorzugt, das zu erklären gehört nicht zu den Aufgaben der analytischen Wissenschaftstheorie; es vorzuschreiben, wie manche Wissenschaftstheoretiker es tun, etwa daß von zwei bewährten Theorien die gehaltreichere vorzuziehen sei (LAKATOS 1982), gehört nicht zu den Aufgaben der hier vorgetragenen *explikativen* Wissenschaftstheorie.

10.2 Zur Falsifizierbarkeit von Theorien

10.2.1 Zum logischen Verhältnis von Falsifikatoren und Theorie sowie zur Akzeptierung von Falsifikatoren

Wenn die aus einer Theorie deduzierte Behauptung über das Eintreffen eines Sinneseindruckes mit einer Protokollaussage konfrontiert wird, die gemäß den akzeptierten Regeln der betreffenden Wissenschaft einen ganz anderen Sinneseindruck an der Raum-Zeit-Stelle beschreibt, auf die sich jene Behauptung bezieht, und wenn die Protokollaussage als wahr akzeptiert wird, dann ist die abgeleitete Behauptung falsch. Angeleitet durch die Theorie, nach der wir ein ganz bestimmtes Ereignis erwartet haben, beschreiben wir dann das tatsächlich eingetroffene Ereignis durch eine negative Protokollaussage, nämlich durch die Kontradiktion der abgeleiteten singulären Behauptung. Da aus der Falschheit der Konklusion die Falschheit wenigstens einer Prämisse folgt (siehe oben Abschnitt 3.7.6), *ist die Theorie als ganze falsifiziert*. Die falsifizierende Beobachtungsaussage nennen wir "Falsifikator". Da aus der Falschheit der deduzierten Behauptung nicht unbedingt die Falschheit aller Prämissen, sondern nur diejenige wenigstens einer von ihnen folgt, ist es allerdings nicht klar, welche Teile der Theorie falsifiziert sind. Es ist möglich, daß die raum-zeitlichen Randbedingungen, welche durch Singuläraussagen beschrieben werden und welche die Theorie auf eine konkrete Situation anwendbar machen, nicht zutreffen, während die Gesetze (die Allaussagen) wahr sind; es ist möglich, daß die Singuläraussagen, welche die raum-zeitlichen Randbedingungen beschreiben, wahr sind, während die Gesetzesaussagen falsch sind; es ist schließlich möglich, daß beide falsch sind.

Auf dieser Unbestimmtheit beruht, wie bereits erwähnt (s. Abschnitt 3.7.6), die *Duhem-Quine-These*: Theorien seien Systeme von Aussagen, die derart miteinander zusammenhingen, daß es nicht möglich sei, bei Scheitern der Theorie die Ursache bei einer bestimmten Aussage zu lokalisieren. Dahinter steht eine holistische Auffassung von Theorien, nämlich, daß sie nur als ganze akzeptiert oder abgelehnt werden könnten. Ich bin nicht dieser Auffassung, sondern bin vielmehr der Meinung, daß es prinzipiell möglich ist, Fehler in einer Theorie zu lokalisieren. Es muß aber zugegeben werden, daß ein solches Unterfangen sehr schwierig sein kann.

Ob man eine Theorie als ganze durch eine Protokollaussage oder eine Menge von Protokollaussagen als falsifiziert ansieht, hängt offenbar davon ab, ob man diese für wahr hält. Wenn man der Meinung ist, daß man sich über die Wahrheit von Beobachtungsaussagen und damit über die Falschheit ihrer Kontradiktionen absolute Gewißheit verschaffen kann, dann kann man auch über die Falschheit von Theorien endgültige Gewißheit erlangen. In der Literatur wird diese Position als "dogmatischer Falsifikationismus" bezeichnet (z.B. LENZEN 1980b; LAKATOS 1982, S. 11-13). Da ich der Meinung bin, daß Protokollaussagen nicht als absolut wahr nachgewiesen werden können (s. Abschnitte 8.2 und 8.3), halte ich den dogmatischen Falsifikationismus für falsch. Da ich aber auch der Meinung bin, daß wir uns eine pragmatische Sicherheit über Beobachtungsaussagen verschaffen können, halte ich es für möglich, über die Falschheit von Theorien eine pragmatische Sicherheit zu erlangen. Diese schließt die Bereitschaft ein, die Meinung über die Falschheit von Theorien zu revidieren, wenn sich nämlich Gründe dafür ergeben, die bisher für wahr gehaltenen Falsifikatoren für falsch zu halten. Diese Haltung gegenüber der Falschheit von Theorien empfiehlt sich auch schon deshalb, weil selbst wahre Beobachtungsaussagen - einmal unterstellt, über deren Wahrheit könnten wir uns absolute Gewißheit verschaffen - eine statistische Theorie (und praktisch nur solche werden in den Gesellschaftswissenschaften verwandt) nicht endgültig falsifizieren können, sondern nur vorläufig mit gewissen Wahrscheinlichkeiten (s. Abschnitt 11.3).

Zum wiederholten Male: Die Behauptung, daß Theorien durch Protokollaussagen als falsch nachgewiesen werden können, ist eine metasprachliche Aussage, aber keine Aufforderung an Wissenschaftler, sich zu bemühen, ihre Theorien zu widerlegen. Ich enthalte mich strikt einer solchen Transformierung jener Aussage in diese Regel. In den Schriften *Poppers* findet diese Transformierung häufig statt und ist wahrscheinlich die Quelle vieler Mißverständnisse.

10.2.2 Die Falsifizierbarkeit von Theorien als Abgrenzungskriterium zwischen empirischen und nicht-empirischen Theorien

Die Möglichkeit, eine Theorie zu falsifizieren, benutzt *Popper* als Abgrenzungskriterium der empirischen von anderen Theorien:

> "Eine Theorie heißt 'empirisch' bzw. 'falsifizierbar', wenn sie die Klasse aller überhaupt möglichen Basissätze eindeutig in zwei nicht leere Teilklassen zerlegt: in die Klasse jener, mit denen sie in Widerspruch steht, die sie 'verbietet' - wir nennen sie die Klasse der *Falsifikationsmöglichkeiten* der Theorie -, und die Klasse jener, mit denen sie nicht in Widerspruch steht, die sie 'erlaubt'. Oder kürzer: Eine Theorie ist falsifizierbar, wenn die Klasse ihrer Falsifikationsmöglichkeiten nicht leer ist" (POPPER 1934, S. 53).

Gegen *Poppers* Abgrenzungskriterium sind in der Wissenschaftstheorie viele Einwände erhoben worden, deren wichtigste wir im nächsten Abschnitt (10.3) besprechen. Hier weise ich auf eine Schwierigkeit hin, die in der Literatur meines Wissens bisher nie erwähnt worden ist, die mir jedoch schwerwiegend zu sein scheint: Wie bereits erwähnt (Abschnitt 8.4), erkennt *Popper* als Basissätze nur *positive* Singuläraussagen an (z.B. POPPER 1934, S. 6f.). Wenn nun aus einer Theorie, wie von *Poppers* Falsifizierbarkeitskriterium gefordert, die Verbote von ausschließlich positiven Beobachtungsaussagen, das heißt deren Negationen gefolgert werden sollen, dann muß die Theorie, genauer ihr Gesetz, negativ formuliert sein (s. dazu Abschnitt 3.7.5). In vielen Äußerungen in seiner "Logik der Forschung" sieht *Popper* die Naturgesetze (und wir dürfen sicher hinzufügen: die Gesetze auch aller anderen Realwissenschaften, z.B. der Volkswirtschaftslehre) als Verbote an, die negativ formuliert sind: "Sie behaupten nicht, daß etwas existiert, sondern daß etwas nicht existiert" (POPPER 1934, S. 39). Dies ist jedoch meiner Meinung nach eine falsche Behauptung: Die allermeisten Naturgesetze und durchweg die Gesetze in den Gesellschaftswissenschaften, so auch in den Wirtschaftswissenschaften und in der Volkswirtschaftslehre, sind positiv formuliert. Deshalb werden aus ihnen durchweg positive, nicht negative Singuläraussagen abgeleitet. In der von *Popper* angegebenen Form ist deshalb das Falsifizierbarkeitskriterium auf die Praxis der Wissenschaften nicht anwendbar. Dabei wollen wir es dahingestellt sein lassen, ob die positiven Gesetze in negative umformuliert werden könnten. Die praktizierenden Wissenschaftler und die Abnehmer ihrer Theorien jedenfalls tun dieses nicht.

Ein Gegenbeispiel jedoch könnte das folgende sein: Wenn die aus einer Theorie abgeleitete Behauptung aus dem nach einer Seite offenen Intervall einer metrischen Skala besteht (s. Abschnitt 4.4), z.B. aus der Behauptung, daß der Ausschuß x einer bestimmten Produktmenge höchstens 2 Prozent aller Produkte betrage, ("$x \leq 2$ %"), und wenn diese Behauptung nur durch eine kleine Stichprobe überprüft werden kann, benutzt man als Testgröße praktisch immer die Kontradiktion der eigentlich interessierenden Behauptung, also "$\neg (x \leq 2 \%) \Leftrightarrow x > 2 \%$". Wird "$x > 2$ %" verworfen, akzeptiert man "$x \leq 2$ %". Diese Vorgehensweise wird durch die Eigenschaft statistischer Tests nahegelegt, daß bei kleinen Stichprobenumfängen die Annahme einer Behauptung wahrscheinlicher ist als die Ablehnung; die Vorgehensweise ist kein Beispiel dafür, daß die Gesetze der Realwissenschaften als Verbote formuliert sind (zu den statistischen Tests s. Abschnitte 11.2 und 11.3.

Der Mangel der *Popperschen* Darstellung kann jedoch leicht geheilt werden, indem man, wie es in der Praxis der Wissenschaften allgemein üblich ist, als Beobachtungssätze auch *negative Singuläraussagen* anerkennt. Die Falsifikatoren einer Theorie, aus der positive Beobachtungsaussagen abgeleitet werden, sind dann genau deren Verneinungen. Eine Theorie ist also falsifizierbar (und diese Formulierung gilt nun auch für negativ formulierte Theorien), wenn die aus ihr abgeleiteten Beobachtungsaussagen sich als falsch erweisen können. Zwei Voraussetzungen muß also eine Theorie erfüllen, wenn sie falsifizierbar sein soll:

1) Aus ihr muß mindestens eine Behauptung über Beobachtbares folgen.

2) Die Behauptung muß durch eine Protokollaussage widerlegbar sein.

In dieser Form scheint mir das Falsifizierbarkeitskriterium geeignet zu sein, empirische von nicht-empirischen Theorien abzusondern. Die Erfüllung der beiden Voraussetzungen kann auf vielfältige Weise verhindert werden (s. Abschnitt 10.4).

10.3 Einwände gegen das Falsifizierbarkeitskriterium

10.3.1 *Hempels* Einwände

10.3.1.1 *Hempels* grundsätzliche Forderung an Abgrenzungs- und Sinnkriterien

Gegen die Benutzung der Falsifizierbarkeit von Theorien als ihres Abgrenzungskriteriums zwischen empirischen und nicht-empirischen Theorien führt HEMPEL 1965c dieselben Argumente an, die er auch gegen das Verifizierbarkeitskriterium erhebt: Als notwendige, aber nicht hinreichende Adäquatheitsbedingung für Sinn- oder Abgrenzungskriterien fordert er, daß eine Aussage, die nach dem angenommenen Kriterium als sinnlos oder unempirisch anzusehen ist, alle wahrheitsfunktionalen zusammengesetzten Aussagen, in denen sie vorkommt, ebenfalls sinnlos oder unempirisch machen muß.

10.3.1.2 Wenn eine Aussage A unempirisch ist, muß auch ihre Negation ($\neg$ A) unempirisch sein

Eine Konsequenz der grundsätzlichen *Hempelschen* Forderung besteht darin, daß, wenn nach dem gewählten Kriterium eine bestimmte Aussage als sinnlos angesehen wird, auch ihre Kontradiktion als sinnlos angesehen werden muß. In den Worten von STEGMÜLLER 1974b (S. 193):

> "Als eine der elementarsten Grundregeln für jede präzise Wissenschaftssprache wird man die folgende aufstellen können: 'Die Negation einer sinnvollen Aussage ergibt wieder eine sinnvolle Aussage.'"

Dieselbe Forderung wird an empirische Aussagen gestellt. Die Bedingung wird weder vom Verifizierbarkeits- noch vom Falsifizierbarkeitskriterium erfüllt: Während partikuläre Aussagen durch Protokollaussagen verifizierbar sind, sind es ihre Verneinungen, die universellen Aussagen entgegengesetzter Qualität, nicht; während universelle Aussagen durch Protokollaussagen falsifizierbar sind, sind es ihre Verneinungen, die partikulären Aussagen entgegengesetzter Qualität, nicht (s. oben Abschnitt 3.6.10).

Nun könnte man das Problem dadurch zu lösen versuchen, daß man die Forderung "Die Negation einer empirischen Aussage ergibt wieder eine empirische Aussage" nicht annimmt. Dagegen spricht jedoch die Behauptung, daß viele Sätze der empirischen Wissenschaften Aussagen mit gemischten Quantoren der Form:

$$\forall x \exists y \Phi(x,y) \tag{10-1}$$

seien, die wegen des Existenzquantors $\exists y$ nicht widerlegt werden können. Beispiele solcher Aussagen seien die folgenden: "Für jedes Metall gibt es eine Temperatur, bei der es schmilzt." "Für jedes wirtschaftliche Gut gibt es einen Preis, bei dem das Angebot gleich der Nachfrage ist." (Zu Aussagen mit gemischten Quantoren s. oben Abschnitt 3.6.8 und weiter hinten Abschnitt 10.4.) Das wichtigste Beispiel solcher Aussagen mit gemischten Quantoren seien jedoch die Konvergenzaussagen der höheren Mathematik, weil sie die Basis unter anderem der Infinitesimalrechnung seien (Differential- und Integralrechnung), ohne welche die Physik und auch die Nationalökonomie in ihrer heutigen Form nicht möglich seien (STEGMÜLLER 1974b, S. 196).

Die letzte Behauptung ist zweifellos wahr (die neoklassische Mikroökonomik z.B. kann geradezu als Anwendung der Infinitesimalrechnung bezeichnet werden), ebenso wie diejenige, daß die Infinitesimalrechnung auf Konvergenzaussagen beruht. Wenn die Anwendung der Analysis in den empirischen Wissenschaften tatsächlich Aussagen mit gemischten Quantoren impliziert, dann ist das Falsifizierbarkeitskriterium zur Abgrenzung empirischer von nicht-empirischen Theorien unbrauchbar; denn es ist ein Unding, Theorien, die alle Wissenschaftler seit langem als empirisch anerkennen, wegen eines später eingeführten Kriteriums, das jene Theorien nicht erfüllen, für unempirisch zu erklären. Dies spräche nicht gegen die Theorien, sondern gegen das Kriterium.

Die Konvergenzaussagen in der Mathematik haben bekanntlich die folgende Form:

"Eine Zahlenfolge $\{a_n\}$ konvergiert gegen den Grenzwert a, wenn für jede positive Zahl ε eine natürliche Zahl $N(\varepsilon)$ existiert, so daß für alle $n \geq N(\varepsilon)$ $|a_n - a| < \varepsilon$ gilt. Diese Konvergenzaussage wird durch die Symbolik $\lim\limits_{n \to \infty} a_n = a$ oder $a_n \to a$ für $n \to \infty$ ausgedrückt" (AUTORENKOLLEKTIV 1971, S. 386).

Dies ist eine Aussage mit gemischten Quantoren in der oben angegebenen Form; für den vorliegenden Fall spezialisiert lautet die formalisierte Aussage:

$$\forall \varepsilon > 0 \exists N(\varepsilon) \forall n \geq N(\varepsilon) \, [|a_n - a| < \varepsilon]. \tag{10-2}$$

Beispiel:

Es soll geprüft werden, ob die Zahlenfolge

$$a_n = \frac{1}{n}, \; n = 1,2,3, \ldots \tag{10-3}$$

gegen Null konvergiert, ob also gilt

$$\lim_{n \to \infty} \frac{1}{n} = 0, \ n = 1,2,3, \ldots \tag{10-4}$$

Dann muß nach der obigen Definition auch gelten

$$\left|\frac{1}{n} - 0\right| < \varepsilon. \tag{10-5}$$

Dies ist für alle $n > \frac{1}{\varepsilon}$ erfüllt. In formalisierter Form lautet die Aussage:

$$\forall \varepsilon > 0 \vee n > \frac{1}{\varepsilon}\left[\left|\frac{1}{n} - 0\right| < \varepsilon\right]. \tag{10-6}$$

Die Wahrheit dieser Aussage kann man durch vollständige mathematische Induktion beweisen. Deren erster Schritt besteht darin, daß man für eine konkrete Zahl n und eine konkrete Zahl ε nachweist, daß die zu beweisende Behauptung richtig ist, das heißt: Man überführt die Allaussage in eine entsprechende Singuläraussage. Am Schluß der vollständigen mathematischen Induktion ist der Existenzquantor aus der Aussage entfernt.

Wenn jedoch die Infinitesimalrechnung auf empirische Probleme angewendet werden soll, dann muß die zugrundeliegende Konvergenzaussage zu einer Singuläraussage spezifiziert werden. Anders wäre die Behauptung, um ein Beispiel aus der Volkswirtschaftslehre zu nennen, daß die erste Ableitung einer bestimmten Produktfunktion, die Grenzproduktivität, bei bestimmten Werten der Argumente dieser Funktion einen bestimmten Wert hat, gar nicht möglich. Solche Aussagen jedoch sind falsifizierbar. In analoger Weise wird aus allen Aussagen mit gemischten Quantoren bei empirischen Anwendungen der Existenzquantor eliminiert. Für die oben angeführten Beispiele heißt das: Für ein bestimmtes Metall muß der Schmelzpunkt in Grad Celsius (oder in einer anderen Skala), für ein bestimmtes wirtschaftliches Gut muß der Gleichgewichtspreis in DM (oder in einer anderen Skala) angegeben werden, wenn die Aussagen als empirisch anerkannt werden sollen. Die Aussagen mit gemischten Quantoren haben lediglich erkenntnisleitendes Interesse, nämlich die Forscher anzureizen, die Schmelzpunkte, die Gleichgewichtspreise, die Grenzproduktivitäten zu bestimmen. Geschieht das nicht, laufen die Aussagen Gefahr, vor allem in den Gesellschaftswissenschaften, zur Ideologie zu verkommen.

Beispiel: In der Volkswirtschaftslehre erfreut sich bei gewissen Autoren die Behauptung großer Beliebtheit (etwa bei der Mehrheit des Sachverständigenrates zur Begutachtung der wirtschaftlichen Entwicklung), daß es einen Lohnsatz gebe, bei dem auf dem Arbeitsmarkt weder Arbeitslosigkeit noch unbefriedigte Nachfrage nach Arbeitskräften herrsche. Existierende Arbeitslosigkeit sei deshalb durch einen zu hohen Lohnsatz verursacht. Diese Autoren weigern sich jedoch regelmäßig, den Gleichgewichtslohnsatz anzugeben: "Wir gehen nach wie vor davon aus, daß das Lohnniveau, das zu einem hohen Beschäftigungsstand paßt, nicht mit wissenschaftlichen Methoden ermittelt, sondern nur am Markt herausgefunden werden kann" (SACHVERSTÄNDIGENRAT 1979, RZ. 337). Die Behauptung ist deshalb unempirisch (s. dazu ausführlicher Kapitel 19, insbesondere Abschnitt 19.3.4).

Die Anwendung der höheren Mathematik in den empirischen Wissenschaften macht diese also nicht unfalsifizierbar. Es ist aber richtig, daß die Kontradiktionen gewisser falsifizierbarer Aussagen, nämlich der Allaussagen, ihrerseits nicht falsifizierbar sind. Wenn man die zu Anfang aus *Hempels* Forderung abgeleitete Bedingung akzeptiert (was meiner Meinung nach allerdings nicht notwendig ist), dann muß man das Falsifizierbarkeitskriterium verwerfen.

10.3.1.3 Wenn eine Aussage A unempirisch ist, muß auch ihre Konjunktion mit einer empirischen Aussage B unempirisch sein

Eine zweite Konsequenz der *Hempelschen* grundsätzlichen Forderung kann vom Falsifizierbarkeitskriterium ebenfalls nicht erfüllt werden:

> "Man würde erwarten, daß das folgende Prinzip mit Selbstverständlichkeit gilt: 'Eine nichtsignifikante Aussage kann auch nicht als junktorenlogischer Teil einer signifikanten Aussage auftreten.' Denn ist ein Teilsatz eines komplexeren Satzes nicht signifikant, so, möchte man meinen, ist a fortiori der komplexere Satz nicht signifikant" (STEGMÜLLER 1974b, S. 194).

Angenommen, A sei eine falsifizierbare, B eine nicht falsifizierbare Aussage, dann wäre jedoch auch die Konjunktion A $\wedge$ B falsifizierbar, weil dazu die Falsifizierbarkeit eines Teilsatzes ausreicht.

Wir lösen wiederum die dargestellten Schwierigkeit dadurch, nicht das Falsifizierbarkeitskriterium, sondern die oben abgeleitete Konsequenz aus *Hempels* Forderung zu verwerfen. Für den konkreten Fall bedeutet dies: Wenn eine nicht falsifizierbare Aussage mit einer falsifizierbaren durch das logische "und" verbunden wird, dann ist zwar die gesamte Konjunktion falsifizierbar, die nicht falsifizierbare Aussage B erhält dadurch jedoch keine andere Qualität.

10.3.1.4 Wenn eine Aussage A unempirisch ist, darf sie nicht als Teil eines Ableitungszusammenhanges benutzt werden können, der als empirisch eingestuft wird

Die in der Überschrift genannte Forderung ist eine weitere Konsequenz der in Abschnitt 10.3.1 referierten grundsätzlichen Forderung *Hempels*. Auch sie ist vom Falsifizierbarkeitskriterium nicht zu erfüllen. Nehmen wir an, B sei eine widerlegbare (falsifizierbare) Beobachtungsaussage, A sei logisch wahr (eine Tautologie) und deshalb nicht widerlegbar. Der folgende Ableitungszusammenhang

$$[(A \rightarrow B) \wedge A] \Rightarrow B,$$

ist als ganzer falsifizierbar, weil, wenn sich die Falschheit von B erweist, die Vordersätze als Gesamtheit falsch sein müssen. Das gesamte Satzsystem ist nach dem Falsifizierbarkeitskriterium also empirisch, obwohl es der Satz A nicht ist (natürlich ist die Behauptung der faktischen Bedingung [A $\rightarrow$ B] falsifizierbar).

Zum dritten Mal ziehen wir es jedoch vor, nicht das Falsifizierbarkeitskriterium, sondern auch diese Konsequenz aus *Hempels* grundsätzlicher Forderung und damit diese insgesamt zu verwerfen.

10.3.2 Einwände gegen das Falsifizierbarkeitskriterium, die sich auf *Kuhn* stützen

10.3.2.1 *Kuhns* Beschreibung des Wissenschaftsprozesses

KUHN 1978, dessen Buch wir zu den realwissenschaftlichen Äußerungen über Wissenschaft zählen, nämlich zur Wissenschaftsgeschichte und Wissenschaftssoziologie, hat, obwohl nicht zur Wissenschaftstheorie gehörend, auf diese dennoch tiefgreifenden Einfluß ausgeübt, gerade auch in bezug auf die Falsifizierbarkeit von Theorien.

Kuhn teilt den Wissenschaftsprozeß, das Verhalten der Wissenschaftler bei der Gewinnung von wissenschaftlicher Erkenntnis, in normale Wissenschaft und in wissenschaftliche Revolutionen ein. Der Prozeß der normalen Wissenschaft basiere auf der Annahme eines Paradigmas,

> "sei es Aristoteles' Analyse der Bewegung, Ptolemäus' Berechnung von Planetenstellungen, Lavoisiers Anwendung der Waage oder Maxwells Mathematisierung des elektromagnetischen Feldes" (KUHN 1978, S. 37),

das imstande sei, die ursprüngliche Menge der zu erklärenden Phänomene befriedigend zu erklären und das weiter präzisiert, mit weiteren bestätigenden Beobachtungsaussagen versehen, auf weitere Anwendungen ausgedehnt, aber nicht wegen widersprechenden Beobachtungsaussagen verworfen werde. Nur in einer wissenschaftlichen Revolution werde ein Paradigma durch ein anderes ersetzt; für deren Eintreten müßten zwei Bedingungen erfüllt sein:

1) Das alte Paradigma erweise sich immer häufiger als ungeeignet, neue oder auch alte, bisher aber nicht als wichtig angesehene Fakten zu erklären, häufig gerate es zu diesen in Widerspruch.

2) Ein neues Paradigma müsse vorhanden sein, welches sowohl die vom alten Paradigma erklärten als auch die von diesem nicht erklärten Fakten zu erklären imstande sei. Niemals komme es vor, daß ein Paradigma nur deshalb verworfen werde, weil gewisse Beobachtungsaussagen zu ihm im Widerspruch stünden.

Durch diese These, von der wir annehmen, daß sie den Prozeß der Wissenschaft für die meisten Fälle richtig beschreibt, schien *Poppers* Aufforderung an die Wissenschaftler, sich ernsthaft um die Falsifizierung ihrer Theorien zu bemühen, ad absurdum geführt und gleichzeitig auch die Eignung der Falsifizierbarkeit, empirische Theorien von nichtempirischen abzugrenzen, widerlegt zu sein.

10.3.2.2 *Stegmüllers* Strukturalismus

STEGMÜLLER 1973a hat es nun unternommen, das von Kuhn beschriebene Verhalten der Wissenschaftler als rational im Sinne der Wissenschaftstheorie darzustellen, wobei er wie in Abschnitt 10.3.1 zu einer Verwerfung der Falsifizierbarkeit als des Abgrenzungskriteriums zwischen empirischen und nicht-empirischen Wissenschaften kommt. Der Autor geht von der strukturalistischen Sicht oder vom non-statement-view der Theorien aus (s. Abschnitt 1.5). Der Prozeß der normalen Wissenschaft bestehe darin, den Strukturkern K einer bestimmten Theorie über die ursprüngliche Beispielmenge hinaus auf immer neue Anwendungen auszudehnen. Mißlinge dieses bei einer bestimmten Anwendung (und das heißt natürlich: Erweise sich eine bestimmte aus dem Strukturkern abgeleitete Behauptung über die Wirklichkeit als falsch), so verwerfe der Forscher nicht den Strukturkern, sondern er nehme an, daß jene Behauptung nicht zu den intendierten Anwendungen der Theorie gehöre. Dies sei deshalb möglich, weil der Theoriekern kein aussagenartiges Gebilde (nur solche können widerlegt werden), sondern ein begriffliches Gebilde sei, das durch Beobachtungsaussagen nicht widerlegt werden kann, weil es weder wahr noch falsch ist.

Ich halte die Charakterisierung des Strukturkerns als eines lediglich begrifflichen Gebildes für falsch (womit nicht gesagt sein soll, daß auf einer metametasprachlichen Ebene der Strukturkern nicht doch als Begriff angesehen werden kann; aber darum geht es hier nicht). Ich bin vielmehr der Meinung, wie in Abschnitt 1.5 bereits gesagt, daß *Stegmüllers* Strukturkern von den Allaussagen der Theorie gebildet wird, und deshalb bin ich auch der Meinung, daß der Strukturkern falsifiziert werden kann.

10.3.2.3 *Lakatos'* raffinierter Falsifikationismus

Lakatos verwirft *Poppers* Falsifizierbarkeitskriterium nicht vollständig; er nennt es "naiven Falsifikationismus" und will es durch seinen "raffinierten Falsifikationismus" ersetzen:

"Für den naiven Falsifikationisten ist jede Theorie, die sich als experimentell falsifizierbar interpretieren läßt, 'akzeptabel' oder 'wissenschaftlich'. Für den raffinierten Falsifikationisten ist eine Theorie 'akzeptabel' oder 'wissenschaftlich' nur dann, wenn sie einen bewährten empirischen Gehaltsüberschuß über ihren Vorgänger (oder Rivalen) besitzt, d.h., wenn sie zur Entdeckung von neuen Tatsachen führt. Diese Bedingung läßt sich in zwei Klauseln aufspalten: die neue Theorie hat einen Überschuß an empirischem Gehalt (*'Akzeptabilität'*$_1$) und ein Teil dieses Überschusses ist verifiziert (*'Akzeptabilität'*$_2$). Die erste Klausel kann sofort durch eine a priori logische Analyse nachgeprüft werden; die zweite läßt sich nur empirisch prüfen, und dies kann eine unbestimmt lange Zeit in Anspruch nehmen.

Für den naiven Falsifikationisten wird eine Theorie *falsifiziert* durch einen ('erhärteten') 'Beobachtungs'satz, der ihr widerspricht (oder den er als widersprechend zu interpretieren sich entscheidet). Für den raffinierten Falsifikationisten ist eine wissenschaftliche Theorie *T falsifiziert* dann, und nur dann, wenn eine andere Theorie *T'* mit den folgenden Merkmalen vorgeschlagen wurde: 1) *T'* besitzt einen Gehaltsüberschuß im Vergleich zu *T*, d.h. *T'* sagt *neuartige* Tatsachen voraus, Tatsachen, die im Lichte von T nicht wahrscheinlich, ja verboten waren, 2) *T'* erklärt den früheren Erfolg von *T*, d.h. der ganze nicht-widerlegte Gehalt von *T* ist (innerhalb der Grenzen des Beobachtungsirrtums) im Gehalt von *T'* enthalten; und 3) ein Teil des Gehaltsüberschusses von *T'* ist bewährt.

Eine Reihe von Theorien heißt "theoretisch progressiv", "wenn jede neue Theorie einen empirischen Gehaltsüberschuß ihrer Vorläuferin gegenüber besitzt" (LAKATOS 1982, S. 33), sie heißt auch "empirisch progressiv", "wenn sich ein Teil dieses empirischen Gehaltsüberschusses auch bewährt" (ebenda). "Und schließlich heiße eine Problemverschiebung *progressiv*, wenn sie sowohl theoretisch als auch empirisch progressiv ist, und *degenerativ*, wenn das nicht der Fall ist" (ebenda).

Der Fortschritt der Wissenschaft sei daran abzulesen, wieweit die Theorieentwicklung progressiv sei. Anders als bei *Kuhn* soll die Theorieentwicklung bei *Lakatos* kontinuierlich sein, und zwar auf Grund eines Forschungsprogrammes. Dieses bestehe aus Regeln, die einerseits Forschungswege beschreiben, die man vermeiden solle (negative Heuristik); die andererseits Forschungswege beschreiben, die man gehen solle (positive Heuristik). Die negative Heuristik des Programmes definiert einen harten Kern und verbiete, diesen zu falsifizieren, vielmehr ihn durch einen Schutzgürtel von Hilfshypothesen vor Widerlegung zu schützen. Diese könnten widerlegt und ersetzt werden; ihre Erfindung werde durch die positive Heuristik gesteuert.

Soweit das Referat von *Lakatos*. Seine Ausführungen sind ein schwer entwirrbarer Knäuel von

- Behauptungen über das faktische Verhalten von Wissenschaftlern, die offensichtlich stark auf *Kuhn* basieren;
- Aussagen über das logische Verhältnis von Aussagen zueinander, z.B. darüber, wodurch sich eine progressive Theorie gegenüber der älteren Theorie auszeichnet;
- Anweisungen an die Wissenschaftler, wie sie sich verhalten sollten.

Wir sind hier zunächst nur an der Frage interessiert, ob *Lakatos* bestreitet, daß eine Theorie durch Beobachtungsaussagen in strikt logischer Betrachtung widerlegt werden kann. Das ist nicht der Fall. (Bei der Beschreibung des dogmatischen Falsifikationismus allerdings [S. 11-18] bringt *Lakatos* Aussagen, die als eine grundsätzliche Ablehnung der Falsifizierbarkeit von Theorien interpretiert werden könnten.) Insofern könnte die Falsifizierbarkeit von Theorien als das Unterscheidungsmerkmal von empirischen und nichtempirischen Theorien dienen. *Lakatos* behandelt diese Frage gar nicht, sondern er faßt das Falsifizierbarkeitskriterium *Poppers* als eine Anweisung an Wissenschaftler auf, wie sie sich verhalten sollten, und diese Anweisung verwirft er. Mit unserer Fragestellung hat das nichts zu tun.

10.3.2.4 Bewertung

KUHN 1978 hat von neuem nachgewiesen, was die tägliche Erfahrung immer wieder bestätigt: daß Wissenschaftler nicht daran interessiert sind, ihre Theorien zu widerlegen, sondern vielmehr daran, mit ihren Theorien Phänomene zu erklären. Deshalb wird von der Wissenschaftlerzunft eine Theorie nicht aufgegeben, mögen ihr auch noch so viele Beobachtungsaussagen widersprechen, es sei denn, eine andere Theorie ist vorhanden; denn auch eine schlechte Theorie ist besser als gar keine, ohne sie stünden die Wissenschaftler nackt da. Da nun Revolutionen sowohl in der Wissenschaft als auch außerhalb ihrer nur selten vorkommen, bleibt den Wissenschaftlern gar nichts anderes übrig, als im normalen Erkenntnisprozeß ein einmal akzeptiertes Paradigma gegen Falsifizierung durch widersprechende Beobachtungsaussagen zu schützen.

Diese Praxis der Wissenschaftler widerlegt natürlich nicht die Behauptung, daß es möglich ist, nach dem Kriterium der Falsifizierbarkeit empirische von nicht-empirischen Theorien zu unterscheiden; sie zeigt allerdings, daß Wissenschaftler Regeln, welche die Wissenschaftstheorie ihnen vorschreibt, nicht zu beachten pflegen (vgl. auch Abschnitt 1.12).

Der Strukturkern der Strukturalisten wird meiner Meinung nach, um es zu wiederholen, von den Allaussagen der betreffenden Theorie gebildet; er ist nicht deshalb unfalsifizierbar, weil er nur ein begriffliches Gebilde wäre. Ob Wissenschaftler den Strukturkern bei Vorliegen einer widersprechenden Beobachtungsaussage oder vieler solcher Aussagen tatsächlich verwerfen, ist eine ganz andere Frage. Letztlich ist das Falsifizierbarkeitspostulat meiner Meinung nach mit der Position *Kuhns* und *Stegmüllers* vereinbar; denn sie geben ja ausdrücklich an, daß eine der Bedingungen für eine wissenschaftliche Revolution darin besteht, daß die verdrängte Theorie immer häufiger mit Fakten in Widerspruch gerät; und nichts anderes, als daß dieses möglich sein müsse, fordert jenes Kriterium für Theorien, die "empirisch" genannt werden sollen.

Daß es nicht irrational sein muß, eine Theorie auch gegen widerlegende Beobachtungsaussagen beizubehalten, wird, abgesehen von der Forderung, daß eine bessere Theorie vorhanden sei, dadurch klar, daß eine bisher bewährte Theorie als sicherer eingeschätzt wird als einzelne widersprechende Beobachtungsaussagen (s. Abschnitt 8.3) und daß die Beobachtungsaussage über ein einzelnes Ereignis eine statistische Theorie - praktisch kommen nur solche in den Sozialwissenschaften vor - nicht widerlegen kann (s. Abschnitt 11.3). Andererseits kann die Evidenz des Widerspruches zwischen Theorie und Beobachtungsaussagen so stark sein, daß die Beibehaltung der Theorie, oder mindestens: die Weigerung, eine neue zu suchen, irrational ist. Mir scheint, daß dieser Zustand bei vielen Stücken der Volkswirtschaftslehre heute erreicht ist; darüber handelt der zweite Teil dieses Buches.

10.3.3 Konventionalistische Einwände

Das, was POPPER 1934 "Konventionalismus" nennt, und dessen Einwände gegen die Falsifizierbarkeit von Theorien haben gewisse Ähnlichkeiten mit den von STEGMÜLLER 1973a systematisierten und referierten Einwänden, die sich auf KUHN 1978 stützen (s. Abschnitt 10. 3.2):

> "Die Naturwissenschaft ist für den Konventionalisten kein Bild der Natur, sondern eine rein begriffliche Konstruktion; nicht die Eigenschaften der Welt bestimmen die Konstruktion, sondern diese bestimmt die Eigenschaften einer künstlichen, von uns geschaffenen Begriffswelt, implizit definiert durch die von uns festgesetzten Naturgesetze. Nur von *dieser* Welt spricht die Wissenschaft.
>
> Die konventionalistisch aufgefaßten Naturgesetze sind durch keine Beobachtung falsifizierbar, denn erst sie bestimmen, was eine Beobachtung, was insbesondere eine wissenschaftliche Messung ist: Die von uns festgesetzten Naturgesetze sind es, auf Grund derer wir unsere Uhren regulieren, unsere 'starren' Maßstäbe korrigieren; eine Uhr geht 'richtig', ein Maßstab ist 'starr', wenn die mit Hilfe dieser Instrumente gemessenen Bewegungen den von uns festgesetzten Axiomen der Mechanik genügen" (POPPER 1934, S. 48).

Unsere Beobachtungen sowie die Akzeptanz von Beobachtungsaussagen hängen nun tatsächlich von Theorien ab (s. Abschnitt 8.3). Wenn jedoch die Beobachtungen mit nicht-T-theoretischen Begriffen beschrieben werden, ist die Theorie, von der die Beobachtungen abhängen, eine andere als die zu prüfende; diese ist deshalb widerlegbar. Erfolgt die Beschreibung der Beobachtungen jedoch mit T-theoretischen Begriffen, die nicht *Ramsey*-eliminierbar sind, gibt es keine Beobachtungsaussagen, die der zu prüfenden Theorie widersprechen könnten; als Beispiel haben wir weiter vorn (Abschnitt 8.6.5) die Messung der Umlaufgeschwindigkeit des Geldes in der Quantitätstheorie gebracht; weiter hinten bringen wir als zweites Beispiel die Messung des technischen Fortschritts in empirischen Wachstumsuntersuchungen (Abschnitt 16.4.2.3). Die Vorgehensweise ist unakzeptabel.

10.4 Gegen Beobachtungsaussagen immunisierende Eigenschaften

Die Erörterungen der Abschnitte 10.2 und 10.3 haben, so hoffen wir, gezeigt, daß es möglich ist, Theorien nach dem Kriterium, ob sie mit Beobachtungsaussagen in Widerspruch geraten können, in zwei Klassen einzuteilen: In die eine Klasse fallen die Theorien, die durch Beobachtungsaussagen nicht, in die andere diejenigen Theorien, die durch Beobachtungsaussagen wohl falsifizierbar sind; die Falsifizierbarkeit bestimmter Theorien als ganzer wird nicht dadurch aufgehoben, daß sie unfalsifizierbare Sätze enthalten, wie zum Beispiel festsetzende Nominaldefinitionen und Meßanweisungen für die theoretischen Begriffe.

Zur Klasse der durch Beobachtungsaussagen nicht falsifizierbaren Theorien gehören alle Theorien der Formalwissenschaften (Logik und Mathematik), die metaphysischen Theorien (sie legen die Bedingung der

Möglichkeit von Phänomenen dar; als Beispiel haben wir verschiedene Erkenntnistheorien aufgeführt) und schließlich Theorien, die zwar vorgeben, Beobachtbares zu erklären, die aber durch gewisse Eigenschaften davor geschützt sind, mit irgendwelchen Beobachtungsaussagen in Widerspruch geraten zu können. Formalwissenschaftliche und metaphysische Theorien leiten ihrem eigenen Anspruch nach keine Beobachtungsaussagen ab und können deshalb zu diesen auch nicht in Widerspruch geraten. Bei angeblich empirischen Theorien, die das ebenfalls nicht können, wird das in der Regel von deren Anhängern bestritten.

Es gibt mindestens fünf Eigenschaften, deren jede eine scheinbar empirische Theorie unfalsifizierbar macht:

1) die vollständige Tautologisierung der Beobachtungsaussagen;
2) die ausschließliche Ableitung von partikulären Aussagen oder von Aussagen mit gemischten Quantoren;
3) das Fehlen einer Meß- und Beobachtungssprache, oder anders ausgedrückt: das Vorkommen nur T-theoretischer Begriffe in den Aussagen der Theorie;
4) Beobachtungsaussagen über leere Mengen;
5) die Verwendung unspezifizierter ceteris-paribus-Klauseln.

Als Beispiel für die *erste Eigenschaft* haben wir weiter vorn (Abschnitt 8.6.5) die volkswirtschaftliche Quantitätstheorie des Geldes angeführt und werden weiter hinten gewisse volkswirtschaftliche empirische Wachstumsuntersuchungen mit technischem Fortschritt darstellen (Abschnitt 16.4.2.3).

Als Beispiel für die *zweite Eigenschaft* nennen wir Aussagen über das totale mikroökonomische Gleichgewicht oder Aussagen über Teilbereiche von diesem, also über partielle Gleichgewichte. Diese operieren nur mit Existenzquantoren, jene haben die Form gemischter Quantoren (s. Abschnitt 10.3.1.2):

$$\exists [p_i] \forall i \; \{ x_i^A ([p_i]) = x_i^N ([p_i]) \}, \qquad (10\text{-}7)$$

x_i^A: angebotene Menge des Gutes i,
x_i^N: nachgefragte Menge des Gutes i,
$[p_i] = p_1, \ldots, p_n$: Preisvektor der Güter 1, ..., n,
$i \in \{1, \ldots, n\}$,

also: "Es besteht ein Preisvektor $[p_i]$ derart, daß für jedes Gut i einer Volkswirtschaft gilt: das Angebot an dem Gut i bei diesem Preisvektor entspricht genau der Nachfrage nach jenem Gut bei diesem Preisvektor " (totales mikroökonomisches Gleichgewicht),

oder, wenn es sich um ein partielles Gleichgewicht handelt, etwa für das Gut "Arbeit":

"Für Arbeit besteht ein Preis, derart, daß es weder Arbeitslosigkeit noch unbefriedigte Nachfrage nach Arbeit gibt."

Aus diesen Aussagen wird der Existenzquantor nicht entfernt, d.h. es werden keine Werte für die Gleichgewichtspreise angegeben (genauer dazu s. Kapitel 19). Die Aussagen sind deshalb unwiderlegbar, weshalb sie sich vortrefflich für Propagandamache im Kampf von entgegengesetzten Interessenverbänden, etwa Gewerkschaften und Arbeitgeberverbänden eignen (s. den Text des SACHVERSTÄNDIGENRATES 1979 in Abschnitt 10.3.1.2).

Als Beispiel für die *dritte Eigenschaft* nennen wir die volkswirtschaftliche mikroökonomische Nutzenfunktion

$$u = u(x_1, \ldots, x_n), \qquad (10\text{-}8)$$

u: Nutzen,
x_i: Menge des Gutes i.

Der Begriff "Nutzen" ist T-theoretisch, vergleichbar etwa mit dem Begriff "Kraft" im zweiten *Newtonschen* Axiom. Anders als dieses für "Kraft" gibt die Nutzentheorie jedoch keine Anweisung, wie "Nutzen" gemessen werden könnte. In allen empirischen Anwendungen der Nutzentheorie (z.B. der Nachfrage nach Gütern) ist der Nutzenbegriff vielmehr (*Ramsey*)-eliminierbar, so daß die Nutzentheorie für dies Anwendungen nicht notwendig ist, sondern höchstens eine Vereinfachung der Argumentation bewirkt (zur Eliminierbarkeit s. Abschnitt 8.6.4). Wenn die Nutzentheorie dagegen für sich allein genommen wird, ist sie unempirisch (genauer dazu s. Abschnitt 17.4)

Als Beispiel für die *vierte Eigenschaft* nennen wir die Definition des vollkommenen Marktes in der Volkswirtschaftslehre. Diese Definition konstituiert ein Modell in dem in Abschnitt 1.11.1 genannten Sinn. Der Modellmarkt ist dadurch gekennzeichnet, daß auf ihm nur ein homogenes Gut angeboten und nachgefragt wird; daß die Anbieter und Nachfrager keine ungerechtfertigten Präferenzen haben, sondern nur ihren Gewinn bzw. ihren Nutzen maximieren wollen, indem sie sich bei Angebot und Nachfrage nur vom Preis leiten lassen; daß die Marktteilnehmer vollständige Kenntnis über die Eigenschaften der Güter sowie über die geforderten, gebotenen und realisierten Preise haben; daß die Reaktionsgeschwindigkeit unendlich ist; daß es keine Transportkosten gibt. Es wird wohl von niemandem bestritten, daß es keine vollkommenen Märkte gibt, daß also die Klasse der vollkommenen Märkte leer ist. Alle Aussagen, auch alle singulären Aussagen, sofern sie anstelle von Partikuläraussagen in Theorien, die über dieses Modell errichtet sind, überhaupt vorkommen sollten, etwa über die konkrete Höhe von Preisen, beziehen sich deshalb ebenfalls auf leere Klassen und sind deshalb durch Beobachtungsaussagen über die reale Welt unwiderlegbar. Bei der vierten Eigenschaft handelt es sich um Modelle, für die kein Original existiert und auch keines geschaffen werden kann, weil bewährte Gesetze dies unmöglich machen.

Die *fünfte Eigenschaft* bezieht sich auf Experimente: Ein Forscher untersucht den Einfluß eines von vielen anderen Kausalfaktoren, indem er jenen variiert, diese konstant hält. Aussagen über den Einfluß des variierten Faktors gelten nur unter der Bedingung, daß die nicht variierten Faktoren tatsächlich konstant blieben. In Laboratoriumsexperimenten werden diese Faktoren regelmäßig aufgezählt und ihre Konstanthaltung nachgewiesen (spezifizierte ceteris-paribus-Klausel). In Gedankenexperimenten - d.h. in Experimenten in rein ideellen Modellen, wie sie häufig in der theoretischen Volkswirtschaftslehre vorgenommen werden - beschränkt der Forscher sich oft darauf, wenn er den Einfluß eines Faktors untersucht, generell die Konstanz aller anderen Faktoren zu postulieren, ohne diese auch nur zu benennen (unspezifizerte ceteris-paribus-Klausel). Unter diesen Umständen können aus den Modellen keine Behauptungen über die Wirklichkeit abgeleitet werden: Die unspezifizierte ceteris-paribus-Klausel verhindert die Formulierung der raumzeitlichen Randbedingung; die abgeleiteten Aussagen erwecken nur fälschlich den Eindruck, als seien sie Behauptungen über die Wirklichkeit.

Wir fassen zusammen: Angeblich empirische Theorien sind dadurch vor der Widerlegung durch Beobachtungsaussagen geschützt, daß sie mindestens eine der beiden Voraussetzungen nicht erfüllen, durch die Theorien falsifizierbar werden (s. Abschnitt 10.2.2): Entweder enthalten sie gar keine Beobachtungsaussagen (Eigenschaften zwei, drei, vier und fünf), die abgeleiteten Sätze erwecken nur den Anschein, als wären sie Beobachtungsaussagen; oder die abgeleiteten Beobachtungssätze sind Tautologien (Eigenschaft eins).

Der Falsifizierbarkeit von vorliegenden wissenschaftlichen Theorien durch Beobachtungsaussagen habe ich deshalb soviel Raum gewidmet, weil sie mir das einzige Kriterium zu sein scheint, an Hand dessen man beurteilen kann, ob die Wissenschaften, die sich selbst als empirisch verstehen, zu ihrem Ziel, Phänomene zu erklären, überhaupt etwas beitragen, und ob die Aufeinanderfolge der empirischen Theorien im Zeitablauf, der Wechsel der Paradigmata, zu einer immer größeren Annäherung an dieses Ziel geführt hat.

10.5 Strategien zur Immunisierung

Die im vorhergehenden Abschnitt 10.4 genannten Eigenschaften beziehen sich auf Wissenschaft als Ergebnis (s. Abschnitt 1.1), d.h. auf Publikationen und Vorträge. Häufig wird nun in der wissenschaftstheoretischen Literatur auch über Strategien gehandelt, durch die Theorien gegen mögliche Widerlegung durch Beobachtungsaussagen geschützt werden; diese Äußerungen beschreiben das Verhalten von Wissenschaftlern bei der Gewinnung von Erkenntnis, beziehen sich also auf Wissenschaft als Prozeß. Obwohl dieser nicht der Gegenstand unserer Darlegungen ist, geben wir, um dem Leser den Anschluß an die Literatur zu ermöglichen, einen kurzen Überblick über jene Strategien.

Der Wissenschaftler kann, wenn eine Theorie mit Beobachtungsaussagen in Widerspruch gerät, die Theorie so abändern, daß der Widerspruch nicht mehr existiert, sondern daß die Fakten durch die Theorie erklärt werden. Dieses Vorgehen wird von der Wissenschaftstheorie häufig verurteilt. Meiner Meinung nach geschieht das zu Unrecht, wenn es sich um den Prozeß der normalen Wissenschaft handelt, der als immer weitere Verbesserung einer bestehenden Theorie interpretiert werden kann. Die Abänderung der Theorie kann allerdings auch dadurch geschehen, daß zusätzliche Hypothesen in sie eingeführt werden, von denen der Wissenschaftler offensichtlich nicht annimmt, daß sie auch noch außerhalb des einen konkreten Falles, in dem er seine Theorie vor Widerlegung schützen will, Geltung haben. Eine solche Vorgehensweise wird meiner Meinung nach zu Recht von der Wissenschaftstheorie verurteilt.

Der Wissenschaftler kann, wenn eine Theorie mit Beobachtungsaussagen in Widerspruch gerät, diese als falsch verwerfen. Wenn die Theorie sich bisher bewährt hat, ist dies keine unvernünftige Verhaltensweise, da Beobachtungsaussagen ja nicht absolut wahr sind und im allgemeinen einer bewährten Theorie mehr Sicherheit zugestanden wird als einzelnen, ihr widersprechenden Beobachtungsaussagen. Wenn allerdings die widersprechenden Beobachtungsaussagen überwältigend oft, gestützt auf die akzeptierten Methoden der Wissenschaft, gemacht werden, kann ihre Verwerfung unvernünftig werden. Es gibt gute Gründe für die Annahme, daß dies bei der volkswirtschaftlichen Mikroökonomik (s. Kapitel 17) und bei der Makroökonomik (s. Abschnitt 15.5) der Fall ist.

Der Wissenschaftler kann, wenn eine Theorie mit bestimmten Beobachtungsaussagen in Widerspruch gerät, die betreffenden Phänomene in die nicht-intendierten Anwendungen der Theorie einreihen. Als Beispiel könnte man angeben, daß ein Theoretiker der Meinung ist, die volkswirtschaftliche neoklassische Preistheorie tauge zwar zur Erklärung der Preise von Sachen, die beliebig produziert und reproduziert werden können, nicht aber zur Erklärung der Löhne von Arbeitern, weil diese sich von den eben erwähnten Sachen gerade in den Eigenschaften unterscheiden, die bei der Preisbildung von Wichtigkeit sind. Auch dieses Beispiel macht deutlich, daß die Vernunft des Vorgehens vom Einzelfall abhängt: Wenn die Theorie schließlich so eingeschränkt wäre, daß keine real existierenden Phänomene mehr zu ihren intendierten Anwendungen gehörten, dann hätte sie den Status einer empirischen Theorie verloren.

Die erwähnten Strategien betreffen Theorien, die durch Fakten widerlegbar sind. Die Strategie zur Immunisierung könnte aber auch darin bestehen, Theorien die in Abschnitt 10.4 erwähnten Eigenschaften zu geben, um sie von vornherein gegen Widerlegung zu schützen. So verhalten sich nach meinen (nicht systematisch gesammelten) Erfahrungen Wissenschaftler allerdings nicht, sie sind vielmehr meistens erstaunt, wenn sie hören, daß jene Eigenschaften Theorien gegen Fakten immunisieren.

11 Über das Wahrscheinlichkeitsproblem

11.1 Zur Wahrscheinlichkeitstheorie

11.1.1 Zum Gegenstand der Wahrscheinlichkeitstheorie

Bei der Diskussion des Wahrscheinlichkeitsproblems unterscheiden wir zwischen Wahrscheinlichkeitsrechnung und mathematischer Statistik einerseits sowie Wahrscheinlichkeitstheorie andererseits.

Wahrscheinlichkeitsrechnung und *mathematische Statistik* sind mathematische Disziplinen, Kalküle (zu diesem Begriff s. Abschnitt 3.3), welche einen quantitativen Begriff der Wahrscheinlichkeit benutzen, diesen Begriff aber (wie alle mathematischen Disziplinen ihre Termini) semantisch nicht interpretieren, wenigstens grundsätzlich nicht (tatsächlich arbeiten viele Lehrbücher der Wahrscheinlichkeitsrechnung und mathematischen Statistik mit einer bestimmten Interpretation des Begriffes, nämlich der Häufigkeitsdefinition der Wahrscheinlichkeit).

Die *Wahrscheinlichkeitstheorie* ist eine Metatheorie zur Wahrscheinlichkeitsrechnung und mathematischen Statistik; sie beschäftigt sich mit drei Hauptproblemen

- mit der semantischen Interpretation des Begriffes "wahrscheinlich" und der Sätze, in denen er vorkommt. Wir wollen drei Interpretationen des Begriffes unterscheiden (s. dazu KUTSCHERA 1972, S. 45-251): die objektivistische (Abschnitt 11.1.2.), die logische (Abschnitt 11.1.3) und die subjektivistische (Abschnitt 11.1.4);
- mit der Frage, ob die Beziehungen zwischen den Aussagen der Wahrscheinlichkeitsrechnung deduktiv oder induktiv sind, oder anders ausgedrückt: ob die Wahrscheinlichkeitsrechnung die logische unvollständige Induktion möglich macht;
- mit der Frage, ob statistische Theorien falsifizierbar sind.

11.1.2 Die objektivistische Interpretation des Begriffes "wahrscheinlich"

Wir betrachten die Aussage

$$P(A) = r,$$

P: Wahrscheinlichkeit,
A: zufälliges Ereignis
r: eine reelle Zahl.

Unter einem "zufälligen Ereignis" verstehen wir in semantischer objektivistischer Interpretation ein Ereignis, das durch einen konstanten Ursachenkomplex unter bestimmten Randbedingungen realisiert wird, die nur in bestimmten Grenzen festzulegen sind. Einfache Beispiele dafür sind das Würfelspiel und das Münzwerfen. Die konstanten Ursachenkomplexe sind bei diesen Beispielen reguläre Würfel oder Münzen; die nur innerhalb gewisser Grenzen festzulegenden Rahmenbedingungen die Ausgangsenergie von Münze und Würfel, die Beschaffenheit der Unterlage, auf die sie auftreffen, und Ähnliches. Wegen der Unbestimmtheit der Randbedingungen ist der Wert eines einzelnen Münz- oder Würfelwurfes nicht prognostizierbar, wegen der konstanten Ursachenkomplexe und der einem systematischen Einfluß nicht unterliegenden Randbedingungen ist dagegen der Durchschnittswert aller Würfel- oder Münzwürfe in einer genügend langen Versuchsreihe oder die relative Häufigkeit eines einzelnen Wertes, bezogen auf alle Würfe, oder die Häufigkeitsverteilung aller Werte, mit gewissen Unsicherheitsgrenzen prognostizierbar.

Einen einzelnen Münz- oder Würfelwurf bezeichnen wir als "Elementarereignis"(e_i), die Menge aller Würfel- oder Münzwürfe als die "Menge aller Elementarereignisse"(E). Ein zufälliges Ereignis A ist ein Elementarereignis (e_i) oder eine beliebige Teilmenge (e_1, e_2, ...) der Menge E, einschließlich dieser selbst und der leeren Menge.

Beispiel: Der Wurf einer 1 beim Würfelspiel ist ein Elementarereignis (e_1) und ein zufälliges Ereignis. Der Wurf einer 1 oder einer 2 (e_1, e_2) ist ebenfalls ein zufälliges Ereignis, ebenso wird der Wurf einer 1 oder einer 2 oder einer 3 oder einer 4 oder einer 5 oder einer 6 (e_1, e_2, e_3, e_4, e_5, e_6) als zufälliges Ereignis (sicheres Ereignis) definiert, ebenso das Nicht-Erscheinen einer der sechs Werte (unmögliches Ereignis).

Die "Wahrscheinlichkeit" eines Ereignisses ist definiert als dessen relative Häufigkeit unter allen Elementarereignissen.

Die Angabe, wie häufig jedes einzelne Elementarereignis unter der Menge aller Elementarereignisse vorkommt, nennen wir die "Häufigkeitsverteilung dieser Menge".

Eine "Zufallsvariable" ist eine Variable, die bestimmte Werte mit bestimmten Wahrscheinlichkeiten annehmen kann (vgl. zum Vorstehenden FISZ 1973, S. 17ff.).

Auf die wissenschaftstheoretischen Probleme, die dadurch entstehen, daß die Grundmenge als unendlich angesehen wird, gehen wir nicht ein (siehe dazu PAP, S. 69 ff.; POPPER 1934, S. 268 ff., KUTSCHERA 1972, S 88 ff.).

Die vorstehenden Ausführungen machen die folgenden drei Axiome der Wahrscheinlichkeitsrechnung verständlich:

"Axiom I: Jedem zufälligen Ereignis A entspricht eine bestimmte Zahl P(A), seine Wahrscheinlichkeit, welche die Ungleichung

$0 \leq P(A) \leq 1$

erfüllt.

Axiom II: Die Wahrscheinlichkeit des sicheren Ereignisses ist gleich Eins. Diese Eigenschaft läßt sich durch die Formel

$P(E) = 1$

ausdrücken.

Axiom III: Die Wahrscheinlichkeit einer Summe von endlich oder abzählbar vielen zufälligen Ereignissen, die einander paarweise ausschließen, ist gleich der Summe der Wahrscheinlichkeiten dieser Ereignisse:

$P(e_1, e_2, \ldots) = P(e_1) + P(e_2) + \ldots$" (FISZ 1973, S. 28ff.).

Bei objektivistischer Interpretation des Begriffes "wahrscheinlich" ist "P(A) = r" ist eine Aussage über die reale Welt außerhalb des erkennenden und aussagenden Subjektes; sie gehört der Objektsprache an.

11.1.3 Die logische Interpretation des Begriffes "wahrscheinlich"

In logischer Interpretation nach *Carnap* ist die Wahrscheinlichkeit

> "the degree of confirmation of a hypothesis h with respect to an evidence statement e, e.g. an observational report" (CARNAP 1962, S. 19).

In dieser Interpretation ist "wahrscheinlich" ein metasprachliches Prädikat von Aussagen, weshalb die Wahrscheinlichkeit logisch genannt wird. Die Relation ist nach CARNAP 1962 (S. 200ff.) induktiv; er stellt sie einer deduktiven Beziehung gegenüber, um die Unterschiede und Gemeinsamkeiten beider Relationen klar zu machen. Als Beispiel einer deduktiven Beziehung benutzt er einen Syllogismus des Modus Darii (siehe oben Abschnitt 3.7.3), als Beispiel der angeblich induktiven Beziehung die folgenden Aussagen:

e: Chicago hat drei Millionen Einwohner, von denen zwei Millionen schwarzes Haar haben; B ist ein Einwohner Chicagos.

h: B hat schwarzes Haar.

Grad der Bestätigung von h: 2/3.

Der grundlegende Unterschied zwischen den beiden Relationen besteht nach *Carnap* darin, daß in der deduktiven Beziehung SiP wahr ist, wenn die Prämissen wahr sind, während aus der Wahrheit von e nicht die Wahrheit von h samt seines Bestätigungsgrades folgt. Ob das möglich sei, ist aber gerade das Problem der Induktion (siehe oben Kapitel 9), wie ich es verstanden habe; insofern bestehen zwischen der von mir vertretenen Auffassung und derjenigen *Carnaps* sowie seiner Anhänger (in Deutschland vor allem *Stegmüller*) keine Differenzen über die Ansicht, daß aus logischen Gründen die so verstandene Induktion unmöglich ist. Darzustellen, was CARNAP 1962 genau unter induktiver Logik versteht, würde hier zu weit führen (siehe dazu auch PAP 1955, S. 79ff.; STEGMÜLLER 1973b und c; ESSLER 1973). Ebenso wie der Begriff "induktive Logik" ist auch *Carnaps* semantische Interpretation der Wahrscheinlichkeit als des Bestätigungsgrades von Hypothesen umstritten (siehe dazu PAP 1955, S. 69ff.; POPPER 1934, S. 106ff. und S. 339ff.). Die metasprachliche Interpretation hat sich nicht durchgesetzt, weshalb wir nicht weiter auf sie eingehen.

11.1.4 Die subjektivistische Interpretation des Begriffes "wahrscheinlich"

Wir betrachten wie in Abschnitt 11.1.2 die Aussage

$$P(A) = r,$$

wobei die Symbole hier dieselbe Bedeutung haben mögen wie dort, ebenso wie auch hier die Axiome I bis III der Wahrscheinlichkeitsrechnung gelten sollen. Die Interpretation des Begriffes "wahrscheinlich" ist jetzt jedoch anders: Er möge den Grad bezeichnen, in dem eine Person an das Eintreffen des Ereignisses A glaubt: Hält sie das Eintreffen für sicher, bekommt der Grad des Glaubens den Wert 1; hält sie das Eintreffen für unmöglich, den Wert 0; den Grad des Glaubens an Ereignisse, welche die Person weder für unmöglich noch für sicher hält, müßte sie, wenn sie an dem quantitativen Wahrscheinlichkeitsmaß festhält, mit Werten $0 < r < 1$ belegen.

Der Begriff "zufälliges Ereignis" bezeichnet nun, anders als in der objektivistischen Interpretation, lediglich die Tatsache, daß die Person über das Eintreffen oder Nichteintreffen keine Sicherheit hat (abgesehen natürlich von den beiden Extremen "sicheres Ereignis" und "unmögliches Ereignis").

Der Begriff "wahrscheinlich" gehört wie in der objektivistischen, anders als in der logischen Interpretation, der Objektsprache an; er bezeichnet nun aber nicht einen Zustand der Welt außerhalb des erkennenden und aussagenden Subjektes, sondern einen Zustand gerade dieses Subjektes.

In der nicht-wissenschaftlichen Alltagssprache benutzt man den Begriff "wahrscheinlich" sehr häufig, und das ganz überwiegend in subjektivistischer Interpretation. Allerdings ist der Begriff in der Umgangssprache nicht quantitativ, sondern komparativ (s. Abschnitte 4.3 und 4.4): Man bezeichnet zum Beispiel ein Ereignis A als wahrscheinlicher als ein Ereignis B, ein Ereignis C als gleichwahrscheinlich wie ein Ereignis D. Diese Aussagen über ihren Glauben dienen den Menschen zur Begründung von Wahlakten, die sie im täglichen Leben durchführen müssen. Es ist allerdings zu bezweifeln, daß Personen in realen Entscheidungssituationen viele Ereignisse auf einer Ordinalskala der subjektivistischen Wahrscheinlichkeit gleichzeitig einordnen können und daß diese Einordnungen die Anforderungen an die Skalierung, z.B. die der Transitivität, erfüllen (s. Abschnitt 4.3.2.). Dies ist eine empirische Frage, mit der sich die Wahrscheinlichkeitstheorie nicht beschäftigt. Wenn der Begriff "wahrscheinlich" nur komparativ ist, können die Wahrscheinlichkeitsrechnung und die mathematische Statistik nicht angewandt werden, weil sie einen quantitativen Begriff voraussetzen.

In den Wissenschaften (insbesondere in den Wirtschaftswissenschaften) wird der subjektivistisch interpretierte Begriff der Wahrscheinlichkeit in seiner quantitativen Form ganz überwiegend in Sätzen verwandt, die Befehle oder Regeln sind, also in einer präskriptiven Entscheidungstheorie (s. Abschnitt 1.2.1). Die Struktur dieser Sätze ist folgendermaßen:

"Wenn die Folgen deiner Handlungen wohldefinierte Wahrscheinlichkeitsverteilungen zufälliger Variablen sind und wenn die unterschiedlichen Ausprägungen der Variablen die unterschiedlichen Nutzen verursachen, dann führe die Handlung aus, die den mathematischen Erwartungswert des Nutzens maximiert!"

In dieser Anweisung, wenn sie durchführbar sein soll, muß nicht nur die Wahrscheinlichkeit, sondern auch der Nutzen eine quantitative Größe sein. Dies vorausgesetzt, ist eine solche Anweisung auch bei objektivistisch interpretierter Wahrscheinlichkeit sinnvoll; da aber objektive Wahrscheinlichkeiten nur für wenige Ereignisse bekannt sind, für die meisten wirtschaftlich relevanten Ereignisse dagegen nicht, muß man, wenn jene Anweisung einen Sinn haben soll, den subjektivistisch interpretierten Wahrscheinlichkeitsbegriff benutzen. Die Theorie wird "statistische Entscheidungstheorie" genannt. Die Anweisungen können natürlich nur befolgt werden, wenn die Angewiesenen solche Wahrscheinlichkeitsmaße besitzen. Darauf kommen wir in den Abschnitten 17.4 und 17.5 zurück.

11.2 Zur Wahrscheinlichkeitsrechnung und mathematischen Statistik

11.2.1 Zum Gegenstand der beiden Disziplinen

Die Wahrscheinlichkeitsrechnung befaßt sich mit zufälligen Ereignissen und deren Verteilungen. Die mathematische Statistik, die häufig nicht exakt von der Wahrscheinlichkeitsrechnung unterschieden wird, hat die Aufgabe, aus der gegebenen Menge von Elementarereignissen (der Grundgesamtheit) mit gegebener Häufigkeitsverteilung auf abgeleitete Mengen und abgeleitete Häufigkeitsverteilungen zu schließen sowie die mathematischen Grundlagen für statistische Tests zu liefern. Endliche Teilmengen der Grundmenge nennt man "Stichproben"; wenn sie durch einen Zufallsprozeß gewonnen werden, sind die Verteilungen aller möglichen Stichproben und die Verteilung ihrer Elemente Zufallsvariable, die durch eine Häufigkeitsverteilung, die *Stichprobenfunktion*, beschrieben werden (FISZ 1973, S. 393ff.). Der Schluß von der Grundgesamtheit und deren Verteilung auf die Stichproben und deren Verteilung ist *deduktiv*.

Die mathematische Statistik betrachtet den deduktiven Zusammenhang zwischen Grundgesamtheit und Stichprobe auch von einer realisierten Stichprobe aus. Aus dieser Sicht wird die Stichprobenfunktion "Schätzfunktion" genannt. Mit ihrer Hilfe sollen auf Grund der bekannten Parameter der Stichprobe die unbekannten Parameter der Grundgesamtheit bestimmt werden. Diese Schätzungen, bei den es scheinbar um den *Schluß* von den Parametern der Stichprobe auf die Parameter der Gesamtheit geht und die deshalb oft als induktives Schließen klassifiziert werden, haben zur Voraussetzung, daß eine realisierte Stichprobe aus einer bestimmten Grundgesamtheit, die durch eine bestimmte Verteilungsfunktion definiert ist, mit Hilfe eines bestimmten Zufallsprozesses entnommen wurde. Die ebenfalls bekannte Stichprobenfunktion gibt an, mit welchen Wahrscheinlichkeiten die Parameter der Stichprobe von denjenigen der Gesamtheit abweichen. Die Schätzfunktionen tun nichts anderes, als diesen stochastischen Zusammenhang nach den unbekannten Parametern der Grundgesamtheit aufzulösen (FISZ 1973, S. 536-585). Dies ist meiner Meinung nach entgegen seiner gängigen Benennung kein induktiver, sondern ein deduktiver Schluß. Die Behauptung, daß die Grundgesamtheit auf bestimmte Weise verteilt sei, kann durch einen statistischen Test überprüft werden.

11.2.2 Zu den statistischen Tests

Bei allen *statistischen Tests* lautet die exakte Fragestellung, ob eine vorliegende individuelle Stichprobe mit der Behauptung vereinbar ist, daß sie aus einer bestimmten Grundgesamtheit, die durch eine bestimmte Verteilungsfunktion beschrieben wird, entnommen wurde (FISZ 1973, S. 628-675). Das Problem des Tests einer statistischen Hypothese unterscheidet sich von demjenigen beim Test einer deterministischen Hypothese nur insofern, als hier die Grundgesamtheit nicht durch eine stochastische, sondern durch eine deterministische Funktion beschrieben wird, was heißen soll: In der deterministischen Verteilung wird jedem Teilereignis aus der Menge aller Ereignisse bei Vorliegen des Ursachenkomplexes eine Wahrscheinlichkeit von $r = 1$ (Sicherheit) zugeschrieben, in der stochastischen Verteilung eine Wahrscheinlichkeit mit der Eigenschaft $0 < r \leq 1$. Bei Nichtvorliegen des Ursachenkomplexes mißt sowohl die deterministische als auch die statistische Hypothese dem Ereignis die Wahrscheinlichkeit 0 zu.

Die statistische Hypothese kann in einem Test angenommen oder abgelehnt werden. Jeder statistische Test zur Überprüfung einer Behauptung ist gekennzeichnet durch seine Ablehnungswahrscheinlichkeit, die "Gütefunktion", und durch seine Annahmewahrscheinlichkeit, die "Operationscharakteristik" genannt wird. Es ist auch anschaulich plausibel, daß die Summe beider 1 oder 100% ergibt. Beide werden beschrieben durch mathematische Funktionen, in denen es mindestens drei unabhängige Variable gibt, nämlich einmal die Annahme über die Grundgesamtheit, zum anderen eine Annahme über die Stichprobenfunktion, zum dritten die frei zu wählende Sicherheitswahrscheinlichkeit. Diese *Sicherheitswahrscheinlichkeit* spielt immer die folgende Rolle: Je niedriger sie angesetzt wird, je näher sie also dem Wert 0 kommt, desto geringer ist die Wahrscheinlichkeit, daß eine Hypothese verworfen, desto höher ist die Wahrscheinlichkeit, daß eine Hypothese angenommen wird; je höher die Sicherheitswahrscheinlichkeit angesetzt wird, je näher sie also dem Wert 1 kommt, desto größer ist die Wahrscheinlichkeit, daß eine Hypothese verworfen, desto geringer ist die Wahrscheinlichkeit, daß eine Hypothese angenommen wird (FISZ 1973, S. 628).

11.3 Wissenschaftstheoretische Hauptprobleme

Zwei wissenschaftstheoretische Hauptprobleme werden in bezug auf die Anwendung der Wahrscheinlichkeitsrechnung und der mathematischen Statistik in den empirischen Wissenschaften von der Wissenschaftstheorie diskutiert, nämlich, ob das statistische Schließen induktives Schließen sei und ob statistische Hypothesen (anders als deterministische) falsifiziert werden können.

Die Frage zum *statistischen Schließen* ist bereits beantwortet (s. Abschnitte 11.1.3 und 11.2). Auch das statistische Schließen ist deduktiv. Ich mache allerdings ausdrücklich darauf aufmerksam, daß viele Wissenschaftstheoretiker (z.B. STEGMÜLLER 1973b und c; ESSLER 1973) der Meinung sind, das statistische Schließen sei induktiv.

Die Frage, ob statistische Hypothesen falsifizierbar seien, ist zu differenzieren nach der semantischen Interpretation des Begriffes "wahrscheinlich". Der subjektivistisch interpretierte Begriff (s. Abschnitt 11.1.4) wird ganz überwiegend in *Befehlen* und *Regeln* benutzt; da diese nicht wahr oder falsch sein können, erledigt sich die Frage nach ihrer Falsifizierbarkeit. Die Frage kann sinnvoll nur an Ausdrücke gestellt werden, in denen "wahrscheinlich" in objektivistischer Interpretation benutzt wird, d.h. an Aussagen über Häufigkeitsverteilungen und deren Parameter.

Das Falsifizierbarkeitskriterium (s. oben Abschnitt 10.2.2) ist in bezug auf deterministische Theorien in streng logischem Sinne so zu verstehen, daß jede Nicht-Identität der behaupteten mit der tatsächlichen und akzeptierten Beobachtungsaussage die Theorie, aus der jene Behauptung abgeleitet ist, widerlegt. (Man bedenke allerdings, wie in Abschnitt 10.2.1 dargelegt, daß man eine bewährte Theorie nicht wegen einer einzelnen widerlegenden Beobachtungsaussage verwerfen wird; dies ist allerdings eine Aussage über das Verhalten von Wissenschaftlern, nicht über das logische Verhältnis von Aussagen.) Das Kriterium kann in streng logischem Sinn auf eine statistische Theorie nicht angewendet werden, weil aus dieser gar keine Behauptung über eine einzelne Beobachtung, sondern nur über die Häufigkeitsverteilung vieler Beobachtungen abgeleitet werden kann; die Protokollaussage über ein einzelnes Ereignis, auch wenn man sie für absolut sicher hält, ist deshalb nicht imstande, eine Theorie statistischen Charakters zu falsifizieren. Dies ist eine Aussage über das logische Verhältnis von statistischer Theorie und einer einzelnen Beobachtungsaussage.

Drei Lösungen dieser Schwierigkeiten scheinen sich anzubieten:

1) Man erklärt die heute allgemein als empirisch angesehenen Wissenschaften, die durchweg mit statistischen Hypothesen arbeiten, für unempirisch, was keinen anderen Effekt hätte als denjenigen, daß die Wissenschaftstheorie von den praktizierenden Einzelwissenschaftlern noch weniger beachtet würde als schon bisher.

2) Man gibt das Falsifizierbarkeitskriterium und die zweiwertige Logik, aus der es abgeleitet ist, zugunsten einer anderen Logik, etwa einer dreiwertigen oder einer noch höherwertigen, auf. In einer dreiwertigen Logik würde allen Aussagen einer von drei sich gegenseitig ausschließenden möglichen Wahrheitswerten - wahr, wahrscheinlich, falsch - zugewiesen werden. Sätze, die Häufigkeitsverteilungen von Ereignissen behaupten, könnten nur den Wahrheitswert "wahrscheinlich" besitzen und nicht falsifiziert werden. Für sie müßte ein anderes Abgrenzungskriterium gefunden werden. Dieser Weg ist z.B. von REICHENBACH 1949 beschritten worden. Gegen diesen Weg spricht mindestens, daß mehr als zweiwertige Logiken in den Einzelwissenschaften sich bisher nicht durchgesetzt haben und sich wegen ihrer Kompliziertheit vermutlich auch in Zukunft nicht durchsetzen werden.

3) Man gibt sich mit einer abgeschwächten Form des Falsifizierbarkeitskriteriums zufrieden; denn, ob statistische Hypothesen falsifiziert werden können, hängt von der Wahl der Sicherheitswahrscheinlichkeit ab (s. Abschnitt 11.2.2). Diese Wahl ist eine reine Konventionssache. An dieser Feststellung pflegen sich erkenntnistheoretische Kontroversen zu entzünden, auf die wir nicht weiter eingehen (vgl. BRAITHWAITE 1955, S. 163-179). Die heute allgemein übliche Sicherheitswahrscheinlichkeit von 95% bis 99% bietet gute Chancen, statistische Hypothesen zu falsifizieren.

Alle Tests von statistischen Hypothesen haben das - berechenbare - Risiko, daß sie zu falschen Aussagen führen, sowohl dergestalt, daß falsche Hypothesen angenommen (Fehler 2. Art), als auch dergestalt, daß wahre Hypothesen abgelehnt werden (Fehler 1. Art). Der Fehler 2. Art ist eine normale Erscheinung auch beim Test deterministischer Hypothesen, weil ja von der Wahrheit der abgeleiteten Beobachtungsaussage nicht auf die Wahrheit der Prämissen geschlossen werden kann, oder weil ja auch aus falschen Prämissen etwas Wahres gefolgert werden kann (s. Abschnitt 3.7.6), während der Fehler 1. Art bei ihnen nicht auftreten kann, wenn die widerlegende Beobachtungssage wahr ist. Ist sie allerdings falsch, wird aber fälschlich für wahr gehalten, was jederzeit möglich ist, dann tritt der Fehler 1. Art auch bei der Prüfung deterministischer Theorien auf. Anders als bei deterministischen Theorien entscheidet aus *logischen* Gründen ein einmaliges Scheitern also nicht über die endgültige Falsifikation einer statistischen Theorie, vor allem dann nicht, wenn sie die postulierte Sicherheitswahrscheinlichkeit nur knapp verfehlt. Man wird sie nur dann verwerfen, wenn sie mehrmals deutlich scheitert. Bei deterministischen Theorien verhalten sich die Wissenschaftler genau so, allerdings nicht aus logischen Gründen, sondern wegen der erkenntnistheoretischen Unsicherheit der Beobachtungsaussagen (s. Abschnitt 8.3).

Zusammen mit dieser Unsicherheit der Beobachtungsaussagen macht die Tatsache, daß die meisten heutigen empirischen Theorien, auch in der Volkswirtschaftslehre, statistischer Natur sind, einen dogmatischen

Falsifikationismus unmöglich. Dennoch ist das Kriterium geeignet, empirische von unempirischen Theorien zu unterscheiden, vor allem von degenerierten empirischen Theorien, die vorgeben, Beobachtbares zu erklären, ohne doch mit Beobachtbarem überhaupt in Widerspruch geraten zu können.

12 Über das Prognoseproblem

12.1 Definitionen

In Abschnitt 1.4 haben wir "Prognose" als Ableitung einer Aussage aus allgemeineren Aussagen definiert, die das Eintreten eines Sinneseindruckes in der Zukunft behauptet; "Zukunft" ist dabei relativ zum Zeitpunkt der Ableitung zu verstehen.

Der Sinneseindruck soll sich auf ein zukünftiges Ereignis in der realen Welt, nicht auf einen zukünftigen Erkenntniszuwachs des Prognostikers über ein bereits stattgefundenes Ereignis beziehen. Beispiel: Die Ableitung einer Behauptung, die durch eine vorzunehmende Bohrung überprüft wird, daß sich an einer bestimmten Stelle ein Erdöllager befindet, sehe ich nicht, wie es in der Literatur häufig getan wird, als Prognose an, auch wenn sie so formuliert wird: "Wenn man an der bestimmten Stelle eine Bohrung vornimmt, wird man ein Erdöllager finden." Das Ereignis in der realen Welt "Entstehung des Erdöllagers" hat lange vor der Aussage stattgefunden.

Eine bestimmte Prognosesituation kann also durch Darstellung 12/1 wiedergegeben werden:

Darstellung 12/1: Prognosesituation

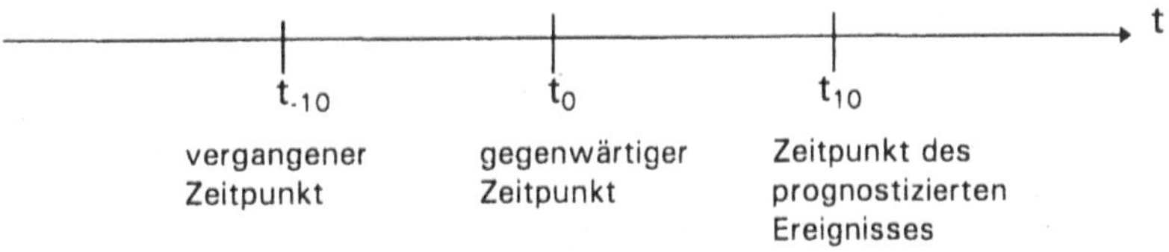

Die Gerade t möge die Zeit symbolisieren; die Prognose finde zum gegenwärtigen Zeitpunkt t=0 statt, das Ereignis soll zum Zeitpunkt t=10 prognostiziert werden. Aussagen über vergangene Zeitpunkte, etwa über t=-10, sind keine Prognosen (zum Begriff der "nachträglichen Prognose" s. Abschnitt 12.4).

Da der abgeleitete Satz der Prognose einen Sinneseindruck, der nur zu einer bestimmten Zeit an einem bestimmten Ort auftreten kann, behauptet, ist er eine singuläre Aussage (s. Abschnitt 8.4). Im Licht unserer Erörterungen des Wahrscheinlichkeitsproblems (Kapitel 11) lassen wir unter "Aussage über einen zukünftigen Sinneseindruck" auch alle Aussagen fallen, die Häufigkeitsverteilungen vieler zukünftiger Sinneseindrücke behaupten.

Wir unterscheiden Punktprognosen von Intervallprognosen. Eine *Punktprognose* macht eine Aussage über den genauen Wert eines zukünftigen Ereignisses an einem bestimmten Zeitpunkt.

Beispiel: Am 1.1.1997 leitet ein Wissenschaftler die Aussage ab: "Am 1.1.2000 wird die Arbeitslosenquote in der Bundesrepublik Deutschland 10 % betragen".

Die *Intervallprognose* gibt nur die Grenzen an, innerhalb derer das zukünftige Ereignis stattfinden wird.

Beispiel: Am 1.1.1997 leitet ein Wissenschaftler die Aussage ab: "Irgendwann zwischen dem 1.1.2000 und dem 1.3.2000 wird die Arbeitslosenquote in der Bundesrepublik Deutschland zwischen 9 % und 11 % liegen".

Aussagen über zukünftige Häufigkeitsverteilungen sind immer Intervallprognosen, mindestens in bezug auf die prognostizierten Werte; die Intervalle können zusätzlich auch die Zeitpunkte betreffen.

Die Literatur unterscheidet bedingte von unbedingten Prognosen. Beispiele für *unbedingte* Prognosen sind die gerade gegebenen; eine *bedingte* Prognose fügt, wie der Name sagt, der Behauptung der singulären Aussage noch eine Bedingung an.

Beispiel: "Wenn die Bundesregierung im Jahre 1999 ein Beschäftigungsprogramm von zusätzlich 10 Mrd. DM durchführt, wird die Arbeitslosenquote am 1.1.2000 in der Bundesrepublik Deutschland 10 % betragen".

Solche Aussagen erfüllen nicht unsere Definition der Prognose; sie haben jedoch in dezisiven Satzsystem (s. Abschnitt 12.3.2.1 und 13.3) eine Funktion. Häufig wird in der Literatur behauptet, nur bedingte Prognosen seien wissenschaftliche Prognosen, unbedingte dagegen seien unwissenschaftlich. Eine genauere Analyse solcher Texte zeigt, daß die Autoren in der Regel die "unbedingte Prognose" nicht so definieren, wie wir es gerade getan haben, sondern so, wie wir Prophezeiung definieren, während ihre "bedingte Prognose" mit unserer Definition der Prognose identisch ist. POPPER 1934 (S. 116f.) und 1974 (S. 34-36) allerdings bezeichnet als "Prognosen" nur bedingte Prognosen in dem von uns aufgeführten Sinn, während er jede Voraussage eines zukünftigen Ereignisses, auch eine solche, die unsere Definition der Prognose erfüllt, "Prophezeiung" nennt, darunter ausdrücklich auch die Voraussagen zukünftiger Sternkonstellationen, wie sie die Astronomie seit langem mit großen Erfolg vornimmt. Dieser Sprachgebrauch hat sich nicht durchgesetzt.

Von der Prognose im eben definierten Verständnis haben wir die *Prophezeiung* unterschieden: Entweder gibt sie Raum und Zeit des zukünftigen Ereignisses nicht an, oder sie gibt zwar Raum und Zeit an, leitet die Behauptung über das Ereignis aber nicht aus Gesetzen und Randbedingungen ab.

Beispiel für den ersten Fall: "Die Stunde des kapitalistischen Privateigentums schlägt. Die Expropriateurs werden expropriiert" (MARX 1867, S. 791).

Beispiel für den zweiten Fall: "Am 1.1.2000 wird in der Bundesrepublik Deutschland die Stunde des kapitalistischen Privateigentums schlagen."

Es gibt Aussagen über zukünftige Ereignisse, welche die Definition der Prophezeiung erfüllen und von welchen Menschen ihr Verhalten in durchaus rationaler Weise beeinflussen lassen, während man doch im allgemeinen annimmt, daß eine solche Beeinflussung irrational sei.

Beispiel:
Aussage: Irgendwann in der Zukunft werde ich krank werden.
Beinflußtes Verhalten: Ich schließe eine Krankenversicherung ab.

Aussage: Irgendwann wird es an der Nordseeküste eine Sturmflut geben.
Beeinflußtes Verhalten: Die Küstenbewohner bauen einen Deich.

Solche Aussagen verdienten eine eingehende Analyse, die ihnen die Wissenschaftstheorie jedoch, so weit ich sehe, nicht angedeihen läßt (s. aber auch Abschnitt 12.3.2.2 und 12.4.).

12.2 Prognose und Erklärung

Bereits durch die Definition von "Prognose" haben wir deren strukturelle Gleichheit mit der Erklärung behauptet: Durch die Erklärung werden Aussagen über vergangene und gegenwärtige, durch die Prognose Aussagen über zukünftige Ereignisse abgeleitet. Der Unterschied beider besteht also im Verhältnis des Zeitpunktes oder Zeitraumes, über welche die abgeleiteten singulären Aussagen Behauptungen aufstellen, zum Zeitpunkt der Ableitung: Die behaupteten Ereignisse fanden vor der Ableitung statt oder sind mit dieser höchstens zeitgleich bei der Erklärung; bei der Prognose dagegen finden sie nach der Ableitung statt.

Die häufig gemachte Unterscheidung zwischen Erklärung und Prognose: bei der Prognose sei das Explanans gegeben, gesucht sei das Explanandum; das Explanandum dagegen sei gegeben, gesucht sei das Explanans bei der Erklärung, halte ich nicht für zutreffend: Zwar ist bei allen Prognosen die abgeleitete Aussage vor der Ableitung unbekannt (was wohl heißen soll: unsicher), da sie ja ein zukünftiges und damit unsicheres Ereignis beschreibt. Aber auch bei Erklärungen kann das zu erklärende Ereignis dem Wissenschaftler unbekannt sein, außerdem ist das Explanans häufig bekannt: Aus bekannten und bewährten Gesetzen sowie bekannten Randbedingungen werden Behauptungen über (bekannte oder unbekannte) Ereignisse abgeleitet, die, relativ zum Zeitpunkt der Ableitung, nicht in der Zukunft stattfinden werden. Als Beispiel nenne ich wiederum die Ableitung einer Behauptung über eine noch unbekannte Lagerstätte von Erdöl.

Die strukturelle Gleichheit von Erklärung und Prognose besteht im Vorgang der Ableitung und in den Eigenschaften, die diese aufweist: Sowohl zur Prognose als auch zur Erklärung sind Gesetze und Singuläraussagen, welche jene auf bestimmte Situationen anwendbar machen, erforderlich (s. Abschnitte 6.2 und 8.4). Dieselben Gesetze können und sollen sowohl zur Erklärung als auch zur Prognose dienen; der Unterschied zwischen beiden wird also durch die bei der Ableitung verwendeten Aussagen über raum-zeitliche Randbedingungen konstituiert. Über das Problem der Allaussagen bzw. Gesetze in empirischen Wissenschaften haben wir gesprochen (Kapitel 9 und 10); das spezielle Prognoseproblem können wir deshalb auch so beschreiben:

Welchen Zeitbezug haben die singulären Aussagen über raum-zeitliche Randbedingungen, die es erlauben, aus Gesetzen singuläre Aussagen über zukünftige Ereignisse abzuleiten?

Gegen die strukturelle Gleichheit von Erklärung und Prognose sind Einwendungen erhoben worden, über die STEGMÜLLER 1974a (S. 153-207) berichtet. Wir gehen auf sie nicht ein, weil wir sie für unbeachtlich halten (als Literatur über Prognose s. GERFIN 1964; K. W. ROTHSCHILD 1969; KÜTTNER 1989).

12.3 Die Aussagen über raum-zeitliche Randbedingungen in Prognosen

12.3.1 Der Zeitbezug der Aussagen

Es stehe ein Gesetz der Art

$$\forall z \forall x \forall y \, [z = z\,(x,y)] \tag{12-1}$$

zur Verfügung. Das zu prognostizierende Ereignis zum Zeitpunkt $t = 10$ werde z_{10} genannt. Die benötigten Randbedingungen sind dann bestimmte Werte von x und y (in diesem Fall sind sie die unabhängigen Variablen der Funktion; es bereitet jedoch keine Schwierigkeiten, die bestimmten Werte der unabhängigen Variablen einer Funktion als die raum-zeitlichen Randbedingungen anzusehen, die Theorien auf bestimmte Situationen anwendbar machen). Auf welchen Zeitpunkt oder Zeitraum sich die Werte der unabhängigen Variablen beziehen müssen, damit z_{10} abgeleitet werden kann, hängt von der Erfassung der Zeit in der Funktion z(x,y) ab:

Sind x, y, z in der Funktion z(x,y) zeitgleich, handelt es sich also um ein *Koexistenzgesetz* (s. Abschnitt 1.9.3), was bei statischen Funktionen (solchen, welche die Zeit als explizite Variable gar nicht enthalten) möglich ist (der Funktionsoperator lautet dann wie bisher angegeben) oder bei dynamischen Funktionen (solchen, welche die Zeit explizit als Variable enthalten) der Art

$$z_t = z_t(x_t,\, y_t), \tag{12-2}$$

dann müssen x, y und z sich offensichtlich auf denselben Zeitraum oder -punkt beziehen.

Beispiel für eine statische Funktion ist in der Volkswirtschaftslehre die mikroökonomische Nachfragefunktion (s. Abschnitt 17.4.3) nach einem Gut z; y ist der Preis des Gutes, x das Einkommen des betrachteten Haushaltes (andere Variablen vernachlässigen wir hier). Beispiel für eine dynamische Funktion gemäß (12-2) ist in der Volkswirtschaftslehre die makroökonomische Produktfunktion: z_t ist das Sozialprodukt des Jahres t, x_t der Arbeitseinsatz, y_t der Kapitaleinsatz desselben Jahres.

Für die Prognose von z_{10} benötigen wir gemäß der Funktion (12-2) die Werte x_{10} und y_{10}. Das spezielle Problem der Prognose besteht darin, diese Werte zu erhalten. Die Prognose lautet dann so:

$$\begin{aligned} & \forall t \forall z \forall x \forall y \, [z_t = z_t\,(x_t, y_t)], && (12\text{-}3)\\ & x_{10} = a \text{ (prognostiziert)}, \\ & \underline{y_{10} = b \text{ (prognostiziert)},} \\ \text{Also:}\quad & z_{10} = c \text{ (prognostiziert)}. \end{aligned}$$

Sind dagegen x, y und z in der Allaussage gemäß (12-1) nicht zeitgleich, sondern laufen x oder y oder beide z vor, handelt es sich also um ein Sukzessionsgesetz:

$$z_t = z_t\,(x_{t-d},\, y_{t-e}), \tag{12-4}$$

scheint das Problem dann einfacher zu sein, wenn man den Zeitpunkt der Prognose ($t = 0$) so legen kann, daß $t\text{-}d \leq 0$ und $t\text{-}e \leq 0$. Dann sind die Randbedingungen, unter denen z_t eintreten wird, zum Zeitpunkt der Prognose bekannt. Die Prognose lautet dann:

$$\begin{aligned} &\forall t \forall z \forall x \forall y\ [z_t = z_t\ (x_{t-d}, y_{t-e})], \qquad (12\text{-}5)\\ &10 - d = -5,\\ &10 - e = -2,\\ &x_{-5} = a \text{ (bekannt)},\\ &\underline{y_{-2} = b \text{ (bekannt)},}\\ \text{Also:}\quad &z_{10} = c \text{ (prognostiziert)}. \end{aligned}$$

Prognosen dieser Art kommen vor allem in der Astronomie vor; die Voraussagen bestimmter Sternkonstellationen zu bestimmten Zeitpunkten, von denen die Vorhersage von Sonnenaufgangs- und -untergangszeiten, die in Kalendern enthalten sind, einen Unterfall darstellen, sind genau von der geschilderten Struktur. Schon in den übrigen Naturwissenschaften sind Prognosen dieser Art eher selten (in der Atomphysik ist die Prognose des Zerfalls eines radioaktiven Elementes ein Beispiel), in den Sozialwissenschaften einschließlich der Volkswirtschaftslehre kommen sie meines Wissens nicht vor.

Die Chaos-Theorie behauptet, daß auch wenn die Randbedingungen eines deterministischen Entwicklungsgesetzes der Art

$$x_{t+1} = f(x_t)$$

bekannt sind, also hier: $x_{t=0}$ bei der erstmaligen Anwendung der Funktion bekannt ist, eine Prognose scheitern wird, sofern die Differenzengleichung nicht linear ist und die Parameter der Funktion gewisse sensitive Werte annehmen. Nach einigen Iterationen bringt die Funktion dann Chaos hervor. Chaos wird dabei so beschrieben:

1) Die Funktion ist deterministisch, jeder Wert von $x_{t>0}$ ist genau bestimmt.

2) $x_{t>0}$ nimmt niemals denselben Wert zweimal an.

3) $x_{t>0}$ ist extrem empfindlich gegenüber dem Ausgangspunkt $x_{t=0}$.

4) Eine Vorhersage der Werte von $x_{t>0}$ ist in praktischen Anwendungen nahezu unmöglich, da schon sehr kleine Änderungen bei $x_{t=0}$ zu sehr starken Änderungen bei $x_{t>0}$ führen, der Wert von $x_{t=0}$ aber nicht mit der notwendigen Genauigkeit bestimmt werden kann. Beispiel: Die Funktion

   $$x_{t+1} = kx_t\ (1-x_t)$$

   führt nach etwa 500 Iterationen zu Chaos, wenn $k = 3{,}82840$ und $x_0 = 0{,}0101$ gesetzt wird. Chaos wird nur innerhalb geringer Bandbreiten dieser beiden Werte erzeugt.

Chaos in dem definierten Sinn ist eine rein mathematische Eigenschaft der zitierten Funktion, es ist strittig, ob es auch ein Abbild der realen Welt sein kann. Als Literatur zur Chaostheorie s. BUTLER 1990; RADZICKI 1990.

Wenn die Variablen x und y der Variablen z vorauslaufen, ist der typische Fall darin zu sehen, daß man höchstens $t\text{-}d \leq 0$ einrichten kann, dafür aber $t\text{-}e > 0$ akzeptieren muß, so daß die Prognose dann lautet

$$\begin{array}{ll} & \forall t \forall z \forall x \forall y\ [z_t = z_t\ (x_{t-d}, y_{t-e})], \qquad (12\text{-}6) \\ & 10 - d = -1, \\ & 10 - e = 5, \\ & x_{-1} = a \text{ (bekannt)}, \\ & \underline{y_5 = b \text{ (prognostiziert)},} \\ \text{Also:} & z_{10} = c \text{ (prognostiziert)}. \end{array}$$

Gegenüber der Prognose (12-3) ist die Schwierigkeit, Aussagen über zukünftige Ereignisse abzuleiten, zwar vermindert, aber nicht wesentlich.

Als Beispiel für Prognosen gemäß (12-6) kann man aus der Biologie alle Wachstumsgesetze und mit deren Hilfe durchgeführte Ableitungen anführen, etwa:

Elf Monate nach der Befruchtung des Eies eines bestimmten Säugers wird die Leibesfrucht geboren, wenn keine widrigen Umstände dazwischentreten (Gesetz).

In $t=-1$ ist ein Ei eines bestimmten Individuums des betreffenden Säugers befruchtet worden (x - Variable).

Bis zum Zeitpunkt $t=10$ werden keine widrigen Umstände eintreten.

Also: In $t=10$ wird die Leibesfrucht dieses bestimmten Individuums geboren werden.

In der Volkswirtschaftslehre kommen Prognosen derselben Art vor, indem etwa z die Nachfrage eines Haushaltes nach einem Gut, y den Preis und x das Einkommen des Haushaltes darstellen; die Theorie sagt dann, daß der Haushalt bei der Nachfrage nach einem Gut im Zeitpunkt t sich von dessen Preis in diesem Zeitpunkt und von seinem Einkommen im Zeitpunkt $t-e < 0$ leiten läßt.

Das spezielle Problem der Prognose in den Sozialwissenschaften können wir jetzt also noch schärfer als vorher so beschreiben:

Wie können die zukünftigen raum-zeitlichen Randbedingungen prognostiziert werden, die in allen Prognosen der Sozialwissenschaften vorkommen?

12.3.2 Die Prognose der zukünftigen raum-zeitlichen Randbedingungen

12.3.2.1 Die grundsätzlichen Möglichkeiten

Wir nennen drei Möglichkeiten, Aussagen über zukünftige raum-zeitliche Randbedingungen aufzustellen:

1) Die Aussage wird rein willkürlich gemacht.

2) Der an der Prognose Interessierte (ein Aktor im Sinne von Kapitel 13) beschließt, bestimmte raum-zeitliche Randbedingungen in der Zukunft selbst herzustellen; über diese Absicht wird dann eine Aussage gemacht. Diese Aussage kann auch als Appell an den Aktor oder als Bedingung für das Eintreten der Prognose (bedingte Prognose) formuliert werden.

3) Über die zukünftigen raum-zeitlichen Randbedingungen wird eine wissenschaftliche Prognose gemacht.

Die erste Möglichkeit, obwohl auch in Prognosen wirtschaftswissenschaftlicher Institute häufig verwandt (s. Abschnitt 16.5.1), erfüllt offensichtlich nicht das hier akzeptierte Kriterium von Wissenschaftlichkeit (s. Abschnitte 1.1, 1.3 und 1.4). Die zweite Möglichkeit spielt eine bedeutsame Rolle in dezisiven Satzsystemen (s. 13.3). Die dritte Möglichkeit scheint in einen regressus in infinitum zu führen: Benötigt man zur Prognose zukünftiger raum-zeitlicher Randbedingungen nicht wiederum die Prognose anderer zukünftiger raum-zeitlicher Randbedingungen, also Randbedingungen zweiter Stufe, und so fort? Dies ist der Fall; der Regreß kann jedoch dann enden, wenn es gelingt, zukünftige Randbedingungen als alleinige Funktion der Zeit t darzustellen:

$$x_t = f(t). \tag{12-7}$$

Denn wenn man unterstellt (und dagegen spricht nichts), daß die Zeit t in Zukunft genau so ablaufen wird wie in der Vergangenheit, dann stellt die Variable "Zeit", gemessen mit einer Intervallskala (s. Abschnitt 4.4.4), die einzige Variable dar, deren zukünftige Werte Menschen mit der höchsten Sicherheit, die empirischen Aussagen überhaupt möglich ist, prognostizieren können. Eine wissenschaftliche Prognose stellt also die Folgerung aus der Konjunktion eines raum-zeitlich nicht variablen Gesetzes mit zukünftigen Randbedingungen dar, die in gesetzmäßiger, invarianter Weise von der Zeit abhängen.

Nur nebenbei sei bemerkt, daß im allgemeinen in der Funktion $x_t = f(t)$ die Zeit nicht als Ursache von x interpretiert werden darf; vielmehr wird der Zusammenhang so zu verstehen sein, daß andere, nicht aufgeführte Faktoren in zeitlicher Ordnung auf x einwirken. Außerdem sei bemerkt, daß auch in den Vorhersagen nach (12-5) Prognosen von Randbedingungen vorkommen. Sie sind allerdings so selbstverständlich, daß sie meistens gar nicht erwähnt werden. Bei der Prognose von zukünftigen Sternkonstellationen z.B. lautet die Vorhersage der Randbedingungen, daß das Sternsystem vom Zeitpunkt der Prognose bis zum prognostizierten Ereignis sich nicht durch eine Großkatastrophe ändern wird und daß die Zeit auch in Zukunft so ablaufen wird wie bisher.

Die Wissenschaft bietet zwei Vorgehensweisen an, eine Funktion $x_t = f(t)$ aufzustellen:

1) Indem man Hypothesen über den gesetzmäßigen Zusammenhang von x_t und t aufstellt sowie überprüft;
2) indem man Zeitreihen statistisch analysiert.

Beide werden im folgenden kurz besprochen.

12.3.2.2 Gesetze über den Zusammenhang von Zeit und anderen Variablen

Gewissen Naturwissenschaften ist es gelungen, Hypothesen in Form von Allaussagen über den Zusammenhang von Ereignissen und Zeit aufzustellen, die sich bewährt haben und die wir deshalb als Gesetze ansehen können, ganz überwiegend als solche probabilistischer Natur. Beispiele haben wir bereits weiter vorn genannt:

- die Bewegung der Himmelskörper, vor allem diejenigen der Planeten um die Sonne und der Trabanten um ihre Planeten;
- den Zerfall von radioaktiven Elementen;
- Wachstumsprozesse und Absterbensprozesse in der Flora und Fauna.

Natürlich ist es kein Zufall, daß wir als gelungene und in Zukunft wahrscheinlich wieder gelingende Prognosen zukünftiger raum-zeitlicher Randbedingungen genau auf dieselben inhaltlichen Theorien zurückgreifen, die wir bereits in Abschnitt 12.3.1 bei den Prognosen (12-5) und (12-6) eingeführt haben: Diese inhaltlichen Theorien erfüllen genau die Bedingungen, die wir in 12.3.2.1 genannt haben: Die Funktion $x_t = f(t)$, obwohl sie die Zeit als Variable enthält, ist selber invariant im Zeitablauf; t ist mit der überhaupt größtmöglichen Sicherheit prognostizierbar. Zu welchem Zweck die Aussage über das prognostizierte Ereignis benötigt wird, ob als Randbedingung für eine andere oder als eigenständige Prognose, hat keinen Einfluß auf deren Probleme.

Ähnliche Gesetze dürften in den Sozialwissenschaften nur äußerst selten vorkommen, und wenn, dann stammen sie meistens aus den Naturwissenschaften. Als Beispiel können die Sterbetafeln dienen, welche die Bevölkerungswissenschaft aufstellt und die in der Lebensversicherungswirtschaft unentbehrlich und bewährt sind. Aber auch diese Tafeln sind nicht völlig invariant im Zeitablauf, sondern müssen, allerdings in größeren Zeitabständen, den neuen Sterbewahrscheinlichkeiten, die sich durch die Änderung der Lebensgewohnheiten und -umstände sowie durch die Fortschritte der Medizin ergeben, angepaßt werden. Weitere Beispiele für solche Funktionen $x_t = f(t)$ sind die Wahrscheinlichkeiten für viele Schadensfälle (Krankheiten, Verkehrsunfälle, Feuer etc.), welche die Versicherungswirtschaft benutzt. Bei den Schadensfällen könnte man aber auch mit gutem Recht behaupten, daß es sich nicht um Gesetze, sondern nur um Zeitreihenanalyse handelt (s. den folgenden Abschnitt). Andere, von den genannten wesentlich verschiedene Beispiele aus den Gesellschaftswissenschaften kann ich nicht anführen.

12.3.2.3 Statistische Zeitreihenanalyse

Wenn keine Theorie über den gesetzmäßigen Zusammenhang von Zeit und Ereignis zur Verfügung steht, behelfen die empirischen Wissenschaften, insbesondere die Sozialwissenschaften sich häufig mit der statistischen Analyse von Zeitreihen. Unter "Zeitreihe" verstehen wir eine nach der Zeit geordnete Folge von Beobachtungsdaten für das gleiche Phänomen, den gleichen Sachverhalt.

Beispiele sind: Zahlen über die Geburten und Sterbefälle pro Jahr; Zahlen über die Zuzüge von Ausländern pro Jahr in die Bundesrepublik Deutschland; Arbeitslosenquoten pro Jahr in der Bundesrepublik Deutschland; das Sozialprodukt pro Jahr in der Bundesrepublik Deutschland.

Auch die Theorien, über die wir im vorhergehenden Abschnitt gesprochen haben, beziehen sich auf Zeitreihen und sind an Zeitreihen entwikkelt worden. Bei der *statistischen Analyse* von Zeitreihen steht aber gerade ein plausibles Modell von Ursache und Wirkung, welches den Zusammenhang der Wirkung mit der Zeit abbildet, nicht zur Verfügung. Statt dessen bemüht man sich, Zeitreihen tautologisch - und deshalb nicht erklärend - in a priori postulierte Komponenten zu zerlegen. Hierzu nimmt man an, daß jede konkrete Zeitreihe durch das Zusammentreffen mehrerer idealtypischer Zeitreihen mit unterschiedlicher mathematischer Struktur entstanden ist, in denen das betrachtete Phänomen sich in je anderer Weise im Zeitablauf verändert. Ziel der Zerlegung ist es, mit Hilfe von Algorithmen aus den konkreten Zeitreihen die idealtypischen herauszurechnen, um diese dann in die Zukunft prolongieren zu können. Die Zeitreihenzerlegung geht deshalb folgendermaßen vor:

1) Sie postuliert a priori Zahl und Art der idealtypischen Zeitreihen, aus denen eine konkrete Zeitreihe sich zusammensetzt;
2) sie postuliert a priori die Art des Zusammenwirkens der idealtypischen Zeitreihen;
3) sie entwickelt Algorithmen zur Isolierung der idealtypischen Reihen;
4) sie nimmt die Isolierung vor (zur Zeitreihenanalyse s. NERLOVE/DIEBOLD 1987; SCHLITTGEN/STREITBERG 1987).

Die Ergebnisse der Zerlegung sind nicht widerlegbar (außer man hat Rechenfehler begangen), weil sie tautologisch sind; ob sie ein getreues Abbild der Wirklichkeit darstellen, läßt sich also nicht überprüfen. Es ist auch nicht möglich, einzelne Beobachtungsdaten einer der idealtypischen Reihen zuzuordnen, sondern nur anzugeben, welchen Anteil eine idealtypische Reihe an der empirischen hat. Mengentheoretisch läßt sich das so formulieren: Durch die Zeitreihenzerlegung soll die *Anzahl* der Elemente, die einer bestimmten Teilmenge der Gesamtmenge angehören, bestimmt werden, nicht jedoch die Elemente selbst.

Beispiel: Wenn die Zeitreihe der Arbeitslosen saisonbereinigt wird, heißt das: Von der Gesamtmenge der Arbeitslosen zu einem bestimmten Zeitpunkt wird die Menge derjenigen abgezogen, die zu diesem Zeitpunkt aus saisonalen Gründen arbeitslos sind. Auf Grund dieser Operation ist es jedoch nicht möglich, die einzelnen Personen zu identifizieren, die aus jenen Gründen arbeitslos sind.

Was die Zahl und Art der idealtypischen Zeitreihen angeht, so nimmt die Literatur im allgemeinen an, daß folgende auf die empirischen Werte (X_t) einwirken:

1a) eine langfristige Bewegung, die aus einer Trendkomponente (Tr_t) und einer Konjunkturkomponente (K_t) bestehen soll; als langfristig werden dabei die Bewegungen angesehen, die über den Zeitraum eines Jahres hinausgehen;

1b) eine kurzfristige, periodisch wiederkehrende Bewegung, die Saisonkomponente (S_t) genannt wird; als kurzfristig gilt dabei eine Bewegung, die einen kürzeren Zeitraum als ein Jahr umfaßt;

1c) eine irreguläre Bewegung (R_t), die nichts weiter ist als der Rest der empirischen Zeitreihe, der nach Eliminierung der beiden anderen Komponenten noch verbleibt. Nach diesen Vorstellungen ist die empirische Zeitreihe also eine Funktion ihrer Komponenten:

$$X_t = X_t(Tr_t, K_t, S_t, R_t). \tag{12-8}$$

Was die Art des Zusammenhanges zwischen den idealtypischen Zeitreihen angeht, werden bis jetzt zwei Grundmodelle und Mischformen von diesen verwandt (andere Verknüpfungen sind denkbar), nämlich

2a) die additive Verknüpfung:

$$X_t = Tr_t + K_t + S_t + R_t; \tag{12-9}$$

2b) die multiplikative Verknüpfung:

$$X_t = Tr_t \cdot K_t \cdot S_t \cdot R_t; \tag{12-10}$$

2c) das Beispiel einer Mischform bietet:

$$X_t = (Tr_t + K_t) \cdot S_t \cdot R_t. \tag{12-11}$$

Die Algorithmen zur Isolierung der idealtypischen Reihen hängen von den Annahmen über die Verknüpfung der Reihen, über deren mathematische Struktur und über deren gegenseitige Beeinflussung ab. Was den Zusammenhang der idealtypischen Zeitreihen angeht, so kann man entweder annehmen, daß sie völlig unabhängig voneinander sind oder sich gegenseitig beeinflussen. Neuere Entwicklungen nehmen z.B. an, daß die Saisonkomponente zeitabhängig sei:

$$S_t = S_t\,(t), \tag{12-12}$$

oder daß sie von der Trendkomponente abhänge:

$$S_t = S_t\,(Tr_t). \tag{12-13}$$

Die einfachste (und deshalb wohl auch am häufigsten benutzte) Annahme über die mathematische Struktur der idealtypischen Zeitreihen besagt, daß die Trend- und Konjunkturkomponente durch gleitende Durchschnitte zu berechnen sei und die Saisonkomponente mitsamt der irregulären dadurch, daß man die langfristige Reihe von der empirischen abziehe (bei additiver Verknüpfung) oder daß man die empirische Reihe durch die langfristige dividiere (bei multiplikativer Verknüpfung). Hinter diesem Verfahren steht keine Theorie, es gründet sich lediglich auf die Bequemlichkeit der Rechnung. Kompliziertere Verfahren berechnen die langfristige Komponente (Trend und Konjunktur) mit Hilfe der Regressionsverfahren; die verwendeten Funktionen sind gewöhnlich Polynome in t (Zeit):

$$(Tr_t, K_t) = a + b_1 t^1 + b_2 t^2 + b_3 t^3 + \ldots + b_n t^n \qquad (12\text{-}14)$$

oder

$$(Tr_t, K_t) = a \cdot b_1^{\,t} \cdot b_2^{\,t} \ldots \cdot b_n^{\,t}. \qquad (12\text{-}15)$$

Eine neuere Methode zur Zerlegung von Zeitreihen ist die Spektralanalyse: Eine empirische Zeitreihe soll durch idealtypische Reihen unterschiedlicher Frequenz entstanden sein, etwa durch eine hochfrequente Reihe, die als Saisonkomponente, und eine niederfrequente Reihe, die als Trend- und Konjunkturkomponente interpretiert wird. Die hochfrequente Reihe stellt man durch trigonometrische Polynome (Sinus- und Cosinusfunktionen) dar, die bekanntlich regelmäßige Schwingungen aufweisen; die niederfrequente Reihe isoliert man in der Regel durch die Berechnung gleitender Durchschnitte.

Auf die Analyse von Zeitreihen mit Hilfe von Markowprozessen gehen wir nicht ein.

Muß man mit einer Sättigungsgrenze bei der Trendkomponente rechnen, wie es bei Wachstumsprozessen regelmäßig der Fall sein wird, benutzt man für sie eine logistische Funktion; die Stammfunktion der Klasse dieser Funktionen lautet:

$$Tr_t = \frac{\lambda}{1 + e^{-\lambda G(t)}} \qquad (12\text{-}16)$$

mit λ : Sättigungsgrenze,
$G(t) = \int g(t)dt$,
$g(t)$: Wachstumsverhalten.

Die Prognose mit Hilfe der Komponenten, die man aus der Zerlegung der Zeitreihe gewonnen hat, wird so vorgenommen, daß man entweder nur die Komponente, an der man interessiert ist, in die Zukunft prolongiert, oder daß man alle Einzelteile, die Trend- und Konjunkturkomponente sowie die Saisonkomponente je einzeln prolongiert und sie dann gemäß der postulierten Zusammensetzung der Gesamtreihe wieder zusammenfügt. Das Prognoseverfahren kann sehr kompliziert sein, besonders dann, wenn man statt mit deterministischen mit stochastischen Modellen arbeitet. Wir verweisen dazu auf die einschlägige Fachliteratur (s. etwa SCHLITTGEN/STREITBERG 1987, S. 335ff.).

Da die Zeitreihenanalyse nicht auf Modellen von Ursache und Wirkung beruht, erhebt sich, wenn man mit ihr zukünftige raum-zeitliche Randbedingungen prognostiziert, die man dann mit Hilfe eines Gesetzes zur Prognose der eigentlich interessierenden Variablen benutzt, immer die Frage, ob es nicht einfacher ist, diese eigentlich interessierenden Variablen ihrerseits direkt auf Grund einer Zeitreihenanalyse zu prognostizieren. Die Antwort kann nur an Hand der Zuverlässigkeit der unterschiedlichen Prognosemethoden gegeben werden.

12.4 Vorhersagen ohne Gesetze

12.4.1 Überblick

Wissenschaftliche Prognosen über menschliches Verhalten und dessen Ergebnis sind - das dürften die vorhergehenden Abschnitte gezeigt haben - nur in wenigen Fällen möglich, sowohl weil die notwendigen Gesetze über menschliches Verhalten fehlen als auch weil die wissenschaftliche Prognose der raum-zeitlichen Randbedingungen für die Anwendbarkeit der Gesetze scheitert. Da die Menschen aber einen unabweisbaren Bedarf an Vorhersagen über die Zukunft haben - ohne sie ist menschliches Verhalten gar nicht möglich -, haben sie immer solche Aussagen gemacht und diese auch zu objektivieren versucht (durch Sterndeutung, durch Betrachtung des Vogelflugs, durch Eingeweideschau von Opfertieren, um einige Methoden zu nennen). Auch die Wissenschaft unserer Zeit beteiligt sich an dem Geschäft, Vorhersagen über die Zukunft ohne bewährte Gesetze zu machen, und ich will wenigstens einige dieser Methoden hier nennen:

- die Zeitreihenanalyse und deren Prolongation in die Zukunft (s. Abschnitt 12.2.3.2),
- Befragungen von Personen über deren eigenes zukünftiges Verhalten (z.B. Wahlvorhersagen),
- Auffinden oder Konstruieren gegenwärtiger Indikatoren für zukünftige Ereignisse (Vorlaufindikatoren),
- Delphi-Befragungen über zukünftige Entwicklungen.

Diese von der Wissenschaft (oder von Wissenschaftlern) angewandten Methoden haben gemeinsam, daß die Vorhersage des zukünftigen Ereignisses zwar nicht aus einem bewährten Gesetz abgeleitet wird, daß sie aber dennoch systematischer und damit seriöser sind als zum Beispiel Sterndeutungen.

12.4.2 Befragungen von Personen über deren eigenes zukünftiges Verhalten

Diese Methode zur Vorhersage zukünftiger Ereignisse besteht darin, daß Personen gebeten werden, anzugeben, wie sie sich in Zukunft in Hinsicht auf ein bestimmtes Problem verhalten werden. Die Befragung dient so gut wie nie dazu, das Verhalten eines Individuums vorherzusagen, sondern die Verteilung von Verhaltensweisen in einer Gesamtheit. Außer den Antworten auf die Fragen nach dem zukünftigen Verhalten werden - in häufig undurchsichtiger Weise - weitere Größen zur Vorhersage benutzt, wie Persönlichkeitsmerkmale, die individuelle wirtschaftliche Lage, die Gesamtwirtschaftslage.

Beispiel: Wahlberechtigte werden befragt, wie sie bei einer demnächst stattfindenden Wahl wählen werden; auf Grund der Ergebnisse werden Vorhersagen über den Wahlausgang gemacht.

Potentielle und tatsächliche Autofahrer werden befragt, ob sie demnächst (in einem angegebenen Zeitraum) ein neues Auto (eventuell mit Größen- oder Preisangaben) zu kaufen gedenken; auf Grund der Ergebnisse werden Vorhersagen über den Autoabsatz gemacht.

Wer solche Befragungsergebnisse zu Vorhersagen benutzt, geht offenbar davon aus, daß der Befragte

- seine Absichten über zukünftiges Verhalten kennt;
- seine Absichten ehrlich kund tut;
- seine Absichten ohne Änderung verwirklicht oder daß die Änderungen von den erhobenen weiteren Größen abhängen.

Vor allem die letzte Annahme, aber auch die übrigen sind durch Gesetze nicht zu begründen; insofern ist es erstaunlich, daß Wahlvorhersagen doch ziemlich häufig zutreffen, aber die immer wieder vorkommenden spektakulären Fehlvorhersagen sind ebenfalls verständlich.

12.4.3 Vorlaufindikatoren

Bei dem Versuch, zukünftige Ereignisse mit Hilfe von Vorlaufindikatoren vorherzusagen, geht es darum, vergangene oder gegenwärtige Phänomene zu finden, die anzeigen, daß ein anderes Ereignis zu einem angebbaren Zeitpunkt oder innerhalb eines angebbaren Zeitraumes in der Zukunft stattfinden wird. Solche Versuche können durchaus zu einem Sukzessionsgesetz führen; manche Vorlaufindikatoren sind einfach nur der Beginn des bevorstehenden Ereignisses (Beispiel: Mit den einsetzenden Wehen beginnt die bevorstehende Geburt), bei anderen Indikatoren ist die Art des Zusammenhanges unklar, vor allem, wenn es sich um Erwartungen von Befragten handelt.

Beispiel: Die Wirtschaftswissenschaft versucht, die Konjunkturentwicklung durch Vorlaufindikatoren vorherzusagen. Als Indikatoren werden u.a. benutzt: Änderung der Auftragsbestände gegenüber dem Vormonat; Produktionspläne, Preiserwartungen, Exporterwartungen, Geschäftserwartungen (s. SCHÖLER/SCHLEMPER/EHLGEN 1993). Die meisten der genannten Indikatoren sind Erwartungen, die in Befragungen geäußert werden; die Änderung des Auftragsbestandes dagegen ist ein objektives Merkmal der bereits stattgefundenen Änderung.

In der Regel liegen über die Vorlaufindikatoren Zeitreihen vor, die mit den Methoden der Zeitreihenanalyse analysiert, prolongiert und mit der Zeitreihe des vorherzusagenden Ereignisses verknüpft werden.

12.4.4 Die Delphi-Methode

Die Delphi-Methode (der Name ist von dem antiken griechischen Orakel übernommen), in den 50er Jahren von der Rand-Corporation in den USA zuerst angewandt, soll auf folgende Weise zukünftige Entwicklungen vorhersagen: Experten eines bestimmten Gebietes werden - jeder einzeln - in einer ersten Runde befragt, welche Ereignisse, Durchbrüche, Entwicklungen ihrer Einschätzung nach auf dem betreffenden Gebiete in angegebenen oder anzugebenden Zeiträumen stattfinden werden. In einer zweiten und eventuell weiteren Runden werden denselben Experten die Durchschnittsergebnisse der vorhergehenden Runde mitgeteilt, mit der Aufforderung, ihre Einschätzung aus der vorhergehenden Runde im Lichte der Durchschnittsergebnisse zu korrigieren oder zu bestätigen. Die zweite und eventuell weitere Runden veranlassen die Experten in der Regel, ihre Meinungen einander anzugleichen.

Beispiel: Das Bundesministerium für Forschung und Technologie hat nach japanischem Vorbild eine Delphi-Studie über zukünftige Entwicklungen in Naturwissenschaft und Technik (DEUTSCHER DELPHI-BERICHT 1993) durchführen lassen. 16 Gebiete wurden abgehandelt, u.a. Werkstoffe und Verfahrenstechnik, Energie, Ökologie und Umwelttechnik, Verkehr. Ein Ergebnis: "Neuartige passive Solarhäuser werden in der Praxis eingesetzt, die erneuerbare Energien effizient nutzen. Wichtigkeit: 78 (Index von 0 bis 100); Zeitraum der Verwirklichung: 2001 (Median); 1998-2004 (25 %-75 %) (a.a.O., S. 342).

Die Delphi-Methode geht davon aus, daß Experten besser als Laien und daß eine Gemeinschaft besser als ein Einzelner zukünftige Entwicklungen voraussagen können. Wenn die Experten über Entwicklungen befragt werden, die sie selber bestimmen, muß die erste Voraussetzung zutreffen, die zweite bleibt unsicher. Die Vorhersagen nach der Delphi-Methode beruhen natürlich nicht auf einem Gesetz, sind also keine wissenschaftliche Prognose.

12.5 Die Überprüfung von Vorhersagen

Die Überprüfung von Vorhersagen geschieht dadurch, daß man die Aussagen über die zukünftigen Ereignisse mit den Aussagen vergleicht, die die tatsächlichen Ereignisse an den Raum-Zeit-Stellen beschreiben, auf welche die Prognose sich bezieht. Auch im Prüfvorgang sind also Prognose und Erklärung einander strukturell gleich (s. Abschnitt 10.2.2); ihr Unterschied besteht darin, daß man zur Prüfung der Prognose den zukünftigen Zeitpunkt abwarten muß, auf den sich die Prognose bezieht, während bei der Erklärung der Prüfvorgang sofort beginnen kann. Ähnlich wie bei der Überprüfung statistischer Hypothesen (s. Abschnitt 11.2.2) wird man auch bei der Überprüfung von Prognosen (wenn die benutzten Gesetze nicht ohnehin probabilistisch sind) nicht die vollständige Übereinstimmung von vorhergesagtem und tatsächlichem Ereignis erwarten, sondern nur, daß dieses innerhalb eines bestimmten, eventuell prognostizierten Intervalles liegt. Dieses kann so groß sein, daß fast jede Prognose, oder auch so klein, daß kaum eine Prognose zutrifft. Wie bei der Sicherheitswahrscheinlichkeit muß auch hier eine pragmatisch vernünftige Wahl getroffen werden.

In bezug auf die - meistens mit einer Reichweite von einem Jahr im voraus erstellten - Wirtschaftsvorhersagen des Sachverständigenrates zur Begutachtung der gesamtwirtschaftlichen Entwicklung und der fünf großen volkswirtschaftlichen Forschungsinstitute in der Bundesrepublik Deutschland (hier prüfe ich nicht, ob es sich um wissenschaftliche Prognosen oder um Prophezeiungen handelt, s. dazu Abschnitt 16.4) bringt die Presse Jahr für Jahr eine Gegenüberstellung von Vorhersage und tatsächlichem Ereignis, z.B. für die Werte des Wirtschaftswachstums, des Preisindex, der Arbeitslosenquote oder -zahlen, des Saldos der Zahlungsbilanz. Bisher haben sich die vorhergesagten Werte von den tatsächlichen erheblich häufiger unterschieden, als daß sie übereinstimmten, was aber auch gelegentlich vorgekommen ist (s. dazu auch STEGE 1989). Über die Treffsicherheit von Prognosen mit Hilfe ökonometrischer Modelle (s. dazu Abschnitt 16.4) berichtet KRELLE 1978; sie ist durchweg enttäuschend schlecht.

Angenommen nun, die überprüfte Vorhersage sei auf wissenschaftlichem Weg zustande gekommen, d.h. durch die Konjunktion eines allgemeinen Gesetzes mit wissenschaftlich prognostizierten zukünftigen raum-zeitlichen Randbedingungen, und die Prognose erweise sich als *richtig*: Für den Fall, daß auch die prognostizierten Randbedingungen sich als richtig erweisen, wird man das zugrundeliegende Gesetz als bewährt ansehen (s. Abschnitt 10.1); sind aber die Randbedingungen falsch prognostiziert, beruht die Richtigkeit der Prognose offensichtlich auf Zufall. Erweist die Prognose sich jedoch als *falsch*, dann ist dies dem zugrundeliegenden Gesetz anzulasten, wenn die Randbedingungen richtig prognostiziert sind. Sind jedoch auch diese falsch prognostiziert, ist es auf Grund des einmaligen Prüfvorganges nicht möglich zu entscheiden, ob das an der Falschheit des Gesetzes oder der Aussagen über die Randbedingungen oder beider liegt. Hat sich das Gesetz jedoch bei Erklärungen und Prognosen schon öfter bewährt, wird man zunächst annehmen, daß die Falschheit der Prognose durch die Falschheit der Randbedingungen verursacht ist.

Ob das bei einer Prognose verwendete Gesetz bewährt ist, kann man durch eine *nachträgliche* Prognose überprüfen, die dadurch gekennzeichnet ist, daß im Zeitpunkt der Prognose bereits das tatsächliche Ereignis und die Randbedingungen bekannt sind (es handelt sich also nicht um eine eigentliche Prognose): Im Zeitpunkt t=0 macht man eine Prognose etwa für den Zeitpunkt t=-2 vom Zeitpunkt t=-10 aus, indem man, wie bei jeder Prognose, aus der Konjunktion des zu überprüfenden Gesetzes und der (vom Zeitpunkt t=-10 aus) zukünftigen raum-zeitlichen Randbedingungen Singuläraussagen für den (vom Zeitpunkt t=-10 aus) zukünftigen Zeitpunkt t=-2 ableitet (s. Darstellung 12/1 in Abschnitt 12.1). Stimmen die so prognostizierten Ereignisse mit den tatsächlichen nicht überein, muß man diesen Fehlschlag dem Gesetz anlasten; trifft die Prognose aber zu, kann man dies als Bewährung des Gesetzes ansehen, welche selbstverständlich nicht garantiert, daß es sich in zukünftigen Prognosen weiter bewähren wird.

12.6 Sich selbst erfüllende und sich selbst zerstörende Vorhersagen

12.6.1 Das Problem

Das klassische Beispiel einer sich selbst erfüllenden Vorhersage liefert der antike griechische Ödipus-Mythos (weshalb Selbsterfüllung und Selbstzerstörung von Vorhersagen auch deren "Ödipus-Effekt" genannt werden).

Dem Laos, König von Theben, und dessen Gemahlin Jokaste prophezeit das Orakel von Delphi, daß ihr ersehnter, aber noch nicht geborener Sohn seinen Vater ermorden und seine Mutter heiraten werde. Als nach längerer Zeit ihnen ein Sohn geboren wird, erinnern sich die Eltern an den Orakelspruch und befehlen einem Hirten, das Kind mit durchbohrten Füßen (daher der Name "Ödipus" = "Schwellfuß") im wilden Gebirge auszusetzen. Der aber übergibt das Kind einem Hirten des Königs von Korinth, welcher ihn an Sohnes statt aufzieht. Erwachsen, kommen Ödipus Gerüchte über seine zweifelhafte Herkunft zu Ohren. Ebenfalls vom Orakel in Delphi, das er um Aufklärung bittet, bekommt er nicht diese, sondern die Prophezeiung, daß er seinen Vater erschlagen und seine Mutter heiraten werde. Um diesem Schicksal zu entgehen, kehrt er nicht nach Korinth zurück, sondern wendet sich nach Theben. Unterwegs begegnet er in einem Hohlweg unerkannt seinem leiblichen Vater mit einigen Dienern, gerät mit den Fremden in Streit, erschlägt in Notwehr seinen Vater und alle Diener bis auf einen. In Theben angelangt, befreit er die Stadt von der Sphinx und erhält zum Lohn die Krone sowie die Witwe des Königs.

Natürlich handelt es sich bei den Sprüchen des Orakels von Delphi nicht um eine wissenschaftliche Prognose, sondern um eine Prophezeiung; dennoch veranlaßt der Mythos folgende Fragen an wissenschaftliche Prognosen:

1) Kann auch eine wissenschaftliche Prognose einen Ödipus-Effekt haben?

2) Wenn wissenschaftliche Prognosen einen Ödipus-Effekt haben können, kann dieser dann in einer weiteren Prognose vorhergesagt und damit aufgehoben werden?

12.6.2 Kann eine wissenschaftliche Prognose einen Ödipus-Effekt haben?

Eine wissenschaftliche Prognose - die Ableitung der Behauptung eines zukünftigen Ereignisses aus einem Gesetz und der Prognose einer zukünftigen raum-zeitlichen Randbedingung - kann dann das vorhergesagte Ereignis herbeiführen oder vereiteln, wenn diejenigen, die das Ereignis verursachen,

- von der Prognose Kenntnis erhalten;
- den Willen und die Möglichkeit haben, das prognostizierte Ereignis herbeizuführen oder zu vereiteln;
- und schließlich, wenn sie sich entsprechend verhalten.

Es ist klar, daß in der unbelebten Natur sowie in der Pflanzen- und Tierwelt der Ödipus-Effekt nicht auftreten kann, wohl aber im Verhalten der Menschen und damit auch in der Wirtschaft. Wenn es sich um eine *sich selbst erfüllende* Prognose handelt, darf die ursprüngliche Vorhersage nicht wahr sein (d.h. eintreffen, wenn sie den Handelnden nicht bekannt würde); handelt es sich dagegen um eine *sich selbst zerstörende* Prognose, muß die ursprüngliche Vorhersage wahr sein.

12.6.3 Die Prognose der Selbsterfüllung

Wenn ein Wissenschaftler die *Selbsterfüllung* einer von ihm selbst aufgestellten Prognose prognostizieren will, muß er die folgenden Schritte unternehmen und die folgenden Bedingungen erfüllen:

1) Er muß eine bewußt falsche Aussage P1 über ein zukünftiges Ereignis machen und dieser den Anstrich von Wissenschaftlichkeit geben, indem er sie aus einem Gesetz und der Behauptung einer zukünftigen Randbedingung ableitet.
2) Er muß seine Prognose P1 bekannt machen.
3) Er muß verheimlichen, daß er die Prognose P1 für falsch hält.
4) Er muß eine zweite Prognose P2 über die Wirkung seiner ersten Prognose P1 machen.
5) Dies setzt voraus, daß er ein Gesetz über die Wirkung der Prognose P1 kennt und die notwendigen zukünftigen Randbedingungen prognostizieren kann.
6) Er muß die Prognose P2 geheimhalten.

Der erste Schritt ist ethisch verwerflich, denn das Ziel der Wissenschaft besteht darin, wahre Aussagen über ihren Gegenstandsbereich zu machen. Aber auch wenn ein Wissenschaftler die Selbsterfüllung einer nicht von ihm aufgestellten Prognose P1 prognostizieren wollte, müßte er die Schritte (3) und (6) tun, was ebenfalls ziemlich anrüchig ist. Vor allem aber ist zu bezweifeln, daß der Wissenschaftler ein Gesetz über die Wirkung der Prognose P1 kennt und daß er die zukünftigen Randbedingungen mit einer wissenschaftliche Prognose vorhersagen kann, denn insbesondere hierzu gibt es die notwendigen Gesetze nicht (s. Abschnitt 12.3.2.2). Die wissenschaftliche Prognose einer sich selbst erfüllenden Vorhersage ist also nicht möglich, und wenn sie möglich wäre, müßte sie aus ethischen Gründen verworfen werden.

12.6.4 Die Prognose der Selbstzerstörung

Wenn ein Wissenschaftler die *Selbstzerstörung* einer von ihm selbst aufgestellten Prognose prognostizieren will, muß er die folgenden Schritte unternehmen und die folgenden Bedingungen erfüllen:

1) Er muß eine Prognose P1 über ein zukünftiges Ereignis machen, die richtig ist, die also, wenn es keine Einwirkung der Prognose auf das Ereignis gibt, zutrifft.
2) Er muß seine erste Prognose P1 bekannt machen.
3) Er muß eine zweite Prognose P2 über die Wirkung seiner ersten Prognose P1 machen.
4) Auch dies setzt, wie im vorhergehenden Abschnitt, voraus, daß er ein Gesetz über die Wirkung der Prognose P1 kennt und die notwendigen zukünftigen Randbedingungen prognostizieren kann.
5) Er muß die Prognose P2 geheimhalten.
6) Hält der Wissenschaftler die Prognose P2 nicht geheim, ist eine Prognose P3 über die Wirkung von P2 erforderlich: Eine Prozeß wird in Gang gesetzt, der nur dadurch zum Abschluß gebracht werden kann, daß entweder eine Prognose Pn geheimgehalten würde oder keinen Einfluß mehr auf das prognostizierte Ereignis ausübt. Darstellung 12.2 skizziert die Situation.

Darstellung 12.2: Prognose einer sich selbst zerstörenden Prognose

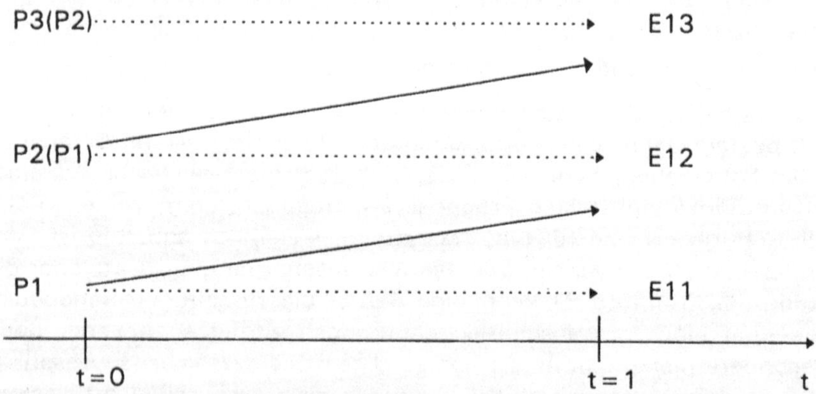

Zeichenerklärung:

t : ZEIT; t=0	:	gegenwärtiger Zeitpunkt
t=1	:	zukünftiger Zeitpunkt
P1, P2, ..	:	aufeinanderfolgende Prognosen, aufgestellt im Zeitpunkt 0
P2 (P1)	:	Prognose 2 unter Berücksichtigung von Prognose 1
E11, E12, ..	:	Prognostizierte Ereignisse zum Zeitpunkt 1
···▶	:	Prognosebeziehung
——▶	:	Kausale Beziehung

GRUNBER/MODIGLIANI 1954 weisen nach, daß, wenn der Prognostiker eine korrekte Prognose P1 aufstellt (oben Bedingung 1); er die Reaktionsfunktionen kennt (Bedingungen 3 und 4); die Reaktionsfunktionen stetig sind; der schließlich eintretende Wert der prognostizierten Größe eine Ober- und Untergrenze hat (d.h.: wenn die Prognose schließlich keinen Einfluß mehr auf das prognostizierte Ereignis ausübt (oben Bedingung 6), daß unter diesen Bedingungen die korrekte Prognose der Selbstzerstörung einer ursprünglichen ebenfalls korrekten Prognose möglich ist. MORGENSTERN 1929 dagegen bestreitet diese Möglichkeit, weil der Prognoseprozeß ins Unendliche fortschreitet, außer er werde willkürlich abgebrochen.

Ich bin der Überzeugung, daß die wissenschaftliche Prognose der Selbstzerstörung einer ursprünglich korrekten wissenschaftlichen Prognose nicht möglich ist, weil

1) die wenigen korrekten Prognosen über das Verhalten der Menschen und dessen Ergebnis, die wir aufstellen können (Sterbetafeln), keinen Einfluß auf das prognostizierte Verhalten haben;
2) wenn es Reaktionen auf korrekte wissenschaftliche Prognosen gäbe, dieses nicht wissenschaftlich prognostizierbar wären, weil die dazu notwendigen Bedingungen (Kenntnis von Gesetzen und zukünftigen Randbedingungen) nicht erfüllt sind.

Der Grund (2) verhindert auch, daß wir die Selbstzerstörung einer Prophezeiung, einmal vorausgesetzt, wir hielten sie für zutreffend, wissenschaftlich prognostizieren können.

12.7 Schlußbemerkung zum Prognoseproblem

Insgesamt betrachtet bestehen nur sehr geringe Möglichkeiten, menschliches Verhalten und dessen Ergebnis zutreffend auf wissenschaftliche Weise vorherzusagen. Andererseits treffen wir in unserem Leben pausenlos Entscheidungen (und wir müssen dies tun), die auf Annahmen über zukünftige Ereignisse beruhen. Die dadurch verursachte Unsicherheit ist eine unaufhebbare Eigenschaft des menschlichen Lebens. Die These der rationalen Erwartungen (s. Abschnitt 20.2), die in der neueren Makroökonomik allgemein akzeptiert ist, daß nämlich die Wirtschaftssubjekte ein zutreffendes Modell der Wirtschaft besitzen und mit dessen Hilfe zutreffende Prognosen über gewisse wirtschaftliche Größen anstellen, ist, wie Kapitel 12 zeigt, falsch.

13 Über das Werturteilsproblem

13.1 Definition des Werturteils und Aspekte des Problems

Als "Werturteil" bezeichnen wir die Behauptung einer Aussage von der Form "x ist gut", einer Aussage also, deren Prädikat (der Einfachheit halber beschränken wir uns auf Aussagen, die in Subjekt, Prädikat und Kopula zerlegt werden können und der Einfachheit halber betrachten wir die Aussageform als eine Aussage) aus den Wörtern "gut" oder "schlecht" oder ähnlichen gebildet ist. Die Ähnlichkeit dieser Wörter besteht darin, daß sie eine positive oder negative Einstellung des Urteilenden gegenüber dem Sachverhalt ausdrücken und daß sie motivierende Kraft haben, sowohl für denjenigen, der sie gebraucht, als auch für denjenigen, an den sie gerichtet sind. Im Sprachzusammenhang natürlicher Sprachen kann jede Aussage zum Werturteil werden, auch wenn Wörter wie "gut" oder "schlecht" in ihr nicht benutzt werden. In Anlehnung an KLAUS/BUHR 1972 (S. 1155f.) unterscheiden wir drei Aspekte des Werturteils:

1) den Aussageaspekt,

2) den normativen Aspekt,

3) den sanktionellen Aspekt.

Zum Aussageaspekt des Werturteils: Der Form nach ist das Werturteil identisch mit der Form einer Tatsachenaussage, der Form nach ist es also wahr oder falsch. Sofern der Terminus "gut" eine wohldefinierte Klasse von Elementen intendiert, ist die Aussage "x ist gut" in Hinsicht auf Wahrheit oder Falschheit auch überprüfbar. Anders ausgedrückt: Wenn der Wertmaßstab, den jedes Werturteil impliziert (s. "Zum normativen Aspekt"), klar definiert ist, dann behauptet die Aussage "x ist gut", daß x jenen Wertmaßstab erfüllt; dies ist eine Tatsachenbehauptung, die sich nicht von anderen Tatsachenbehauptungen unterscheidet, in denen Wörter wie "gut" oder "schlecht" nicht vorkommen. Wenn allerdings der Wertmaßstab des Werturteils nicht klar oder gar nicht definiert ist (was sehr häufig vorkommt), verliert das Werturteil seinen Aussagecharakter.

Zum normativen Aspekt des Werturteils: Der Gebrauch der Wörter "gut", "schlecht" oder ähnlicher impliziert, daß der Urteilende einen Maßstab akzeptiert, an dem er das Subjekt des Werturteils mißt. Die Annahme eines solchen Maßstabes durch einen Menschen macht zur Hauptsache die Werturteilsproblematik aus (ALBERT 1966) (s. Abschnitt 13.2).

Zum sanktionellen Aspekt des Werturteils: Der Gebrauch der Wörter "gut" oder "schlecht" bezweckt, daß die als gut bezeichneten Dinge und Menschen geliebt, die so bezeichneten Handlungen getan werden; daß die als schlecht bezeichneten Handlungen unterlassen, die so bezeichneten Dinge und Menschen verabscheut werden. In dieser Hinsicht sind die Werturteile also Befehle oder Regeln, keine Aussagen.

In den folgenden Abschnitten beschäftigen wir uns nur mit dem normativen Aspekt des Werturteils, da er, wie gesagt, den Kern der Werturteilsproblematik bildet.

13.2 Die Annahme des Wertmaßstabes

Die wissenschaftstheoretischen Kontroversen über das Werturteil können auf divergierende Beantwortungen der Frage:

"Ist die Akzeptierung des Wertmaßstabes, der in jedem Werturteil impliziert ist, Erkenntnis?"

zurückgeführt werden. Wenn wir die Vielzahl der möglichen Anworten auf zwei Typen reduzieren, dann lauten diese:

1) Werturteile (d.h. die Akzeptierung des Wertmaßstabes) sind *Erkenntnisakte*. Diese Antwort wird heute unter anderen von den *Neomarxisten*, den *Neohegelianern* und den *Neothomisten* vertreten.

2) Werturteile (d.h. die Akzeptierung des Wertmaßstabes) sind *Wahlakte*, die nicht auf Erkenntnis zurückgeführt werden können. Dies soll nicht heißen, daß der Wählende in bestimmten Stadien seiner Wahl ihre Konsequenzen nicht erkennend bedenkt und sich dadurch nicht beeinflussen läßt. Hierdurch wird das Problem allerdings nur um eine Stufe zurückverlagert, denn die erkannten Konsequenzen einer Wahl müssen bewertet werden. Der regressus in infinitum wird durch eine nicht weiter zurückführbare Entscheidung vermieden. Diese Meinung wird heute von den *Neopositivisten* und *Kritischen Rationalisten* vertreten, und zwar in Anlehnung an *Max Weber*, der diese Position im zweiten Methodenstreit der deutschen Nationalökonomen (Anfang dieses Jahrhunderts) gegen die andere Position verfochten hat (WEBER 1904). Letztlich geht diese Anschauung auf *Kant*, *Hume* und die *sophistische* aufklärerische Philosophie der Griechen zurück. Sein und Sollen sind verschieden; es ist unmöglich, vom Sein auf das Sollen zu schließen.

Wenn die Akzeptierung des Wertmaßstabes nicht die Erkenntnis eines Sachverhaltes, sondern ein nicht weiter rückführbarer Wahlakt ist, entsteht das Problem, ob diese Wahl rein willkürlich ist oder nicht. Ist sie rein willkürlich, gäbe es kein für alle Menschen und alle Zeiten gültiges Sittengesetz, eine Konsequenz, die gerade *Kant* verabscheute, obwohl er es für unmöglich hielt, die Verbindlichkeit der Wahl zu erklären:

"Der spekulative Gebrauch der Vernunft, *in Ansehung der Natur,* führt auf absolute Notwendigkeit irgend einer obersten Ursache *der Welt*; der praktische Gebrauch der Vernunft, *in Absicht auf die Freiheit*, führt auch auf absolute Notwendigkeit, aber nur *der Gesetze der Handlungen* eines vernünftigen Wesens, als eines solchen. Nun ist es ein wesentliches *Prinzip* alles Gebrauchs unserer Vernunft, ihr Erkenntnis bis zum Bewußtsein ihrer *Notwendigkeit* zu treiben (denn ohne diese wäre sie nicht Erkenntnis der Vernunft). Es ist aber auch eine eben so wesentliche *Einschränkung* eben derselben Vernunft, daß sie weder die *Notwendigkeit* dessen, was da ist, oder was geschieht, noch dessen, was geschehen soll, einsehen kann, wenn nicht eine *Bedingung*, unter der es da ist, oder geschieht, oder geschehen soll, zum Grunde gelegt wird. Auf diese Weise aber wird, durch die beständige Nachfrage nach der Bedingung, die Befriedigung der Vernunft nur immer weiter aufgeschoben. Daher sucht sie rastlos das Unbedingtnotwendige, und sieht sich genötigt, es anzunehmen, ohne irgend ein Mittel, es sich begreiflich zu machen; glücklich gnug, wenn sie nur den Begriff ausfindig machen kann, der sich mit dieser Voraussetzung verträgt. Es ist also kein Tadel für unsere Deduktion des obersten Prinzips der Moralität, sondern ein Vorwurf, den man der menschlichen Vernunft überhaupt machen müßte, daß sie ein unbedingtes praktisches Gesetz (dergleichen der kategorische Imperativ sein muß) seiner absoluten Notwendigkeit nach nicht begreiflich machen kann; denn, daß sie dieses nicht durch eine Bedingung, nämlich vermittelst irgend eines zum Grunde gelegten Interesse, tun will, kann ihr nicht verdacht werden, weil es alsdenn kein moralisches, d.i. oberstes Gesetz der Freiheit, sein würde. Und so begreifen wir zwar nicht die praktische unbedingte Notwendigkeit des moralischen Imperativs, wir begreifen aber doch seine *Unbegreiflichkeit,* welches alles ist, was billigermaßen von einer Philosophie, die bis zur Grenze der menschlichen Vernunft in Prinzipien strebt, gefordert werden kann" (KANT 1786, S. 127f.; *Kursivdruck* im Original gesperrt).

Wir wollen uns mit dieser Aussage des großen Philosophen der Aufklärung begnügen, einerseits, weil ich der Meinung bin, daß das Problem den Rahmen der Wissenschaftstheorie überschreitet, vielmehr zur Metaphysik gehört; andererseits, weil ich glaube, daß besseres als von Kant bisher nicht gesagt worden ist.

13.3 Werturteile in explikativen Theorien

Wer Entscheidung nicht auf Erkenntnis reduziert und wer Wissenschaft unter den Begriff der Erkenntnis subsumiert (s.o. Abschnitt 1.1), der muß die Forderung nach einer wertfreien Wissenschaft erheben. Um klar darlegen zu können, wie dieses Postulat zu verstehen ist, unterscheiden wir die empirischen Wissenschaften in explikative und in dezisive (s.o. Abschnitt 1.2.1). Die explikativen empirischen Theorien leiten aus Prämissen Aussagen über Sinneseindrücke ab und vergleichen diese mit Protokollsätzen über tatsächliche Sinneseindrücke, so wie wir es dargelegt haben (s.o. Kapitel 6 und Abschnitt 8.4). Das Problem einer wertfreien explikativen Wissenschaft zerlegen wir in Anlehnung an ALBERT 1966 in die drei folgenden Fragen:

1) *Muß die Annahme eines Wertmaßstabes durch Menschen in den Sozialwissenschaften erklärt werden?* Da die Annahme von Wertmaßstäben zum Verhalten der Menschen gehört, das die Sozialwissenschaften erklären wollen, müssen sie zu erklären versuchen, wie die Menschen dazu kommen, bestimmte Wertmaßstäbe zu akzeptieren, andere dagegen abzulehnen.

2) *Liegt der Ausübung der Wissenschaften die Annahme eines Wertmaßstabes zugrunde?* Da bewußtes menschliches Verhalten ohne Motivation, und das heißt ohne Wertmaßstab, undenkbar ist und da die Ausübung einer Wissenschaft bewußtes Verhalten ist, liegen jeder Wissenschaftsausübung auch Werturteile und in ihnen implizierte Wertmaßstäbe zugrunde. Das grundlegende Werturteil, das die Ausübung einer

Wissenschaft überhaupt erst möglich macht, besteht darin, daß es gut ist, diese Wissenschaft auszuüben. Die Wahl des Untersuchungsgegenstandes innerhalb einer Wissenschaft basiert ebenfalls auf einem Werturteil. Aber auch speziellere Werturteile werden durch Wissenschaftspraxis impliziert, zum Beispiel: Immer dort, wo in den Wissenschaften ein regressus in infinitum durch Entscheidungen verhindert wird, basieren diese auf Werturteilen (kontrovers dazu ALBERT 1968): Durch Entscheidungen werden innerhalb eines axiomatischen Systems gewisse Terme zu Grundtermen, gewisse Aussagen zu Axiomen erklärt (Kapitel 5 und 6); auf Grund einer Entscheidung werden zu einer vorliegenden Metatheorie nicht weitere Metatheorien konstruiert (Abschnitt 1.12); durch Entscheidungen werden bestimmte Sicherheitswahrscheinlichkeiten beim Testen statistischer Hypothesen akzeptiert (Abschnitt 11.2.2). Dies ist eine Explikation unserer Aussage, daß der Veranstaltung von Wissenschaft Werturteile zugrunde liegen; selbstverständlich beeinflussen sie die Ergebnisse der Wissenschaft. So verstanden gibt es keine wertfreie Wissenschaft.

3) *Können oder sollen die explikativen Wissenschaften Werturteile* abgeben, das heißt: *die Annahme eines Wertmaßstabes empfehlen?* Die Empfehlung eines Wertmaßstabes hat in den explikativen empirischen Wissenschaften keinen legitimen Platz, da diese nach unserer Definition, der selbstverständlich, wie wir eben dargestellt haben, ein Werturteil zugrunde liegt, nur Sinneseindrücke erklären. Dieser Aussage widerspricht nicht die Forderung, die einer bestimmten Wissenschaft und ihren Ergebnissen zugrunde liegenden Werturteile offen zu legen, damit der Benutzer prüfen kann, ob sie mit seinen eigenen Werturteilen harmonieren. Die Entscheidungen über Definitionen, Axiome, Sicherheitswahrscheinlichkeiten, welche die Untersuchungsergebnisse am nachhaltigsten beeinflussen, werden routinemäßig in den wissenschaftlichen Publikationen mitgeteilt. Ob es möglich ist, sämtliche Werturteile, die in der Ausübung einer Wissenschaft impliziert sind, darzulegen, ist strittig; wir gehen darauf nicht weiter ein.

13.4 Werturteile in dezisiven Theorien

Die dezisiven Theorien formen die Aussagen der explikativen Wissenschaften in Handlungsanweisungen um, die einem Aktor angeben, was er tun muß, wenn er bestimmte Ereignisse herbeiführen will (s. Abschnitt 1.2.1).

Beispiele dezisiver Theorien in den Sozialwissenschaften sind die Theorien der Volkswirtschaftspolitik, der Sozialpolitik, der Betriebswirtschaftspolitik; die explikativen Naturwissenschaften werden in den technischen Wissenschaften dezisiv umgeformt.

Eine dezisive Theorie hat die folgende Struktur: Nehmen wir an, daß

$$y = f([x_i]); [x_i] = x_1, ..., x_n\text{: Vektor von Variablen,}$$

eine empirische Theorie sei, welche den Wert der Variablen y durch die Werte der Variablen x_1 bis x_n erklärt. Wenn diese Theorie sich in Tests an der Wirklichkeit bewährt hat, dann ist es möglich, Zielwerte für die unabhängige Variable y festzusetzen und aufgrund der bewährten Theorie Aussagen über diejenigen Werte $[x_i]$ zu machen, die den Zielwert von y herbeizuführen imstande sind. Diese Umformulierung wird "technisch" genannt (viele Publikationen benutzen den Terminus "technologisch"; wir vermeiden diesen Anglizismus). Wenn die verwendete Funktion nicht eineindeutig ist (wie z.B. eine substitutionale Produktionsfunktion in der Nationalökonomie), ergibt sie mehr als eine mögliche technische Umformung; immer dann müssen auch Methoden angegeben werden, die die Eindeutigkeit der Umformulierung herbeiführen. In der Regel sind dies Minimierungs- und Maximierungsforderungen mitsamt den dazugehörenden Maßstäben (GÄFGEN 1963, S. 26ff.).

Die Forderung, daß überhaupt ein Wert aus y realisiert werden soll; die Festlegung des Zielwertes und, soweit nötig, die Bestimmung der Grundsätze, nach denen die Eindeutigkeit der Handlungsanweisungen hergestellt werden soll, sind *Wahlakte*, die unmittelbar die Akzeptierung eines *Wertmaßstabes* voraussetzen.

Innerhalb des durch jene Werturteile begrenzten Rahmens formulieren die dezisiven Theorien die Aussagen der explikativen Theorien in Handlungsanweisungen um. Diese selber sind im Verständnis der *logischen Positivisten* und der *Kritischen Rationalisten* keine Werturteile mehr. Dem Adressaten der Anweisungen, dem *Aktor*, wird von den Vertretern diese Auffassung die Aufgabe zugewiesen, die Werturteile zu fällen; dem *Wissenschaftler*, innerhalb dieses Rahmens die technischen Anweisungen für die Realisierung des Zieles zu liefern.

Gegen diese Auffassung sind verschiedene Einwände erhoben worden: HABERMAS 1964 (und so die Vertreter aller Wissenschaftsschulen, die wir in Abschnitt 13.2 genannt haben), ist der Ansicht, daß auch die Wahl eines Wertmaßstabes, durch dessen Anwendung Werturteile zustande kommen, durch Erkenntnis begründet und einer rationalen Kritik unterworfen sein müsse; MYRDAL 1933 argumentiert, daß Ziele und Mittel nicht auseinandergehalten werden können, sondern daß innerhalb desselben Wertsystems dieselbe Variable einmal als Ziel-, das andere Mal als Mittelvariable auftauchen könne; WEISSER 1963 und die von ihm begründete Schule (siehe dazu LOMPE 1966) wollen dem Aktor auch Hilfe bei der Formulierung seiner Werturteile, nämlich seiner Ziele und seiner Handlungsmaximen geben, weil er sonst - empirisch leicht nachweisbar - dieser Aufgabe hilflos gegenüberstehe.

So verschieden auch die Fundamente dieser Einwände sind, so kommen ihre Urheber und der *Kritische Rationalismus* doch zu ähnlichen Beratungspraktiken: *Habermas'* pragmatisches Modell, die Politik der kleinen Schritte *Poppers* (1957), *Weissers* System von Empfehlungen und Warnungen sind sich darin einig, daß Aktor und Berater in enger und stetiger Wechselwirkung stehen müssen. Man darf vermuten, daß die in der akademischen Diskussion so gewichtigen Unterschiede der Systeme in diesem Verfahren praktisch verschwinden: Der in seinen theoretischen und technischen Aussagen wertabstinente Wissenschaftler wird nur Aktoren beraten, deren Wertesystem mit dem seinigen identisch ist; es dürfte unvermeidlich sein, daß bei diesem Kontakt die Werte beider sich gegenseitig beeinflussen, was von den anderen Auffassungen berücksichtigt wird.

Zweiter Teil:

Wissenschaftstheoretische Erörterung einiger Stücke der Volkswirtschaftslehre

14 Vorgehensweise

14.1 Fragestellung

Für die wissenschaftstheoretische Erörterung der Volkswirtschaftslehre sind zwei Vorgehensweisen denkbar, die sich allerdings nicht ausschließen, sondern die miteinander kombiniert werden können, mit gleichem oder unterschiedlichem Gewicht der beiden Methoden: Man erzählt die Geschichte der wissenschaftstheoretischen Kontroversen in der Nationalökonomik, oder man analysiert unter vorgegebenen wissenschaftstheoretischen Fragestellungen Lösungen, die für bestimmte Probleme in volkswirtschaftlichen Texten vorgeschlagen werden. Hier wird in der Hauptsache der zweite Weg beschritten. Die großen wissenschaftstheoretischen Kontroversen der Vergangenheit: der Streit um *Karl Marx* (anhaltend); der Methodenstreit zwischen *Carl Menger* und *Gustav Schmoller* (ab 1883); der Werturteilsstreit zwischen *Max Weber* auf der einen Seite und der älteren Generation des *Vereins für Socialpolitik* sowie fast allen Mitgliedern der *Deutschen Gesellschaft für Soziologie* auf der anderen Seite (etwa ab 1904); der Streit um *John Maynard Keynes* (anhaltend); der Streit um den Apriorismus, welcher von der österreichischen Schule der Nationalökonomie, vor allem von *Ludwig v. Mises* vertreten wird (seit etwa 1930); der Streit um die Axiome zwischen *Milton Friedman* und *Paul Samuelson* (ab 1953); der Streit um den Einfluß *Poppers* auf die Nationalökonomik: diese Kontroversen werden bei Bedarf innerhalb der systematischen Untersuchungen erwähnt, wie sie schon gelegentlich im ersten Teil dieses Buches erwähnt worden sind; im übrigen verweisen wir auf die Originale und die reichlich vorhandene Sekundärliteratur (z.B. PAGENSTECHER 1987; BLAUG 1984; MARCHI 1988).

Meine Hauptfrage bei der wissenschaftstheoretischen Erörterung ausgewählter Stücke der Volkswirtschaftslehre lautet, ob deren Aussagen als empirisch eingestuft werden können; sie ist eine Konsequenz meiner Überzeugung, daß die Volkswirtschaftslehre eine Realwissenschaft sein sollte. Wenn und sofern die Hauptfrage mit ja beantwortet wird, lautet meine zweite Frage, ob die Aussagen wahr oder falsch, die Theorien, aus denen sie abgeleitet, bewährt oder falsifiziert sind, selbstverständlich immer nach den Maßstäben, die im ersten Teil dieses Buches dargelegt worden sind.

Daß solche Fragen hier überhaupt gestellt werden, liegt daran, daß es immerhin Behauptungen gibt, wenn auch insgesamt nur von Außenseitern vertreten, viele der heute gängigen nationalökonomischen Theorien seien unempirisch und die empirischen seien zu einem nicht geringen Teil falsifiziert.

Da es weder möglich noch nötig ist, die gesamte Volkswirtschaftslehre einer kritischen Prüfung zu unterwerfen, müssen wir gewisse Stücke auswählen. Damit deren Platz in der Nationalökonomik erkannt werden kann, sprechen wir im nächsten Abschnitt über die Einteilung der Volkswirtschaftslehre.

14.2 Die Einteilung der Volkswirtschaftslehre

Die Volkswirtschaftslehre wird eingeteilt

in *Physiokratie, Merkantilismus, Kameralismus, klassische Nationalökonomie, historische Schule, Marxismus, Neoklassik, Institutionalismus, Keynesianismus, Sozialökonomische Verhaltensforschung, Neoneoklassik* (meistens auch nur "Neoklassik" genannt) nach den im Laufe ihrer Geschichte bisher vertretenen Lehrmeinungen und Methoden;

Ich rechne mit Lesern, denen die vorstehenden dogmenhistorischen Kategorien vertraut sind (zur Dogmengeschichte der Volkswirtschaftslehre s. BLAUG 1984), bis vielleicht auf "Sozialökonomische Verhaltensforschung". Hierunter wollen wir eine Forschungsrichtung verstehen, die, ausgehend von dem Postulat, daß die Volkswirtschaftslehre eine empirische Wissenschaft sei, aus realitätsnahen Axiomen auf psychologischer Basis überprüfbare Hypothesen ableitet und diese dann auch selbst überprüft (s. Kapitel 21). Vertreter dieser Richtung in den USA sind etwa *George Katona* und *Herbert Simon*, in Deutschland *Günter Schmölders*. Selbstverständlich ist es möglich, daß einzelne Nationalökonomen schlecht oder überhaupt nicht in das eben eingeführte dogmenhistorische Schema eingeordnet werden können.

in *Mikroökonomik* und *Makroökonomik* nach der Art der benutzen Definitionen und Daten (s. dazu Kapitel 15); die Makroökonomik benutzt Daten, die durch Aggregation aus ihrem individuellen Zusammenhang herausgelöst worden sind, während dieser von der Mikroökonomik nicht angetastet wird;

in *Partialmodelle* und *Totalmodelle:* Jene machen Aussagen nur über einen Teil ihres Gegenstandsbereiches, diese über dessen Gesamtheit, wie sie in dem betreffenden Modell definiert ist; die Begriffe "total" und "partial" beziehen sich also nur auf das Modell, nicht auf das Modelloriginal, aus dem das Modell insgesamt nur sehr wenige Variablen enthalten kann;

in *Gleichgewichtsmodelle* und in *Ungleichgewichtsmodelle:* jene nehmen an, daß die Pläne aller Wirtschaftssubjekte erfüllt werden; diese, daß das nicht der Fall ist;

in *dynamische* und *statische* Theorien nach dem Kriterium, ob die Zeit in ihnen als Variable erscheint oder nicht;

in *spieltheoretische* und in *heuristische* Theorien (s. dazu Kapitel 18): Jene optimieren das Verhalten *aller* betrachteten Wirtschaftssubjekte, in einem Oligopolmodell der Preisbildung z.B. das Verhalten aller Oligopolisten und der Nachfrager, diese höchstens das Verhalten *ausgewählter* Wirtschaftssubjekte, in einem Oligopolmodell z.B. das Verhalten eines Oligopolisten und der Nachfrager, während sie über das Verhalten der übrigen Oligopolisten Annahmen machen (deshalb "heuristisch");

in *Theorie* und *Empirie* oder *Ökonometrie:* Die Theorie hat die Aufgabe, Hypothesen zu formulieren; die Empirie, diese mit Daten zu konfrontieren, die zu diesem Zweck gesammelt werden müssen; die Ökonometrie ist auf ökonomische Theorien und Daten angewandte mathematische Statistik (s. Abschnitte 11.2 und 16.4);

in *Volkswirtschaftstheorie* und *Theorie der Volkswirtschaftspolitik*: Jene soll eine explikative, diese eine dezisive Theorie sein (s. dazu Abschnitte 1.2.1, 13.3 und 13.4);

in *Finanzwissenschaft* und die *übrige Volkswirtschaftslehre*, die in dieser Dichotomie keinen speziellen Namen trägt, nach der Art der behandelten Wirtschaftssubjekte: Die Finanzwissenschaft handelt über den Staat als Anbieter und Nachfrager von wirtschaftlichen Gütern, die übrige Volkswirtschaftslehre über die Privaten, die weiter eingeteilt werden in Unternehmen, Privathaushalte, Organisationen ohne Erwerbscharakter (z.B. Gewerkschaften, Unternehmerverbände);

in *Dogmengeschichte, Wirtschaftssysteme, Volkswirtschaftliches Rechnungswesen, Beschäftigung, Einkommen, Wirtschaftswachstum, Wirtschaftsentwicklung, Konjunktur, Geld, Außenhandel, Verhalten der Haushalte, Verhalten der Unternehmer, Preise, Angebot* an wirtschaftlichen Gütern, *Nachfrage nach wirtschaftlichen Gütern, Wettbewerb, Wirtschaftsstruktur, Technischer Fortschritt* (die sieben letzten Gebiete werden unter der Überschrift *Industrieökonomik* gemeinsam behandelt), *Einkommensverteilung, Arbeit, Bildung, Soziales, Umwelt*, nach einer Nominalskala der behandelten ökonomischen Phänomene.

Diese Nominalskala der behandelten ökonomischen Phänomene erfüllt sicher nicht die Anforderungen, die wir im ersten Teil (Abschnitt 4.2) an solche Skalen gestellt haben: Weder schließen die einzelnen Kategorien alle anderen aus noch teilen sie den Gegenstandsbereich der Volkswirtschaftslehre vollständig auf. Das liegt daran, daß die Skala nicht systematisch entworfen worden ist, sondern einfach nur die historisch gewachsenen Arbeitsgebiete der Volkswirtschaftslehre widerspiegelt. Neue Gebiete können also jederzeit hinzukommen, und es gibt wahrscheinlich auch Gebiete, die heute bereits bearbeitet werden, ohne daß sie hier genannt worden sind.

Die vorstehenden Begriffe (mit Ausnahme der Einteilungen nach der Dogmengeschichte und nach dem Sachgebiet) sind Dichotomien; jedes dieser Paare teilt also den gesamten Gegenstandsbereich, die Volkswirtschaftslehre, ohne Rest auf; insofern sind die wissenschaftstheoretischen Anforderungen an Nominalskalen erfüllt (s. Abschnitt 4.2). Der anderen Forderung, die erfüllt sein muß, wenn alle Begriffe gleichzeitig zur Aufteilung des gesamten Gegenstandsbereiches in hierarchischer Folge angewandt werden sollen, wird dagegen nicht durchgängig Genüge getan: Die Dichotomien "Volkswirtschaftstheorie/Theorie der Volkswirtschaftspolitik" und "Finanzwissenschaft/übrige Volkswirtschaftslehre" überschneiden sich zum Teil; die Dichotomie "dynamisch/statisch" kann nicht auf alle Gebiete der Volkswirtschaftslehre angewandt werden: Das Gebiet "Wachstum" muß dynamisch, es kann nicht statisch behandelt werden. Abgesehen von diesen Ausnahmen könnte grundsätzlich die gesamte Volkswirtschaftslehre nach allen angeführten dichotomischen Kriterien in hierarchischer Ordnung aufgeteilt werden. Manche der so entstehenden Klassen sind allerdings aus faktischen, nicht aus logischen Gründen leer, weil Arbeiten auf diesem Gebiet nicht existieren, obwohl sie denkbar und vielleicht auch wünschenswert wären.

Beispiele: Bis heute gibt es, soweit ich sehe, keine mikroökonomische Theorie des volkswirtschaftlichen Wachstums. Bis heute ist, soweit ich sehe, die *Keynesianische* Theorie noch nie mikroökonomisch, sondern immer nur makroökonomisch formuliert worden.

Die heutige Volkswirtschaftslehre in den entwickelten westlichen Ländern kann an Hand der eben eingeführten dogmenhistorischen Kategorien so gekennzeichnet werden: Die herrschende Doktrin ist die *Neoklassik*. Der *Keynesianismus*, welcher seit dem Ende des zweiten Weltkrieges bis in den Anfang der 70er Jahre jene Position innehatte, wird zwar noch von einer Reihe auch durchaus prominenter Autoren vertreten, befindet sich insgesamt gesehen aber doch auf dem Rückzug. Der *Marxismus*, von der herrschenden Partei vorgeschriebene Lehrmeinung in den sogenannten sozialistischen (inzwischen bis auf wenige Ausnahmen zusammengebrochenen) Ländern, hat auch in den westlichen Ländern Anhänger, diese bilden jedoch unter allen Nationalökonomen eine sehr kleine Minderheit. Dasselbe gilt von der *Sozialökonomischen Verhaltensforschung;* ihre bekanntesten Vertreter, unter ihnen einen Nobelpreisträger, haben wir bereits zu Anfang dieses Abschnittes genannt. Das Anliegen der *historischen Schule*, Volkswirtschaftslehre als empirische Wissenschaft zu betreiben, wird heute in der Hauptsache von der Verhaltensforschung weitergeführt; gewisse, allerdings immer mehr verwehende Spuren, so vor allem die Institutionenlehre, hat die Historische Schule aber auch in der deutschen Finanzwissenschaft und in der amerikanischen Labor Economics hinterlassen. Die *Spieltheorie,* die ich hier als Hauptkategorie in die dogmenhistorische Nomenklatur einreihe, weil sie wohl kaum als Unterkategorie zu den dogmenhistorischen Kategorien benutzt werden kann, obwohl sie meiner Auffassung nach, wie oben erwähnt, zusammen mit den heuristischen Theorien eine eigene Dichotomie in Hinsicht auf die Betrachtungsweise wirtschaftlicher Vorgänge bildet, hat sich bisher nur mit ausgewählten Problemen der Volkswirtschaftslehre befaßt; sie wird nur von einer kleinen Zahl von Ökonomen wirklich gepflegt, die aber dennoch nicht als (intellektuelle) Minderheit gelten; der Spieltheorie wird vielmehr ein großes Zukunftspotential zugestanden.

Benutzen wir nun die übrigen Kategorien zur Kennzeichnung der heutigen Volkswirtschaftslehre: Die Neoneoklassik (die heute herrschende Neoklassik) ist *Gleichgewichtstheorie*, sie hat sowohl *mikro-* als auch *makroökonomische* Aussagensysteme aufzuweisen, während die Neoklassik, wie sie seit etwa 1870 von *Carl Menger, Leon Walras, Stanley Jevons* begründet worden ist, ausschließlich Mikroökonomik war. In beiden Zweigen kommen sowohl *Partial-* als auch *Totalmodelle* vor. Die neoklassische Mikroökonomik ist überwiegend (in den Totalmodellen ausschließlich) *statisch*, die neoklassische Makroökonomik besteht sowohl aus *statischen* als auch aus *dynamischen* Theorien. Die meisten neoklassischen Gleichgewichtstheorien (z.B. die Theorie des totalen mikroökonomischen Gleichgewichts, die makroökonomischen gleichgewichtigen Wachstumstheorien) sind rein *theoretisch*, *nicht empirisch*

(s. dazu Kapitel 19); daneben gibt es aber auch neoklassische Theorien, sowohl Mikro- als auch Makro-, sowohl statische als auch dynamische Theorien, sowohl Partial- als auch Totalmodelle und sogar Gleichgewichtsmodelle, die *empirisch* sind, insofern als sie mit empirischen Daten konfrontiert werden. Neoklassische Aussagensysteme aller Art werden sowohl in der *Volkswirtschaftstheorie* als auch in der *Volkswirtschaftspolitik*, sowohl in der *Finanzwissenschaft* als auch in der *übrigen Volkswirtschaftslehre* verwandt. Wohl alle *Sachgebiete* der Volkswirtschaftslehre werden mit neoklassischen Modellen behandelt, wobei allerdings Mikromodelle auf den Gebieten der Beschäftigung, der Konjunktur, des gesamtwirtschaftlichen Wachstums, soweit ich sehe, bis heute nicht vorgelegt worden sind.

Der Keynesianismus ist *Ungleichgewichtstheorie*; er ist von Anfang an als *makroökonomisches* Aussagensystem formuliert worden und hat bis heute keine *Mikroform*. Er weist sowohl *Partial-* als auch *Totalmodelle* auf, in beiden Zweigen sowohl *statische* als auch *dynamische* Theorien. Die Theorien sind durchweg sowohl *theoretisch* als auch *empirisch*, insofern als sie mit empirischen Daten aufgefüllt werden können; sie werden sowohl in der *Volkswirtschaftstheorie* als auch in der *Volkswirtschaftspolitik*, sowohl in der *Finanzwissenschaft* als auch in der *übrigen Volkswirtschaftslehre* benutzt. Von den *Sachgebieten* der Volkswirtschaftslehre behandelt der Keynesianismus vor allem Beschäftigung, Einkommen und Konjunktur; keynesianische Wachstumsmodelle hat es wohl gegeben, sie werden aber heute kaum mehr vertreten; dasselbe gilt von der keynesianischen Verteilungstheorie.

Der Marxismus, wie er von westlichen Nationalökonomen vertreten wird, ist, soweit ich sehe, kaum formalisiert. Er läßt sich deshalb in die Kategorien, die wir zur Charakterisierung der Volkswirtschaftslehre eingeführt haben, nicht mit Sicherheit einordnen. Soviel jedoch läßt sich sagen, daß er *Ungleichgewichtstheorie* und überwiegend *Makroökonomik* ist, das Verhalten der Kapitalisten und der Arbeiter aber auch mikroökonomisch zu begründen versucht, tendenziell alle *Sachgebiete* behandelt, vor allem *Totalmodelle* enthält, keine *Theorie der Politik* als Handlungsanweisungen an westliche kapitalistische Regierungen darstellt. Die Autoren garnieren ihre Aussagen häufig mit *empirischen Daten*; da ich den Marxismus nicht weiter behandeln werde, gebe ich hier meiner Überzeugung Ausdruck, ohne sie zu begründen, daß er die Anforderungen an eine empirische Wissenschaft im Sinne von Kapitel 10, insbesondere Abschnitt 10.2.2, nicht erfüllt.

Die Sozialökonomische Verhaltensforschung ist *Mikrotheorie*. Der Begriff des Gleichgewichts oder des Ungleichgewichts spielt in ihr keine Rolle: Sie nimmt nicht an, daß die Pläne aller Wirtschaftssubjekte immer aufgehen, aber sie entwickelt daraus auch kein Katastrophenszenario. Sie besteht bis heute vorwiegend aus *Partialmodellen*, sowohl aus *statischen* als auch *dynamischen*; sie ist *theoretisch* und *empirisch*; ausgearbeitete *wirtschaftspolitische* Systeme enthält sie nicht, wohl aber einzelne Ratschläge. Die empirischen Untersuchungen erfassen sowohl die *Finanzwissenschaft* als auch die *übrige Volkswirtschaftslehre* und hier alle möglichen *Sachgebiete*. Man muß sich allerdings vor der Vorstellung hüten, daß sie ein irgendwie geschlossenes System von Aussagen anbietet (Kapitel 21).

Die Spieltheorie ist von Haus aus *Mikrotheorie*, insofern als sie sich an *einzelne* Spieler wendet; sie kann aus *dynamischen* Modellen bestehen, die meisten ihrer Modelle sind jedoch *statisch;* sie ist sowohl *theoretisch* als auch *empirisch,* insofern als sie zur Erklärung empirischer Daten herangezogen wird; sie besteht durchweg aus *Totalmodellen,* insofern, als sie das Verhalten aller betrachteten Wirtschaftssubjekte optimieren will (hierbei ist zu beachten, daß der Begriff "Totalmodell" nur beinhaltet, daß alle im *Modell* enthaltenen Variablen gleichzeitig betrachtet werden; die Menge der Modellvariablen kann gegenüber der Wirklichkeit stark eingeschränkt sein). Gleichgewicht und Ungleichgewicht sind in ihr von zentraler Bedeutung. Die Spieltheorie ist noch weit davon entfernt, alle Gebiete der Volkswirtschaftslehre zu behandeln (s. Kapitel 18).

14.3 Die Auswahl der behandelten Stücke der Volkswirtschaftslehre

Die Stücke der Volkswirtschaftslehre, die hier einer wissenschaftstheoretischen Erörterung unterzogen werden, sollten zwei Bedingungen erfüllen: Sie sollten sich vor allem durch ihre Methoden (denn diese bestimmen das logische Verhältnis der Sätze zueinander, das eigentliche Thema der Wissenschaftstheorie) voneinander unterscheiden, und sie sollten für die heute in den westlichen kapitalistischen Ländern herrschende Volkswirtschaftslehre charakteristisch sein oder zukünftige Entwicklungen andeuten. Unter dieser Rücksicht habe ich zur Besprechung ausgewählt:

Mikroökonomik und Makroökonomik (Kapitel 15): Die Dichotomie beruht auf einem methodologischen Kriterium; der Gegensatz zwischen Mikroökonomik und Makroökonomik kennzeichnet die gesamte heutige Volkswirtschaftslehre.

Volkswirtschaftslehre und empirische Daten (Kapitel 16): Jede Wissenschaft, die empirisch sein will (und nach der Meinung der Mehrzahl ihrer Professoren sollte die Volkswirtschaftslehre empirisch sein), muß gewisse Anforderungen in ihrem Umgang mit empirischen Daten erfüllen: Dies ist eine methodologische Anforderung; es wird geprüft, inwiefern die Praxis der Volkswirtschaftslehre ihrem zentralen methodologischen Selbstverständnis entspricht.

Die neoklassische Mikroökonomik, das heute herrschende Paradigma, ist durch die Annahme gekennzeichnet, daß der wirtschaftende Mensch als "homo oeconomicus" beschrieben werden kann; dieses konstituierende Element der herrschenden Lehre wird zusammen mit einigen seiner Ausprägungen in Kapitel 17 einer kritischen Erörterung unterzogen.

Die *Spieltheorie* (Kapitel 18), deren Charakteristikum ebenfalls in ihrer Vorgehensweise liegt, wird, obwohl heute ernsthaft nur von einer Minderheit von Nationalökonomen vertreten, von vielen als zukunftsträchtig angesehen.

Der Begriff des *Gleichgewichts* (Kapitel 19) schließlich ist für die Neoklassik und die Spieltheorie, aber wohl auch für viele andere Theorien der Vergangenheit von zentraler Bedeutung.

Rationalität (Kapitel 20), die grundlegende Annahme über das Verhalten der Wirtschaftssubjekte in der neoklassischen Wirtschaftstheorie und in der Spieltheorie, wird, obwohl in den Kapitel 17 bis 19 immer wieder behandelt, wegen ihrer Wichtigkeit noch einmal daraufhin überprüft, ob die Menschen ihren Anweisungen folgen können und folgen wollen.

Die *Sozialökonomische Verhaltensforschung* (Kapitel 21) kann als Gegenmodell gegen das Vorgehen der Neoklassik verstanden werden; deshalb wird sie hier besprochen, obwohl nur eine Minderheit von Nationalökonomen ihr zugerechnet werden können.

In all diesen Kapiteln prädominieren die methodologischen Fragen; inhaltlich determinierte Theorien werden bei Bedarf zur Illustrierung der methodologischen Probleme herangezogen.

15 Über Mikroökonomik und Makroökonomik

15.1 Ein mikroökonomisches Modell einer realen Wirtschaft

Betrachten wir eine bestimmte Volkswirtschaft, z.B. die westdeutsche (für die gesamtdeutsche Wirtschaft konnte die amtliche Statistik im August 1996 noch weniger Angaben liefern als für die westdeutsche). Sie umfaßte 1987 nach der amtlichen Statistik etwa 61,08 Millionen Personen; 27,0 Millionen Privathaushalte; 2,10 Millionen Unternehmen mit 2,58 Millionen Betriebsstätten und 26,96 Millionen Beschäftigten; eine (zumindest der amtlichen Statistik) unbekannte Anzahl von Organisationen ohne Erwerbscharakter, staatlichen und parastaatlichen Behörden auf Bundes-, Länder- und Gemeindeebene; im unmittelbaren und mittelbaren öffentlichen Dienst waren 4,63 Millionen Personen beschäftigt. Die Personen und Institutionen sind in ein sehr dichtes Netz formaler Rechtsbestimmungen und deren Umsetzungen in die Rechtspraxis sowie in sonstige Beziehungsgeflechte eingebettet. Das Wirtschaftsleben besteht aus dem Verhalten der Menschen in ihrem eigenen Bereich (z.B. dem Verbrauch bestimmter Güter innerhalb eines Haushaltes) und aus Tauschakten vielfältiger Art zwischen den Menschen und Institutionen. Alle Ergebnisse des Wirtschaftens: die Allokation der knappen Ressourcen, die Entstehung, Verteilung und Verwendung der Produktion und ihres monetären Ausdrucks, des Einkommens, werden durch das Verhalten aller einzelnen Menschen in den eben erwähnten Institutionen verursacht.

Diese durchaus triviale Einsicht wird mit Hilfe eines Werturteils zum Programm des *methodologischen Individualismus*: Alle sozialwissenschaftlichen Theorien müssen sich auf das Verhalten von Individuen gründen. Dagegen fordert der *methodologische Holismus*, daß alle sozialwissenschaftlichen Theorien sich auf das Verhalten nicht weiter auflösbarer Ganzheiten von Personen gründen müssen, etwa das Verhalten einer ganzen Gesellschaft oder auch kleinerer Gruppen von Personen, etwa Familien, Familienclans, Kommunen usf.

Diese reale Wirtschaft werde in das folgende statische Modell (s. dazu auch Abschnitt 19.3.1) abgebildet. Die statische Eigenschaft des Models kann so interpretiert werden, daß wir nur eine Periode betrachten. Das Modell enthalte an Elementen:

- m Haushalte mit der laufenden Nummer k,
- n Güter mit der laufenden Nummer i oder h je nach Betrachtungsweise,
- n Preise p_i bzw. p_h, von denen jeder je einem Gut zugeordnet ist, d.h. wir nehmen vollkommene Märkte an (s. dazu Abschnitt 17.3), in denen jedes Gut nur einen Preis hat,
- s Einproduktunternehmen mit der laufenden Nummer j, die jeweils jedes Gut h produzieren; die Gesamtzahl der Unternehmen beträgt also $s \cdot n$, d.h. jedes Unternehmen produziert jedes Gut, allerdings in voneinander unabhängigen Produktionen. Diese völlig unrealistische Annahme ist getroffen worden, um das Modell leichter handhabbar zu ma-

chen, indem man bei der Aggregation eines Gutes über Firmen nicht zwischen solchen, die das Gut produzieren, und solchen, die es nicht produzieren, unterscheiden muß. Die Anpassung an die Wirklichkeit geschieht dadurch, daß bei den ein bestimmtes Gut nicht produzierenden Firmen die Produktionsmenge gleich null gesetzt wird.

Die in der realen Wirtschaft existierenden Institutionen des Staates, der Körperschaften des öffentlichen Rechts und der Organisationen ohne Erwerbscharakter werden in diesem Modell nicht abgebildet, ebenso finden die individuellen Personen keine Berücksichtigung; Unternehmen und Haushalte werden als Individuen behandelt.

Das Modell enthalte die folgenden Relationen zwischen den Elementen:

- alle Märkte seien, wie bereits erwähnt, vollkommen; die Konkurrenz sei vollständig;
- das Rechtssystem garantiere Haushalten und Unternehmen uneingeschränkte Eigentumsrechte;
- jeder Haushalt besitze eine Nutzenfunktion in Abhängigkeit von allen Gütern:

$$\forall k\ [u^k = u^k\ (g_1, \ldots, g_h, \ldots, g_n)], \qquad (15.1\text{-}1)$$

g_h : Menge des Gutes h;

- jeder Haushalt biete Güter an und frage Güter nach, und zwar in Abhängigkeit von allen Preisen:

$$\forall k \forall h [\, x_h^k = x_h^k\ (p_1, \ldots, p_n)], \qquad (15.1\text{-}2)$$

x_h^k: Menge des vom Haushalt k angebotenen oder nachgefragten Gutes h; bei Nachfrage sei das Vorzeichen positiv, bei Angebot negativ; bei $x_h^k = 0$ bietet der Haushalt k das Gut h weder an noch fragt es es nach; am Anfang der Periode besitze der Haushalt eine Erstausstattung an Gütern;

- Jedes Unternehmen produziere und biete jedes Gut an, und zwar wieder in Abhängigkeit von allen Preisen:

$$\forall j \forall h\ [\, y_h^j = y_h^j\ (p_1, \ldots, p_n)], \qquad (15.1\text{-}3)$$

y_h^j: Menge des von der Unternehmung j produzierten und angebotenen Gutes h; wenn die Unternehmung j das Gut h nicht produziert, wird y_h^j gleich null gesetzt;

- jedes Unternehmen benötige zur Produktion des Gutes h andere Güter (einschließlich des produzierten Gutes h selber, z.B. wird zur Produktion von elektrischem Strom Strom benötigt), die es deshalb nachfragt und zwar in Abhängigkeit von allen Preisen:

$$\forall j \forall h \forall i [r_{hi}^{j} = r_{hi}^{j}(p_1, \ldots, p_n)], \tag{15.1-4}$$

r_{hi}^{j}: Menge des von der Unternehmung j zur Produktion des Gutes h eingesetzten und deshalb nachgefragten Gutes i; wenn die Produktion null ist, ist es natürlich auch die Nachfrage;

- jedes der s·n Einproduktunternehmen besitze eine in jeder Variablen zweimal differenzierbare (substitutionale) Produktfunktion (s. dazu Abschnitt 17.5.1):

$$\forall j \forall h [y_h^j = y_h^j (r_1, \ldots, r_n)]. \tag{15.1-5}$$

Selbst wenn die Zahl der Haushalte, Unternehmen und Güter gegenüber dem Original sehr gering ist, wird das Modell außerordentlich kompliziert; der Komplexitätsgrad steigert sich, wenn jene Zahlen denjenigen des Originals angeglichen werden. Dennoch ist das Modell gegenüber dem Original sehr stark vereinfacht, was einer der Zwecke eines jeden Modells ist. Ob das Modell diejenigen Elemente des Originals, die es abzubilden vorgibt, richtig abbildet und ob diese Abbildung dem Erkenntnisziel entspricht, muß geprüft werden (für das gerade aufgestellte Modell s. Kapitel 17).

Über dieses Modell werden Theorien errichtet, und zwar sowohl über Teile von ihm (Partialmodelle) als auch über das gesamte Modell. Theorien über Partialmodelle sind (siehe dazu Kapitel 17): die Ableitung der Nachfrage- und Angebotsfunktionen des Haushaltes für je ein Gut aus der Maximierung seiner Nutzenfunktion unter einer Nebenbedingung; die Ableitung der Angebots- und Nachfragefunktionen der Unternehmung aus der Maximierung ihrer Gewinnfunktion (s. dazu Abschnitte 17.4 und 5); die Bestimmung des Preises und der Menge je eines Gutes (des partiellen Gleichgewichtes auf dem Markt eines Gutes). Die Theorie über das gesamte Modell ist die Theorie des totalen mikroökonomischen Gleichgewichtes (s. Kapitel 19).

Das Modell und die Theorien heißen "mikroökonomisch"; synonym nennen wir die Theorien auch "Mikroökonomik" und "Mikrotheorie". Ihre charakteristische Eigenschaft besteht darin, daß sie Aussagen über Individuen machen, der Art, daß deren behauptete Eigenschaften und deren behauptete Verhaltensweisen den Individuen jeweils individuell zugewiesen werden.

Der individuelle Zusammenhang wird durch mikroökonomische Aggregation der Funktionen (d.h. der Mengen je eines Gutes h) über *Individuen* nicht aufgehoben: So beträgt die von allen Haushalten gehandelte Menge des Gutes h in Abhängigkeit von allen Preisen

$$X_h(p_1, \ldots, p_n) = \sum_{k=1}^{m} x_h^k(p_1, \ldots, p_n). \qquad (15.1\text{-}6)$$

Die Funktion jedes einzelnen Haushaltes geht ohne Änderung in die Gesamtfunktion ein.

Die Bedingungen für die Erlaubtheit dieser mikroökonomischen Aggregation sind:

- die Argumente der individuellen Funktionen (in dem Beispiel die Preise) sind überall, bei jedem Haushalt, dieselben;
- die Argumente der Funktion werden nicht aggregiert; d.h. sie gelten in gleicher Größe für jeden einzelnen und für alle; dies ist nur bei Preisen (und bei öffentlichen Gütern, die hier aber nicht behandelt werden) möglich;
- es werden jeweils die Mengen nur eines homogenen Gutes aggregiert;
- es besteht ein metrisches Maß für jedes aggregierte Gut (z.B. Kilogramm, Liter, usf.).

In analoger Weise können die Angebots- und die Nachfragefunktionen der Unternehmen aggregiert werden. Die Gesamtangebotsmenge des Gutes h aller Unternehmen beträgt:

$$Y_h(p_1, \ldots, p_n) = \sum_{j=1}^{s} y_h^j(p_1, \ldots, p_n). \qquad (15.1\text{-}7)$$

Die Gesamtnachfragemenge des Gutes i alles Unternehmen beträgt:

$$R_i(p_1, \ldots, p_n) = \sum_{j=1}^{s} \sum_{h=1}^{n} r_{hi}^j(p_1, \ldots, p_n). \qquad (15.1\text{-}8)$$

Produktfunktionen der Unternehmen und Nutzenfunktionen der Haushalte mikroökomisch zu aggregieren ist dagegen nicht möglich, weil in diesem Fall, anders als bei den Preisen, auch die Argumente der Funktionen, also die verschiedenen nutzenstiftenden Güter bei den Haushalten und die verschiedenen Produktionsfaktoren bei den Unternehmen, aggregiert werden müßten. Das jedoch ist eine makroökonomische Aggregation (s. Abschnitt 15.2).

15.2 Die Transformierung des Mikromodells in ein Makromodell

Wir gehen von der in Abschnitt 15.1 betrachteten Wirtschaft und derem dort konstruierten Mikromodell aus. Dieses reduzieren wir auf folgende Weise:

Die m Haushalte werden zu *einem* Haushalt, auch "Haushaltssektor" genannt, die s·n Unternehmen werden zu *zwei* Unternehmen, einem Geld produzierenden und einem sonstige Güter produzierenden, dieses auch "Unternehmenssektor" genannt,

zusammengefaßt.

Die n Güter werden reduziert auf

- das nicht produzierte Gut "Arbeit" mit dem *einen* Preis "Lohnsatz",
- das Gut "Geld" mit dem *einen* Preis "Zinssatz",
- das Gut "Nettosozialprodukt zu Faktorkosten" oder "Nettovolkseinkommen" (sämtliche Vorleistungen sind aus dieser Größe herausgerechnet) mit dem *einen* Preis "Preisniveau".

Wie die individuellen Elemente zusammengefaßt - aggregiert - werden, ist in dem Modell nicht gesagt. Die Zusammenfassung der Güter ist auf den ersten Blick problematischer als die Zusammenfassung der Haushalte und Unternehmen, denn die Güter sind außerordentlich heterogen. Zur Zusammenfassung benötigt man ein gemeinsames Maß; für das Gut "Arbeit" benutzt man entweder die Anzahl der Personen oder die Anzahl der geleisteten Arbeitsstunden, alle übrigen Güter werden in Geld gemessen; als dessen Maß wiederum wird die nationale Währungseinheit (z.B. DM) benutzt. Aber auch die Zusammenfassung der Haushalte und der Unternehmen zu je einer Einheit (das Maß ist das System der natürlichen Zahlen) vereinigt außerordentlich heterogene Gebilde. Bereits hier müssen wir konstatieren, daß die makroökonomische Aggregation gegen das Postulat der Homogenität der zu aggregierenden Einheiten verstößt, ja verstoßen muß und deshalb die Wirklichkeit kaum richtig wird abbilden können.

Das Makromodell enthalte die folgenden Relationen zwischen den Elementen:

Der Haushaltssektor

- konsumiere in Abhängigkeit vom Einkommen (verwende einen Teil des Einkommens für Konsumzwecke):

$$C = C(Y), \tag{15.2-1}$$

C: gesamtwirtschaftliche Konsumsumme,
Y: Nettovolkseinkommen,

- spare in Abhängigkeit vom Einkommen (verwende den anderen Teil des Einkommens zum Sparen):

$$S = S(Y), \tag{15.2-2}$$

S: gesamtwirtschaftliche Sparsumme,

- so daß

$$C + S = Y, \tag{15.2-3}$$

- biete das Gut Arbeit an in Abhängigkeit vom Lohnsatz:

$$A^{Ang} = A^{Ang}(w), \tag{15.2-4}$$

A^{Ang} : Arbeitsangebot,
w : Lohnsatz,

- frage Geld nach (darauf kommen wir später zurück).

Der Unternehmenssektor

- frage Arbeit nach in Abhängigkeit vom Lohnsatz:

$$A^{Nach} = A^{Nach}(w), \tag{15.2-5}$$

A^{Nach}: Arbeitsnachfrage,

- produziere mit der Arbeit das Nettosozialprodukt nach der Produktfunktion:

$$Y = Y(A) \tag{15.2-6}$$

A: eingesetzte Arbeit (von allen anderen Produktionsfaktoren werde in diesem einfachen Modell abstrahiert, was sich jedoch leicht ändern läßt),

- verkaufe das Sozialprodukt zum Teil an die Haushalte zu Konsumzwecken, z. T. investiere er es:

$$Y = C + I, \tag{15.2-7}$$

I: gesamtwirtschaftliche Investitionssumme;

- investiere in Abhängigkeit vom Zinssatz:

$$I = I(i), \tag{15.2-8}$$

i: Zinssatz;

- frage Geld nach.

Die Geldnachfrage des Haushaltssektors und des Unternehmenssektors werde zusammengefaßt; sie hänge ab einerseits vom Sozialprodukt, weil es zu Transaktionszwecken gebraucht werde, andererseits vom Zinssatz, weil es zu Spekulationszwecken benutzt werde:

$$M^{Nach} = M^{Nach}(Y) + M^{Nach}(i), \tag{15.2-9}$$

M^{Nach}: Geldnachfrage.

Das Preisniveau wird zur Definition von Nominal- und Realgrößen benutzt, worauf wir hier nicht eingehen.

Über das vorstehende Modell - das Keynesianische Makromodell einer Volkswirtschaft, wie es in den gängigen Lehrbüchern dargeboten wird - werden Theorien errichtet, und zwar sowohl über Teile von ihm (Partialmodelle) als auch über das gesamte Modell (Totalmodell). Theorien über Partialmodelle sind die Konsumfunktion, die Sparfunktion, das partielle Gleichgewicht auf dem Gütermarkt. Theorien über das Totalmodell sind das totale Keynesianische Gleichgewicht bzw. das Ungleichgewicht mit Arbeitslosigkeit.

Selbstverständlich gibt es eine große Menge anderer makroökonomischer Modelle, aber an dem Keynesianischen Modell, dem historisch ersten, sind ihre charakteristischen Eigenschaften gut zu erkennen: Es sind die folgenden:

- Das Modell geht davon aus, daß das Modelloriginal aus Individuen, Verhaltensweisen dieser Individuen und sonstigen Elementen besteht, welche die individuellen Verhaltensweisen individuell beeinflussen, und daß das gesamte wirtschaftliche Ergebnis von dem Verhalten der Individuen bestimmt wird; wir könnten also sagen, daß die Wirklichkeit mikroökonomisch ist;
- das Modell faßt die Individuen zu Gruppen oder Sektoren und die sonstigen Elemente zu Gesamtgrößen zusammen (aggregiert sie);
- das Modell weist den Sektoren je eine Verhaltensweise zu und nimmt an, daß diese von sonstigen aggregierten Größen in gesetzmäßiger oder funktionaler Weise abhängen.

Die Frage der Wissenschaftstheorie an die Makroökonomik lautet, unter welchen Bedingungen das makroökonomische Modell des mikroökonomischen Originals wahre Aussagen über dieses gestattet.

Bevor wir diese Frage systematisch behandeln, gehen wir auf einige gängige Irrtümer über Mikro- und Makroökonomik ein.

15.3 Einige Irrtümer über Mikroökonomik und Makroökonomik

In der Literatur werden hartnäckig einige Irrtümer über das Verhältnis von Mikroökonomik und Makroökonomik verbreitet. Bei der folgenden Aufzählung dieser Irrtümer verweisen wir auf einige typische Literaturstellen; es handelt sich jedoch nicht um wörtliche Zitate, obwohl der Irrtum in Anführungszeichen steht, sondern um sinngemäße Übernahmen.

Erster Irrtum: "Die Mikroökonomik ist Partial-, die Makroökonomik Totalmodell" (als Beispiel s. etwa KLOTEN 1971, S. 339f.; GEIGANT/SOBOTKA/WESTPHAL 1994, S. 40f.). Dies ist falsch, *richtig* ist vielmehr: Sowohl Mikroökonomik als auch Makroökonomik können entweder Partial- oder Totalmodell sein (zu deren Bestimmung s. vorn Abschnitt 14.1). Als Beispiel einer mikroökonomischen Totaltheorie haben wir in Abschnitt 15.1 das Modell des totalen mikroökonomischen Gleichgewichts (s. Abschnitt 19.3) genannt. Der Irrtum wird vermutlich dadurch genährt, daß makroökonomische Totalmodelle leicht mit empirischen Daten aufgefüllt werden können, während mikroökonomische Totalmodelle, wenn sie die gesamte Volkswirtschaft betreffen, wie das Modell des totalen mikroökonomischen Gleichgewichts, bis heute nicht mit empirischen Daten konfrontiert werden können. Dies mag einer der Gründe dafür sein, daß die vorliegenden Totalmodelle häufiger Makro- als Mikromodelle sind;

dies ist jedoch nicht die konstituierende Eigenschaft von Makro- und Mikrotheorien.

Zweiter Irrtum: "Die Mikroökonomik macht einzelwirtschaftliche, die Makroökonomik gesamtwirtschaftliche Aussagen" (als Beispiel s. die eben genannten Textstellen). Dies ist falsch, *richtig* ist vielmehr: Die Mikroökonomik macht Aussagen über einzelne Individuen und über Gruppen von Individuen, im Grenzfall über die Gesamtheit der Individuen, ohne die Aussagen über Individuen aufzuheben; die Makroökonomik kann nur Aussagen über Gruppen von Individuen und Gruppen von Gütern machen. Je nachdem, ob die Gruppen der Individuen und der Güter die Modellgesamtheit oder nur einen Teil von dieser bilden, handelt es sich bei den betreffenden Modellen um Total- oder Partialmodelle.

Dritter Irrtum: "Mikroökonomik und Makroökonomik sind durch ihre Gegenstandsbereiche voneinander unterschieden" (als Beispiel s. etwa WOLL 1981, S. 5f.). Dies ist falsch. *Richtig* ist vielmehr: Grundsätzlich können alle Sachgebiete der Volkswirtschaftslehre mikroökonomisch behandelt werden, weil eben das gesamte wirtschaftliche Verhalten das Verhalten von Individuen ist und weil dadurch alle wirtschaftlichen Ergebnisse und Erscheinungen bestimmt werden. Die Makroökonomik kann dagegen per definitionem einzelwirtschaftliches Verhalten und dessen Ergebnis, z.B. das Verhalten *eines* Haushaltes oder *einer* Firma, deren Angebote wirtschaftlicher Güter und deren Nachfrage nach wirtschaftlichen Gütern, nicht behandeln und nicht erklären.

Vierter Irrtum: "Es gibt in der Wirklichkeit makroökonomische Prozesse", oder "Es gibt mikroökonomische und makroökonomische Sachverhalte, die eine entsprechende Betrachtungsweise erfordern" (als Beispiel solcher Aussagen s. JOCHIMSEN/KNOBEL 1971b, S. 46; KRELLE 1985, S. 788 oder WOLL 1981, S. 5). Dies ist falsch. *Richtig* ist vielmehr: In der Wirklichkeit gibt es nur mikroökonomische Prozesse und mikroökonomische Sachverhalte. Die Makroökonomik ist ein Gedankenkonstrukt, ein Modell, das die ausschließlich mikroökonomischen Relationen des Modelloriginals in Makrorelationen abbildet (s. dazu Abschnitt 1.11 und Abschnitt 15.2). Wie bei jedem Modell ist zu fragen, unter welchen Bedingungen die Abbildung korrekt, d.h. mindestens homomorph ist.

15.4 Gründe für die Existenz der Makroökonomik

Wer die vorstehende Definition von Mikroökonomik und Makroökonomik akzeptiert sowie die vorstehenden vier Aussagen als Irrtümer ansieht, wird sich fragen, warum es überhaupt eine Makroökonomik gibt. Für deren Existenz können folgende Gründe angeführt werden:

1) Häufig, vor allem wenn die Volkswirtschaftslehre die Beschaffung der empirischen Daten der öffentlichen Statistik überläßt (s. dazu Abschnitte 16.2/3), stehen nur aggregierte, aus ihrem individuellen Zu-

sammenhang herausgerissene, nicht aber in diesem sich befindende Daten zu Verfügung.

2) Auch wenn die Daten in ihrem individuellen Zusammenhang zur Verfügung stünden, wäre sehr häufig sowohl die Verarbeitungskapazität ihrer Benutzer als auch diejenige der heutigen Rechenanlagen überfordert, sofern Aussagen über größere Mengen von Individuen auf Mikrobasis gemacht werden sollen.

3) Nicht nur in der empirischen, sondern auch in der rein theoretischen Sprache sind mikroökonomische Totalmodelle, sofern sie eine größere Anzahl von Variablen umfassen, außerordentlich schwierig zu handhaben. Die Makroökonomik vereinfacht die schwer zu übersehende Anzahl der mikroökonomischen Variablen und der Relationen zwischen ihnen auf wenige überschaubare Variablen und auf wenige überschaubare Relationen, derart, daß sie mit empirischen Daten konfrontiert werden kann.

Es gibt also gute Gründe für die Existenz der Makroökonomik (zum gesamten Themenkomplex s. MACHLUP 1960). Etwas vereinfacht können wir sagen: Bisher hat nur die Makroökonomik Totalmodelle der Wirtschaft empirisch überprüfbar gemacht. Unsere erste wissenschaftstheoretisch motivierte Frage (s. Abschnitt 14.1) an die Makroökonomik ("Ist sie empirisch?") ist also zu bejahen. Die zweite Frage ("Ist sie bewährt?") wird im nächsten Abschnitt behandelt.

15.5 Ist die Makroökonomik bewährt?

15.5.1 Das Wahrheitskriterium der Makroökonomik

Die Frage, ob die Makroökonomik bewährt sei, wird grundsätzlich gestellt: Unter welchen Bedingungen sind ihre Aussagen wahr? Die Antwort ist bereits mehrfach gegeben worden: Die mikroökonomischen Strukturen des Originals müssen mindestens homomorph in die makroökonomischen Strukturen des Modells abgebildet werden. Wir konkretisieren diese Forderung am Beispiel der makroökonomischen Konsumfunktion und gehen zu diesem Zweck von dem mikroökonomischen Modell des Abschnitts 15.1 aus:

In einer Volkswirtschaft bestehen zu einem bestimmten Zeitpunkt m Haushalte mit der laufenden Nummer k (s. Abschnitt 15.1). Wir möchten erklären, wieviel Geld, gemessen in Mark, jeder Haushalt während einer bestimmten Periode für Konsumzwecke (c) ausgibt; außerdem möchten wir erklären, warum die Gesamtausgaben aller Haushalte für Konsumzwecke in einer bestimmten Periode eine bestimmte Größe erreichen. Wir stellen die Hypothese auf, daß die Konsumsumme jedes einzelnen Haushalts allein von seinem Einkommen (y) in dieser Periode abhängt (die Periodenindizierung der Variablen unterlassen wir). Die zu aggregierenden Größen (Einkommen und Konsum) haben wir durch ihre Messung in Geldeinheiten vordergründig homogen gemacht; darüber sollte man jedoch nicht vergessen, daß vor allem der Konsum aus außerordentlich heterogenen Gütern besteht.

$$\begin{aligned} c_1 &= f_1(y_1), \\ &\vdots \\ c_k &= f_k(y_k), \\ &\vdots \\ c_m &= f_m(y_m). \end{aligned} \tag{15.5-1}$$

Angenommen, jede einzelne der Hypothesen (15.5-1) bewähre sich in Tests an der Wirklichkeit. Dann beträgt die Gesamtkonsumsumme aller Haushalte

$$\sum_{k=1}^{m} c_k = \sum_{k=1}^{m} f_k(y_k). \tag{15.5-2}$$

Die linke Seite von (15.5-2) ist - man beachte dies - ihrerseits keine Funktion von $y_1, \ldots, y_m$, da zu diesem Zwecke die individuellen Einkommen aggregiert werden müßten, was in der Mikroökonomik nicht möglich ist (s. Abschnitt 15.1).

Als "Makrotheorie" haben wir ein System definiert, das Aussagen über das Ergebnis des Verhaltens mehrerer Individuen macht, indem die individuellen Merkmale zuerst zusammengefaßt (aggregiert) und dann in einen funktionalen Zusammenhang gebracht werden. Unter Benutzung des Beispiels von (15.5-1) hieße das: Wir erklären die Gesamtkonsumsumme aller Haushalte (C) in einer bestimmten Periode durch ihr Gesamteinkommen (Y) in dieser Periode, wie in Gleichung (15.2-1):

$$C = F(Y), \tag{15.5-3}$$

wobei C und Y aus den Individualwerten aggregiert sind:

$$C = G([c_k]), \tag{15.5-4}$$

$$Y = H([y_k]). \tag{15.5-5}$$

Über die Art der Aggregation ist im allgemeinen Fall nichts gesagt, bei dem geschilderten Problem wird (15.5-4) aus sachlichen Gründen wie bei Gleichung (15.5-2) zu

$$C = \sum_{k=1}^{m} c_k, \tag{15.5-6}$$

das heißt: Es wird linear ohne Gewichtung aggregiert.

Wenn wir annehmen,

1) daß die empirischen Werte der in den Gleichungen (15.5-1) vorkommenden Variablen gegeben sind;
2) daß die Gleichungen spezifiziert sind;
3) daß die Gleichungen sich an der Wirklichkeit bewährt haben;

4) daß es sinnvoll ist, die Variablen $[c_k]$ wie in Gleichung (15.5-6) ungewichtet linear zu aggregieren;

5) daß die Gleichung (15.5-3) spezifiziert ist,

dann lautet das Wahrheitskriterium dieser makroökonomischen Gleichung:

$$F(Y) = \sum_{k=1}^{m} f_k(y_k). \tag{15.5-7}$$

Verbal ausgedrückt: Die Funktion der aggregierten Einkommen muß denselben Wert haben wie die Aggregation der Funktionswerte der individuellen Einkommen. Nicht jede Makrofunktion, die (15.5-7) erfüllt, liefert auch richtige Ergebnisse für den Fall, daß die einzelnen Einkommen $[y_k]$ sich um den Betrag $[\Delta y_k]$ ändern. Das Wahrheitskriterium für diese Aufgabe lautet (vorausgesetzt, die Funktionen sind differenzierbar):

$$F'(Y)\,\Delta Y = \sum_{k=1}^{m} f'_k\,(y_k)\,\Delta\,y_k\,. \tag{15.5-8}$$

Eine Makrofunktion sollte beide Wahrheitskriterien erfüllen. Die Bedingungen für das Zutreffen von (15.5-7) und (15.5-8) wollen wir unter den weiteren folgenden sehr einfachen Annahmen darstellen:

6) Die Mikrorelationen sind linear von der Form

$$c_k = a_k + b_k\,y_k. \tag{15.5-9}$$

Bei nicht linearen Relationen sind die Bedingungen für die Erfüllung der Wahrheitskriterien noch restriktiver als bei linearen Relationen (s. dazu Abschnitt 15.5.5).

7) Die Aggregation aller Werte aus (15.5-1) ist linear (das heißt: alle Werte stehen nur in der ersten Potenz). Sie kann jedoch gewichtet oder ungewichtet (dies heißt "einfache Aggregation") erfolgen.

8) Die Makrorelation ist linear von derselben Form wie die Mikrofunktionen:

$$C = a + b\,Y\,. \tag{15.5-10}$$

Wir haben es also mit drei Elementen zu tun: der Menge der Mikrofunktionen, der Makrofunktion und der Aggregation. Je nachdem, welche Annahmen wir über das noch verbliebene freie Element machen, kann das Aggregationsproblem in zweifacher Weise formuliert werden:

I) Wenn die Aggregation nicht von vornherein vorgegeben ist, außer daß sie linear sei, lautet das Aggregationsproblem: Wie muß die Aggregation vorgenommen werden, damit die Makrofunktion (15.5-10) die Wahrheitskriterien (15.5-7) und (15.5-8) erfüllt, und wie lauten unter dieser Bedingung ihre Parameter?

II) Wenn dagegen neben den Mikrofunktionen (15.5-1) und der Form der Makrofunktion (15.5-10) auch die Aggregation der Variablen $[c_k]$ und $[y_k]$ gegeben ist, lautet das Aggregationsproblem: Gibt es Werte der Parameter a und b der Makrofunktion (15.5-10) von solcher Art, daß diese die Wahrheitskriterien (15.5-7) und (15.5-8) erfüllt?

15.5.2 Die perfekte Aggregation

Wir gehen von der zum Schluß des Abschnittes 15.5.1 geschilderten Situation I aus: Die Aggregation der empirischen Daten hat linear zu sein, die Art der Gewichtung ist jedoch noch frei. Die individuellen Konsumausgaben $[c_k]$ müssen aus sachlichen Gründen nach Bedingung (4) aus Abschnitt 15.5.1 einfach linear aggregiert werden wie in (15.5-6). Die entsprechende Aggregation der rechten Seite von (15.5-9) ergibt dann

$$C = \sum_{k=1}^{m} a_k + \sum_{k=1}^{m} b_k y_k . \tag{15.5-11}$$

Wir setzen

$$a = \sum_{k=1}^{m} a_k , \tag{15.5-12}$$

$$b = \frac{1}{m} \sum_{k=1}^{m} b_k \tag{15.5-13}$$

und

$$Y = \frac{1}{b} \sum_{k=1}^{m} b_k y_k . \tag{15.5-14}$$

Wenn diese drei letzteren Werte in (15.5-10) eingesetzt werden, erfüllt diese Funktion exakt das Wahrheitskriterium (15.5-7):

$$\sum_{k=1}^{m} a_k + \sum_{k=1}^{m} b_k y_k = \sum_{k=1}^{m} a_k + \frac{1}{m} \sum_{k=1}^{m} b_k \frac{1}{\frac{1}{m} \sum_{k=1}^{m} b_k} \sum_{k=1}^{m} b_k y_k . \tag{15.5-15}$$

Das Aggregationsproblem ist also bei den zu Grunde gelegten Funktionen in bezug auf das Wahrheitskriterium (15.5-7) dann gelöst, wenn die Einkommen $[y_k]$ linear aggregiert werden, gewichtet mit ihrer marginalen Konsumneigung b_k; wenn die marginale Konsumneigung der Makrofunktion b das arithmetische Mittel der individuellen Konsumneigungen und wenn der Ordinatenabschnitt a in der Makrofunktion die einfache lineare Aggregation der Ordinatenabschnitte der Mikrofunktionen ist.

Wenn wir den Ausdruck (15.5-8) auf die Funktionen (15.5-9) und (15.5-10) anwenden, also das Differential dieser Funktionen bilden, erhalten wir als spezifiziertes Wahrheitskriterium den Ausdruck

$$b\Delta Y = \sum_{k=1}^{m} b_k \Delta y_k , \tag{15.5-16}$$

der, wenn wir die obigen Operationsanweisungen ausführen, transformiert wird zu

$$\frac{1}{m}\sum_{k=1}^{m} b_k \frac{1}{\frac{1}{m}\sum_{k=1}^{m} b_k} \sum_{k=1}^{m} b_k \Delta y_k = \sum_{k=1}^{m} b_k \Delta y_k . \tag{15.5-17}$$

Auch das zweite Wahrheitskriterium ist also erfüllt. Die hier vorgeführte Aggregation (15.5-14) bis (15.5-16) wird von THEIL 1954, auf den sich unsere Ausführungen stützen, *perfekt* genannt, weil sie unter allen Bedingungen richtig ist.

15.5.3 Einfach lineare Aggregation

Wir gehen nun von der zum Schluß des Abschnittes 15.5.1 geschilderten Situation II aus: Die Art der linearen Aggregation der empirischen Daten ist vorgegeben. Die Makrodaten, welche die Volkswirtschaftslehre von der amtlichen Statistik übernimmt, sind in aller Regel einfach linear (das heißt ohne Gewichtung) aggregiert; in unserem Beispiel ist C also nach (15.5-6), Y entsprechend gebildet:

$$Y = \sum_{k=1}^{m} y_k . \tag{15.5-18}$$

In derselben Weise werden die Einkommensänderungen $[\Delta y_k]$ aggregiert. Wir wollen die Analyse auf diesen Fall beschränken. Das Aggregationsproblem lautet nun, um es zu wiederholen: ob - bei gegebenen Mikrofunktionen (15.5-9) und der Aggregation der Variablen nach (15.5-6) und (15.5-18) - die Parameter a und b der linearen Makrofunktion (15.5-10) so gebildet werden können, daß diese die Wahrheitskriterien (15.5-7) und (15.5-8) erfüllt. Dies ist dann möglich, wenn die Parameter b_k in allen Gleichungen (15.5-19) einander gleich sind:

$$b_k = b_{k+1} \text{ für jedes } k \in \{1, \ldots, m-1\}. \tag{15.5-19}$$

Setzt man in diesem Fall nämlich

$$b = b_k \tag{15.5-20}$$

und

$$a = \sum_{k=1}^{m} a_k , \tag{15.5-21}$$

dann erhält man mit der linearen einfachen Aggregation dieselben Ergebnisse in bezug auf die beiden Wahrheitskriterien (15.5-7) und (15.5-8) wie mit der perfekten Aggregation nach (15.5-13) und (15.5-14):

$$\sum_{k=1}^{m} a_k + \sum_{k=1}^{m} b_k y_k = \sum_{k=1}^{m} a_k + b \sum_{k=1}^{m} y_k \tag{15.5-22}$$

sowie

$$\sum_{k=1}^{m} b_k \Delta y_k = b \sum_{k=1}^{m} \Delta y_k. \tag{15.5-23}$$

Die einfache lineare Aggregation erfüllt auch dann die Wahrheitskriterien (15.5-7) und (15.5-8), wenn die Einkommen $[y_k]$ in allen Gleichungen (15.5-9) und wenn alle relativen Einkommensänderungen $[\Delta y_k / y_k]$ einander gleich sind:

$$\left.\begin{aligned} & y_k = y_{k+1} && (15.5-24) \\ & \frac{\Delta y_k}{y_k} = \frac{\Delta y_{k+1}}{y_{k+1}} && (15.5-25) \end{aligned}\right\} \text{ für jedes } k \in \{1, \ldots, m-1\}.$$

Setzt man in diesem Fall nämlich

$$b = \frac{1}{Y} \sum_{k=1}^{m} b_k y_k, \tag{15.5-26}$$

das heißt, bildet man den Parameter b der Makrofunktion als gewichtetes arithmetisches Mittel (als Gewichte dienen die Einkommen) der Parameter $[b_k]$, dann erhält man in bezug auf das Wahrheitskriterium (15.5-7):

$$\sum_{k=1}^{m} a_k + \sum_{k=1}^{m} b_k y_k = \sum_{k=1}^{m} a_k + b \sum_{k=1}^{m} y_k, \tag{15.5-27}$$

da

$$\frac{1}{Y} \sum_{k=1}^{m} b_k y_k \cdot \sum_{k=1}^{m} y_k = \sum_{k=1}^{m} b_k y_k. \tag{15.5-28}$$

In bezug auf das Wahrheitskriterium (15.5-8) erhält man

$$\sum_{k=1}^{m} b_k \Delta y_k = \sum_{k=1}^{m} b_k \Delta y_k. \tag{15.5-29}$$

Aus (15.5-25) folgt nämlich

$$\frac{\Delta y_k}{y_k} = \frac{\Delta Y}{Y} \text{ für jedes } i \in \{1, \ldots, m\}. \tag{15.5-30}$$

Dies sowie (15.5-25) berücksichtigt, können wir (15.5-8) spezifizieren zu

$$\frac{\Delta y_k}{y_k} \sum_{k=1}^{m} b_k y_k = \frac{\Delta Y}{Y} \sum_{k=1}^{m} b_k y_k, \tag{15.5-31}$$

was mit (15.5-29) identisch ist.

Dies sind die einzigen Bedingungen, unter denen bei linearen Strukturen die einfache (ungewichtete) lineare Aggregation der empirischen Daten die Wahrheitskriterien (15.5-7) und (15.5-8) erfüllt. Wir verzichten jedoch auf den Beweis, der bei THEIL 1954 und ALLEN 1966 (S. 694ff.) nachzulesen ist.

15.5.4 Die Wahrscheinlichkeit der Erfüllung der Wahrheitskriterien bei linearen Strukturen

Die perfekte lineare Aggregation, die unter allen Umständen gültige Lösung des Aggregationsproblems I bei linearen Strukturen, setzt voraus, daß alle linearen Mikrofunktionen mit sämtlichen individuellen Variablenwerten und sämtlichen individuellen Parameterwerten bekannt sind. Daß dies eintrifft, ist bis heute außerordentlich unwahrscheinlich: Wir kennen weder die Mikrofunktionen (vorausgesetzt, es gibt solche überhaupt) noch die individuellen, in ihrem individuellen Zusammenhang stehenden Variablenwerte; deshalb können auch die individuellen Parameterwerte nicht bekannt sein. Gerade diesem Umstand verdankt die Makroökonomik ja, wenigstens zum Teil, ihre Existenz. Wenn jedoch alle diese Funktionen und ihre Werte bekannt wären, stünden wir bei der perfekten Aggregation vor dem zweiten Problem, dessen (bisheriger) Unlösbarkeit die Makroökonomik zum anderen Teil ihr Entstehen verdankt: Wir müßten alle Werte gleichzeitig in ihrem individuellen Zusammenhang verarbeiten, und dazu reicht die Kapazität zumindest der heutigen Rechenanlagen nicht aus. Die rapide Entwicklung der Datenverarbeitungsanlagen, das schnelle Anwachsen ihrer Speicherkapazität und ihrer Rechengeschwindigkeit läßt allerdings die Hoffnung nicht als völlig utopisch erscheinen, daß eines nicht allzu fernen Tages das Vermögen der Rechner so groß ist, daß wenigstens die Rechenaufgaben der perfekten Aggregation gelöst werden können.

Unter den gegebenen Umständen trifft allein das Aggregationsproblem II (mit einer charakteristischen Einschränkung allerdings) die Wirklichkeit: Die amtliche Statistik stellt einfach linear aggregierte Makrodaten zur Verfügung; die Wissenschaft versucht, funktionale Zusammenhänge zwischen ihnen zu konstruieren und zu testen. Die Mikrofunktionen und deren Parameter sind nicht bekannt (dies ist die eben erwähnte Abweichung des Modells von der Wirklichkeit). Zur Berechnung der Parameter der Makrofunktionen muß die Makroökonomik deshalb auf statistische Techniken zurückgreifen. Wenn jedoch die Parameter, die sich auf Variable beziehen, in allen Mikrofunktionen einander gleich und wenn diese Funktionen linear wären, dann ergäbe die Regressionsrechnung eine befriedigende Annäherung der Makro- an die Mikroparameter. Es kann jedoch keine Rede davon sein, daß die Parameter, die sich auf Variable beziehen, in allen Mikrofunktionen und damit auch in der entsprechenden Makrofunktion gleich wären.

Auch die zweite Lösungsmöglichkeit des Aggregationsproblems II hilft nicht weiter: Denn dazu müßten wir die Mikrofunktionen mit ihren Parametern kennen; außerdem müßten die Variablen und deren prozentuale Veränderungen überall gleich sein, was ebenfalls mit hoher Wahrscheinlichkeit nicht zutrifft. Das heißt: Auch das Aggregationsproblem II ist nicht lösbar. Anders als beim Aggregationsproblem I ist die Unlösbarkeit des Problems II jedoch prinzipiell bedingt: Es ist extrem unwahrscheinlich, daß in der sozialen Wirklichkeit jemals die Uniformität herrschen wird, welche die Voraussetzung für die Lösung des Problems II darstellt.

Da die Makroökonomik in ihrer heutigen Form und auch der Teil der praktischen Ökonometrie, der auf ihr basiert (s. Kapitel 16, insbesondere Abschnitt 16.2 und 16.3), die Lösung des prinzipiell unlösbaren Aggregationsproblems II voraussetzen, begründet dies hinreichend, warum makroökonomische Modelle, vor allem bei Prognosen, immer wieder an der Wirklichkeit scheitern. Hieraus sollte man die Konsequenz ziehen, die wissenschaftliche Arbeit auf die Mikroökonomik und die Datenverarbeitung zu konzentrieren, weil allein hiervon richtige Aussagen über die Gesamtheit gesellschaftlicher Phänomene zu erwarten sind.

15.5.5 Aggregierung nicht-linearer Strukturen

In den Abschnitten 15.5.1 bis 15.5.4 haben wir das Problem der Makroökonomik so weit als möglich vereinfacht: Wir haben lineare Strukturen angenommen und wir haben eine Relation betrachtet, die auf den ersten Blick ebenfalls einfach anmutet: die Beziehung zwischen dem monetären Einkommen und der Summe aller Konsumausgaben, einfach unter anderem deshalb, weil die Aggregation von individuellen Einkommen zu einem Gesamteinkommen und die Aggregation von individuellen Konsumausgaben zu einer Gesamtkonsumsumme unproblematisch zu sein scheinen, da die Größen auf den ersten Blick völlig homogen sind (der Geldausdruck für die Konsumausgaben verdeckt jedoch, wie bereits erwähnt, die große Inhomogenität der Konsumgüter). Wir werfen nun einen Blick auf nicht-lineare Strukturen, deren Aggregation noch problematischer ist als die lineareren Strukturen.

In der Makroökonomik werden häufig gesamtwirtschaftliche, nichtlineare Produktfunktionen

$$Y = F(A, K), \qquad (15.5\text{-}32)$$

Y : Nettosozialprodukt zu Faktorkosten,
K : gesamtwirtschaftlicher Kapitalstock,
A : gesamtwirtschaftlicher Arbeitseinsatz,

benutzt, die unter bestimmten Bedingungen aus einzelwirtschaftlichen Produktfunktionen aggregiert werden können, derart, daß die makroökonomische Funktion die Wahrheitskriterien (15.5-7) und (15.5-8) erfüllt. Wir beschränken uns auf den folgenden Fall:

1) Die Größen, Y, A und K seien einfach linear aggregiert, wie beim Aggregationsproblem II in Abschnitt 15.5.3:

$$Y = \sum_{j=1}^{s} y_j, \tag{15.5-33}$$

$$A = \sum_{j=1}^{s} A_j, \tag{15.5-34}$$

$$K = \sum_{j=1}^{s} K_j, \tag{15.5-35}$$

y_j: Produktion der Firma j,
A_j : Arbeitseinsatz der Firma j,
K_j : Kapitalstock der Firma j,
$j = 1, \ldots, s$.

Die Güter $[y_j]$, $[A_j]$ und $[K_j]$ seien völlig gleichartig und in eine metrische Skala abbildbar, so daß ihre Aggregation keine Probleme bereitet.

2) Jede Firma j produziere nach derselben Produktfunktion

$$y_j = f(A_j, K_j); \tag{15.5-36}$$

die Werte der Parameter dieser Funktion seien in allen Firmen gleich.

3) Die Produktfunktion f sei nicht linear, aber sie sei homogen vom Grade eins* und in allen Variablen zweimal differenzierbar.

Wir wollen die Betrachtung auf den Fall beschränken, daß die Gesamtwirtschaft zwei Produktionsfirmen aufweist; die Ergebnisse lassen sich ohne weiteres auf beliebig viele Firmen ausdehnen.

Nach dem *Euler*-Theorem (s. WITTMANN 1968, S. 141) gilt für die linear-homogenen Funktionen f der Firmen 1 und 2:

$$\left.\begin{aligned} y_1 &= \frac{\partial f}{\partial A_1} \cdot A_1 + \frac{\partial f}{\partial K_1} \cdot K_1, \\ y_2 &= \frac{\partial f}{\partial A_2} \cdot A_2 + \frac{\partial f}{\partial K_2} \cdot K_2. \end{aligned}\right\} \tag{15.5-37}$$

Unter der Bedingung, daß

$$\left.\begin{aligned} \frac{\partial f}{\partial A_1} &= \frac{\partial f}{\partial A_2}, \\ \frac{\partial f}{\partial K_1} &= \frac{\partial f}{\partial K_2} \end{aligned}\right\} \tag{15.5-38}$$

und unter Beachtung von (15.5-33) bis (15.5-35) gilt

* Eine Funktion $y = f(x_1, \ldots, x_n)$ heißt "linear vom Grade t", wenn für jeden Wert $\lambda > 0$ gilt: $(f(\lambda x_1, \ldots, \lambda x_n) = \lambda^t y$.

$$Y = \frac{\partial f}{\partial A} \cdot A + \frac{\partial f}{\partial A} \cdot K, \tag{15.5-39}$$

so daß nach dem *Euler*-Theorem auch gilt:

$$Y = f(A, K), \tag{15.5-40}$$

d.h. aus den einzelwirtschaftlichen, mikroökonomischen Funktionen wird eine makroökonomische Funktion derselben Struktur mit denselben Parametern hergestellt. Im Grunde ist das Problem der nicht-linearen Funktionen durch die Annahme der Homogenität vom Grade 1 auf das Problem der linearen Funktionen beim Aggregationsproblem II zurückgeführt worden, wobei wir zusätzlich annehmen müssen, daß die partiellen Ableitungen jeder Produktfunktion einander gleich sind wie in Gleichung (15.5-38). Dies wird durch die Behauptung sichergestellt, daß das Grenzproduktivitätstheorem gilt (s. dazu weiter hinten Abschnitt 17.5.2):

$$\left.\begin{array}{l} \forall j \left[\dfrac{\partial f}{\partial A_j} = w \right] \\ \forall j \left[\dfrac{\partial f}{\partial K_j} = i \right] \end{array}\right\}, \tag{15.5-41}$$

w : Lohnsatz, konstant und gegeben,
i : Zinssatz, konstant und gegeben.

Hierbei wird allerdings übersehen, daß bei linear-homogenen Produktfunktionen das Grenzproduktivitätstheorem nicht gilt (s. Abschnitt 17.5.3).

Beispiel: Die beiden Firmen, aus denen die Gesamtwirtschaft besteht, mögen nach der Produktfunktion

$$\left.\begin{array}{l} y_1 = A_1^{\alpha} \cdot K_1^{1-\alpha}, \\ y_2 = A_2^{\alpha} \cdot K_2^{1-\alpha} \end{array}\right\} \tag{15.5-42}$$

produzieren und alle genannten Bedingungen mögen erfüllt sein. Dann gilt auch

$$Y = A^{\alpha} \cdot K^{1-\alpha}. \tag{15.5-43}$$

Beweis:

$$\left.\begin{array}{l} \dfrac{\partial y_1}{\partial A_1} = \alpha A_1^{\alpha-1} \cdot K_1^{1-\alpha}, \\ \qquad = \alpha \left(\dfrac{A_1}{K_1} \right)^{\alpha-1}. \end{array}\right\} \tag{15.5-44}$$

$$\left.\begin{aligned}\frac{\partial y_1}{\partial K_1} &= (1-\alpha)A_1^{\alpha} \cdot K_1^{-\alpha},\\ &= (1-\alpha)\left(\frac{A_1}{K_1}\right)^{\alpha}.\end{aligned}\right\}. \tag{15.5-45}$$

Nach Voraussetzung (15.5-38) gilt

$$\alpha\left(\frac{A_1}{K_1}\right)^{\alpha-1} = \alpha\left(\frac{A_2}{K_2}\right)^{\alpha-1}, \tag{15.5-46}$$

$$(1-\alpha)\left(\frac{A_1}{K_1}\right)^{\alpha} = (1-\alpha)\left(\frac{A_2}{K_2}\right)^{\alpha}. \tag{15.5-47}$$

Da α konstant ist, ist auch

$$\frac{A_1}{K_1} = \frac{A_2}{K_2} = \frac{A}{K} = \text{const.} \tag{15.5-48}$$

Nach dem *Euler*-Theorem und den übrigen Annahmen gilt

$$Y = \alpha\left(\frac{A}{K}\right)^{\alpha-1} A + (1-\alpha)\left(\frac{A}{K}\right)^{\alpha} \cdot K, \tag{15.5-49}$$

was ergibt

$$\left.\begin{aligned}Y &= \alpha A^{\alpha} K^{1-\alpha} + (1-\alpha)A^{\alpha}K^{1-\alpha}\\ &= A^{\alpha}K^{1-\alpha}\end{aligned}\right\} \tag{15.5-50}$$

q.e.d.

Wie beim Aggregationsproblem II, um das es sich hier ja im Grunde handelt, müssen wir auch hier fragen, wie wahrscheinlich es ist, daß die Bedingungen zutreffen, unter denen die Aggregation zu richtigen Ergebnissen führt. Die Anwort fällt hier nicht anders aus als dort:

- $[y_j]$, $[A_j]$, $[K_j]$ sind extrem heterogen, so daß sie nicht aggregiert werden können;
- es kann keine Rede davon sein, daß die Mikroproduktfunktionen in allen Unternehmen dieselbe Struktur und dieselben Parameter hätten;
- es gibt keine vollständige Konkurrenz, so daß schon aus diesem Grunde das Grenzproduktivitätstheorem nicht gilt.

Wir schließen die Erörterungen mit den beiden folgenden Zitaten:

"Such results show that the analytic use of such aggregates as 'capital', 'output', 'labour' or 'investment' as though the production side of the economy could be treated as a single firm is without sound foundation. This has not discouraged macroeconomists from continuing to work in such terms" (FISHER 1987, S. 55).

"... a brief remark about macroeconomics... Harking back to Ricardo, it was Keynes who gave impetus to this kind of analysis after the study of individual behavior had made promising headway since the 1870s.

This was contrary to the general advance in science which has always been in the making of more and more distinctions, of seeing finer and finer interrelationships, of greater detail and definition. The concentration on undifferentiated aggregates as, say, that of the total quantity of money, is a step backward into a more primitive world of thought. It runs counter to what must be done" (MORGENSTERN 1972, S. 1184).

16 Das Verhältnis der Volkswirtschaftslehre zu empirischen Daten

16.1 Das Verhältnis reifer empirischer Wissenschaften zu empirischen Daten

Ob eine Wissenschaft den Anspruch, empirisch zu sein, erfüllt, hängt auch - wenn auch nicht ausschließlich - von ihrem Verhältnis zu empirischen Daten ab.

Wenn ich hier davon spreche, daß irgendeine Wissenschaft sich in bestimmter Weise zu empirischen Daten verhält, dann soll das bedeuten, daß jene bestimmten Verhaltensweisen von der Mehrheit der Wissenschaftler als zu ihrem Fach gehörig angesehen werden. Wenn dagegen irgendwelche Arbeiten oder Methoden von der Mehrheit der Wissenschaftler eines Faches entweder ignoriert oder als nicht zu ihrem Fach gehörig eingestuft werden, dann spreche ich davon, daß die betreffende Wissenschaft jene Arbeiten nicht durchführt oder jene Methoden nicht anwendet, selbst wenn es einige Außenseiter des Faches gibt, die das dennoch tun.

Eine reife empirische Wissenschaft ist dadurch gekennzeichnet,

- daß sie die von ihr benötigten empirischen Daten selber definiert und operationalisiert;
- daß sie Methoden entwickelt und besitzt, mit denen ihre empirischen Daten erhoben werden,
- daß sie diese Daten selber erhebt;
- daß sie Methoden entwickelt und besitzt, mit denen sie die empirischen Daten verarbeitet;
- daß Untersuchungen mit Daten, welche die eben beschriebenen Eigenschaften aufweisen, zur normalen Ausübung der betreffenden Wissenschaft gehören;
- daß im Lehrprogramm der betreffenden Wissenschaft an den Universitäten alle vorstehend aufgeführten Schritte einen festen Platz einnehmen, der Art, daß die Studenten eine wirkliche Chance haben, sie zu erlernen.

Die Behauptungen über die ersten vier Eigenschaften kann man als Konsequenzen unserer Ausführungen über das Basisproblem (s. Kapitel 8) interpretieren; die letzten beiden beschreiben nichts weiter als die Ausübung von Empirie und deren Weitergabe in der akademischen Lehre. Die Naturwissenschaften, welche man zweifellos als reife empirische Wissenschaften bezeichnen kann, gehen mit ihren empirischen Daten um wie eben skizziert: Man denke an Physik, Chemie, Biologie, Astronomie. Von den Sozialwissenschaften weisen die Soziologie, die Sozialpsychologie, gewisse Zweige der Psychologie viele Züge jener Eigenschaften auf. Die Volkswirtschaftslehre dagegen hinkt in dieser Beziehung den eben genannten Sozialwissenschaften und den Naturwissenschaften so weit hinterher, wie die folgenden Abschnitte zeigen, daß sie sicherlich nicht den Status einer reifen empirischen Theorie beanspruchen kann, ja daß sogar Zweifel berechtigt erscheinen, ob große Teile von ihr überhaupt empirisch sind. Ausführlich hat über die erwähnten Probleme MORGENSTERN 1965 gehandelt, dessen vernichtende Ausführungen jedoch, obwohl der Autor doch zu den prominentesten des Faches gehört, praktisch ohne Wirkung geblieben sind.

16.2 Definition und Operationalisierung der empirischen Daten

Die Volkswirtschaftslehre hat auf mehreren ihrer - dem Inhalt nach bestimmten Teilgebiete (s. Abschnitt 14.2) - die Aufgabe angenommen und gelöst, die benötigten empirischen Daten zu definieren und zu operationalisieren: auf dem Gebiet der *volkswirtschaftlichen Gesamtrechnung* und auf Gebieten, die mit dieser zusammenhängen, nämlich den *Einsatz-Ausstoß-Tabellen* und der *Zahlungsbilanz*. Wir beschränken unsere Bemerkungen auf die volkswirtschaftliche Gesamtrechnung.

Der Zweck der volkswirtschaftlichen Gesamtrechnung besteht darin (wie die englische Bezeichnung "National Income Accounting" andeutet), das Volkseinkommen nach Entstehung, Verteilung und Verwendung zu definieren, zu operationalisieren und zu erfassen. Theoretische Basis ist das Konzept des volkswirtschaftlichen Kreislaufs, das erstmals von *François Quesnay* (1694-1774) im Jahre 1758 in seinem Tableau Économique aus der Geldsphäre auf die Bewegung von Sachen und Diensten übertragen wurde. Dennoch hat man erst im 20. Jahrhundert begonnen, systematisch ein Kreislaufschema auszuarbeiten, die benötigten empirischen Daten zu definieren, zu operationalisieren und zu erheben. Bahnbrechende Arbeiten wurden vom "National Bureau of Economic Research" in New York durchgeführt (MITCHELL/KING/MACAULAY/KNAUTH 1921; KUZNETS 1937; 1941); in Deutschland legte WAGEMANN 1927 eine Schätzung des Volkseinkommens für 1913 vor, seit 1932 berechnete das Statistische Reichsamt fortlaufend das Volkseinkommen. Großen Auftrieb erhielten die Bestrebungen durch J. M. KEYNES 1936. Nach dem zweiten Weltkrieg haben sich zahlreiche Länder volkswirtschaftliche Gesamtrechnungen geschaffen, die heute weitgehend an Kontensysteme angeglichen sind, die von Internationalen Organisationen vorgelegt wurden. Die wissenschaftlichen Arbeiten auf diesen und verwandten Gebieten sind durch mehrere Nobelpreise geehrt worden (1971 an *Simon Kuznets*, 1973 an *Wassily Leontief,* 1983 an *Richard Stone*). Die volkswirtschaftliche Gesamtrechnung liefert *makroökonomische* Daten (s. Abschnitt 15.1), die wohl ohne Ausnahme *einfach linear* aggregiert sind. Über die Genauigkeit der Daten sollte man MORGENSTERN 1965 (S. 130ff. und S. 244ff.) konsultieren; irgendwelche Illusionen werden dem Leser dann schnell vergehen.

Die volkswirtschaftliche Gesamtrechnung und die an sie angrenzenden Gebiete der Input-Output-Tabellen und der Zahlungsbilanz sind bedeutende, aber leider auch die einzigen Bereiche, in denen die Volkswirtschaftslehre systematisch die von ihr benötigten empirischen Daten definiert und operationalisiert hat. Schon an der theoretischen Grundlegung, der Definition und Operationalisierung der *Sozialen Indikatoren* war die Volkswirtschaftslehre in keinem westlichen Land mehr beteiligt, obwohl die Sozialen Indikatoren dazu entwickelt worden sind, gewisse Mängel der volkswirtschaftlichen Gesamtrechnung zu beseitigen, und deshalb als Ergänzung dieses Rechnungswesens angesehen werden können. Die volkswirtschaftliche Gesamtrechnung kann nämlich, da sie eine reine Wert-(Geld-)rechnung der marktgängigen Güter ist, weder Angaben über die *Art* und *Menge* der Güter machen, die über den Markt produziert und verteilt werden, noch überhaupt die Wertmengen der Güter erfassen, die nicht marktgängig sind (abgesehen von den Gütern, die der Staat produziert). Man denke an den großen Bereich der Haushaltsarbeit, der Selbsthilfe, aber auch an die Qualität des Arbeitslebens, des Gemeindelebens, der natürlichen Umwelt. Der Wohlstand eines Volkes wird zweifellos auch von solchen nicht erfaßten Gütern und von der Art und Menge der erfaßten Güter stark beeinflußt. Die Volkswirtschaftslehre war, um es zu wiederholen, als Wissenschaft an den betreffenden Arbeiten nicht beteiligt; diese sind vor allem von der Soziologie durchgeführt worden, wenn auch vereinzelt Volkswirte mitgewirkt haben mögen.

Die volkswirtschaftliche Gesamtrechnung liefert, wie erwähnt, makroökonomische Daten, die dann auch von vielen Zweigen der empirischen Makroökonomik benutzt werden. Um die Definition und Operationalisierung *mikroökonomischer* empirischer Daten hat sich die Volkswirtschaftslehre bis heute niemals systematisch gekümmert, obwohl doch die Mikroökonomik unbezweifelbar ein Bestandteil von ihr ist. Dies gilt sowohl für die neoklassische Haushaltstheorie (mit den Begriffen "Nutzen", "Nutzenfunktion", "Güter", "Mengen", "Preise" [speziell zu diesem anscheinend so einfachen Begriff s. MORGENSTERN 1965, S. 181ff.], "Indifferenzkurven", und manchen anderen) als auch für die neoklassische Theorie der Firma (mit den Begriffen "Produktionsfaktoren", "Produktion", "Produktionsfunktion", "Kosten", "Gewinn", "Preise" und manchen anderen). Diese Begriffe haben in der neoklassischen Mikroökonomik im großen und ganzen den Status rein T-theoretischer Begriffe (s. dazu Abschnitt 8.6.3) niemals verlassen und sind auch nicht systematisch mit Fakten verknüpft worden (s. Abschnitt 8.6.4). Das mag darin liegen, daß die aufgeführten Begriffe, weil sie auch der Umgangssprache angehören, in bezug auf die Mikroökonomik wie selbstverständlich der Beobachtungssprache zugerechnet wurden, was jedoch falsch ist. Das wiederum könnte einer der Gründe dafür sein, daß die neoklassische Mikroökonomik in weiten Teilen keine empirische Wissenschaft ist (s. Abschnitt 10.4 sowie Kapitel 17 und 19) und daß mikroökonomische Daten in der empirischen volkswirtschaftlichen Forschung, soweit diese überhaupt betrieben wird, im Vergleich zu makroökonomischen Daten selten benutzt werden (s. Abschnitt 16.5).

Die Volkswirtschaftslehre operiert gelegentlich mit "stilisierten Fakten" ("stylized facts"). Der Begriff ist von KALDOR 1963 in die Nationalökonomie eingeführt worden (s. dazu BOLAND 1987), und zwar zu dem Zweck, zwei unterschiedliche Modelle des Wirtschaftswachstums, das Keynesianische und das neoklassische, daraufhin zu vergleichen, welches von ihren die von KALDOR stilisierten Fakten erklären könne, welches nicht. Unter "stilisierten Fakten" versteht KALDOR eine Zusammenfassung der Tatsachenbehauptungen, die für das Problem relevant seien, unter Hervorhebung der Tendenzen ihrer Entwicklung, unter Vernachlässigung der individuellen Details.

Beispiel: Als stilisierte Fakten des Wirtschaftswachstums bezeichnet KALDOR die folgenden:

- die Wachstumsrate des Sozialproduktes ist positiv und konstant;
- die Wachstumsrate der Arbeitsproduktivität ist positiv und konstant;
- die Kapitalintensität (K/A) steigt dauernd;
- die Profitrate (G/K) ist konstant;
- der Kapitalkoeffizient (K/Y) ist konstant;
- es besteht eine hohe Korrelation zwischen der Gewinnquote (G/Y) und der Investitionsquote (I/Y);
- zwischen verschiedenen Volkswirtschaften bestehen Unterschiede in der Wachstumsrate der Arbeitsproduktivität und des Sozialproduktes.

Kaldor behauptet, daß das Keynesianische Modell die von ihm stilisierten Fakten erklären könne, das neoklassische aber nicht.

Das Beispiel und die Definition der stilisierten Fakten provoziert die folgenden Fragen, auf die ich gleich die mir richtig scheinenden Antworten gebe:

1) Gibt es eine anerkannte Methode, die für ein Problem relevanten Tatsachenbehauptungen auszuwählen und diese zu stilisierten Fakten zu komprimieren derart, daß sie Stilisierung das zu erklärende Phänomen richtig beschreibt?
Antwort: Nein. Die Stilisierung der Fakten ist notwendig subjektiv.

2) Zu welchem Zweck sollte man stilisierte Fakten verwenden?
Antwort: Sie können zwischen verschiedenen Modellen diskriminieren, derart, daß der Forscher das relativ besser bestätigte zur weiteren Arbeit auswählt. Sie sind nicht geeignet, ein einzelnes Modell zu bestätigen oder zu widerlegen, weil es leicht ist, die Fakten genau so zu stilisieren, daß der gewünschte Effekt eintritt.

3) In welchem Zusammenhang mit den zu prüfenden Modellen sollte die Stilisierung der Fakten stehen?
Antwort: Die Stilisierung der Fakten sollte nach Möglichkeit ohne Rücksicht auf die zu prüfenden Modelle erfolgen, weil sonst die Gefahr zu groß wird, die Stilisierung zur Bestätigung oder Widerlegung eines bestimmten Modells zu benutzen.

4) Kann man mit stilisierten Fakten empirische Forschung in dem Sinne betreiben, der in diesem Buch vorgeschlagen wird?
Antwort: Nein. Die Stilisierung der Fakten entspricht nicht den hier erhobenen Anforderungen an die Auswahl der relevanten Beobachtungsaussagen (s. Abschnitt 8.3). Aber sie können dem Forscher dazu dienen,

vorläufige Hypothesen über die Tauglichkeit bestimmter Modelle zur Erklärung der Realität zu formulieren.

16.3 Methoden und Praxis der Datenerhebung

Da die normale Volkswirtschaftslehre die *mikroökonomischen* Daten nicht definiert und operationalisiert, hat sie auch keine Methoden zu deren Erhebung entwickelt; ebenfalls gehört es nicht zur normalen Volkswirtschaftslehre, solche Daten, wenn denn mikroökonomische empirische Untersuchungen durchgeführt werden, selbst zu erheben (s. Abschnitt 16.5.2). Mikroökonomische empirische Untersuchungen in der Volkswirtschaftslehre benutzen in der Regel Daten, die von Forschern anderer Fächer zu anderen Zwecken erhoben worden sind; sie stellen also Sekundäranalysen dar.

Die Vertreter der sozialökonomischen Verhaltensforschung (ich selbst rechne mich zu ihnen) sehen es aber als eine der Aufgaben ihres Forschungsansatzes an, die von ihnen benötigten mikroökonomischen Daten selbst zu erheben, zu diesem Zweck Reflexionen über die Erhebungsmethoden anzustellen und natürlich auch die Daten selber zu definieren und zu operationalisieren. Dabei sind sie allerdings auf die entsprechenden Vorarbeiten der Soziologie, der Sozialpsychologie und der Psychologie angewiesen. Dies wiederum führt dazu, daß sie in ihrem eigenen Fach als Partisanen dieser anderen Fächer, von diesen wiederum als Volkswirte angesehen werden. Da auch die Forschungsförderungsinstitutionen und deren Gutachter nach Fächern organisiert sind, ist schon auf diese Weise dafür gesorgt, daß die Außenseiter nicht allzu viel Boden gewinnen (s. dazu Kapitel 21).

Besser scheint die Ausgangssituation bei den *makroökonomischen Daten* der volkswirtschaftlichen Gesamtrechnung, der Input-Output-Tabellen und der Zahlungsbilanz zu sein, weil diese von der Volkswirtschaftslehre definiert und operationalisiert worden sind. Tatsächlich jedoch hat das Fach (und das heißt, um es zu wiederholen: alle seine akademischen Vertreter oder doch deren Mehrheit) in allen westlichen Ländern die Erhebung der Daten, die zur volkswirtschaftlichen Gesamtrechnung, zu den Einsatz-Ausstoß-Tabellen und zur Zahlungsbilanz verarbeitet werden, samt der Entwicklung der notwendigen Methoden den staatlichen statistischen Ämtern überlassen. In bezug auf die Erhebung dürfte dies unvermeidlich sein. Dieser Zustand hat jedoch dazu geführt, daß die Volkswirtschaftslehre auch völlig das Interesse an den Methoden der Datenerhebung und an der Weiterentwicklung von deren Definition und Operationalisierung verloren hat. Sie pflegt vielmehr entweder die von der amtlichen Statistik gelieferten Daten, soweit sie überhaupt mit ihnen umgeht, kritiklos hinzunehmen (eine der wenigen Ausnahmen: MORGENSTERN 1965), so daß selbst logisch fehlerhafte Daten, wie die Nominalskala der Berufe (s. Abschnitt 16.7), zu empirischen Aussagen und zu weitreichenden Prognosen benutzt werden; oder sie entwickelt mit unglaublicher Mühe, statt die Datenerhebung zu verbessern, Methoden, aus den fehlerhaften Daten fehlerfreie zu machen oder nicht gemessene Sachverhalte aus gemessenen zu erschließen (das Problem der sogenannten "latent variables"). Der Ort dieser Bemühungen ist die Ökonometrie, auf die wir im nächsten Abschnitt kurz eingehen.

Kennzeichnend für die skizzierte Einstellung zur Datenerhebung ist das folgende Zitat aus dem "Handbook of Econometrics", in dem immer noch der gegenwärtige Stand der Ökonometrie repräsentiert ist:

"Issues of sampling theory, survey design, data collection and editing, and computer programming, all important aspects of the daily life of a practicing econometrician, had, by and large, to be left out of the scope of this *Handbook*. We concentrate, instead, on statistical problems and economic interpretation issues associated with the modeling and estimation of economic behavioral relationships from already assembled and often badly collected data. If economists had access to good experimental data, or were able to design and to perform the relevant economic experiments, the topics to be covered in such a *Handbook* would be quite different. The fact that the generation and collection of economic data is mostly outside the hands of the econometrician is the cause of many of the inferential problems which are discussed in this *Handbook*" (GRILICHES/INTRILIGATOR 1983b, S. XI f).

Man muß aus diesem Zitat den Eindruck gewinnen, daß die armen Volkswirtschaftler und Ökonometriker durch höhere Gewalt statt durch eigene Schuld darin gehindert werden, die von ihnen benötigten empirischen Daten selbst zu operationalisieren und zu erheben. Oder noch schärfer:

"If the data were perfect, collected from well designed randomized experiments, there would be hardly room for a separate field of econometrics. Given that it is the "badness" of the data that provides us with our living, perhaps it is not all that surprising that we have shown little interest in improving it, in getting involved in the grubby task of designing and collecting original data sets of our own. Most of our work is on "found" data, data that have been collected by somebody else, often for quite different purposes" (GRILICHES 1986, S. 1466).

Ich bin zwar der Überzeugung, daß die Ökonometrie keineswegs ihre Daseinsberechtigung und ihr Arbeitsfeld verlöre, wenn die Volkswirtschaftler und Ökonometriker ihre Daten selbst operationalisierten und erhöben; der Text zeigt aber sehr deutlich, welche Schwierigkeiten überwunden werden müssen, damit die Volkswirtschaftslehre den Stand einer reifen empirischen Wissenschaft erreicht.

16.4 Methoden der Datenverarbeitung: die Ökonometrie

16.4.1 Die Aufgaben der Ökonometrie

Mit der Ökonometrie verfügt die Volkswirtschaftslehre über eine Teildisziplin, der unter anderem die Verarbeitung empirischer Daten zugewiesen ist (s. Abschnitt 14.2). Die Aufgabe der Ökonometrie wird gewöhnlich darin gesehen, ökonomische Beziehungen empirisch abzuschätzen (GRILICHES/INTRILIGATOR 1983b, S. XI) (dazu weiter unten), oder, sowohl präziser als auch eingeschränkter: die Parameter von Gleichungen (manchmal auch Ungleichungen), deren Variable ökonomische Phänomene bezeichnen sollen, numerisch an Hand von beobachteten Daten zu bestimmen (s. etwa GOLDBERGER 1965, S.1; HENN 1964, S. 52); sie wird in drei Teilaufgaben zerlegt:

1) die Konstruktion von Gleichungssystemen, deren Variable sich auf ökonomische Phänomene beziehen. Dies ist Aufgabe der Wirtschaftstheorie;

2) die Konstruktion von Methoden, die es erlauben, die Parameter der Gleichungen zu bestimmen und die Güte dieser Bestimmung zu prüfen. Dies ist der Hauptgegenstand der ökonometrischen Lehrbücher;

3) die Durchführung empirischer Untersuchungen, nämlich Überführung der in den Gleichungen enthaltenen T-theoretischen Begriffe in die Meß- und Beobachtungssprache, die Gewinnung relevanter Beobachtungsdaten, die Bestimmung der Parameter der Gleichungen, der Test der Parameterwerte (s. etwa SCHÖNFELD 1980, S. 633).

Die dritte Aufgabe wird in den Abschnitten 16.2, 3 und 5 behandelt, hier sprechen wir über die zweite Aufgabe. Bei ihrer Lösung wird vorausgesetzt, daß die zur Verfügung stehenden Beobachtungsdaten Zufallsstichproben aus unendlichen Gesamtheiten sind (s. dazu Abschnitt 11.2). Die Verteilung der Daten kann deshalb durch Stichprobenfunktionen beschrieben werden; die Bestimmung der Parameter der Gleichungen wird mit Hilfe der Schätzfunktionen vorgenommen, welche die mathematische Statistik anzubieten hat; die Erklärung vergangener und die Prognose zukünftiger Entwicklungen besitzt den Charakter statistischer Hypothesen, die mit Hilfe der ebenfalls von der mathematischen Statistik entwickelten Tests an der Wirklichkeit überprüft werden können.

Die Gleichungen der ökonometrischen Modelle werden gewöhnlich in der folgenden Form geschrieben:

$$u_{it} = f_{it} (y_{1t}, \dots, y_{kt}; z_{1t}, \dots, z_{qt}), \tag{16-1}$$

worin

u die Zufallsvariable;

y die endogenen, also die zu erklärenden, also die abhängigen Variablen;

z die exogenen und die endogenen Variablen früherer Zeitperioden, also die unabhängigen Variablen;

t den Zeitindex;

$i \in \{1,\dots,k\}$ die Nummer der abhängigen Variablen;

$j \in \{1,\dots,q\}$ die Nummer der unabhängigen Variablen

bezeichnet. Selbstverständlich müssen die f_{it} für die Anwendung definiert werden. Gewöhnlich nimmt man dabei an, daß

- die f_{it} im Zeitablauf konstant sind, so daß man den Index t bei ihnen fortlassen kann; notwendige Änderungen der f_i im Zeitauflauf, weil der Zusammenhang der Variablen sich geändert hat, werden als "Strukturbruch" bezeichnet; neuerdings werden aber auch Gleichungen verwandt, die den Strukturwandel abbilden (s. GILES 1991, S. 6f.);

- die f_i linear sind; auch diese Annahme wird immer häufiger aufgegeben: Es werden auch Modelle mit multiplikativen, exponentiellen, polynomialen Ansätzen berechnet;
- die u_{it} den Erwartungswert Null haben;
- die endogenen Variablen ihrerseits keinen Einfluß auf die exogenen ausüben, mathematisch formuliert: daß die Verteilung der u_{it} unabhängig von den exogenen Variablen ist;
- die u_i für jeden Zeitraum t unabhängig voneinander sind;
- die u_i auch im Zeitablauf voneinander unabhängig, daß die u_{it} so nicht autokorreliert sind; seit einigen Jahren werden aber immer häufiger auch autokorrelierte u_{it} zugelassen.
- die u_i für alle Zeiträume die gleiche Verteilung, in der Regel Normalverteilung haben.

Enthält das ökonomische Modell nur eine endogene Variable, besteht es aus nur einer Gleichung und heißt deshalb *"Eingleichungsmodell"*; enthält es mehrere endogene Variable, besteht es aus mehreren Gleichungen und heißt deshalb *"Mehrgleichungsmodell"*.

Die Mehrgleichungsmodelle werden unterschieden in simultane und rekursive. Simultane Modelle erlauben die Beeinflussung einer Variablen durch eine andere und eine Rückkoppelung der anderen mit der einen *im selben* Zeitraum, also etwa $y_{1t} \to y_{2t}$ und $y_{2t} \to y_{1t}$. Rekursive Modelle lassen eine Rückkoppelung nur *im Zeitauflauf* zu, also etwa $y_{11} \to y_{21} \to y_{12} \to y_{22}$ usf. (der zweite Index bezeichnet den Zeitraum). Grundsätzlich sind rekursive Modelle besser geeignet, die gegenseitige Beeinflussung von Größen darzustellen, ihre Anforderungen an die Daten und an die Rechenkapazität sind allerdings erheblich höher als die simultaner Modelle, weshalb diese viel häufiger verwandt werden als jene.

Unter "Ökonometrie" werden jedoch nicht nur Methoden verstanden, die Parameter von ökonomisch bedeutsamen Gleichungen zu schätzen, die dazu natürlich vorliegen müssen, sondern auch, wie die oben zuerst eingeführte Aufgabenbestimmung andeutet, die Berechnung von Zusammenhängen zwischen ökonomischen Variablen, ohne daß zu Beginn ein spezifiziertes Gleichungssystem vorhanden ist. Die erste Vorgehensweise wird auch "strukturelle Modellbildung" genannt; zur zweiten Vorgehensweise gehören die elementaren Methoden der deskriptiven Statistik, wie Darstellung von Verteilungen, Berechnung von Mittelwerten, Streuungsmaßen, Korrelationen, Regressionen, aber auch kompliziertere Verfahren wie die Cluster-Analyse, die Faktorenanalyse und die Zeitreihenanalyse. Da den Verfahren keine kausale Hypothese, ausgedrückt durch vorher vorhandene Gleichungen, zugrundeliegt, kann natürlich eine solche nicht überprüft und eventuell zurückgewiesen werden. Dennoch wäre es töricht, solche Methoden für nutzlos zu erklären: Sie dienen dazu, die Fülle der empirischen Daten zu ordnen und übersichtlich zu machen. Andererseits sollte man sich hüten, die Ergebnisse solcher Datenverarbeitung als empirische Gesetze auszugeben, was durchaus, etwa bei der Zeitreihenanalyse (s. dazu Abschnitt 12.3.2.3), vorkommt.

Zweifellos haben die ökonometrischen Methoden einen Stand erreicht, der denjenigen der Methoden reifer empirischer Wissenschaften nicht unterlegen ist. Einige wissenschaftstheoretische Probleme dieser Methoden haben wir bereits in Kapitel 11 besprochen; im folgenden Abschnitt wird ein Problem behandelt, das in empirischen Untersuchungen zunehmend Aufmerksamkeit findet: das Problem der latenten Variablen.

16.4.2 Das Problem der latenten Variablen

16.4.2.1 Beschreibung der latenten Variablen

Die Ökonometrie hat es mit drei Arten von unbeobachteten Größen zu tun (vgl. dazu GRILICHES 1974, S. 976-980), die - vorschnell - sämtlich auch "unbeobachtbar" genannt werden:

1) mit der Größe der Parameter der Gleichungen;

2) mit Variablen, die entweder überhaupt nicht oder wegen Beobachtungsfehlern nicht mit ihrem wahren Wert beobachtet worden sind;

3) mit falschen Spezifikationen bei den Gleichungen.

Falsche Spezifikationen der Gleichungen, Beobachtungsfehler und Parametergröße sind tatsächlich unbeobachtbar; Variable, die überhaupt nicht beobachtet worden sind, schulden dies entweder dem Umstand, daß sie grundsätzlich, vielleicht aber auch nur nach dem gegenwärtigen Stand des Wissens unbeobachtbar sind oder daß sie aus faktischen Gründen, etwa weil der erhebende Wissenschaftler an ihnen nicht interessiert war, nicht operationalisiert und erhoben worden sind. Unter "Operationalisierung" und demgemäß "Beobachtbarkeit" verstehen wir selbstverständlich auch solche Meßvorschriften, wie wir sie weiter vorn (s. Abschnitt 8.6.3) für den *Newtonschen* Kraftbegriff zitiert haben ("1 dyn ist jene Kraft, die der Masse von 1 g die Beschleunigung von 1 cm/sec^2 erteilt").

Unbeobachtbar und deshalb auch unbeobachtet ist eine Variable, die entweder

- nicht in der für sich verständlichen Meß- und Beobachtungssprache formuliert ist,
- oder die, in der T-theoretischen Sprache formuliert (s. Abschnitt 8.6.3), nicht mit Ausdrücken der Meß- und Beobachtungssprache verbunden ist (wie die eben zitierte Meßanweisung dies für den Begriff "Kraft" leistet),
- oder deren wahrer Wert nicht gemessen werden kann, weil die Meßergebnisse Fehlern unterliegen.

16.4.2.2 Variable mit Meßfehlern

Wir betrachten das folgende Modell (nach SCHÖNFELD 1980, S. 638):

$$Y = \alpha_1 X_1 + \ldots + \alpha_n X_n . \tag{16-2}$$

Y und $X_1, \ldots, X_n$ seien sämtlich unbeobachtete Variable, die mit beobachteten Variablen y und $[x_i]$ auf folgende Weise verknüpft seien:

$$y = Y + \eta \tag{16-3}$$

$$x_i = X_i + \varepsilon_i$$

$$i \in \{1, \ldots, n\},$$

η, ε: Zufallsgrößen.

Aus (16-2) und 16-3) ergibt sich

$$y = \alpha_1 x_1 + \ldots + \alpha_n x_n + u \tag{16-4}$$

mit

$$u = \eta - \sum_{i=1}^{n} \alpha_i \varepsilon_i . \tag{16-5}$$

Das System hat vier Unbekannte: $\sigma_u^2, \sigma_\eta^2, \left[\sigma_{\varepsilon i}^2\right], \left[\alpha_i\right]$, (wobei σ^2 die Varianz bezeichnet), aber nur zwei Bestimmungsgleichungen: (16-4) und (16-5). Die fehlenden Bestimmungsgleichungen müssen durch zusätzliche Annahmen gewonnen werden, die entweder σ_η^2 und $\left[\sigma_{\varepsilon i}^2\right]$ bzw. die Verteilung der latenten Variablen Y und $[X_i]$ betreffen oder die Covarianz von $[X_i]$ und u.

Das Problem der unbeobachteten Variablen ist in dem obigen Modell auf Meßfehler zurückgeführt, indem die latente Variable zuzüglich einem Meßfehler mit einer beobachtbaren und beobachteten Variable identifiziert wird. Ein Beispiel ist die Variable "Intellektuelle Fähigkeit", die in ökonomischen Gleichungen benutzt wird (s. dazu BRINKMANN 1984, S. 227-229); sie wird als unbeobachtbar angesehen, aber häufig der beobachteten Variablen "Schulnoten" zuzüglich einem Meßfehler gleichgesetzt. Wir können also sagen, daß es sich bei dieser Art der Behandlung latenter Variablen um eine - sehr subtile - Form der Operationalisierung theoretischer Begriffe handelt. Von der oben zitierten Meßanweisung des Begriffes "Kraft" unterscheiden sich die gerade vorgestellten Meßanweisungen vordergründig durch die Berücksichtigung des Meßfehlers, hintergründig dadurch, daß ihre theoretische Rechtfertigung schwächer ist.

Die Meßanweisung ist in beiden Fällen durch Fakten nicht widerlegbar, wohl aber - und das stellt einen gewaltigen Unterschied zu der Vorgehensweise dar, die im nächsten Abschnitt beschrieben wird - wohl aber sind Hypothesen über den Einfluß der so gemessenen Variablen widerlegbar. Zum Beispiel ist es ohne weiteres möglich, daß Behauptungen, die durch Schulnoten gemessene natürliche Intelligenz erhöhe mit steigendem Maß - unter sonst gleichen Bedingungen - das Arbeitseinkommen, sich als falsch erweisen. Dann ist es allerdings nicht möglich zu entscheiden, ob dies durch die unzureichende Messung der Intelligenz oder dadurch bewirkt worden ist, daß diese keinen Einfluß auf das Einkommen ausübt. Nur andere Operationalisierungsversuche können darüber Aufschluß geben.

16.4.2.3 Durch beobachtete Variable nicht auszudrückende latente Variable

Variable, die, in der T-theoretischen Sprache formuliert, nicht mit Ausdrücken in der Meß- und Beobachtungssprache verbunden sind, können nicht als Funktion von beobachteten Größen dargestellt werden. Da sie aber gemäß der Arbeitshypothese Einfluß auf die beobachteten Variablen und die Parameter des zu schätzenden Gleichungssystems ausüben, bemüht die Ökonometrie sich, diesen Einfluß zu quantifizieren. Dies geschieht so, daß man mit Hilfe des zu schätzenden ökonometrischen Modells, in welchem der unoperationalisierte (d.h. unabhängig von diesem Modell nicht meßbare) theoretische Begriff vorkommt, die Beobachtungsergebnisse zerlegt und einen Teil von ihnen dem seiner Quantität nach zu bestimmenden theoretischen Begriff zuweist.

Klassisches Beispiel für diese Vorgehensweise ist die schon öfter erwähnte Zeitreihenanalyse (s. Abschnitt 12.3.2.3): Empirische Zeitreihen werden auf die Komponenten "Trend", "Konjunktur", "Saison" und "Irreguläre Bewegung" aufgeteilt, und zwar auf Grund a-priorischer Annahmen, die unüberprüfbar sind: Es gibt keine Beobachtungsdaten, die in Funktionsform wie im Ausdruck (16-3) mit einem der theoretischen Begriffe "Trend", "Konjunktur", "Saison" verbunden wären; deshalb ist das Ergebnis der Zerlegung unwiderlegbar. Dasselbe gilt für die Faktorenanalyse; dasselbe gilt für die Bestimmung der Umlaufgeschwindigkeit des Geldes (s. Abschnitt 8.6.4).

Zu ähnlicher Berühmtheit wie die Zeitreihenanalyse dürfte es inzwischen die Behandlung des technischen Fortschritts in empirischen Untersuchungen des volkswirtschaftlichen Wachstums gebracht haben. Wir stellen die einfachste Vorgehensweise dar:

Es sei

$$Y_t = Y_t(A_t, K_t, F_t), \qquad (16\text{-}6)$$

$t \in \{0,\ldots,T\}$: Zeitindex, stetige Variable,

F: technischer Fortschritt,

Y: reales Volkseinkommen oder reales Nettosozialprodukt zu Faktorkosten,

A: Arbeitseinsatz,

K: Kapitalstock.

Die Funktion (16-6) sei zweifach partiell differenzierbar nach jedem der Faktoren A, K, F. Der Index t an irgendeiner Variablen soll andeuten, daß diese eine Funktion der Zeit ist; jede Variable und auch die Funktion (16-6) sei auch nach der Zeit differenzierbar. Die Größen Y_t, A_t und K_t seien beobachtbar und auch für viele verschiedene, aufeinanderfolgende Zeiträume beobachtet; vom technischen Fortschritt wird angenommen, daß er unbeobachtbar sei; jedenfalls ist er unbeobachtet.

Die Wachstumsrate des Sozialproduktes wird errechnet (auf der rechten Seite der Gleichung ist jeder Summand mit A_t/A_t bzw. K_t/K_t bzw. F_t/F_t erweitert worden) mit

$$\frac{\frac{dY_t}{dt}}{Y_t} = \frac{\partial Y_t}{\partial A_t}\frac{A_t}{Y_t}\frac{\frac{dA_t}{dt}}{A_t} + \frac{\partial Y_t}{\partial K_t}\frac{K_t}{Y_t}\frac{\frac{dK_t}{dt}}{K_t} + \frac{\partial Y_t}{\partial F_t}\frac{F_t}{Y_t}\frac{\frac{dF_t}{dt}}{F_t}, \tag{16-7}$$

ist also gleich der Summe der Wachstumsraten der Produktionsfaktoren, gewichtet mit deren jeweiligen Produktionselastizitäten. Die Produktionselastizität des technischen Fortschritts wird gleich eins gesetzt, die Produktionselastizitäten von Arbeit und Kapital mögen außerhalb der Gleichung (16-7) bestimmt worden sein. Dann kann man die unbeobachtete Variable "technischer Fortschritt" bzw. dessen Wachstumsrate bestimmen mit

$$\frac{\frac{dF_t}{dt}}{F_t} = \frac{\frac{dY_t}{dt}}{Y_t} - \frac{\partial Y_t}{\partial A_t}\frac{A_t}{Y_t}\frac{\frac{dA_t}{dt}}{A_t} - \frac{\partial Y_t}{\partial K_t}\frac{K_t}{Y_t}\frac{\frac{dK_t}{dt}}{K_t}, \tag{16-8}$$

in Worten: Der von den Wachstumsraten des Kapitalstocks und des Arbeitseinsatzes nicht erklärte Rest der Wachstumsrate des Volkseinkommens wird "Wachstumsrate des technischen Fortschritts" genannt.

Auf diese Weise ist grundsätzlich SOLOW 1956 vorgegangen (mit diesem Aufsatz hat die Renaissance der neoklassischen Wirtschaftstheorie begonnen, wofür der Verfasser im Jahre 1987 den Nobelpreis erhalten hat), außer daß er den technischen Fortschritt nicht wie wir in den Gleichungen (16-6) bis (16-8) als produktvermehrend, sondern als arbeitsvermehrend angesetzt hat (s. dazu KRELLE 1985, S. 77ff.). Auf diese Weise werden bis heute unbeobachtete Variablen, die nicht durch eine Funktion mit beobachteten Daten verknüpft sind, bestimmt, wenn auch häufig in einer nicht leicht durchschaubaren Form (s. etwa GRILICHES 1974, S. 980-990).

Aus der Sicht der Wissenschaftstheorie, wie sie im ersten Teil dieses Buches, insbesondere in Abschnitt 10.2.4 dargelegt ist, merken wir zu dieser Vorgehensweise an:

1) Die Funktion (16-6) ist tautologisiert worden; an empirischen Fakten kann sie nicht mehr scheitern, weshalb die Vorgehensweise als unempirisch einzustufen ist.

2) Die Tautologisierung ist dadurch bewirkt worden, daß eine irgendwie geartete Verknüpfung des T-theoretischen Begriffes "technischer Fortschritt" mit empirischen Daten fehlt, die unabhängig von der zu prüfenden These wäre.

3) Eine Operationalisierung des Begriffs "technischer Fortschritt" ist auf diese Weise nicht gelungen.

Wenn man der Vorgehensweise überhaupt irgendeinen Verdienst zusprechen will, dann den, daß sie deutlich zeigt, daß die zu prüfende Hypothese entweder falsch ist oder daß sie auf unbeobachtete Variablen hinweist, die nun aber dringend zu benennen, in die Modelle einzuführen und zu operationalisieren wären.

Die neoklassische Wachstumstheorie hat sich, von Ausnahmen abgesehen, dieser Aufgabe nicht angenommen, das hat erst die sogenannte "Neue Wachstumstheorie" (als Überblicksartikel s. SCHNEIDER/ZIESEMER 1995; GROSSMAN/HELPMAN 1994), jene Ausnahmen fortführend, getan. Ihr Ziel ist es, das Wirtschaftswachstum nicht auf einen unerklärten und unoperationalisierten Faktor "Technischer Fortschritt" zurückzuführen, sondern diesen zu operationalisieren und zu erklären. Als Erklärungsfaktoren werden in der Hauptsache angeboten:

- Forschung und Entwicklung der Firmen,
- Investitionen in sachliches und menschliches Kapitel (d.h. Investitionen in die Ausbildung der Bevölkerung oder der Arbeitskräfte).

Diese Ansätze bieten eine Möglichkeit der empirischen Überprüfung, etwa indem sie in folgende Aussagen überführt werden:

"Je größer die Ausgaben für Forschung und Entwicklung, desto größer der technische Fortschritt und deshalb desto größer das Wirtschaftswachstum".

"Je höher der Bildungsstand der Arbeitskräfte, desto größer der technische Fortschritt und deshalb desto größer das Wirtschaftswachstum."

Der technische Fortschritt würde hier also wie im vorhergehenden Abschnitt mit beobachtbaren Variablen verknüpft; Meßfehler müßten selbstverständlich angenommen werden.

Empirische Überprüfungen der oben angegebenen Aussagen sind nicht übermäßig häufig; sie können als Widerlegungen interpretiert werden (s. PACK 1994). Unserer Meinung nach wird das hinreichend dadurch erklärt, daß es sich um makroökonomische Untersuchungen handelt, die eine makroökonomische Produktfunktion für ein Land (in der Längsschnittuntersuchung) oder sogar für mehrere Länder (in der Querschnittuntersuchung) annehmen (s. Abschnitt 15.5, insbesondere 15.5.5).

16.5 Die Praxis der empirischen Forschung

16.5.1 Ökonometrische Modelle der gesamten Volkswirtschaft

In allen westlichen entwickelten Ländern werden ökonometrische Modelle der gesamten Volkswirtschaft unterhalten und zur kurzfristigen Prognose (bis zu einem Jahr im voraus) der Wirtschaftsentwicklung benutzt (s. dazu KRELLE/SANDERMANN 1980; SCHÖNFELD 1980, S. 654f; THEIL 1966). Es gibt auch Versuche, die Modelle aller Länder zu Weltmodellen zusammenzufassen (über Weltmodelle informieren: HOLTHAM/LLEWELLYN/RICHARDSON/SAMUELSON 1985; KIRKPATRICK 1985; KLEIN 1985; SYMANSKY 1985; TOYODA/HIRANO 1985; WAELBROEK 1985).

Die Modelle sind makroökonomisch. Die benötigten Daten werden durchweg von der amtlichen Statistik geliefert, nicht etwa von den Forschern selbst erhoben. Nur auf Dauer eingerichtete Institutionen können solche Modelle unterhalten, da diese sehr kompliziert sind. Kleinere Modelle umfassen bis zu 80, mittlere bis zu 250, große bis zu 800, das Weltmodell Link, das an der University of Pennsylvania von dem Nobelpreisträger *Lawrence R. Klein* betreut wird, enthält etwa 3000 Gleichungen. Etwa 30% bis 50% von diesen sind Verhaltens-, die anderen Definitionsgleichungen. In der Bundesrepublik Deutschland werden ökonometrische Totalmodelle der Wirtschaft fortlaufend berechnet und zu Prognosen benutzt von der *Deutschen Bundesbank,* vom *Rheinisch-Westfälischen Institut für Wirtschaftsforschung* und von einer Forschergruppe an der *Universität Bonn* (bis zu seiner Emeritierung geleitet von *Wilhelm Krelle).*

Wie werden nun Prognosen mit Hilfe solcher Modelle vorgenommen? Im ersten Teil dieses Buches haben wir eine wissenschaftliche Prognose charakterisiert als die Konjunktion eines allgemeinen Gesetzes mit einer singulären Aussage über eine zukünftige raum-zeitliche Randbedingung, die auf wissenschaftliche Weise gewonnen wurde (s. Kapitel 12). In der Bundesrepublik Deutschland nun (und in anderen Ländern ist das durchaus nicht anders) wird zur Prognose mit Hilfe ökonometrischer Totalmodelle "fine tuning" angewandt: Die Aussagen über die zukünftigen raumzeitlichen Randbedingungen, wenn diese überhaupt auf wissenschaftliche Weise abgeleitet worden sind, gleichen die Prognostiker nach ihrem gesunden Menschenverstand der vermuteten zukünftigen Entwicklung an. Dies tun sie auch - horribile dictu - mit den vorgeblich allgemeinen, nicht raum-zeitgebundenen Gesetzen: Sowohl die Parameter der Verhaltensgleichungen als auch deren Struktur passen sie vermuteten Verhaltens- und Trendänderungen freihändig an. Die Vorgehensweise ist unüberprüfbar und natürlich unwissenschaftlich. Bereits sie erklärt hinlänglich den geringen Erfolg von Prognosen mit Hilfe ökonometrischer Totalmodelle (eine weitere Erklärung liefert der makroökonomische Charakter der Modelle [s. Kapitel 15]). Die Vorgehensweise zeigt auch, wie gering der Erfolg der Volkswirtschaftslehre bei der Entdeckung allgemeingültiger Gesetze und bei der Prognose zukünftiger raum-zeitlicher Randbedingungen bisher gewesen ist.

16.5.2 Empirische Arbeiten in wissenschaftlichen Zeitschriften

Ökonometrische Modelle der gesamten Volkswirtschaft sind zwar ein Höhepunkt der empirischen Forschung in der Volkswirtschaftslehre - ihre mangelnde Wissenschaftlichkeit, die sich im "fine tuning" offenbart, ist umso bedrückender -, aber an ihnen sind in allen westlichen Ländern doch nur wenige Wissenschaftler beteiligt. Ob die große Masse der Wissenschaftler überhaupt mit empirischen Daten umgeht und wie sie das tut, dürfte man in repräsentativer Weise durch eine Analyse der wissenschaftlichen Zeitschriften und Bücher erfahren können, in denen Nationalökonomen ihre Forschungsergebnisse publizieren.

Darstellung 16/1: Zeitschriftenartikel der Jahrgänge 1987 und 1993 nach Zeitschriften und empirischen Daten (in Prozent)

Jahr	Zeitschrift	ohne Daten	mit Daten				Basis
			mit eigenen		mit fremden		
			Mikro	Makro	Mikro	Makro	
1987	(1) Kyklos	55,6	0	0	3,7	40,7	27
	(2) JITE [1]	81,6	0	0	5,3	13,2	38
	(3) JfN [2]	69,0	2,4	0	2,4	26,2	42
	(4) ZfWS [3]	71,4	0	0	0	28,6	21
	(5) AER [4]	62,6	2,6	0	12,9	21,9	155
	(6) QJE [5]	77,8	2,8	0	5,6	13,9	36
	(7) JPE [6]	59,4	2,9	0	17,4	20,3	69
	(8) Emet [7]	81,0	0	0	10,3	8,6	58
	(9) JoE [8]	40,0	5,0	0	30,0	25,0	20
	Σ(1)-(4)	70,3	0,8	0	3,1	25,8	128
	Σ(5)-(9)	65,4	2,4	0	13,6	18,6	338
	Σ(1)-(9)	66,7	1,9	0	10,7	20,6	466
1993	(1) Kyklos	35,0	5,0	0	0	60,0	20
	(2) JITE [1]	82,4	0	0	0	17,6	17
	(3) JfN [2]	67,2	0	0	3,1	29,7	64
	(4) ZfWS [3]	86,7	0	0	0	11,8	15
	(5) AER [4]	46,2	3,2	0	7,5	43,0	93
	(6) QJE [5]	36,2	4,3	0	6,4	53,2	47
	(7) JPE [6]	34,1	0	0	7,3	58,5	41
	(8) Emet [7]	76,7	0	0	7,0	16,3	43
	(9) JoE [8]	68,8	0	0	3,9	27,3	77
	Σ(1)-(4)	66,4	0,9	0	1,7	31,0	116
	Σ(5)-(9)	53,2	1,7	0	6,3	38,9	301
	Σ(1)-(9)	56,8	1,4	0	5,0	36,7	417

1 Journal of Institutional and Theoretical Economics.
2 Jahrbücher für Nationalökonomie und Statistik.
3 Zeitschrift für Wirtschafts- und Sozialwissenschaften.
4 The American Economic Review.
5 The Quarterly Journal of Economics. Ohne die Hefte 2/87 und 2/93, die der Universitätsbibliothek leider nicht geliefert wurden.
6 The Journal of Political Economy.
7 Econometrica
8 Journal of Econometrics.

In der Darstellung 16/1 habe ich einige bekannte deutsche und amerikanische Zeitschriften sowie eine schweizerische und eine holländische der Jahrgänge 1987 und 1993 auf einige ganz wenige Fragen hin geprüft:

1) *Wie viele der publizierten Artikel benutzen überhaupt empirische Daten?* Zwei Drittel aller Artikel des Jahrgangs 1987 benutzen keine Daten, sind also insofern keine empirischen Arbeiten; im Jahrgang 1993 ist dieser Wert um ein geringes gefallen, auf knapp 57 %. Für eine Wissenschaft, die sich als empirisch versteht, scheint mir das zu wenig zu sein, womit selbstverständlich nicht geleugnet werden soll, daß auch eine empirische Wissenschaft der rein theoretischen Arbeit bedarf. Zwischen den einzelnen Zeitschriften gibt es, wie die Tabelle zeigt, erhebliche Unterschiede. Faßt man die Zeitschriften (1) bis (4) und (5) bis (9) in je eine Gruppe zusammen (europäische versus amerikanische Zeitschriften, wobei das holländische "Journal of Econometrics" zu den amerikanischen gerechnet wurde), dann ist die These, daß die amerikanischen Zeitschriften relativ nicht mehr empirische Artikel enthalten als die europäischen für den Jahrgang 1987, erst bei einem Signifikanzniveau von 75 % zu verwerfen (X^2-Test), für den Jahrgang 1993 aber bereits bei einem Signifikanzniveau von 2 %. Das liegt daran, daß die bedeutendsten amerikanischen Zeitschriften (American Economic Review, Quarterly Journal of Economics; Journal of Political Economy) den Anteil der Artikel mit empirischen Daten dramatisch erhöht haben, während die deutschen Zeitschriften entweder keine Änderungen aufweisen oder den Anteil dieser Artikel sogar deutlich verringert haben (Zeitschrift für Wirtschafts- und Sozialwissenschaften). Nur Kyklos folgt dem amerikanischen Trend, die deutschen Zeitschriften verschlafen ihn.

2) *Wie viele Arbeiten benutzen Mikrodaten, wieviele dieser Arbeiten haben ihre Mikrodaten selbst erhoben?* Nur 12,6 % aller Arbeiten des Jahrgangs 1987 benutzen Mikrodaten, das ist allerdings ein reichliches Drittel der Arbeiten, die überhaupt empirische Daten benutzen. Auch hier gibt es erhebliche Differenzen zwischen den Zeitschriften. Der Unterschied zwischen den amerikanischen und europäischen Publikationen ist bereits auf dem Niveau von 0,1 % signifikant: Die amerikanischen Zeitschriften bringen unter den empirischen Arbeiten relativ erheblich häufiger Aufsätze mit Mikrodaten als die europäischen. Eigene Mikrodaten spielen jedoch eine ganz untergeordnete Rolle. Im Jahrgang 1993 hat sich die Situation erheblich verschlechtert: Nur noch 6,4 % der Artikel benutzen Mikrodaten, die Anzahl solcher Arbeiten in den europäischen Zeitschriften ist geringer als 5, so daß nicht einmal ein X^2-Test durchgeführt werden kann (in bezug auf signifikante Unterschiede zu den USA). Eigene Mikrodaten sind weiterhin nur selten vertreten.

3) *Wie viele Arbeiten benutzen Makrodaten?* Die Antwort ist bereits unter (2) gegeben: Ein Fünftel aller Arbeiten, fast zwei Drittel der empirischen Arbeiten des Jahrgangs 1987 benutzen Makrodaten. Die europäischen Zeitschriften unterscheiden sich signifikant von den amerikani-

schen. Im Jahrgang 1993 benutzt ein gutes Drittel aller Arbeiten (das sind 85 % aller empirischen Arbeiten) Makrodaten.

Natürlich ist diese kleine Auswertung zweier Jahrgänge weniger nationalökonomischer Zeitschriften nicht repräsentativ für die Volkswirtschaftslehre. Ich benutze sie aber, um einige Hypothesen zu formulieren:

1) Empirische Arbeiten werden in der Volkswirtschaftslehre weniger häufig als rein theoretische Arbeiten durchgeführt. Dies ist nicht mit dem Anspruch der Nationalökonomie zu vereinbaren, eine empirische Wissenschaft zu sein. In den USA gibt es jedoch Bestrebungen, häufiger als bisher empirisch zu arbeiten. In Deutschland ist eine solche Tendenz nicht zu erkennen.

2) Es werden erheblich häufiger empirische Untersuchungen mit Makrodaten als mit Mikrodaten durchgeführt. Angesichts der nicht zu lösenden Aggregationsprobleme (s. Abschnitt 15.5) ist dies eine Fehlentwicklung. Die Ökonometrie jedoch hat im letzten Jahrzehnt sich verstärkt der Entwicklung von Methoden gewidmet, die speziell zur Behandlung mikroökonomischer Daten geeignet sind (s. RONNING 1991); insofern besteht Hoffnung, daß solche Daten auch häufiger als bisher benutzt werden.

3) Operationalisierung und Erhebung der Mikrodaten werden von Nationalökonomen außerordentlich selten vorgenommen, was völlig mit unseren Ausführungen in den Abschnitten 16.2 und 3 übereinstimmt. Solange dies nicht als genuine Aufgabe der Volkswirtschaftslehre betrachtet und durchgeführt wird, ist es mit der Verwirklichung ihres Anspruches, eine empirische Wissenschaft zu sein, schlecht bestellt.

16.6 Die Behandlung der Empirie in der akademischen Lehre

Was Volkswirtschaftler als Forschung ansehen und wie sie Forschung betreiben, wird weitgehend, wenn auch nicht ausschließlich, von dem bestimmt, was sie während ihrer akademischen Ausbildung gelernt haben, wie diese ihrerseits von der Forschungspraxis der Professoren für Volkswirtschaftslehre mit beeinflußt wird. Diese gegenseitige Abhängigkeit von Forschung und Lehre führt - auf Grund der Ausführungen über die Forschungspraxis in Abschnitt 16.5 - zu der Hypothese, daß die akademische Lehre sich auf Methoden der Datenverarbeitung, wie die Ökonometrie sie enthält (s. Abschnitt 16.4), konzentriert, während Operationalisierung und Erhebung der Daten in der Lehre vernachlässigt werden.

Die Wirklichkeit an den Universitäten der Bundesrepublik Deutschland ist eher noch trister als jene Hypothese vermuten läßt: Im viersemestrigen Grundstudium, das insgesamt etwa 80 bis 100 Semesterwochenstunden umfaßt (immer gemäß den Vorschriften, nicht gemäß der Wirklichkeit), müssen alle Studenten der Wirtschaftswissenschaften, gleichgültig, ob sie das Diplom in Volkswirtschaftslehre oder Betriebswirtschaftslehre anstreben, vier bis sechs Semesterwochenstunden Statistik hören; Prüfungsleistungen in diesem Fach müssen für die Zwischenprüfung erbracht werden. Die Lehre besteht in der Regel aus der sogenannten deskriptiven Statistik (Verteilungen und deren Momente) sowie der schließenden Statistik (Stichprobentheorie und Testtheorie).

Das Fach ist bei dem allergrößten Teil der Studenten unbeliebt, einerseits, weil es wegen seiner Formalisierung als schwierig gilt, andererseits aber auch, weil es weder in der Volkswirtschaftslehre des Grundstudiums noch in derjenigen des Hauptstudiums wirklich benötigt wird: Empirische Forschung spielt weder hier noch dort irgendeine Rolle, sie ist in der Lehre vielmehr nicht existent. Die Studenten verhalten sich dem unbegründeten Zwang gegenüber, Statistik zu lernen, so, wie es rational ist: Sie lernen für die Zwischenprüfung das voraussichtlich abgefragte Wissen ohne großes Verständnis auswendig und vergessen es anschließend schnell.

Im Hauptstudium gehört Statistik oder Ökonometrie nicht zu den Pflichtfächern, die ein Student der Volkswirtschaftslehre studieren muß, sondern zu den Wahlpflichtfächern: denjenigen, aus denen er eins oder zwei auswählen muß. Ökonometrie wird selten gewählt. Wie in den Lehrbüchern, so liegt auch in der akademischen Lehre das Schwergewicht der Ökonometrie auf Methoden der Datenverarbeitung; Operationalisierung und Erhebung der Daten kommen praktisch nicht vor.

Die Praxis der akademischen Lehre hat zur Folge, daß die meisten Absolventen der Volkswirtschaftslehre - auch diejenigen, die eine akademische Laufbahn einschlagen oder in von den Hochschulen unabhängige Forschungsinstitute eintreten - ohne Kenntnis von empirischer Forschung einen akademischen Grad in unserem Fach erhalten; daß die sehr kleine Minderheit, die Ökonometrie als Wahlpflichtfach gewählt hat, höchstens Kenntnisse der Datenverarbeitung, aber keine solchen der Datenoperationalisierung und -erhebung besitzt. Dies zementiert den gegenwärtigen Umgang der Volkswirtschaftslehre mit empirischen Daten, welcher sie daran hindert, den Status einer reifen empirischen Wissenschaft zu erreichen.

In den Vereinigten Staaten von Amerika ist die Situation der akademischen Lehre an den führenden Universitäten insofern anders, als mindestens im Graduate-Studium mehr Gewicht als in der Bundesrepublik Deutschland auf Ökonometrie gelegt wird. Eine Folge davon ist der größere Anteil von Artikeln mit empirischen Daten in den wirtschaftswissenschaftlich Zeitschriften der USA (s. Abschnitt 16.5.2). Aber auch hier werden die Methoden der Operationalisierung und Erhebung der Daten völlig vernachlässigt zu Gunsten der Methoden der Datenverarbeitung. Die im Abschnitt 16.3 gebrachten Zitate demonstrieren dies ebenso wie das folgende Zitat eines großen alten Mannes der amerikanischen Nationalökonomie:

"Continued preoccupation with imaginary, hypothetical, rather than with observable reality has gradually led to a distortion of the informal valuation scale used in our academic community to asses and to rank the scientific performance of its members. Empirical analysis, according to this scale, gets a lower rating than formal mathematical reasoning...

Thus, it is not surprising that the younger economists, particularly those engaged in teaching and in academic research, seem by now quite content with a situation in which they can demonstrate their prowess (and incidentally, advance their careers) by building more and more complicated mathematical models and devising more and more sophisticated methods of statistical inference without ever engaging in empirical research" (LEONTIEF 1971, S. 3).

16.7 Die Klassifizierung der Berufe

Das Desinteresse, das die normale Volkswirtschaftslehre gegenüber der Operationalisierung und Erhebung der Daten, die sie für ihre empirischen Modelle benötigt, an den Tag legt, führt sie in die Gefahr, fehlerhaft erhobene sowie fehlerhaft definierte und operationalisierte Daten zu benutzen. Über Fehler bei der Datenerhebung handelt MORGENSTERN 1965. Wir führen hier die Klassifizierung der Berufe (STATISTISCHES BUNDESAMT 1992) als ein Beispiel mangelhaft definierter, aber dennoch häufig benutzter Daten an. Die Klassifikation ist in der Bundesrepublik Deutschland zwar mehrfach überarbeitet worden, die Änderungen betrafen aber nur Marginalien. Die im folgenden aufgeführten Mängel finden sich in allen Ausgaben der deutschen Berufsklassifikation (als vorletzte Ausgabe s. BUNDESANSTALT FÜR ARBEIT 1981).

Zunächst zur Benutzung: Die Berufsklassifizierung ist die Hauptquelle unserer Kenntnis über das, was Menschen bei ihrer Erwerbstätigkeit tun; sie wird sowohl bei den Volkszählungen als auch im Mikrozensus als auch in der Beschäftigtenstatistik der Bundesanstalt für Arbeit angewandt. In der Volkswirtschaftslehre sind Daten der Berufsklassifizierung vor allem für Aussagen über den Bedarf an Arbeitskräften und deren Ausbildung benutzt worden (z.B. RIESE 1967; WIDMAIER u.a. 1966).

Bei der Klassifizierung der Berufe handelt es sich, wie der Name schon sagt, um klassifikatorische Begriffe (s. Abschnitt 4.2.1) der Berufe und um deren Abbildung in eine Nominalskala (s. Abschnitt 4.2.2). "Beruf" wird definiert als "die auf Erwerb gerichteten, charakteristische Kenntnisse und Fertigkeiten sowie Erfahrungen erfordernden und in einer typischen Kombination zusammenfließenden Arbeitsverrichtungen..., durch die der einzelne an der Leistung der Gesamtheit im Rahmen der Volkswirtschaft mitschafft" (STATISTISCHES BUNDESAMT 1992, S. 15). Man sollte erwarten, daß die Art der Arbeitsverrichtungen als Hauptkriterium für die Unterscheidung der Berufe dient. Dies wird denn auch versprochen: "Als Abgrenzungsmerkmal für die einzelnen Berufe ... wird ... die ausgeübte Tätigkeit verwendet" (ebenda, S. 16). Nacheinander, so daß eine Begriffshierarchie entsteht (s. Abschnitt 4.2.1), könnten dann die anderen definierenden Begriffe (Kenntnisse, Fertigkeiten, Erfahrungen, typische Kombination) auf die Tätigkeiten angewandt werden. Tatsächlich jedoch hält sich die Klassifizierung der Berufe nicht an die selbst aufgestellten Regeln, sondern geht ganz anders vor.

Die vorliegende Klassifizierung ist eine fünfstufige Begriffshierarchie; sie teilt die Berufe ein in

- 6 Berufsbereiche, bezeichnet mit römischen Ziffern von I bis VI,
- 33 Berufsabschnitte, bezeichnet mit kleinen Buchstaben als Anhänge der römischen Ziffern,
- 88 Berufsgruppen, gekennzeichnet durch zweistellige Zahlen (01 bis 99),
- 369 Berufsordnungen, gekennzeichnet durch dreistellige Zahlen (011 bis 991),
- 2287 Berufsklassen, gekennzeichnet durch vierstellige Zahlen (0110 bis 9971).

Die Berufsbereiche

- "I Pflanzenbauer, Tierzüchter, Fischereiberufe",
- "II Bergleute, Mineralgewinner",
- "III Fertigungsberufe",
- "V Dienstleistungsberufe"

sind nicht nach der Art der Tätigkeit, sondern nach der Art der von ihnen produzierten Sachen und Dienste voneinander abgegrenzt, was, obwohl es der oben zitierten Absichtserklärung widerspricht, unbedenklich wäre, wenn das Prinzip durchgehalten würde. Dies ist jedoch nicht der Fall. Der Berufsbereich "IV Technische Berufe" mit seinen Abschnitten a und b

- "IV a Ingenieure, Chemiker, Physiker, Mathematiker",
- "IV b Techniker, Technische Sonderfachkräfte"

bezeichnet nicht die produzierten Sachen und Dienste, sondern vielmehr Ausbildungsrichtungen und Ausbildungsniveau der Berufstätigen.

Eine Analyse der Berufsordnungen (also der Begriffe auf der vierten Ebene, der "Basiseinheiten des Systems" [ebenda, S. 13]), fördert weitere Gliederungskriterien zu Tage, die nicht in hierarchischer Ordnung, sondern willkürlich durcheinander angewandt werden. Insgesamt kann man mindestens acht nachweisen, die in Darstellung 16/2 mit Beispielen zusammengefaßt sind. Hierdurch wird die im ersten Teil dieses Buches aufgestellte Forderung (Abschnitt 4.2.1/P^4) verletzt, daß die einzelnen Klassen des Gesamtbereiches scharf gegeneinander abgegrenzt seien, derart, daß kein Objekt mehr als einer Klasse angehört, sowie die entsprechende Forderung (Abschnitt 4.2.2/P^6), daß zwei gleichartige Objekte mit derselben Zahl belegt werden müssen. Wir demonstrieren dies

Darstellung 16/2: Gliederungskriterien der Berufsordnung 1992 mit Beispielen

Gliederungskriterium	Beispiel Name der Berufsordnung	Nr.
Rohstoff	Steinbearbeiter	101
Arbeitsverfahren und Rohstoffe	Blechpresser	211
Erzeugnis	Gerüstbauer	443
Arbeitsmittel	Feinmechaniker	300
Ausbildungsrichtung	Physiker	612
und Ausbildungsniveau	Chemotechniker	626
Stellung im Beruf;		
hierarchische Position	Unternehmer, Geschäftsführer	750
Wirtschaftszweig	Bankfachleute	691

durch ein Beispiel: Ein Diplom-Kaufmann, welcher Inhaber und Geschäftsleiter einer Privatbank ist, kann mit völlig gleichem Recht den Berufsordnungen

- 881 Wirtschaftswissenschaftler,
- 750 Unternehmer,
- 691 Bankfachleute

zugeordnet werden, die zudem noch verschiedenen Berufsgruppen (gekennzeichnet durch die ersten beiden Ziffern der Nummern) und verschiedenen Berufsabschnitten, nämlich den folgenden, angehören:

- 881: Vh Sozial- und Erziehungsberufe,
- 750: Vd Organisations-, Verwaltungs-, Büroberufe,
- 691: Vb Dienstleistungskaufleute.

Es ist nicht einmal sichergestellt, daß ein Berufstätiger wenigstens demselben Berufsbereich (gekennzeichnet mit römischen Ziffern) zugeordnet wird: Ein Ingenieur z.B. könnte durchaus, je nachdem, welche Sachen oder Dienste er produziert, außer unter dem Berufsbereich "IV Technische Berufe" auch unter jedem der anderen Bereiche klassifiziert werden; dies liegt daran, daß der Bereich IV nach Ausbildungsrichtung und -niveau, die anderen nach produzierten Sachen oder Diensten voneinander abgegrenzt sind.

Diese Mängel machen die Berufsklassifikation unbrauchbar. Die normale Volkswirtschaftslehre hat sich dennoch, da bessere Daten nicht zur Verfügung stehen und da sie Operationalisierung und Beschaffung von Daten nicht als ihre Aufgabe ansieht, nicht von der Benutzung abschrekken lassen.

17 Über einige konstituierende Elemente der neoklassischen Mikroökonomik

17.1 Überblick über die Elemente

Die neoklassische Mikroökonomik betrachtet in der Mehrzahl ihrer Publikationen Individuen, die auf Märkten Güter anbieten und nachfragen. Die betrachteten Individuen sind Haushalte und Unternehmen. Demgemäß besteht der Kern der neoklassischen Mikroökonomik aus einer Theorie des Haushalts, einer Theorie der Unternehmung und einer Theorie von Märkten. In diesem Kapitel werden die konstituierenden Elemente der Theorie des Haushalts und der Theorie der Unternehmung behandelt: die Maximierung des Nutzens durch den Haushalt und die Maximierung des Gewinns durch das Unternehmen. Beide sind Spezifizierungen des Rationalprinzips, das deshalb zunächst (in Abschnitt 17.2) definiert wird. Die Theorie des Haushaltes und die Theorie der Unternehmung setzen bestimmte Theorien der Märkte immer schon voraus; deshalb sind beide Partialtheorien. In Abschnitt 17.3 führen wir das Konzept von Markt und Wettbewerb ein und wählen die vollständige Konkurrenz als die Markttheorie aus, die den vorgestellten Theorien des Haushaltes und der Unternehmung zu Grunde liegt. In Abschnitt 19.3 wird eine bestimmte Theorie der vollständigen Konkurrenz, das totale mikroökonomische Gleichgewicht, erörtert.

17.2 Definition des Rationalprinzips

Das Rationalprinzip wird auf zweifache Weise definiert:

1) Erreiche ein gegebenes Ziel mit so geringen Mitteln als möglich!

2) Erreiche mit gegebenen Mitteln ein so großes Ziel als möglich!

Das Rationalprinzip in seinen beiden Formulierungen ist keine Aussage, sondern eine Regel (s. Abschnitt 3.2.5); Theorien, die auf ihr beruhen, dürfen zunächst nicht als explikativ, sie müssen als dezisiv eingestuft werden (s. Abschnitt 1.2.1). Nun kann man sinnvollerweise nur an explikative Theorien die Frage stellen, die uns hier interessiert, ob sie empirisch und, wenn ja, bewährt sind. Die Neoklassik macht aber durch die Annahme, daß alle Adressaten - Haushalte und Unternehmen - sich an die ihnen gegebenen Anweisungen halten, aus der von Haus aus dezisiven eine explikative Theorie, welche auf Empirizität und Bewährung geprüft werden kann; das werden wir in den Abschnitten 17.4 und 17.5 tun.

Wenn in den beiden Formulierungen des Rationalprinzips die Art des Zieles (z.B. der Nutzen des Haushaltes) und die Art der Mittel (z.B. die Ausgaben für Konsumzwecke) dieselben sind, dann tritt unter weiteren Bedingungen (sie betreffen die Art der Erreichung des Zieles) folgendes ein: Die Maximierung des Zieles mit gegebenen Mitteln führt zum selben Ergebnis wie die Minimierung der Mittel bei gegebenem Ziel, wenn

- die beiden Ziele gleich groß sind: Dann ist auch der Mittelverbrauch bei beiden Vorgehensweisen gleich groß;
- wenn der Mittelverbrauch bei beiden Vorgehensweisen gleich groß ist: Dann sind auch die beiden Ziele gleich groß.

Dieses Ergebnis wird häufig als die "Dualität von Maximierung und Minimierung" bezeichnet (s. dazu auch Abschnitt 17.4.4).

Aber auch dezisive Theorien müssen, wenn sie nicht nur rein formal sein wollen, explikative Elemente enthalten, worüber wir in Kapitel 13, insbesondere Abschnitt 13.4 gesprochen haben. In beiden Fassungen des Rationalprinzips müssen die explikativen Elemente angeben, mit welchen Mitteln ein seiner Art nach bestimmtes Ziel überhaupt erreicht werden kann. In der ersten Fassung des Rationalprinzips müssen die explikativen Elemente weiter angeben, wie man die Mittel nach vorgegebenen Maßstäben so gering als möglich machen kann. In der zweiten Fassung des Rationalprinzips müssen die explikativen Elemente weiter angeben, wie man mit gegebenen Mitteln das zu erreichende Ziel nach vorgegebenen Maßstäben möglichst groß machen kann. Die neoklassische Theorie in all ihren Formen geht davon aus, daß der Entscheidende das benötigte Wissen besitzt. An diese explikativen Elemente der von Haus aus dezisiven neoklassischen Mikroökonomik können ebenfalls die Fragen nach empirischer Prüfbarkeit und Bewährung gestellt werden, und auch das werden wir in den folgenden Abschnitten tun.

Das Rationalprinzip und die Annahmen über die empirischen Elemente bewirken, daß die neoklassische Theorie in allen ihren Facetten voraussetzt, daß das betrachtete Individuum sich immer in einer *wohldefinierten Entscheidungssituation* befindet. Entscheidungssituationen heißen dann "wohldefiniert", wenn der Entscheidende seine Entscheidungsziele klar und widerspruchsfrei definiert hat; wenn die Ziele faktisch miteinander vereinbar sind; wenn dem Entscheidenden alle sonstigen Faktoren der Entscheidung bekannt sind, etwa die Mittel, mit denen er sein Ziel realisieren will; wenn zwischen diesen Mitteln in Hinsicht auf das anzustrebende Ziel keine Konflikte bestehen; schließlich, aber nicht zuletzt, wenn dem Entscheidenden ein Rechenprogramm bekannt ist, mit dem eindeutig angegeben werden kann, durch den Einsatz welcher Mittel seine Ziele zu erreichen sind; solche Programme werden "Algorithmen" genannt. Das Bestreben der neoklassischen Mikroökonomik besteht darin, dem Entscheidenden - Haushalt oder Unternehmen - solche Algorithmen zu liefern.

In bezug auf die Mittel zur Erreichung der Ziele hat die Mikroökonomik dem Entscheidenden lange sicheres Wissen unterstellt; zunehmend wird jedoch angenommen, daß der Entscheidende in bezug auf sie nur (objektive oder subjektive) Wahrscheinlichkeiten kennt, was zu Entscheidungen unter Risiko führt (s. dazu MACHINA/M. ROTHSCHILD 1987). An der Wohldefiniertheit der Entscheidungssituation ändert das jedoch nichts (s. eine Formulierung des Problems in Abschnitt 11.1.4). Insbesondere ist es auch das Ziel dieser statistischen Entscheidungstheorie, dem Aktor Algorithmen zu liefern, mit denen er sein Problem lösen kann. Das will die neoklassische Mikroökonomik auch dann tun, wenn der Entscheidende gar keine Informationen über die Umstände seiner Entscheidung besitzt, er sich also in Unsicherheit befindet. Ich werde deshalb nur Theorieformen besprechen, in denen sicheres Wissen vorausgesetzt wird, weil in ihnen die Struktur der Neoklassik besonders deutlich erkennbar wird. Der Mensch, der sich nach den Vorstellungen und gemäß den Vorschriften der neoklassischen Mikroökonomik verhält, wird "homo oeconomicus" genannt.

In den letzten 20 Jahren hat die neoklassische Mikroökonomik ihren typischen Ansatz: die Unterstellung, daß alle Menschen bei ihren Entscheidungen das Rationalprinzip befolgen wollen, es können und es auch tun (d.h. sich als homines oeconomici verhalten), auf immer mehr Gebiete ausgedehnt, die entweder noch nie die Aufmerksamkeit der Volkswirtschaftslehre gefunden hatten oder seit den Tagen der klassischen Nationalökonomen und der deutschen historischen Schule aus ihrem Gesichtskreis verschwunden waren. Hiervon sind viele Güter betroffen, die nicht auf Märkten gehandelt werden. Diese Ausdehnung wird häufig "Imperialismus der Mikroökonomik" oder auch nur "Imperialismus der Ökonomik" genannt. Typische Gebiete sind (in Klammern die Pionierveröffentlichungen oder wichtige Zusammenfassungen): Ökonomische Theorie der Demokratie, auch "Public Choice" oder "Neue Politische Ökonomie" genannt (DOWNS 1968; *James Buchanan*, ein Vertreter dieser Richtung, hat für das Jahr 1986 den Nobelpreis für Wirtschaftswissenschaften erhalten); Theorie der Interessengruppen (OLSON 1968); Theorie der Ehe und Familie: Heirat, Zeugung und Aufzucht von Kindern, innerfamiliäre Produktion sonstiger Güter (BECKER 1982); Theorie der Kriminalität (BECKER 1982; Nobelpreis 1992); Theorie der Eigentumsrechte (SCHÜLLER 1983). Ein Ende dieses Imperialismus ist nicht abzusehen. Die neoklassische Mikroökonomik hat durch diese Ausdehnungen ihren Charakter nicht geändert. Wir werden deshalb auf die Erweiterungen nicht näher eingehen, sondern uns an die herkömmliche Struktur der Theorie halten.

17.3 Definition von Markt und Wettbewerb

Die neoklassische Mikroökonomik betrachtet, wie gesagt, ganz überwiegend Wirtschaftssubjekte, die auf Märkten in Wettbewerb miteinander stehen. Die Verfassung der Märkte und die Art des Wettbewerbs übt großen Einfluß auf die Entscheidungen der Wirtschaftenden aus. Demzufolge hat die neoklassische Mikroökonomik eine reiche Nomenklatur von Marktformen und Wettbewerbsarten geschaffen, innerhalb deren sie die Entscheidungen der Individuen zu optimieren versucht (s. KRELLE 1976). Das bis heute, von ihren Anfängen an, die neoklassische Mikroökonomik beherrschende Paradigma ist jedoch das des vollständigen Wettbewerbs, auf das wir uns hier beschränken wollen, obwohl kaum mehr ernsthaft bestritten wird, daß es unempirisch ist. Darauf werden wir deshalb nur noch ganz kurz hinweisen und uns dann der wohldefinierten Entscheidungssituation zuwenden, die auch unter anderen Marktformen und Wettbewerbsarten erhalten bleibt, unter den Bedingungen des vollständigen Wettbewerbs jedoch besonders deutlich hervortritt.

Unter "Wettbewerb" oder "Konkurrenz" wird verstanden, daß mindestens zwei Personen um den Besitz, das Eigentum, den Genuß eines Gutes streiten, derart, daß der Anteil, den die eine Person erlangt, der anderen nicht zukommen kann. Wettbewerb ist also eine Folge des Tatbestandes, der Wirtschaft notwendig macht, der *Knappheit* von Gütern. "Vollständig" wird der Wettbewerb genannt, wenn er auf vollkommenen Märkten stattfindet und noch weitere gleich zu nennende Eigenschaften besitzt.

"Markt" wird definiert als der Ort, an dem Angebot von und Nachfrage nach wirtschaftlichen Gütern (das sind knappe disponible Güter) zusammentreffen.

"Vollkommen" ist der Markt, wenn er die folgenden Eigenschaften besitzt:

- auf ihm wird nur ein homogenes Gut angeboten und nachgefragt;
- die Anbieter und Nachfrager besitzen vollständige Kenntnis (Transparenz) der für ihr Angebot und ihre Nachfrage entscheidenden Größen, vor allem der Preise;
- der Markt ist punktförmig, so daß keine Transportkosten entstehen und die Reaktionsgeschwindigkeit der Anbieter und Nachfrager unendlich groß ist;
- Anbieter und Nachfrager lassen sich nur von ihren ökonomischen Interessen (Gewinn- oder Nutzenmaximierung) leiten.

Der Wettbewerb auf einem vollkommenen Markt ist *vollständig*, wenn sowohl Anbieter als auch Nachfrager von etwa gleicher Größe und sehr zahlreich sind, so daß keiner von ihnen den Preis des gehandelten Gutes oder die insgesamt gehandelte Menge bestimmen kann. Komplementär zur Annahme der zahlreichen, etwa gleich großen Marktteilnehmer ist die weitere, daß es keine Barrieren, weder gegen den Zutritt neuer noch gegen den Austritt bisheriger Marktteilnehmer gibt. Bei vollständiger Konkurrenz sind die Preise aller Güter von einem einzelnen Anbieter oder einem einzelnen Nachfrager nicht zu beeinflussen; er kann nur die Menge des von ihm angebotenen oder nachgefragten Gutes bestimmen, sich nur als Mengenanpasser verhalten.

Man kann wohl nicht ernsthaft bestreiten, daß der Begriff der vollständigen Konkurrenz - nach seinem Umfang betrachtet (s. Abschnitte 3.5 und 3.6) - eine leere Menge ist (s. dazu die außerordentlich deutlichen Worte von MORGENSTERN 1972, S. 1171f.). Wenn Aussagen, die auf diesem Begriff beruhen, als empirisch ausgegeben werden, handelt es sich um eine Strategie zur Immunisierung vorgeblich empirischer Theorien gegen eine mögliche Widerlegung, da ja die Bedingungen für die Wahrheit der abgeleiteten singulären Aussagen nicht zutreffen (s. Abschnitt 10.2.4). Dennoch werden wir, wie angekündigt, die Theorie des Haushaltes (Abschnitt 17.4) und die Theorie der Unternehmung (Abschnitt (17.5) unter den Bedingungen der vollständigen Konkurrenz behandeln, weil die Eigenschaft dieser Theorien, an denen uns in diesen Abschnitten liegt: die wohldefinierte Entscheidungssituation, bei vollständiger Konkurrenz zwar besonders deutlich hervortritt, aber auch bei unvollständiger Konkurrenz (d.h. bei unvollkommenen Märkten sowie bei Oligopol und Monopol), die natürlich die einzig realistische ist, nicht aufgegeben wird.

17.4 Über die Theorie des Haushaltes

17.4.1 Die Maximierung der Nutzenfunktion unter einer Nebenbedingung

Als "Haushalt" definieren wir eine auf (relative) Dauer angelegte Lebensgemeinschaft von Personen. Prototyp ist die Eingenerationenfamilie, die aus Ehemann, Ehefrau und Kindern besteht, ein gemeinsames Haus bewohnt und gemeinsam wirtschaftet. Die neoklassische Mikroökonomik betrachtet den Haushalt als ein Individuum (die Entscheidungsprozesse innerhalb eines Mehrpersonenhaushaltes werden nur in Spezialpublikationen behandelt, z.B. BECKER 1982) und unterstellt ihm, daß er das Ziel hat, seinen Nutzen zu maximieren; daß der Nutzen vom Gebrauch und Verbrauch wirtschaftlicher Güter abhängt; daß diese Abhängigkeit durch eine Nutzenfunktion beschrieben werden kann; daß die nutzenstiftenden Güter knapp sind. Die Theorie weist den Haushalt deshalb an, seine Nutzenfunktion zu maximieren unter Beachtung der Knappheit der Güter:

$$u = f(y_1, y_2, \ldots, y_n) \rightarrow \max! \qquad (17.4\text{-}1)$$

unter der Bedingung

$$g(y_1, y_2, \ldots, y_n) = 0, \qquad (17.4\text{-}2)$$

mit u : Nutzen,
$y_1, \ldots, y_n$: Menge der knappen Güter,
f : Nutzenfunktion,
g : Transformationsfunktion der Güter.

Die Transformationsfunktion beschreibt die Knappheit der Güter. Für *Robinson* auf seiner Insel könnte dies unter anderem bedeuten, daß der direkte Genuß von Zeit - Muße - ihm Nutzen stiftet, daß er aber einen Teil seiner knappen Zeit für die Produktion anderer Güter verwenden muß. Für den Haushalt in einer arbeitsteiligen Gesellschaft bedeutet dies, daß er bestimmte Güter, die er nicht besitzt, auf dem Markt einkaufen und daß er dafür andere Güter, die er besitzt, vor allem Freizeit, auf dem Markt verkaufen muß. Diese Entscheidungen werden durch die Formeln (17.4-1) und (17.4-2) simultan optimiert.

Wenn wir nun voraussetzen, wie es in den Lehrbüchern allgemein geschieht, daß der Haushalt in einer Marktwirtschaft durch einen solchen Optimierungsprozeß die Summe, die er für den Kauf von Gütern in einer Periode ausgeben will, bestimmt hat und daß diese Summe mit seinem

Einkommen identisch ist, dann vereinfacht sich das verbleibende Teilproblem darauf, die festgesetzte Summe auf die zu kaufenden Güter so zu verteilen, daß der Nutzen aus diesen Gütern maximiert wird:

$$u = h(x_1, x_2, \ldots, x_n) \rightarrow \max! \tag{17.4-3}$$

unter der Bedingung

$$c = p_1 x_1 + p_2 x_2 + \ldots + p_n x_n , \tag{17.4-4}$$

mit $x_1, x_2, \ldots, x_n$: Menge der zu kaufenden nutzenstiftenden Güter 1, ..., n,

h: die Nutzenfunktion dieser Güter,

c: Kaufsumme, exogen bestimmt,

$p_1, p_2, \ldots, p_n$: Preise der Güter 1, ..., n, exogen bestimmt.

Die neoklassische Mikroökonomik nahm ursprünglich nun weiter an, daß die Nutzenfunktion h zweimal partiell differenzierbar ist nach jedem der zu kaufenden Güter, und zwar mit den folgenden Werten:

$$\forall i \left[\frac{\partial h}{\partial x_i} > 0, \right] \tag{17.4-5}$$

$$\forall i \left[\frac{\partial^2 h}{\partial x_i^2} < 0, \right] \tag{17.4-6}$$

mit $i \in \{1, \ldots, n\}$.

Der Wert der ersten partiellen Ableitung (17.4-5) ist der mathematische Ausdruck der Annahme, daß der konsumierende Haushalt mit steigender Menge eines Gutes einen immer größeren Nutzen erfährt, oder: er bezeichnet das Gesetz der Nicht-Sättigung. Der Wert der zweiten partiellen Ableitung (17.4-6) kennzeichnet zusammen mit dem der *ersten* das erste *Gossensche* Gesetz (zuerst aufgestellt von *Hermann Heinrich Gossen* im Jahre 1854): Mit steigender Menge eines Gutes nimmt der dadurch gestiftete Nutzen zwar zu, aber mit immer kleinerer Rate.

Wenn die Funktion (17.4-3) differenzierbar ist, kann die Differentialrechnung zur Lösung der Maximierungsaufgabe benutzt werden. Die Bedingungen erster Ordnung für das Nutzenmaximum (die Ableitung ist in praktisch allen Lehrbüchern der Mikroökonomik nachzulesen) lauten

$$\frac{\frac{\partial h}{\partial x_1}}{p_1} = \frac{\frac{\partial h}{\partial x_2}}{p_2} = \ldots = \frac{\frac{\partial h}{\partial x_n}}{p_n}, \tag{17.4-7}$$

in Worten: Der Haushalt hat das Nutzenmaximum dadurch herzustellen, daß er von jedem Gut soviel nachfragt, bis der relative Grenznutzen aller Güter, relativiert auf ihren jeweiligen Preis (was auch als "Grenznutzen des Geldes bei dem jeweiligen Gute" bezeichnet wird), einander gleich ist. Dies ist das *zweite Gossensche Gesetz*. Aus (17.4-7) kann abgeleitet werden:

$$\forall i \, \forall j \left\{ \frac{\frac{\partial h}{\partial x_i}}{\frac{\partial h}{\partial x_j}} = \frac{p_i}{p_j} \right\}, \qquad (17.4\text{-}8)$$

mit $i, j \in \{1, \ldots, n\}$ und $i \neq j$,

in Worten: Der Haushalt hat das Nutzenmaximum dadurch herzustellen, daß er von allen Gütern soviel nachfragt, bis deren Grenznutzen sich zueinander verhalten wie deren Preise (zur Bedingung zweiter Ordnung für das Nutzenmaximum, die anschaulich nicht interpretierbar ist, s. Formel 17.5-12 in Abschnitt 17.5.2).

Das System (17.4-1) bis (17.4-8) ist dezisiv: Dem Haushalt werden Anweisungen gegeben, wie er mit gegebenen Mitteln (entweder den insgesamt zur Verfügung stehenden Gütern oder mit der gegebenen Konsumsumme c) ein so großes Ziel als möglich: die Maximierung der Nutzenfunktion unter den gegebenen Umständen, erreichen soll. Das System enthält auch explikative Elemente: die Preise $[p_i]$, die wegen der Annahme der vollständigen Konkurrenz als gegeben angesehen werden; die Konsumsumme c, die bereits aus einem Optimierungsprozeß stammt, und die Nutzenfunktion h.

Nehmen wir an, daß die Preise $[p_i]$ und die Summe c gegeben sind; dann kann der Haushalt die Anweisungen befolgen, wenn er eine Nutzenfunktion h in spezifizierter Form besitzt. Dies ist nicht der Fall: Trotz allen Bemühungen ist es noch niemals gelungen, auch nur einen einzigen Haushalt zu finden, der eine derartige Nutzenfunktion vorweisen könnte. Das läßt sich am einfachsten dadurch erklären, daß bei keinem Haushalt eine derartige Nutzenfunktion existiert. Deshalb kann auch keiner sich an die Anweisungen halten. Das System als ganzes ist unanwendbar, die explikativen Elemente sind unempirisch, weil - so vorsichtig als möglich formuliert - der T-theoretische Begriff "Nutzen" und die T-theoretische Nutzenfunktion nicht mit Beobachtungsdaten verknüpft sind. Oder in den Termini ausgedrückt, die wir in Abschnitt 4.4.1 über die Anforderungen an quantitative Begriffe und metrische Skalen benutzt haben: Es existiert kein Maßsystem für den Begriff "Nutzen"; deshalb gibt es keine Operation, die einem konkreten Objekt einen Wert aus einer metrischen Skala zuweisen könnte, deshalb existiert keine Nutzenfunktion.

Die Schöpfer der Nutzentheorie: *Hermann Heinrich Gossen* (GOSSEN 1854) als zu seiner Zeit nicht beachteter Pionier; *Carl Menger* (MENGER 1871); *Stanley Jevons* (JEVONS 1871); *Leon Walras* (WALRAS 1874) haben angenommen, daß Nutzen ein quantitativer Begriff ist, der in eine metrische Skala abgebildet (s. Abschnitt 4.4) und der objektiv gemessen werden kann; die metrische Skalierung des Begriffes "Nutzen" zählt zu den notwendigen Bedingungen der Differenzierbarkeit der Nutzenfunktion, wie wir sie eben angenommen haben. Bereits 30 Jahre später hat *Vilfredo Pareto* (PARETO 1906) die Annahmen der objektiven Meßbarkeit und der metrischen Skalierbarkeit aufgegeben: Nach ihm sind Nutzengrößen nur komparative Begriffe, die demgemäß auch höchstens in Ordinalskalen abgebildet und die darüber hinaus nur subjektiv gemessen werden können; wegen dieser letzten Annahme sind auch nur komparative Nutzenvergleiche zwischen verschiedenen Personen unmöglich.

Obwohl der Nutzen höchstens eine komparative Größe ist, werden dennoch häufig zu seiner Beschreibung Funktionen verwandt, die nun "Nutzenindexfunktionen" heißen und die durch beliebige monotone Transformationen ineinander überführt werden können, wobei ihre Maximierung unter der Nebenbedingung der Budgetrestriktion immer dieselben nutzenmaximierenden Gütermengen ergibt.

Beispiel: Sei

$$u = h(x_1, \ldots, x_n) \tag{17.4-3}$$

nun eine Nutzenindexfunktion: Die Zahlenwerte von u sind nur Abbildungen in eine Ordinalskala. Dann ist auch die beliebige monotone Transformation

$$v = w(u) = w\,[h(x_1, \ldots, x_n)] \tag{17.4-9}$$

eine Nutzenfunktion. Sie soll unter der Nebenbedingung 17.4.-4 maximiert werden.

Man bildet die Lagrange-Funktion

$$L = w[h(x_1, \ldots, x_n)] + \lambda(c - p_1x_1 - \ldots - p_nx_n) \tag{17.4-10}$$

und setzt die ersten partiellen Ableitungen nach x_i und λ gleich null (im folgenden für i = 1,2 durchgeführt):

$$\left.\begin{aligned} \frac{\partial L}{\partial x_1} &= \frac{\partial w}{\partial h}\cdot\frac{\partial h}{\partial x_1} - \lambda p_1 = 0,\\ \frac{\partial L}{\partial x_2} &= \frac{\partial w}{\partial h}\cdot\frac{\partial h}{\partial x_2} - \lambda p_2 = 0,\\ \frac{\partial L}{\partial \lambda} &= c - p_1x_1 - p_2x_2 = 0. \end{aligned}\right\} \tag{17.4-11}$$

Aus den ersten beiden Ausdrücken ergibt sich ($\partial w/\partial h$ kürzt sich fort) wie bei (17.4-8):

$$\left.\frac{\dfrac{\partial h}{\partial x_1}}{\dfrac{\partial h}{\partial x_2}} = \frac{p_1}{p_2}.\right\} \tag{17.4-12}$$

Hier ist also das Wunder passiert, daß die Division zweier Ordinalzahlen (die linke Seite der Gleichung 17.4.-12) eine Kardinalzahl ergibt (die rechte Seite der Gleichung 17.4-12). Das ganze Argument ist unsinnig, weil es unsinnigerweise Ordinalzahlen durcheinander dividiert und mit ihnen Operationen der Infinitesimalrechnung vornimmt.

Daß der Nutzen nur eine komparative Größe sei, ist im großen und ganzen die heute in der Volkswirtschaftslehre herrschende Auffassung über die Möglichkeit der Nutzenmessung (ausführlich berichtet darüber MÖLLER 1983). Immer wieder sind jedoch auch Argumente vorgetragen worden, Nutzen sei metrisch meßbar (s. dazu KRELLE 1968, S. 25ff.). Wir begnügen uns mit einem Hinweis auf den Vorschlag der Spieltheorie

(s. dazu NEUMANN/MORGENSTERN 1967, S. 15-31 und S. 642-657): Die Autoren nehmen ein Individuum an, dessen Präferenzsystem allumfassend und vollständig ist.

"Genauer: wir erwarten von einem Individuum, daß es für zwei beliebige Alternativen, die ihm als Möglichkeiten vorgelegt werden, angeben kann, welche es vorziehen würde. Es ist eine ganz natürliche Erweiterung dieses Bildes, ein solches Individuum nicht nur einzelne Ereignisse vergleichen zu lassen, sondern auch Kombinationen von Ereignissen mit gegebenen Wahrscheinlichkeiten" (NEUMANN/MORGENSTERN 1967, S. 17).

Auf dieser Annahme basiert die quantitative Messung des Nutzens:

"Man betrachte drei Ereignisse C, A, B, deren Reihenfolge die Präferenzen eines Individuums angeben soll. α sei eine reelle Zahl zwischen 0 und 1, so daß A genau so erstrebenswert wie eine Kombination erscheint, die für B eine Chance mit der Wahrscheinlichkeit $1-\alpha$ und für C die andere Chance mit der Wahrscheinlichkeit α aufweist. Dann liegt es nahe, α als numerisches Maß für das Verhältnis der Präferenz von A gegenüber B zu derjenigen von C gegenüber B zu verwenden" (NEUMANN/MORGENSTERN 1967, S. 18).

Aus diesen Annahmen konstruieren die Autoren eine metrische Skala zur Abbildung des Präferenzsystems, die bis auf eine lineare Transformation $y = ax + b$ eindeutig ist, d.h.: Sie behaupten, daß das Präferenzsystem durch eine metrische Intervallskala gemessen werden kann, die ja gerade solchen Transformationen ohne Bedeutungsänderung unterworfen werden darf (s. Abschnitt 4.4.4).

Dieser Meßvorschlag scheitert schon daran, daß seine Voraussetzung nicht zutrifft: Die Menschen haben keine allumfassenden und vollständigen Präferenzsysteme, und schon gar nicht solche, in denen die Ereignisse mit Eintrittswahrscheinlichkeiten belegt werden können (s. auch den folgenden Abschnitt).

17.4.2 Die Optimierung des Verbrauchsplanes mit Hilfe der Indifferenzkurven

Da der Haushalt die Anweisungen der Theorie, seine Nutzenfunktion zu maximieren, nicht befolgen kann, weil der Begriff des Nutzens und die Nutzenfunktion T-theoretisch sind und nicht mit Beobachtungsdaten verbunden werden, liegt es nahe, Nutzenbegriff und Nutzenfunktion aus den Optimierungsanweisungen zu eliminieren, derart, daß nur noch der empirische und damit befolgbare Gehalt der Befehle übrigbleibt (s. Abschnitt 8.6.4). Einen solchen Versuch stellt die Indifferenzkurvenanalyse dar; sie wurde von ALLEN/HICKS 1934 vorgelegt und ist heute in allen Lehrbüchern der Mikroökonomik zu finden. Wenn wir von der Nutzenfunktion (17.4-3) mit deren Eigenschaften (17.4-5 und 17.4-6) ausgehen, die nutzenstiftenden Güter auf zwei (x_1 und x_2) beschränken und einen Nutzen bestimmter Größe (u_0) betrachten, dann ist die "Indifferenzkurve für u_0" definiert als der Ort gleichen Nutzens u_0 bei unterschiedlichen Kombinationen von x_1 und x_2. Mathematisch ausgedrückt: Auf dieser Kurve ist die Nutzenänderung du_0 bei Variationen von x_1 und x_2 gleich Null:

$$du_0 = \frac{\partial u_0}{\partial x_1} dx_1 + \frac{\partial u_0}{\partial x_2} dx_2 = 0. \tag{17.4-13}$$

Wenn die Analyse auf drei Güter ausgedehnt wird, erhalten wir anstelle der Indifferenzkurve eine Indifferenzfläche, bei mehr als drei Gütern eine Indifferenzhyperfläche.

Die Indifferenzkurve ist gekennzeichnet durch den zugehörigen Nutzen u_0 und durch die Grenzrate der Substitution von x_1 durch x_2: dx_1/dx_2. Hierfür erhalten wir aus (17.4-13)

$$-\frac{dx_1}{dx_2} = \frac{\dfrac{\partial u_0}{\partial x_2}}{\dfrac{\partial u_0}{\partial x_1}}, \tag{17.4-14}$$

in Worten: Die Grenzrate der Substitution von x_1 durch x_2 bei gleichem Nutzen u_0 ist gleich dem umgekehrten Verhältnis der Grenznutzen, multipliziert mit (-1).

Über den Verlauf der Indifferenzkurve erhält man Auskunft, wenn (17.4-14) nach einem der Güter differenziert:

$$\frac{d\left[\dfrac{dx_1}{dx_2}\right]}{dx_2} = -\frac{\dfrac{\partial u_0}{\partial x_1}\dfrac{\partial^2 u_0}{\partial x_2^2} - \dfrac{\partial u_0}{\partial x_2}\dfrac{\partial^2 u_0}{\partial x_1 \partial x_2}}{\left[\dfrac{\partial u_0}{\partial x_1}\right]^2}. \tag{17.4-15}$$

Der Nenner des Bruches auf der rechten Seite von (17.4-15) ist wegen (17.4-14) positiv, der erste Summand des Zählers ist wegen (17.4-5) und (17.4-6) negativ. Wenn die Kreuzableitung (der zweiten Summand des Zählers) positiv oder null ist, was wir hier annehmen wollen, dann ist der Bruch auf der rechten Seite negativ oder null und die gesamte rechte Seite von (17.4-15) ist wegen des Minuszeichens positiv: Mit zunehmendem x_2 wächst also die Steigung der Indifferenzkurve, oder: Die Grenzrate der Substitution von x_1 durch x_2 ist negativ, oder: Wenn man aus dem Güterbündel x_1/x_2 jeweils eine Einheit x_1 entfernt, dann muß man, je weiter man darin fortschreitet, immer mehr Einheiten x_2 in es hineinbringen, um den gleichen Nutzen u_0 zu erzielen. Eine solche Kurve ist konvex zum Ursprung (s. Darstellung 17/1).

Die Analyse für u_0 kann auf beliebig viele Nutzengrößen ausgedehnt werden, die wir so anordnen, daß gilt:

$$u_0 < u_1 < \ldots < u_n. \tag{17.4-16}$$

Von dieser Ordnung (17.4-16) wird angenommen, daß sie eine Ordinalskala sei, die Nutzenbegriffe also nur komparative Begriffe.

Die Optimierungsanweisung an den Haushalt lautet nun: Wähle unter allen Nutzen den größten aus, bzw. erreiche die Indifferenzkurve, die dem größten Nutzen entspricht, der mit der zur Verfügung stehenden Summe c realisiert werden kann:

$$\max (u_0, u_1, \ldots, u_n)! \tag{17.4-17}$$

unter der Bedingung

$$x_1 p_1 + x_2 p_2 = c. \tag{17.4-4}$$

Traditioneller Weise wird die Aufgabe graphisch gelöst (s. Darstellung 17/1), indem in ein x_1/x_2-Koordinatensystem eine Schar von Indifferenzkurven für die Nutzen u_0, ..., u_n sowie die nach x_1 aufgelöste Nebenbedingung (17.4-4): die Bilanzgerade

$$x_1 = \frac{c}{p_1} - \frac{p_2}{p_1} x_2 \tag{17.4-18}$$

Darstellung 17/1: Die Bestimmung des optimalen Verbrauchsplanes eines Haushaltes mit Hilfe der Indifferenzkurven

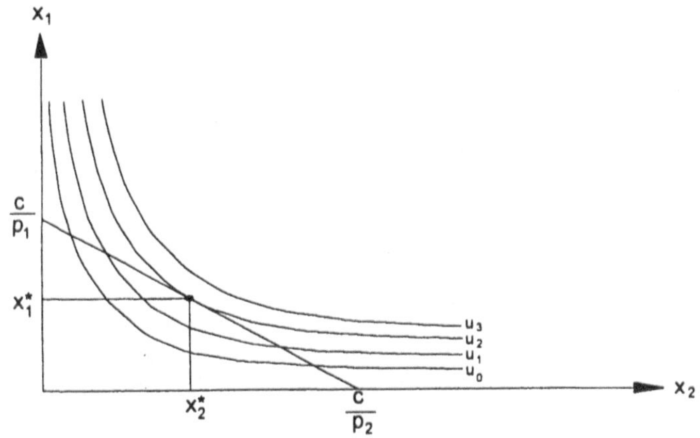

eingezeichnet werden. Die Indifferenzkurven haben wegen der Annahmen, die wir getroffen haben, die gezeichnete Form; je weiter eine Indifferenzkurve vom Ursprung des Koordinatensystems entfernt ist, einen desto größeren Nutzen repräsentiert sie. Unter der gegebenen Nebenbedingung ist der höchst mögliche Nutzen dort erreicht, wo die Bilanzgerade eine Indifferenzkurve tangiert. Die zugehörigen Koordinatenpunkte $x_1{}^*$ und $x_2{}^*$ sind diejenigen Mengen, die der Haushalt konsumieren muß, um seinen Nutzen zu maximieren. Im Tangentialpunkt gilt:

$$\frac{dx_1}{dx_2} = -\frac{p_2}{p_1}; \tag{17.4-19}$$

Im Nutzenmaximum ist die Grenzrate der Substitution von Gut 1 durch Gut 2 gleich dem umgekehrten (negativen) Verhältnis ihrer Preise, ein Ergebnis, das auch bereits aus der Konjunktion von (17.4-8) mit (17.4-14) hervorgeht.

Wie das System (17.4-1) bis (17.4-8) ist auch das System (17.4-13) bis (17.4-19) ein dezisives mit explikativen Elementen; der Unterschied zwischen den beiden besteht darin, daß die Nutzenfunktion (17.4-3) im ersten System durch Indifferenzkurven, -flächen oder -hyperflächen (17.4-13) im zweiten System ersetzt ist. Sind dadurch die Anweisungen befolgbar geworden, oder: Sind der Begriff "Nutzen" und die Nutzenfunktion, die im ersten System vorkommen, im zweiten System durch beobachtbare Tatbestände ersetzt, also Ramsey-eliminiert worden (s. Abschnitt 8.6.4)? Dies wäre der Fall, wenn ein Haushalt die Schar seiner Indifferenzkurven, - ebenen oder - hyperebenen definieren könnte. Soweit ich sehe, ist noch niemals ein Haushalt oder eine Einzelperson gefunden worden, die dies in konsistenter Weise zustande gebracht hätten, was sich wiederum, wie in Abschnitt 17.4.1, am einfachsten dadurch erklären läßt, daß es solche Haushalte oder Einzelpersonen nicht gibt. Dies kann nicht überraschen, denn die Indifferenzkurve eliminiert den Nutzenbegriff ja nicht wirklich: Sie ist als Ort *gleichen Nutzens* definiert. Die neoklassische Theorie des Haushaltes ist nicht geeignet, ihr selbstgestecktes Ziel zu erreichen: dem Haushalt einen begehbaren Weg zu zeigen, wie er seine wirtschaftlichen Entscheidungen optimieren kann (s. dazu auch MORGENSTERN 1972, S. 1178-1182).

Weil die Indifferenzkurven noch nie direkt beobachtet worden sind, weil er aber an dem Konzept festhalten wollte, hat SAMUELSON 1938 vorgeschlagen, sie aus beobachteten Kaufhandlungen zu rekonstruieren; das Konzept wird das der "bekundeten Präferenzen" genannt. In wissenschaftstheoretischer Sicht handelt es sich um den Versuch einer *Induktion*: Aus singulären Aussagen über stattgefundene Ereignisse (welche Güter ein Haushalt zu bestimmten Zeitpunkten bei wechselnden Preisen und wechselnder Konsumsumme gekauft hat) soll ein allgemeines Gesetz: die Existenz von Indifferenzkurven und die Wahl der jeweils höchstmöglichen, erschlossen werden. Natürlich muß das, was bewiesen werden soll, vorausgesetzt werden: Die Induktion ist nicht gültig (s. Kapitel 9). Ich gehe auf diesen Ansatz deshalb nicht weiter ein (als eine sehr scharfe Kritik an diesem Konzept s. MORGENSTERN 1972, S. 1167-1169).

17.4.3 Die Nachfragefunktion des Haushaltes

Wie eben gezeigt, mißlingt die Maximierung der Nutzenfunktion unter einer Nebenbedingung, weil der Begriff "Nutzen" rein T-theoretisch ist (Abschnitt 17.4.1); mißlingt die Wahl der höchstmöglichen Indifferenzkurve, weil aus ihr der Begriff des Nutzens nicht Ramsey-eliminiert ist und weil deshalb auch die Indifferenzkurve ein rein T-theoretischer Begriff ist. In diesem Abschnitt zeigen wir, wie aus der theoretischen Sprache der Haushaltstheorie der T-theoretische Begriff des Nutzens eliminiert werden kann, so daß man empirische Aussagen erhält (wir führen also ein Beispiel der Ramsey-Eliminierung theoretischer Begriffe [s. Abschnitt 8.6.4] vor; s. dazu auch HÄNDLER 1982). Die Haushaltstheorie wechselt dabei ihren Charakter: Sie wird aus einer dezisiven zu einer explikativen Theorie, die dem Haushalt nicht mehr *vorschreibt,* welche Güter er zu konsumieren hat, um seinen Nutzen zu maximieren, sondern die *erklärt,* warum der Haushalt bestimmte Gütermengen kauft. Dabei geht die Theorie von den Ausdrücken (17.4-3) und (17.4-4) aus; sie unterstellt, daß der Haushalt eine spezifizierte Nutzenfunktion besitzt und diese unter der angegebenen Nebenbedingung maximiert.

Angenommen, die Nutzenfunktion (wir beschränken die Analyse der Einfachheit halber auf zwei Güter) sei eine *Cobb-Douglas*-Funktion, dann lautet die Aufgabe:

$$u = \gamma\ x_1^{\alpha} x_2^{\beta} \rightarrow \max! \tag{17.4-20}$$

α, β, γ: Parameter,

unter der Bedingung

$$c = x_1\ p_1 + x_2\ p_2. \tag{17.4-4}$$

Hieraus erhalten wir die Nachfragefunktionen (17.4-27) und (17.4-28) für die Gütermengen x_2 und x_1 auf die folgende Weise:

Aus der Lagrange-Funktion

$$L = \gamma\ x_1^{\alpha} x_2^{\beta} + \lambda\left(c - p_1 x_1 - p_2 x_2\right) \rightarrow \max! \tag{17.4-21}$$

errechnen wir die Bedingungen erster Ordnung für das Gewinnmaximum:

$$\frac{\partial L}{\partial x_1} = \gamma\ \alpha x_1^{\alpha-1} x_2^{\beta} - \lambda p_1 = 0, \tag{17.4-22}$$

$$\frac{\partial L}{\partial x_2} = \gamma\ x_1^{\alpha} \beta x_2^{\beta-1} - \lambda p_2 = 0, \tag{17.4-23}$$

$$\frac{\partial L}{\partial \lambda} = \left(c - p_1 x_1 - p_2 x_2\right) = 0. \tag{17.4-24}$$

Um λ zu eliminieren, teilen wir (17.4-22) durch (17.4-23):

$$\frac{\gamma\ \alpha x_1^{\alpha-1} x_2^{\beta}}{\gamma\ x_1^{\alpha} \beta x_2^{\beta-1}} = \frac{-\lambda p_1}{-\lambda p_2} \tag{17.4-25}$$

und erhalten für x_2

$$x_2 = \frac{p_1}{p_2} \cdot \frac{\beta}{\alpha} x_1. \tag{17.4-26}$$

Hierin setzen wir die Bestimmung für x_1 aus (17.4-24) ein, was die Nachfragefunktion (17.4-27) ergibt; in gleicher Weise erhalten wir für x_1 die Funktion (17.4-28):

$$x_2 = \frac{\beta}{\alpha+\beta} \cdot \frac{c}{p_2}, \tag{17.4-27}$$

$$x_1 = \frac{\alpha}{\alpha+\beta} \cdot \frac{c}{p_1}. \tag{17.4-28}$$

Die beiden Nachfragefunktionen enthalten nur noch Variable, die beobachtbar sind (x_1, x_2, c, p_1, p_2); die Parameter $\alpha/(\alpha+ß)$ und $ß/(\alpha+ß)$ können aus den empirischen Daten und den spezifizierten Funktionen mit den Methoden der mathematischen Statistik bestimmt werden. Der T-theoretische Begriff des Nutzens und die T-theoretische Nutzenfunktion sind eliminiert (s. Abschnitt 8.6.4). Die beobachtbaren Nachfragemengen werden aber als nutzenmaximierend interpretiert. Wenn man die Parameter α und ß mit Hilfe der Gleichungen 17/4-27 und 28 an Hand empirischer Daten bestimmen möchte, setzt man $\alpha + ß = 1$, $0 < \alpha < 1$, $0 < ß < 1$. Daß in den beiden letzten Gleichungen x_i nur von p_i und c abhängt, liegt allein an der Form der Nutzenfunktion. Im allgemeinen Fall sind die nutzenmaximierenden Nachfragemengen bestimmt durch

$$\forall i \left[x_i^* = x_i^*(c, p_1, \ldots, p_n)\right], \tag{17.4-29}$$

x_i^*: nutzenmaximierende Menge des Gutes i.

Die aus der Nutzenmaximierung hervorgehenden Nachfragefunktionen werden *Marschallsche* Nachfragefunktionen genannt. Das Verfahren wird, wie auf die Nachfrage-, so auch auf die Angebotsfunktionen des Haushalts angewandt, z.B. auf die Arbeitsangebotsfunktion (s. KILLINGSWORTH 1983). Es ist praktisch Standard aller Untersuchungen, die sich mit Nachfrage und Angebot des Haushalts beschäftigen.

Was bringt dieses Verfahren? Zunächst soll betont werden, daß, wenn die Funktionen (17.4-27) und (17.4-28) sich an empirischen Daten bewähren, daraus nicht folgt, daß der Haushalt eine Nutzenfunktion der Form (17.4-20) (oder irgendeine andere) besitzt und maximiert; denn aus der Wahrheit der Schlußfolgerung folgt nicht die Wahrheit der Prämissen (s. dazu auch den folgenden Abschnitt). Andererseits: Wenn die Nachfragefunktionen (17.4-27) und (17.4-28) dauernd widerlegt werden, muß mindestens irgendeine der Prämissen falsch sein (s. Abschnitt 3.7.6).

Als Vorteil des Verfahrens wird angegeben, daß es die Ableitung von Nachfragefunktionen (und Angebotsfunktionen) des Haushalts ermöglicht oder doch wenigstens vereinfacht. Dagegen wird ein Prinzip geltend gemacht, das als "*Ockhams* Rasiermesser" (nach *Wilhelm von Ockham,* vor 1300 bis etwa 1350) bezeichnet wird: Theorien sollten so einfach als möglich sein; alles, war für die wirklich interessierenden Behauptungen (hier die empirischen Funktionen) unnötig ist, sollte weggeschnitten werden. Die Nutzenfunktion und ihre Maximierung sind für die Aufstellung von Nachfragefunktionen des Haushaltes unnötig; das wird schon dadurch klar, daß das *Engelsche Gesetz* und das *Schwabesche Gesetz,* die ersten empirischen Nachfragefunktionen, ohne Rückgriff auf eine zu maximierende Nutzenfunktion entwickelt und geprüft worden sind.

Der sächsische Statistiker *Ernst Engel* hat 1857 gezeigt, daß mit steigendem Einkommen die Ausgaben für Nahrungsmittel zwar absolut zunehmen, ihr Anteil am Einkommen jedoch sinkt (die Elastizität der Nachfrage nach Nahrungsmitteln in bezug auf das Einkommen ist kleiner als eins). Das *Engelsche Gesetz* gehört zu den am besten bewährten Gesetzen der Volkswirtschaftslehre. Der Berliner Statistiker *Heinrich Schwabe* hat 1868 erstmals den gleichen Zusammenhang zwischen Einkommen und Mietausgaben nachgewiesen.

Außer *Ockhams* Rasiermesser, das anzuwenden oder abzulehnen letztlich eine Geschmacksfrage ist, können noch zwei andere, sehr gewichtige Argumente gegen die Benutzung der Nutzenfunktion als des theoretischen Hintergrundes der Nachfrage- und Angebotsfunktionen ins Feld geführt werden:

1) Die axiomatische Methode macht nur dann einen Sinn, wenn die Prämissen wahr sind, oder: Wenn man sicher ist, daß die Prämissen falsch sind, sollte man diese nicht benutzen (s. Kapitel 6, insbesondere Abschnitt 6.2). Die Nutzenfunktion ist nun aber nicht nur einfach T-theoretisch, wie es vielleicht bei gewissen Prämissen der Physik, insbesondere der Mikrophysik der Fall ist, sondern die Behauptung, daß Haushalte sie bei ihren Entscheidungen maximieren, ist falsch: Sie steht in Widerspruch zu Beobachtungsaussagen über das Verhalten der Haushalte.

2) Die Beschäftigung mit dem Formalismus der Nutzenfunktion und deren Maximierung hat vermutlich dazu beigetragen, die Nationalökonomen von dem fernzuhalten, was in diesem Buch als die eigentliche Aufgabe ihrer Wissenschaft angesehen wird: empirische Forschung zu betreiben (s. dazu Kapitel 16).

Fazit: Die Nachteile, die daraus erwachsen, daß Nachfrage- und Angebotsfunktionen des Haushalts aus der Hypothese abgeleitet werden, daß er seine Nutzenfunktion unter einer Nebenbedingung in einem wohldefinierten Entscheidungsprozeß maximiert, überwiegen die Vorteile erheblich.

17.4.4 Die indirekte Nutzenfunktion des Haushaltes

Wir gehen in diesem Abschnitt auf die indirekte Nutzenfunktion des Haushaltes ein, weil bei flüchtiger Lektüre entsprechender Lehrbuchabschnitte (s. etwa VARIAN 1992, S. 116-131) der Eindruck entstehen könnte, es sei ein logischer Schluß allein von beobachtbaren und beobachteten Verhaltensweisen des Haushaltes auf die zugrundeliegende Maximierung einer bestimmten Nutzenfunktion möglich, was wir im vorhergehenden Abschnitt gerade als unmöglich bezeichnet haben, und zwar auf Grund logischer Gesetze.

Wir gehen von den Nachfragefunktionen

$$\forall i \left[x_i^* = x_i^*(c, p_1, \ldots, p_n) \right], \tag{17.4-30}$$

x_i^*: nutzenmaximierende Menge des Gutes i

aus und beschränken die Argumentation der Einfachheit halber auf zwei Güter (i = 1, 2). Das Nutzenmaximum u* kann also bei gegebener Nutzenfunktion als Funktion der Preise p_1, p_2 und der Konsumsumme c (oder des für Konsumzwecke völlig ausgegebenen Einkommens y) angesehen werden:

$$\left.\begin{aligned} u^* &= f\left[x_i^*(p_1, p_2, c), x_2^*(p_1, p_2, c)\right] \\ &= v(p_1, p_2, c) \\ &= \max_{x_1, x_2} \; u(x_1, x_2) \\ &\quad \text{unter der Bedingung} \\ &\quad x_1 \cdot p_1 + x_2 \cdot p_2 = c. \end{aligned}\right\} \tag{17.4-31}$$

Die Funktion v wird "indirekte Nutzenfunktion" genannt. Unter bestimmten Bedingungen, welche die Nachfragefunktion erfüllen müssen, auf die wir hier aber nicht eingehen (s. dazu VARIAN 1992, S. 125-129), die aber von den aus der *Cobb-Douglas*-Nutzenfunktion abgeleiteten Nachfragefunktionen erfüllt werden, erhält man aus der Menge der Nachfragefunktionen eindeutig die indirekte Nutzenfunktion v. Vorausgesetzt, man hat aus den Nachfragefunktionen die indirekte Nutzenfunktionen v abgeleitet, vereinfacht man das Problem weiter dadurch, daß man die Preise durch die Konsumsumme teilt und so eine "normalisierte" indirekte Nutzenfunktion erhält:

$$\left.\begin{aligned} & v(p_1, p_2) = \max_{x_1, x_2} u(x_1, x_2) \\ & \text{unter der Bedingung} \\ & x_1 p_1 + x_2 p_2 = 1. \end{aligned}\right\} \tag{17.4-32}$$

Nun ist das Minimum der indirekten Nutzenfunktion $v(p_1, p_2)$ die gesuchte direkte Nutzenfunktion $u(x_1, x_2)$:

$$\left.\begin{aligned} & \min_{p_1, p_2} \; v(p_1, p_2) = u(x_1, x_2) \\ & \text{unter der Bedingung} \\ & x_1 p_1 + x_2 p_2 = 1. \end{aligned}\right\} \tag{17.4-33}$$

Beweis (nach VARIAN 1992, S. 129f.): Seien $x_1(p_1, p_2)$ und $x_2(p_1, p_2)$ die Marschallschen Nachfragefunktionen. Dann ist definitionsgemäß

$$v(p_1, p_2) = u^*[x_1^*(p_1, p_2), x_2^*(p_1, p_2)]. \qquad (17.4\text{-}31)$$

Nun sei p_1', p_2' jeder andere Preisvektor, der die Nebenbedingung $x_1p_1' + x_2p_2' = 1$ erfüllt. Da $x_1^*(p_1, p_2), x_2^*(p_1, p_2)$ auch zu diesem anderen Preisvektor gewählt werden kann, muß die Nutzenmaximierung eine Nutzengröße ergeben, die mindestens so groß ist wie u^*:

$$v(p_1', p_2') \geq u^*\left[x_1^*(p_1, p_2), x_2^*(p_1, p_2)\right] = v(p_1, p_2). \qquad (17.4\text{-}34)$$

Deshalb muß $v(p_1, p_2)$ auf das mögliche Minimum gedrückt werden, um u^* zu ergeben.

Beispiel: Ausgehend von den beiden Nachfragefunktionen (17.4-27) und (17.4-28), die wir ja aus einer *Cobb-Douglas*-Funktion abgeleitet haben, setzen wir die Bestimmungsgleichungen für x_1^* und x_2^* in jene Funktion ein (bei $\alpha + \beta = 1$, $0 < \alpha < 1$, $0 < \beta < 1$, $\gamma = 1$, und erhalten:

$$v = \left(\alpha \frac{c}{p_1}\right)^{\alpha} \cdot \left[(1-\alpha)\frac{c}{p_2}\right]^{1-\alpha}, \qquad (17.4\text{-}35)$$

was wir, indem wir $\alpha^{\alpha} \cdot (1-\alpha)^{1-\alpha}$ gleich eins setzen, vereinfachten zu

$$v = c p_1^{-\alpha} p_2^{-(1-\alpha)}. \qquad (17.4\text{-}36)$$

Die rechte Seite der Gleichung logarithmiert, $c = 1$ und $1 - \alpha = \beta$ gesetzt, lautet das Minimierungsproblem:

$$\left.\begin{array}{l} -\alpha \ln p_1 - \beta \ln p_2 \rightarrow \min\limits_{p_1 p_2}! \\ \text{unter der Bedingung} \\ x_1p_1 + x_2p_2 = 1. \end{array}\right\} \qquad (17.4\text{-}37)$$

Aus dem Lagrange-Ansatz ergeben sich als Bedingung 1. Ordnung für das Minimum:

$$\left.\begin{array}{l} -\dfrac{\alpha}{p_1} = \lambda x_1, \\ -\dfrac{\beta}{p_2} = \lambda x_2 \\ \text{sowie die Budgetrestriktion,} \end{array}\right\} \qquad (17.4\text{-}38)$$

woraus folgt

$$\lambda = -\alpha - \beta. \qquad (17.4\text{-}39)$$

Dies eingesetzt in die Bedingungen 1. Ordnung ergibt die Preise, die den indirekten Nutzen minimieren:

$$\left.\begin{aligned} p_1 &= \frac{\alpha}{(\alpha+\beta)x_1}, \\ p_2 &= \frac{\beta}{(\alpha+\beta)x_2}. \end{aligned}\right\} \tag{17.4-40}$$

Diese Preise in die indirekte Nutzenfunktion (17.4-37) eingesetzt ergeben

$$\left.\begin{aligned} u(x_1, x_2) &= -\alpha \ln \frac{\alpha}{(\alpha+\beta)x_1} - \beta \ln \frac{\beta}{(\alpha+\beta)x_2} \\ &= \alpha \ln x_1 + \beta \ln x_2 + \text{const.}, \end{aligned}\right\} \tag{17.4-41}$$

was die logarithmierte Cobb-Douglas-Funktion ist.

Wir kommen zu der Frage, derentwegen wir die Rechnungen dieses Abschnittes vorgeführt haben: Handelt es sich bei den Gleichungen (17.4-37) bis (17.4-41) um einen Schluß von beobachtbaren und beobachteten Verhaltensweisen des Haushaltes auf die zugrundeliegende, aber nicht beobachtete und in den Prämissen nicht enthaltene Maximierung einer bestimmten Nutzenfunktion unter einer Nebenbedingung? Die Antwort lautet: nein. Denn notwendige Bedingung für die Schlüssigkeit der Rechnungen (17.4-37) bis (17.4-41) ist die Voraussetzung, daß eine bestimmte Nutzenfunktion maximiert worden ist. Wenn man dieses beweisen will, muß man das zu Beweisende als bewiesen voraussetzen: Das logische Schließen führt nicht zu einer Gehaltserweiterung der Schlußaussage über die Prämissen hinaus (s. Abschnitt 3.7.2). Tatsächlich handelt es sich um einen Nachweis, daß bestimmte maximierte Nutzenfunktionen mit den daraus folgenden indirekten Nutzenfunktionen in einem eineindeutigen Zusammenhang stehen. Die Bedeutung dieser Tatsache für die Erkenntnis empirischer Probleme ist gering.

17.5 Über die Theorie der Unternehmung

17.5.1 Unternehmung, Produktion, Produktionsfunktion

Als "Unternehmung" definieren wir diejenige Wirtschaftseinheit, die Güter produziert, um sie auf dem Markt zu verkaufen (daß es auch andere Möglichkeiten gibt, die produzierten Güter in das Eigentum von Abnehmern zu bringen, lassen wir außer Betracht). Unter "Produktion" verstehen wir einen Vorgang, durch den Güter (Sachen und Dienste) in andere Güter transformiert werden; jene nennen wir "Produktionsfaktoren", diese "Produkte". Die Produktion geschieht innerhalb einer bestimmten Technik W, welche die Menge aller gesetzmäßigen Zusammenhänge zwischen Faktoreinsatz und Produktionsergebnis darstellt, die einer produzierenden Einheit zu einer bestimmten Zeit zur Verfügung stehen. Die Volkswirtschaftslehre betrachtet innerhalb jeder Technik nur effiziente Produktionen: solche, bei denen keine Faktoren verschwendet werden.

Für limitationale Produktionsfunktionen bedeutet dies, daß Produkte und Faktoren sich immer genau in dem technisch vorgeschriebenen Verhältnis befinden; bei substitutionalen Produktionsfunktionen ist eine Verschwendung im wirksamen Substitutionsbereich nicht möglich, sondern nur in dem Bereich, in dem aus technischen Gründen keine Substitution der Faktoren gegeneinander mehr stattfinden kann.

Die Abbildung aller effizienten Produktionen aus der Technik W in die Null heißt "Produktionsfunktion":

$$f([v_j]) = 0, \; [v_j] \in W_E, \; j = 1, \ldots, m, \qquad (17.5\text{-}1)$$

$[v_j]$: Vektor aller Produktionsfaktoren und Produkte,

W_E : Menge der effizienten Produktionen innerhalb von W.

Unter den Begriff "Produktionsfunktion" fallen also zwei Tatbestände: die Menge aller gesetzmäßigen Zusammenhänge zwischen Faktoreinsatz und Produktionsergebnis, die einer produzierenden Einheit zur Verfügung stehen, sowie die technische Effizienz jener Produktion. Die Auflösung der Produktionsfunktion nach einem Produkt nennen wir "Produktfunktion", die Auflösung nach einem Faktor "Faktorfunktion" (zur Produktionstheorie s. FUSS 1987; KRELLE 1969; NADIRI 1987; WITTMANN 1968).

Alle Begriffe der Produktionsfunktion, abgesehen vom Begriff "Technischer Fortschritt" (s. Abschnitt 8.6.4), der aber in einzelwirtschaftlichen Produktionsfunktionen selten verwandt wird, gehören der für sich verständlichen Meß- und Beobachtungssprache an; viele dieser Begriffe, vor allem diejenigen, die Sachen bezeichnen, sind quantitativ, so daß sie in metrische Skalen abgebildet werden können (bei Begriffen, die Dienste bezeichnen, wird das allerdings häufig nicht der Fall sein; s. dazu MORGENSTERN 1972, S. 1183f.). Anders als bei der Nutzentheorie (s. vor allem 17.4.3 und 17.4.4) besteht also bei der Produktionstheorie kein Bedarf, irgendwelche Begriffe (bis auf den des technischen Fortschritts) der Ramsey-Elimination zu unterwerfen; daß man aus der Produktionsfunktion Angebots-, Nachfrage- und Kostenfunktionen der Unternehmung ableiten kann und ableitet, geschieht deshalb, weil man an solchen Funktionen interessiert ist.

Wie aus der Nachfragefunktion des Haushaltes (s. Abschnitt 17.4.4) kann unter bestimmten Bedingungen von der Kosten- oder der Nachfrage- oder Angebotsfunktion der Unternehmung auf die zugrunde liegende Produktfunktion geschlossen werden: Unter bestimmten Bedingungen herrscht *Dualität* zwischen der Produktfunktion und den abgeleiteten Funktionen (s. auch weiter hinten in diesem Abschnitt).

Für die folgenden Überlegungen nehmen wir den einfachsten Fall der Produktion an, eine Ein-Produkt-Unternehmung.

17.5.2 Die Gewinnmaximierung

Die neoklassische Mikroökonomik unterstellt der Firma, daß sie das Ziel hat, ihren Gewinn zu maximieren, und gibt ihr Anweisungen, wie sie dieses Ziel erreichen kann:

$$G(y) = E(y) - K(y) \rightarrow \max!, \qquad (17.5\text{-}2)$$

y : Produkt der Unternehmung,
G : Gewinn,
E : Erlös,
K : Funktion der minimierten Kosten bei Konstanz der Faktorpreise.

Durch (17.5-2) ist der Gewinn definiert; die Definition ist allgemein anerkannt. Daß Erlös und minimierte Kosten Funktionen der Produktmenge sind, ist vom Ansatz her ebenfalls unbestritten. Unter den Annahmen der vollständigen Konkurrenz und der Einproduktunternehmung ist

$$E(y) = py, \qquad (17.5\text{-}3)$$

p : Preis des Produktes, exogen bestimmt.

Die Funktion der minimierten Kosten wird aus der Produktfunktion abgeleitet (s. SCHUMANN 1992, S. 161-166; FUSS 1987), so daß die Maximierungsaufgabe auch ihre Nebenbedingung erhält, die Beachtung der Produktfunktion. Unter der Annahme, daß die Kostenfunktion zweimal nach dem Produkt differenzierbar ist, lautet die Lösung von (14.5-2)

$$E'(y) = K'(y) \qquad (17.5\text{-}4)$$

und

$$E''(y) - K''(y) < 0 \qquad (17.5\text{-}5)$$

oder, da wegen der Erlösfunktion (17.5-3) $E''(y) = 0$,

$$0 < K''(y). \qquad (17.5\text{-}6)$$

Das System (17.5-2) bis (17.5-6) ist dezisiv: Die Unternehmung wird angewiesen, diejenige Menge des Produktes herzustellen, bei der der Grenzerlös gleich den Grenzkosten ist, und zwar in einem aufsteigenden Ast der Grenzkostenkurve. Die explikativen Elemente des Systems bestehen aus der Erlösfunktion, die wir als unproblematisch deklariert haben, und der Funktion der minimierten Kosten K(y). Ob diese Funktion die benötigten Eigenschaften (zweimal differenzierbar, $K''(y) > 0$ bzw. $K''(y) > E''(y)$ in gewissen Wertebereichen von y) aufweist, hängt von der Produktfunktion ab, aus der sie abgeleitet ist.

Wie bereits erwähnt, besteht unter gewissen Bedingungen Dualität zwischen Produktions- und Kostenfunktion. Nehmen wir an, die Produktionsfunktion $f(x; r_1, ..., r_n) = 0$ mit x als einzigem Produkt und $[r_i]$ als Vektor der Produktionsfaktoren sei reell-wertig, stetig, monoton steigend im Vektor $[r_i]$ und quasi-konkav in diesem Vektor, dann ist die Kostenfunktion $K(x; q_1, ..., q_n)$ mit $[q_i]$ als Vektor der Faktorkosten reell-wertig für alle positiven Preise $[q_i]$ und alle positiven Produktmengen, nicht fallend in x und $[q_i]$, stetig in x und $[q_i]$, konkav in q_i und linear-homogen in $[q_i]$. Hat eine Kostenfunktion diese Eigenschaften, dann hat die zugrundeliegende Produktionsfunktion die zuvor erwähnten Eigenschaften (s. dazu FUSS 1987).

Wir leiten hier keine Funktion der minimierten Kosten ab, sondern definieren die Gewinnfunktion (17.5-2) direkt unter Zuhilfenahme einer Produktfunktion. Der Gewinn ist dann eine Funktion der eingesetzten Produktionsfaktoren, die Nebenbedingung (Beachtung der Produktfunktion) ist in die Gewinnfunktion integriert:

$$G(r_1, \ldots, r_i, \ldots, r_n) = pf(r_1, \ldots, r_i, \ldots, r_n) - (r_1q_1 + \ldots + r_iq_i + \ldots + r_nq_n + F) \rightarrow \max! \qquad (17.5\text{-}7)$$

$[r_i]$: Vektor der Produktionsfaktoren,
$[q_i]$: Vektor der Faktorpreise, exogen bestimmt, >0,
p : Marktpreis des Produktes, exogen, >0,
$f([r_i])$: Produktfunktion.

Wir nehmen eine Produktfunktion an, die mindestens zweimal differenzierbar ist, mit

$$\forall i\left[\frac{\partial f(r_i)}{\partial r_i} > 0\right], \qquad (17.5\text{-}8)$$

d.h. wir gehen von einer substitutionalen Produktfunktion aus: Wenn partiell ein Faktor vermehrt wird, wächst das Produkt; wenn partiell ein Faktor vermindert wird, sinkt das Produkt, ohne daß dadurch die Produktion zusammenbricht oder Faktorverschwendung auftritt.

Über den Wert der zweiten Ableitung wollen wir keine generelle Aussage machen. Nimmt man an, daß

$$\forall i\left[\frac{\partial^2 f([r_i])}{\partial r_i^2}\begin{cases} > 0 \text{ für alle } r_i < r_i^{WP} \\ < 0 \text{ für alle } r_i > r_i^{WP}\end{cases}\right], \qquad (17.5\text{-}9)$$

daß also die Ertragszuwächse bei Steigerung von r_i bis zum Wendepunkt (r_i^{WP}) zunehmen, danach abnehmen, nennt man die Produktfunktion "klassisch" oder "Ertragsgesetz". Nimmt man dagegen an, daß die Ertragszuwächse dauernd abnehmen:

$$\forall i\left[\frac{\partial^2 f([r_i])}{\partial r_i^2} < 0\right], \qquad (17.5\text{-}10)$$

so nennt man die Produktfunktion "neoklassisch". Uns kommt es zunächst nur darauf an, ob die Produktfunktion substitutional ist oder nicht.

Die Bedingung erster Ordnung für das Gewinnmaximum lautet:

$$\forall i \exists r_i^0 \left[p \frac{\partial f(r_i^0)}{\partial r_i} = q_i \right]. \tag{17.5-11}$$

In Worten: Die Unternehmung soll dadurch ihren Gewinn maximieren, daß sie von jedem Produktionsfaktor soviel nachfragt und im Produktionsprozeß einsetzt, bis das physische Grenzprodukt des Faktors, bewertet mit dem Produktpreis, gleich dem Preis des Faktors ist. Dies ist das berühmte *Grenzproduktivitätstheorem der Faktorentlohnung*.

Die Bedingung zweiter Ordnung für das Gewinnmaximum lautet: Ein Punkt $R^0 = (r_i, \ldots, r_n)$ sei stationärer Punkt der Funktion G der n Variablen $r_1, \ldots, r_n$. (Ein Punkt R^0 der Funktion G heißt dann "stationärer Punkt", wenn in ihm alle partiellen ersten Ableitungen gleich Null sind, in ihm also die Bedingungen erster Ordnung für das Gewinnmaximum erfüllt sind.) In R^0 besitze G zweite partielle Ableitungen $G_{r_i r_h}(i \in \{1, \ldots, n\}, h \in \{1, \ldots, n\})$ mit der Eigenschaft

$$\sum_{i=1}^{n} \sum_{h=1}^{n} G_{r_i r_h}(r_1^0, \ldots, r_n^0) dr_i dr_h < 0. \tag{17.5-12}$$

Dann liegt in R^0 ein relatives Maximum vor.

Wieder ist deutlich zu sehen: Das System (17.5-7) bis (17.5-12) ist ein dezisives mit explikativen Elementen; von diesen ist das wichtigste die Produktfunktion $f([r_i])$ mit den Eigenschaften (17.5-8), (17.5-11) und (17.5-12).

Die neoklassische Theorie der Firma nimmt an, daß jedes Unternehmen eine solche Produktfunktion besitzt, so daß es sich an die Anweisungen der Theorie halten kann; die Theorie nimmt weiter an, daß jedes Unternehmen sich tatsächlich auch an die Anweisungen hält, so daß die dezisive Theorie gleichzeitig auch eine explikative ist.

17.5 3 Das Ausschöpfungstheorem

17.5.3.1 Überblick

Das Ausschöpfungstheorem (die Behauptung, daß bei vollständiger Konkurrenz auf allen Märkten der Erlös der Firma ohne Rest auf die Produktionsfaktoren verteilt wird, daß also kein Gewinn existiert), spielt in der neoklassischen Wirtschaftstheorie seit 100 Jahren eine prominente Rolle (s. BLAUG 1985, S. 439-454; DORFMAN 1987; NIEHANS 1990, S. 251-253; STEEDMAN 1987; STIGLER 1941, S. 320-387). Die meisten Versuche es zu beweisen nehmen als eines ihrer Axiome an, daß die Produktfunktion linear-homogen ist, und leiten dann mit Hilfe des *Euler*-Theorems ab, daß der Erlös ohne Rest an die Produktionsfaktoren verteilt wird. Ich behaupte, daß diese Beweise einen Widerspruch implizieren (Abschnitt

17.5.3.2). Die Argumente sind sämtlich wohlbekannt und werden dennoch von vielen Publikationen nicht zur Kenntnis genommen. Ja, es gibt Autoren, die zeigen, daß das Ausschöpfungstheorem bei linear-homogener Produktfunktion nicht gelten kann und die es dann dennoch unter dieser Bedingung in derselben Veröffentlichung als gültig annehmen. Der einzig gültige Beweis scheint mir der von Barone zu sein, der eine inhomogene (ertragsgesetzliche) Produktfunktion voraussetzt (Abschnitt 17.5.3.3).

17.5.3.2 Linear-homogene Produktfunktion, Gewinnmaximierung und die Ausschöpfung des Ertrages

Die meisten Autoren, die zum Beweis des Ausschöpfungstheorems von einer linear-homogenen Produktfunktion ausgehen, unterstellen der Unternehmung das Ziel der Gewinnmaximierung (z.B. BARTMANN 1981, S. 99f.; KRELLE 1962, S. 53; KÜLP 1994, S. 34 und S. 104-109; RAMSER 1987, S. 132-136; SCHUMANN 1992, S. 152f.; WITTMANN 1968, S. 145). Der Beweis wird wie folgt geführt:

Gegeben sei

eine Einproduktuntersuchung, welche die Gewinnfunktion (17.5-7) besitze, die sie maximieren wolle. Die Produktfunktion sei in allen Variablen r_i stetig, differenzierbar und linear-homogen*; dann ist auch die Gewinnfunktion linear-homogen, und umgekehrt. Wenn die Produktfunktion nicht linear-homogen ist, dann auch nicht die Gewinnfunktion, und umgekehrt.

Behauptung 1:

Im Punkte $R^0 = (r_1^0, \ldots, r_n^0)$, der im Inneren des Definitionsbereiches liegt, besitze $G(r_1, \ldots, r_n)$ ein strenges Maximum. In R^0 gilt dann das Ausschöpfungstheorem:

$$pf(r_1^0, \ldots, r_n^0) = \sum_i r_i^0 q_i. \qquad (17.5\text{-}13)$$

Beweis:

Wenn G in R^0 ein strenges Maximum besitzt, gilt dort das Grenzproduktivitätstheorem (17.5-11), die notwendige Bedingung 1. Ordnung für ein strenges Maximum von G.

Von der Bedingung zweiter Ordnung (oder den Bedingungen höherer Ordnung) ist meistens nicht die Rede.

Nach dem *Euler*-Theorem gilt für die linear-homogene Produktfunktion (s. dazu WITTMAN 1968, S. 141)

$$f(r_1, \ldots, r_n) = \sum_i r_i \frac{\partial f(r_1, \ldots, r_n)}{\partial r_i}. \qquad (17.5\text{-}14)$$

* Zur Definition der linearen Homogenität s. Abschnitt 15.5.5.

Diese Gleichung mit p erweitert ergibt

$$\left.\begin{aligned} pf(r_1,\ldots,r_n) = p\sum_i r_i \frac{\partial f(r_1,\ldots,r_n)}{\partial r_i} &= \sum_i r_i q_i \\ &\text{in } \left(r_1^0,\ldots,r_n^0\right) \end{aligned}\right\} \qquad (17.5\text{-}15)$$

q.e.d.

Der Widerspruch in der skizzierten Verwendung des *Euler*-Theorems wird generiert durch die Behauptung 3. Um diese zu beweisen, wird zunächst Behauptung 2 aufgestellt und bewiesen.

Behauptung 2:

Wenn die Produktfunktion $f(r_1, \ldots, r_n)$ und damit die Gewinnfunktion $G(r_1,\ldots,r_n)$ homogen vom Grade eins sind, existiert kein strenges Gewinnmaximum.

Beweis (indirekt durch Nachweis eines Widerspruchs zwischen den notwendigen Eigenschaften eines strengen Maximums und einer linearhomogenen Funktion; natürlich ließe sich der Beweis auch führen, indem man nachwiese, daß die Bedingung 17.5-12 nicht zutrifft, was jedoch etwas aufwendiger wäre):

Wenn die linear-homogene Gewinnfunktion G, wie angenommen, ein strenges Maximum in R^0 besitzt, dann gilt dort wegen des *Euler*-Theorems wie bewiesen:

$$G\left(r_1^0, \ldots, r_n^0\right) = 0. \qquad (17.5\text{-}16)$$

Wegen der linearen Homogenität von G gilt auch

$$\forall t > 0 \left[G\left(tr_1^0,\ldots,tr_n^0\right) = tG\left(r_1^0,\ldots,r_n^0\right) = 0\right], \qquad (17.5\text{-}17)$$

was der Annahme widerspricht, daß G in R^0 ein strenges Maximum habe.

q.e.d.

Der Beweis gilt für jede differenzierbare linear-homogene Funktion: Keine Funktion eines solchen Types besitzt ein strenges Maximum.

Behauptung 3:

Die Gewinnfunktion G kann nur dann ein strenges Maximum besitzen, wenn die Produktfunktion und damit die Gewinnfunktion nicht linearhomogen sind.

Beweis:

Da, wie zu Behauptung 2 bewiesen, keine linear-homogene Funktion ein strenges Maximum besitzt, ist jede Funktion, die ein solches Maximum besitzt, nicht linear-homogen (diese Eigenschaft ist natürlich nicht hinreichend, aber auf jeden Fall notwendig). q.e.d.

Bei der dargelegten Verwendung des *Euler*-Theorems zum Beweis des Ausschöpfungstheorems muß man also einerseits annehmen, daß die Gewinnfunktion und damit die Produktfunktion homogen vom Grade eins sind; andererseits, daß die Gewinnfunktion und damit die Produktfunktion nicht homogen vom Grade eins sind.

Corollarium

Aus den Ausdrücken (17.5-16) und (17.5-17) folgt: Wenn es *einen* stationären Punkt R^0 von G gibt, dann beliebig viele; in jedem dieser Punkte gilt G = O. Es kann von dem Modell kein Punkt angegeben werden, den die Unternehmung realisieren sollte: Nachfrage der Firma nach Faktoren und Produktionsmenge der Firma sind indeterminiert. Deshalb ist auch kein gesamtwirtschaftliches Gleichgewicht bestimmbar, wenn alle Firmen nach derselben linear-homogenen Produktfunktion produzieren.

Obwohl die vorgetragenen Argumente in gängigen Lehrbüchern nachzulesen sind (s. HENDERSON/QUANDT 1983, S. 80f. in Verbindung mit S. 73 sowie S. 111; VARIAN 1992, S. 29 und S. 356), werden sie (wie erwähnt) von einem Teil der Literatur nicht zur Kenntnis genommen, andere Autoren wollen die Argumente entkräften. Besonders diese Versuche sind hier von Interesse, weil sie zeigen, wie logische Beweise ohne Wirkung bleiben, wenn sie liebgewordene Vorstellungen der betreffenden Wissenschaftler aufheben. *Kuhns* Beschreibung des normalen Wissenschaftlers, daß dieser *empirische Widerlegungen* seiner Thesen zu ignorieren pflegt, müßte um die Behauptung erweitert werden, daß er auch *logische Widersprüche* in seinem Aussagensystem nicht zu beseitigen, sondern wegzudiskutieren sucht. Dafür drei Beispiele:

STIGLER 1941 faßt im Schlußkapitel ("Euler's theorem and the marginal productivity theory") seines Buches zunächst die herrschende Meinung über das Problem zusammen:

> "It is accepted doctrine that the condition of constant returns to scale of output in the firm (*i.e.*, Wicksteed's assumption) is incompatible with stable competition" (S. 382).

In einer Fußnote weist er auf ältere Arbeiten von VINER 1932, KALDOR 1934 und BOWLEY 1924 hin. Dann jedoch bezeichnet er die herrschende Meinung als falsch für den Fall, daß die langfristige Durchschnittskostenkurve und die Preiskurve (beide linear) zusammenfallen, der Gewinn der Firma also null ist:

> "Under the most rigorous assumptions concerning competition, the distribution of output among firms is indeterminate, but it is stable and therefore essentially irrelevant. No firm would expand because its cost line coincided with the price line, simply because ultimately such a procedure would be futile or costly" (S. 383).

Im ersten Satz des Zitates ist die Produktion unbestimmt, im zweiten dagegen bestimmt; denn die Aussage "No firm would expand...", ist nur dann sinnvoll, wenn man voraussetzt, daß die Firma irgendeine bestimmte Größe hat. Ja, der Widerspruch ist bereits im ersten Satz enthalten: Von irgendeinem Zustand zu sagen, daß er stabil sei, setzt voraus, daß er bestimmt ist. Einen Zustand gleichzeitig als unbestimmt und stabil zu bezeichnen, ist ein Widerspruch in sich selbst. Es handelt sich hier nicht (um einen möglichen Einwand vorwegzunehmen) darum, daß der Zustand dem Theoretiker nur unbekannt wäre: dann könnte er selbstverständlich bestimmt und stabil sein; sondern darum, daß er von der Sache her (also auch durch die Firma) nicht bestimmt werden kann.

SAMUELSON 1983 schreibt in den berühmten "Foundations":

"If [the production function is] really homogenous [of the first order], marginal costs would always be constant. [14] ([14] It follows from Euler's generalized theorem on homogenous functions that the Hessian of a homogenous function of the first order is identically zero. Obviously, stable equilibrium for a firm under pure competition is impossible in these circumstances.) It is indicative of the lack of integration mentioned above that many writers assume U-shaped cost curves in the same breath with homogeneity of the production function" (S. 85).

(Dann bringt Samuelson den Beweis des Ausschöpfungstheorems von Barone, den ich in Abschnitt 17.5.3.3 zitiere).

Einige Seiten weiter vorn jedoch heißt es für den Fall der linearhomogenen Produktfunktion (in der "Einführung zur erweiterten Auflage", S. XXIV, verweist *Samuelson* stolz auf diesen Abschnitt: hier sei das Problem der Unbestimmtheit gelöst worden):

"... if price is identically equal to marginal cost, the exact output of the firm will be a matter of indifference. Thus, what was usually regarded as the most favorable case for pure competition turns out to yield indeterminate output for each firm.

However, too much should not be made of this paradox. Even though the output of every firm may be indeterminate, their sum may be determinate, in the same way that the sum of two discontinuous functions may be continuos" (S. 78 f.)

Die Behauptung, die Summe unbestimmter Nachfragemengen könne bestimmt sein (sie weist offensichtlich große Ähnlichkeit mit der eben zitierten Äußerung *Stiglers* auf), ist wie jene in sich widersprüchlich; denn eine Summe kann man nur bilden, wenn die einzelnen Summanden bestimmt sind. Die zum Beweis herangezogene Analogie trifft nicht zu: Wenn man zwei diskontinuierliche Funktionen aggregiert, sind diese bestimmt. Auch die weiteren Begründungsversuche *Samuelsons* scheinen mir widersprüchlich zu sein, worauf ich jedoch nicht eingehe.

Besonders forsch geht RAMSER 1987 zu Wege:

"Für das Firmenmodell werde eine linear-homogene Produktionsfunktion angenommen...

Die Annahme der Gewinnmaximierung ... führt zu den notwendigen und hier hinreichenden Bedingungen... [es folgt das Grenzproduktivitätstheorem].

Das Produktionsniveau ... ist zufolge der Annahme linearer Homogenität unbestimmt; im Gleichgewicht entspricht es natürlich der Nachfrage" (S. 132).

An der letzten Aussage will ich natürlich nicht zweifeln (es handelt sich schließlich um die Definition des Gleichgewichtes); ich argumentiere nur, daß die Behauptung, es existiere ein Gleichgewicht, aus den Axiomen nicht abgeleitet werden kann, sondern im Gegenteil: daß die Behauptung abgeleitet werden kann, daß ein solches Gleichgewicht nicht existiert. Offensichtlich, weil ihnen diese Einsicht unerträglich ist, haben sich die drei zitierten Autoren zu Leugnung logischer Widersprüche hinreißen lassen.

17.5.3.3 Der Beweis von *Barone*

Der folgende Beweis des Ausschöpfungstheorems trägt viele Namen; ich folge *Joan* ROBINSON 1934, die behauptet, daß die Priorität *Barone* zukommt. Gegeben sei dieselbe Situation wie in Abschnitt 17.5.3.2, außer daß die Produktfunktion derart beschaffen sei, daß die Kurven der totalen und der variablen Durchschnittskosten sowie der Grenzkosten zuerst fallende und dann steigende Äste aufweisen und daß die Minima dieser Kurven so liegen, wie es in den Lehrbüchern dargestellt ist.

Dann realisiert die Unternehmung bei Gewinnmaximierung und vollständiger Konkurrenz das Grenzproduktivitätstheorem; auch die Bedingung 2. Ordnung trifft zu; die so realisierte Produktmenge erfüllt gerade die Anweisung "Grenzkosten gleich Produktpreis!" Im langfristigen Gleichgewicht produzieren alle Firmen im Minimum ihrer durchschnittlichen totalen Kosten. In ihrem Minimum wird die Durchschnittskostenkurve von der Grenzkostenkurve geschnitten. Deshalb ist der Produktpreis gleich dem Minimum der totalen Durchschnittskosten, so daß der Gewinn der Unternehmung gleich null ist: Der Erlös des Produktes wird ohne Rest an die Produktionsfaktoren verteilt, das Gleichgewicht ist eindeutig und stabil.

Es ist schwer zu verstehen, warum dieser logisch einwandfreie Beweis, den immerhin *Walras*, basierend auf *Barone*, bekanntgemacht hat (s. STEEDMAN 1987, S. 22), in der Literatur so weit hinter dem widersprüchlichen Beweis, der eine linear-homogene Produktfunktion voraussetzt, zurückgetreten ist; es sei denn, man nähme an, die Theoretiker hätten sich von dem Argument überzeugen lassen, es gebe in der Realität wohl lineare Kostenfunktionen, aber nicht solche, die erst fallende und dann steigende Durchschnitts- und Grenzkosten aufwiesen: eine Vorgehensweise, die sich scharf von der sonstigen Unempfindlichkeit der neoklassischen Theoretiker gegen empirische Argumente abhöbe.

17.5.3.4 Der Übergang von den Mikrofunktionen zur makroökonomischen Produktfunktion

Linear-homogene Produktfunktionen $Y = F(A, K)$ spielen in der neoklassischen Makroökonomik eine mindestens so bedeutende Rolle wie in der Mikroökonomik: $(\partial Y/\partial A)A$ und $(\partial Y/\partial K)K$ werden wegen des Grenzproduktivitätstheorems als das gesamte Arbeits- und das gesamte Kapitaleinkommen interpretiert, die, bei linearer Homogenität von F, Y gerade ausschöpfen.

Eine solche Funktion wird auf zwei sich ausschließenden Wegen zu begründen versucht. Nehmen wir zunächst an, alle Firmen produzierten nach genau derselben linear-homogenen Produktfunktion mit genau den gleichen (homogenen) Faktoren genau das gleiche (homogene) Produkt; in jeder Firma gelte für jeden Faktor das Grenzproduktivitätstheorem. Dann kann man die vielen Mikrofunktionen zu einer linear-homogenen Makrofunktion aggregieren, in welcher die Argumente Arbeit und Kapital ungewichtete Summen der einzelwirtschaftlichen Arbeits- und Kapitalmengen sind (s. Abschnitt 15.5.5). Dieser Versuch scheitert rein modellimmanent daran, daß bei linear-homogenen mikroökonomischen Produktfunktionen Faktornachfrage und Produktmenge jeder Firma unbestimmt sind, weil das Grenzproduktivitätstheorem nicht gilt, und deshalb nicht aggregiert werden können.

Gehen wir, zweitens, von dem Barone-Argument für die Ausschöpfung des Ertrages aus. Dann produzieren die Unternehmen auch bei mikroökonomischer inhomogener Funktion an einem Punkt, an dem diese Funktionen die Eigenschaft der linearen Homogenität haben. Angenommen, alle Unternehmen produzierten genau das gleiche Produkt mit genau den gleichen Produktionsfaktoren, dann könnte man die *stationäre* Gesamtproduktion durch eine makroökonomische linear-homogene Produktfunktion erklären. Rein modellimmanent trifft das Argument zu. In jeder realen Volkswirtschaft werden jedoch sehr viele unterschiedliche Güter mit sicher ganz unterschiedlichen Produktionsfaktoren produziert. Sie können nicht als Aggregate in *eine* makroökonomische Funktion eingesetzt werden. Dieses Argument ist in Abschnitt 15.5.4 ausführlich dargelegt.

17.5.4 Ist die Theorie empirisch, und ist sie bewährt?

Wir beschränken an dieser Stelle die Diskussion auf die Frage, ob die substitutionale Produktfunktion ein empirisches und bewährtes Konzept ist; das Problem, ob Menschen sich im Sinne der Rationaltheorie verhalten, diskutieren wir in Kapitel 20.

Wir haben oben bereits darauf hingewiesen, daß, anders als bei der Nutzenfunktion, alle Begriffe der Produktfunktion der für sich verständlichen Meß- und Beobachtungssprache angehören. Insofern ist die Produktfunktion ein empirisches Konzept: Die Variablen können gemessen werden; die Funktion kann spezifiziert werden; die Behauptungen über ihre Eigenschaften können widerlegt werden.

Ist die Produktfunktion der Unternehmung nun substitutional, wie es die neoklassische Theorie der Firma annimmt?

Seit der berühmten Untersuchung von *Erich Gutenberg* im ersten Band seiner Grundlagen der Betriebswirtschaftslehre (GUTENBERG 1951) über die Produktfunktionen wird im deutschen Sprachraum nicht mehr ernsthaft bestritten, sofern über das Problem gehandelt wird, daß die *indu-*

strielle Produktion nicht durch substitutionale Produktfunktionen gekennzeichnet ist, sondern durch Funktionen, in denen kein Faktor substituierbar ist, sei es, daß alle Faktoren voll komplementär sind (*Leontief*-Produktfunktionen), sei es, daß zwar die Nutzungsintensität einiger Faktoren variabel ist, die Änderung der Intensität aber die Änderung der Einsatzmenge anderer Faktoren erfordert (*Gutenberg*-Produktfunktionen). Substitutionale Produktfunktionen kommen, wenn überhaupt, nur in der Landwirtschaft vor, nämlich wenn es um das Grenzprodukt von zusätzlichem Dünger bei gleichbleibenden sonstigen Produktionsfaktoren geht (s. dazu KRELLE 1969, S. 22ff.). KLAUS 1974 (S. 29f.) berichtet über eine Untersuchung von *R. Frisch* aus dem Jahre 1935 über die Substitution von Kakaofett durch menschliche Arbeit bei der Produktion von Schokolade: Je mehr Kakaofett dem Produkt zugesetzt wurde, desto weniger Arbeit war bei der Kühlung der Schokoladenmasse und bei ihrer Formung zu Schokoladentafeln notwendig. Meiner Meinung nach kann das schon deshalb kein Beispiel für eine substitutionale Produktfunktion sein, weil durch die Veränderung des Faktoreinsatzes das Produkt sich ändert, was bei einer Produktfunktion jener Art ausgeschlossen ist: Schokoladen mit verschiedenen Kakaofettanteilen sind nicht homogen.

Produktfunktionen für Dienstleistungen sind noch wenig untersucht; es sind Zweifel angebracht, ob sie überhaupt existieren (s. dazu wiederum MORGENSTERN 1972, S. 1183f.), ob es zum Beispiel eine Produktfunktion der Universität gibt, in der die Produktionsfaktoren überwiegend Dienste von Menschen, die Produkte Forschung, Verhaltensänderungen von Studenten und sonstige Dienstleistungen sind.

In Großbritannien und den USA gibt es spätestens seit HALL/HITCH 1939 eine ausgedehnte Kontroverse über den Realismus der neoklassischen Theorie der Unternehmung (s. dazu KOUTSOYIANNIS 1984, S. 256-270), die sich auf sämtliche Annahmen dieser Theorie bezieht. Die Mehrzahl der Autoren, die sich an dieser Kontroverse beteiligt haben, neigen der Ansicht zu, daß Unternehmen sich nicht so verhalten, wie es ihnen die neoklassische Theorie vorschreibt. Insbesondere die Regel "Grenzerlös = Grenzkosten" [s. Formel (17.5-4)] wird nicht befolgt. In den Jahren 1946 und 1947 fand in der *American Economic Review* eine Diskussion über die empirische Relevanz der neoklassischen Produktionstheorie statt (LESTER 1946; STIGLER 1946; MACHLUP 1946; LESTER 1947; MACHLUP 1947; STIGLER 1947). *Lester* behauptete auf Grund von Umfragen bei Firmen, daß die substitutionale Produktionstheorie nicht die Wirklichkeit beschreibt, *Machlup* und *Stigler* nahmen gewisse Schwächen der Umfrage zum Anlaß, die Ergebnisse zu verwerfen. Nach meiner Meinung machen ihre Darlegungen klar, daß sie nicht bereit waren, durch irgendwelche empirischen Ergebnisse ihren Glauben an die neoklassische Produktionstheorie erschüttern zu lassen.

Ich fasse zusammen: Das Konzept einer substitutionalen Produktfunktion, welches ein konstituierendes Element der neoklassischen Theorie der Firma ist, hat empirischen Status: Es kann durch Erfahrung widerlegt werden. Es bestehen keine ernsthaften Zweifel daran, daß das Konzept auch tatsächlich widerlegt ist: Es gibt zumindest in der industriellen Produktion keine substitutionalen Produktfunktionen. Die explikativen Elemente der von Haus aus dezisiven neoklassischen Theorie des Unternehmens sind falsch, deshalb kann kein Unternehmen den Anweisungen der Theorie folgen. Schon allein deshalb ist auch die Annahme, durch welche die dezisive Theorie zu einer explikativen wird, daß nämlich alle Unternehmen sich an die Anweisungen der Theorie halten, falsch: Ableitungen aus dieser Annahme können nur durch Zufall wahr sein; die Benutzung offensichtlich falscher Prämissen widerspricht dem Sinn der wissenschaftlichen Erklärung mit Hilfe des axiomatischen Systems (s. Abschnitt 6.2).

Wie wird das Problem in der heutigen Literatur behandelt? In gängigen Lehrbüchern der Mikroökonomik (z.B. SCHUMANN 1992; VARIAN 1992; HENDERSON/QUANDT 1983) kommt es gar nicht vor. Das zitierte Buch von JÄGER ist insofern eine Ausnahme, allerdings auch in der Hinsicht, daß es die empirische Gültigkeit der substitutionalen Produktfunktion behauptet. Wo das Problem überhaupt behandelt wird, gibt man im allgemeinen zu, daß es substitutionale Produktfunktionen in der Realität nicht gibt, aber dann setzt sich der normale Wissenschaftler im Sinne von KUHN über die Konsequenzen dieser Einsicht hinweg:

"At present the marginal productivity principle is used to explain the demand for factors of production in both a two-factor version using aggregate capital and aggregate labour as the factors, and a n-factor version, where n is the number of distinguishable factors used in the production process.

To use the two-factor version it is necessary to establish quantitative measures of the aggregates of dissimilar objects that are given the names 'capital' and 'labour', a task that has never been performed to anyone's satisfaction...

The *n*-factor version avoids the impossible task of aggregating apples and bulldozers, but has problems of its own...It presumes that the constraints on choices can be described reasonably well by a single well-behaved, differentiable production function. This is generally not the case...

The essential perceptions of marginal productivity theory still apply, but they can no longer be expressed by equalities between price ratios and ratios of marginal changes (DORFMAN 1987, S. 324f.)."

Dem nicht von vornherein gläubigen Leser, einem, der rationale Argumente fordert, bleibt es ein unverständliches Geheimnis, wie es möglich ist, daß, obwohl die substitutionale Produktfunktion die Wirklichkeit nicht beschreibt, die wesentlichen Einsichten der Grenzproduktivitätstheorie, die aber nicht aus dem Grenzproduktivitätstheorem bestehen, dennoch gelten. Ich schließe mich vielmehr der folgenden Meinung an:

"One asks oneself whether as sweeping assertions as marginal productivity theory makes can really be taken seriously when looking at any given economy" (MORGENSTERN 1972, S. 1185).

18 Über die Spieltheorie

18.1 Spiel und Spielstrategie

Ein *strategisches Spiel* weist die folgenden Elemente auf:

1) eine Menge von Spielern, von denen jeder ein Ziel verfolgt; die Menge der Spieler umfaßt mindestens zwei, kann aber auch größer sein;

2) eine Menge von Zielen, von denen mindestens je eines jedem Spieler zugeordnet ist;

3) eine Menge von Spielergebnissen; die Spieltheorie betrachtet als solche Ergebnisse Zahlungen, die von bestimmten Spielern an bestimmte andere Spieler zu leisten sind; es wird vorausgesetzt, daß jeder Spieler alle Zahlungen, die er empfangen und die er an andere leisten kann, mit Hilfe einer Nutzenfunktion bewertet, die bis auf eine lineare Transformation bestimmt ist, das heißt, es wird metrische Meßbarkeit des Nutzens mit einer Intervallskala für den einzelnen Spieler vorausgesetzt (s. dazu Abschnitt 17.4.1). Interpersoneller Nutzenvergleich ist nur möglich, wenn der Nullpunkt der Skala für jeden Spieler gleich definiert ist. Erfolgen die Zahlungen in Geldeinheiten, dann wird meistens angenommen, daß Nutzenindex und Geldbetrag identisch sind; erfolgen die Zahlungen auch in anderen als Geldeinheiten, werden sie mit Hilfe der Nutzenfunktion in numerische Werte transformiert;

4) eine Menge von Determinanten des Spielergebnisses; *reine Glücksspiele* lassen das Spielergebnis allein vom Zufall abhängen (Beispiel: Roulette), nicht vom Verhalten der Spieler; *strategische Spiele* lassen das Spielergebnis entweder ausschließlich vom Verhalten der Spieler (Beispiel: Schach) oder auch von diesem, neben dem Zufall (Beispiel: Skat) abhängen;

5) eine Menge von Spielregeln; sie bestimmen,
   5.1) welche Züge der einzelne Spieler hat;
   5.2) wer jeweils am Zuge ist;
   5.3) welche Informationen jeder Spieler erhält;
   5.4) wann das Spiel beendet ist.

Man könnte alle Elemente, die wir in den Punkten 1 bis 5 aufgezählt haben, als die Regeln des Spiels bezeichnen.

Die Folge der Züge, die ein Spieler sich vor Beginn des Spieles zurechtlegt, um sein Ziel zu erreichen, seinen Spielplan also, nennt man "Strategie". Normalerweise wird die Strategie bedingt sein, das heißt: Für jeden möglichen oder vorhergesehenen Zug eines anderen Spielers hat der betrachtete Spieler seinen darauf folgenden Zug geplant.

"Wir wollen uns... vorstellen, daß jeder Spieler k = 1, ..., n die Entscheidung über jeden Zug nicht erst dann trifft, wenn die Notwendigkeit dafür vorliegt, sondern daß er sich über sein Vorgehen bei allen möglichen Situationen vorher schlüssig wird; d.h. daß der Spieler k mit einem vollständigen Plan zu spielen beginnt; einem Plan, der angibt, welche Wahl er zu treffen hat in allen nur möglichen Situationen, für jede nur mögliche wirkliche Information, die er in diesem Augenblick im Einklang mit dem Informationsschema, das die Spielregeln für diesen Fall vorsehen, besitzen kann. Einen derartigen Plan nennen wir eine Strategie" (NEUMANN/MORGENSTERN 1967, S. 79).

Vom Spiel im bisher beschriebenen Sinn ist die *Partie* zu unterscheiden:

"Das Spiel ist einfach die Gesamtheit aller Regeln, die es beschreiben. Jedes spezielle Beispiel, bei dem ein Spiel auf eine ganz spezielle Art von Anfang bis Ende gespielt wird, ist eine Partie" (NEUMANN/MORGENSTERN 1967, S. 48).

Viele Wissenschaftler sind der Meinung, daß die aufgezählten Elemente 1 bis 5 nicht nur die strategischen Spiele im Wortsinn (als Prototypen mögen noch einmal Schach und Skat dienen) kennzeichnen, sondern sehr viele Lebenssituationen, insbesondere Situationen in der Wirtschaft und im militärischen Bereich. Ohne Zweifel ist es möglich, die gesamte neoklassische mikroökonomische Theorie als strategisches Spiel zu interpretieren. Denn beide gehen davon aus, daß die Entscheidungssituation, in welcher eine beliebige Person sich befindet, wohldefiniert ist, insofern, als dieser Person ihre Ziele und die Mittel, mit denen sie diese erreichen kann, völlig bekannt sind. Beide gehen davon aus, daß der betrachtete Handelnde (oder Spieler) das Ergebnis mitdeterminiert, ebenso, wie dieses auch von den Handlungen der anderen Teilnehmer am Spiel bzw. der Wirtschaft abhängt (s. dazu Kapitel 17; über Unterschiede zwischen beiden s. den nächsten Abschnitt).

18.2 Spieltheorie

Die selbstgesetzte Aufgabe der *Theorie der strategischen Spiele,* einer mathematischen Disziplin, besteht darin, einem oder mehreren oder allen Spielern einen Algorithmus zu liefern, mit dem sie aus der Menge aller Züge, die ihnen nach den Regeln des Spiels zur Verfügung stehen, diejenige Teilmenge auswählen können, mit der sie ihr Ziel am besten erreichen, mit dem sie also ihre optimale Strategie bestimmen sollen. Außerdem ist die Spieltheorie an der Beschreibung von Gleichgewichtszuständen zwischen den Spielern interessiert.

Hiermit wird die bereits angedeutete Entsprechung von neoklassischer mikroökonomischer Wirtschaftstheorie und Spieltheorie weiter verstärkt. Diese unterscheidet sich von jener dadurch, daß sie systematisch jede als möglich vorgestellte Verhaltensweise des Gegenspielers in dem von ihr entwickelten Optimierungskalkül berücksichtigt, während jene das nicht tut. Anders ausgedrückt: Die Spieltheorie bestimmt die optimale Strategie eines Spielers immer mit Rücksicht auf die variablen, aber dem betrachteten Spieler im vorhinein unbekannten Züge der anderen Spieler, während die neoklassische Wirtschaftstheorie bei den meisten Marktformen unterstellt, daß das Verhalten der anderen Marktteilnehmer (Spieler) zwar ebenfalls variabel, dem betrachteten Wirtschaftssubjekt aber von vornherein mit Sicherheit oder wenigstens gemäß einer Häufigkeitsverteilung bekannt sei. Bei der vollständigen Konkurrenz zum Beispiel wird angenommen, daß ein Unternehmen, wenn es vom herrschenden Marktpreis seines Produktes nach oben abweicht, sofort seine gesamte Nachfrage verliert und daß dies dem Unternehmen bekannt ist. Nur bei den Marktformen des Oligopols/Polypsons und des Monopols/Monopsons wird angenommen, daß die Verhaltensweisen der anderen Marktteilnehmer dem betrachteten Wirtschaftssubjekt nicht von vornherein bekannt sind; die sogenannten heuristischen Modelle entwickeln ihre Optimierungsalgorithmen dann unter der Bedingung, daß die übrigen Marktteilnehmer sich auf eine ganz bestimmte Weise verhalten, im Oligopol z.B. die Existenz der Konkurrenten nicht vernichten wollen (s. dazu KRELLE 1976, S. 139). Die Oligopoltheorie und die Theorie des Monopols/Monopsons (der zweiseitigen Verhandlungen) sind deshalb die nächstliegenden Anwendungsgebiete der Spieltheorie in der Volkswirtschaftslehre.

Auch die Theorie der strategischen Spiele ist wie die neoklassische Mikroökonomik eine geborene dezisive Theorie; wie an diese werden wir auch an die Spieltheorie die Frage stellen, ob sie empirische und bewährte explikative Elemente enthält, so daß die Adressaten sich an die Anweisungen der Theorie halten können.

18.3 Einteilung der Spiele in der Spieltheorie

Die Spieltheorie teilt die strategischen Spiele nach mannigfachen Gesichtspunkten ein, von denen wir einige, die für unsere weiteren Ausführungen von Bedeutung sind, im folgenden nennen:

nach der Anzahl der beteiligten Spieler: *Zwei-Personen-Spiele* und *Mehr-Personen-Spiele*;

nach dem Resultat des Spieles: *Nullsummenspiele* und *Nichtnullsummenspiele*: Bei Nullsummenspielen bestehen die Gewinne der Gewinner aus den Verlusten der Verlierer; die Summe aller Gewinne ist also gleich Null (hierdurch sind durchweg die Spiele im Wortsinn, die Gesellschaftsspiele, gekennzeichnet). Bei Nichtnullsummenspielen gleichen sich Verluste und Gewinne nicht aus; dies ist dadurch möglich, daß die Gewinne oder Verluste wenigstens teilweise jemandem zufließen, der nicht am Spiel beteiligt ist. Diese Situation kommt vor allem in der Realität vor; bei Tarifverhandlungen zum Beispiel können die Arbeitgeber die Verluste durch Erhöhung der Preise auf die Käufer der Produkte überwälzen. Spiele mit einem gemeinsamen Gewinn, der größer als Null ist, sind auch dadurch möglich, daß das betrachtete System wächst; bei den Tarifverhandlungen mit einem Einzelunternehmen etwa kann in einem Jahr wegen des real gewachsenen Firmenumsatzes und -gewinnes eine größere zu verteilende Summe zur Disposition stehen als im Vorjahr: Keine der Verhandlungsparteien erleidet, wenn nur der Zuwachs verteilt wird, gegenüber der Ausgangssituation einen Verlust. Jedes Nichtnullsummenspiel mit n Spielern kann durch die Einführung eines fiktiven Spielers auf ein Nullsummenspiel mit $n+1$ Spielern reduziert werden; jedes Nullsummenspiel mit $n+1$ Spielern auf ein solches mit zwei Spielern. Daher ist das Zwei-Personen-Nullsummenspiel die Grundform der Theorie;

nach der Art des Verhältnisses zwischen den Spielern: *kooperative Spiele* und *nicht-kooperative Spiele*. In kooperativen Spielen treffen die Spieler Verabredungen miteinander, bei nicht-kooperativen Spielen nicht. Kooperation kann sowohl in Zwei-Personen- als auch in Mehr-Personen-

Spielen vorkommen. Tritt Kooperation in Zwei-Personen-Spielen auf, können diese keine Nullsummenspiele sein. Bei Mehr-Personen-Spielen können die Spieler Koalitionen bilden, wobei es viele mögliche Konstellationen gibt: z.B., daß nur zwei Parteien entstehen und die Gesamtgewinnsumme Null ist; z.B. daß nur zwei Parteien entstehen und die Gesamtgewinnsumme von Null verschieden ist;

nach der Anzahl der möglichen Strategien: *endliche Spiele* und *unendliche Spiele.* In endlichen Spielen hat jeder Spieler nur eine endliche Anzahl von Strategien zur Verfügung, in unendlichen Spielen hat mindestens einer der Spieler eine unendliche Anzahl von Strategien zur Verfügung.

nach dem Umfang der den Spielern zugänglichen Informationen: *Spiele mit vollständiger Information* (z.B. Schach) und *Spiele mit unvollständiger Information* (z.B. Skat);

nach dem Charakter der optimalen Strategie: *Spiele mit reiner Strategie* und *Spiele mit gemischter Strategie.* Ein Spieler benützt eine reine Strategie, wenn er mit Sicherheit aus der Gesamtheit seiner Strategien eine bestimmte auswählt. Er benützt eine gemischte Strategie, wenn er seine Vorgehensweise aus der Gesamtheit seiner Strategien mit Hilfe eines von ihm bestimmten Zufallprozesses auswählt;

nach dem Charakter der Lösung*: bestimmte Spiele* und *unbestimmte Spiele.* Bestimmte Spiele besitzen als Lösung einen Sattelpunkt im Bereich der reinen Strategie (s. dazu Abschnitt 18.4.1.3). Unbestimmte Spiele besitzen, wenn überhaupt, einen Sattelpunkt nicht im Bereich der reinen, sondern allenfalls im Bereich der gemischten Strategien;

nach dem Verhalten der Spieler: *Spiele mit Täuschung (Bluff)* und *Spiele ohne Täuschung;*

nach der Form, in der Spiele beschrieben werden*: Spiele in extensiver Form* und *Spiele in Normalform.* Die extensive Form eines Spieles ist dessen vollständige Beschreibung mit allen Zügen aller Spieler. Häufig wird zur Beschreibung ein Spielbaum benutzt (s. Darstellung 18/1). Ein Spielbaum wird definiert als eine ebene Figur,

> "die aus endlich vielen Strecken besteht, welche sich von einem Ausgangspunkt A ... nach oben derart verzweigen, daß jede von A verschiedene Ecke mit genau einer Ecke des nächstniedrigen Niveaus verbunden ist... Diejenigen Ecken, von denen keine Strecken mehr höher führen, heißen *Endpunkte* des Baumes. Es sei ein solcher Baum B gegeben. An jeder Ecke von B, die kein Endpunkt ist, sei eine der Ziffer 1, 2, ..., n notiert. Auf der Menge der Endpunkte von B als Argumentbereich seien n reellwertige Funktionen f_i (i = 1, ..., n) definiert. Durch diese Vorgaben wird dann folgendes n-Personen-Spiel bestimmt: Die Spieler seien mit 1, 2, ..., n numeriert. Zunächst wählt der am Anfangspunkt A notierte Spieler eine der von A ausgehenden Strecken, darauf der am Endpunkt dieser Strecke notierte Spieler einer der von dort nach oben weiterführenden Strecken usw. Alle Züge erfolgen offen. Schließlich endet die Partie beim Endpunkt *E*. Dann erhält Spieler i (i = 1, ..., n) die Auszahlung $f_i(E)$" (BURGER 1966, S. 17f.).

Grundsätzlich können in einem Spielbaum alle Strategiemengen aller Spieler dargestellt werden, das Spiel kann also vollständig beschrieben werden. Praktisch ist dies jedoch nur bei sehr einfachen Spielen möglich; bei komplizierten Spielen, z.B. beim Schach, kann ein Spielbaum nur eine einzelne Partie oder ganz wenige der möglichen beschreiben. Die vollständige Beschreibung eines Spieles erfolgt durch die Normalform.

Die Normalform eines Spieles wird gegeben durch die Strategiemengen aller n Spieler und durch die Auszahlungsfunktion der Spieler in Abhängigkeit von den insgesamt gewählten Strategien.

Darstellung 18/1: Spielbaum

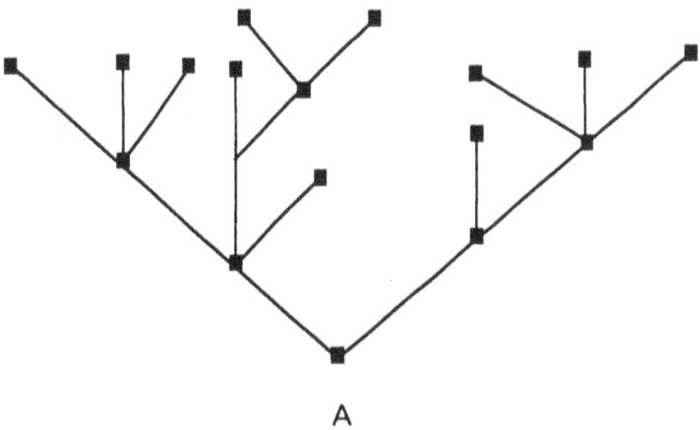

Nur die extensive Form eines Spieles kann seinen Verlauf abbilden, also eine dynamische Theorie sein; die Normalform kann dieses nicht, sie ist statisch.

18.4 Endliche strategische Spiele zwischen zwei Personen

18.4.1 Nullsummenspiele

18.4.1.1 Allgemeine Charakteristik

Wir betrachten ein Spiel zwischen zwei Spielern A und B, bei dem der Gewinn des einen der Verlust des anderen Spielers ist. Dem Spieler A mögen m Strategien $A_1, \ldots, A_m$, dem Spieler B n Strategien $B_1, \ldots, B_n$ zur Verfügung stehen. Beiden Spielern mögen die Mengen aller Strategien bekannt sein. Außerdem wollen wir zunächst annehmen, daß die Spielregeln offene Züge vorschreiben. Beiden Spielern sei außerdem eine Spielmatrix bekannt, die für alle möglichen Kombinationen der Strategien von A und B die Auszahlungen festlegt. In Darstellung 18/2 ist die Spielmatrix aus der Sicht von A formuliert; Elemente mit positivem Vorzeichen sind Zahlungen, die A von B empfängt; Elemente mit negativem

Vorzeichen solche, die A an B leistet. Die Matrix aus der Sicht von B ist die gleiche, außer daß die Elemente entgegengesetzte Vorzeichen haben.

Darstellung 18/2: Spielmatrix aus der Sicht von A

A \ B	B_1	...	B_j	...	B_n
A_1	a_{11}	...	a_{1j}	...	a_{1n}
.	.		.		.
.	.		.		.
.	.		.		.
A_i	a_{i1}	...	a_{ij}	...	a_{in}
.	.		.		.
.	.		.		.
.	.		.		.
A_m	a_{m1}	...	a_{mj}	...	a_{mn}

Zeichenerklärung:

$\{A_1, ..., A_m\}$: Menge der Strategien des Spielers A,
$\{B_1, ..., B_n\}$: Menge der Strategien des Spielers B,
a_{ij} : Zahlungen von oder an A (je nach Vorzeichen).

Das Ziel des Spielers A möge darin bestehen, eine möglichst hohe Zahlung von B zu erhalten oder, wenn er an B zahlen muß, diese Zahlung zu minimieren. Das Ziel von B möge aus seiner Sicht das gleiche sein, die Ziele der beiden Spieler sind sich also entgegengesetzt. Sie spielen deshalb kein kooperatives Spiel. Da beide Spieler vollständige Information über die Spielmatrix und die Züge des Gegenspielers haben, kann keiner damit rechnen, daß der andere die dem Gegenspieler günstigste Strategie wählen wird (bei dem unterstellten Ziel könnte er dies nur aus Unkenntnis der Spielmatrix und der Züge des Gegenspielers tun), jeder Spieler muß im Gegenteil damit rechnen, daß der andere die dem Gegenspieler ungünstigste Strategie wählt.

18.4.1.2 Das Prinzip des geringsten Risikos

Die Spieltheorie könnte dem Spieler A in dieser Situation folgende Schritte zur Auswahl seiner Strategie empfehlen (die Anweisungen gelten selbstverständlich auch für den Fall, daß der Gewinn negativ ist):

1) Für jede seiner möglichen Strategien A_i nehme er die ihm ungünstigste Strategie B_j an, das heißt, als gesicherten Gewinn in der i-ten Zeile der Spielmatrix betrachte er nur den minimalen Wert a_{ij}:

$$\alpha_i \overset{!}{=} \min_j a_{ij}. \tag{18-1}$$

2) Unter diesen minimalen α_i -Werten wähle der Spieler A das Maximum aus:

$$\alpha \overset{!}{=} \max_i \min_j a_{ij}. \tag{18-2}$$

Der Spieler A soll jene Strategie A_i wählen, in deren Zeile der Wert α steht. Welche Strategie B auch immer wählt, der Gewinn von A kann nicht kleiner (oder: sein Verlust kann nicht größer) werden als α. Die mit (18-2) beschriebene Strategie ("Maximin-Strategie" genannt) ist eine solche des geringsten Risikos. Sie garantiert, um das Ergebnis verbal zu wiederholen, das Maximum der minimalen Gewinnmöglichkeiten des Spielers A; sie garantiert aber nicht unter allen Bedingungen (s. dazu 18.4.1.4, daß der Spieler A seine gesamten Gewinnmöglichkeiten ausschöpft. Insofern ist die Strategie nicht notwendig optimal. Der Wert α wird auch "kleinster Wert des Spieles" genannt.

Analoge Vorschläge zur Auswahl seiner Strategie könnte die Spieltheorie dem Spieler B machen. Da die Spielmatrix in Darstellung (18-2) vom Standpunkt des Spielers A aufgestellt ist, muß B den maximalen Wert jeder Spalte j als gesicherten Verlust ansehen und diesen auswählen

$$\beta_j \overset{!}{=} \max_i a_{ij}. \tag{18-3}$$

Von den maximal möglichen Verlusten hat er dann den kleinsten auszuwählen, so daß er als Strategie erhält:

$$\beta \overset{!}{=} \min_j \max_i a_{ij}. \tag{18-4}$$

Der Spieler B soll jene Strategie B_j wählen, in deren Spalte der Wert β steht. Welche Strategie A auch immer wählt, der Verlust von B kann nicht größer (oder sein Gewinn kann nicht kleiner) werden als β. Die entsprechende Strategie wird "Minimax-Strategie" genannt. Sie garantiert, um das Ergebnis verbal zu wiederholen, das Minimum der maximalen Gewinnmöglichkeiten des Spielers A; sie garantiert aber nicht unter allen Umständen, daß der Spieler B seine gesamten Möglichkeiten zur Minimierung seines Verlustes ausschöpft. Insofern ist die Strategie nicht notwendig optimal. Der Wert β wird auch "größter Wert des Spieles" genannt.

Rein intuitiv ist klar, daß gilt:

$$\alpha \leq \tau \leq \beta, \tag{18-5}$$

wobei τ die in einer bestimmten Spielpartie tatsächlich ausgezahlte Gewinnsumme oder der Erwartungswert aller Gewinnsummen einer unendlichen Anzahl von Partien des betrachteten Spieles sein möge. Je nachdem, ob im Ausdruck (18-5) die Gleichheits- oder die Ungleichheitszeichen gelten, unterscheidet man eindeutig oder nicht-eindeutig bestimmte

Spiele. Hiernach entscheidet sich auch, ob die vorgeschlagenen Strategien optimal oder nicht-optimal sind.

18.4.1.3 Eindeutig bestimmte Spiele

Zwei-Personen-Nullsummenspiele werden dann "eindeutig bestimmt" genannt, wenn ihre Spielmatrix ein Element a_{ij} aufweist mit der Eigenschaft

$$a_{ij} = \alpha = \tau = \beta. \tag{18-6}$$

Das Element a_{ij} ist also zugleich in seiner Zeile minimal und in seiner Spalte maximal. Dieses Element wird der *"Sattelpunkt"* des Spieles genannt.

Der Name rührt daher, daß, wenn die Strategien kontinuierlich sind, die graphische Veranschaulichung der möglichen Spielergebnisse in Abhängigkeit von den Strategien die Form eines Sattels aufweist. Der Sattelpunkt weist in bezug auf den Sattel die eben genannte Minimax-Eigenschaft auf; in ihm sitzt der Reiter.

Darstellung 18/3: Eine Spielmatrix aus der Sicht von A mit einem Sattelpunkt im Bereich der reinen Strategien

B / A	B_1	B_2	B_3	B_4	B_5	$\alpha_i = \min_j a_{ij}$
A_1	3	4	7	8	4	3
A_2	8	3	6	5	2	2
A_3	7	9	7	6	5	5
$\beta_j = \max_i a_{ij}$	8	9	7	8	5	$\max_i \min_j a_{ij} =$ $\min_j \max_i a_{ij} = 5$

Darstellung 18/3 zeigt eine Spielmatrix mit einem Sattelpunkt im Bereich der Strategien A_i und B_j. Es ist offenbar das Element a_{35}. Die entsprechende Strategie von A ist A_3, die von B ist B_5. Der Sattelpunkt hat die folgenden Eigenschaften:

1) Wählt jeder Spieler die Strategie des geringsten Risikos, dann ist der mittlere Gewinn des Spieles gleich dem Sattelpunkt.

2) Weicht einer der Spieler von der Strategie des geringsten Risikos ab, hält der andere aber an ihr fest, so kann der abweichende Spieler auf keinen Fall seinen Gewinn erhöhen; er kann ihn bestenfalls erhalten, schlimmstenfalls verkleinern. Der Gegenspieler kann demzufolge, wenn er an der Strategie des geringsten Risikos festhält, seinen Gewinn nicht verringern, er kann ihn nur erhöhen.

3) Aus diesem Grunde ist es für beide Spieler optimal, eine reine Strategie nach dem Prinzip des geringsten Risikos zu verfolgen.

18.4.1.4 Nicht eindeutig bestimmte Spiele

Zwei-Personen-Nullsummenspiele werden dann "nicht-eindeutig bestimmt" genannt, wenn ihre Spielmatrix keinen Sattelpunkt im Bereich der reinen Strategien aufweist:

$$\max_i \min_j a_{ij} < \tau < \min_j \max_i a_{ij}. \tag{18-7}$$

Darstellung 18-4 bringt eine solche Spielmatrix. Sie beruhe auf folgenden Spielregeln: A muß eine der Zahlen 1, 2 oder 3 aufschreiben, ebenso B. Ist die Summe der von beiden niedergeschriebenen Zahlen gerade, so erhält A einen Geldbetrag in dieser Höhe (positives Vorzeichen der Zahlungen); ist die Summe der niedergeschriebenen Zahlen ungerade, so zahlt A einen Geldbetrag in dieser Höhe (negatives Vorzeichen der Zahlungen).

Darstellung 18/4: Eine Spielmatrix aus der Sicht von A ohne Sattelpunkt im Bereich der reinen Strategien

B / A	B_1	B_2	B_3	$\alpha_i = \min_j a_{ij}$
A_1	2	-3	4	-3
A_2	-3	4	-5	-5
A_3	4	-5	6	-5
$\beta_j = \max_i a_{ij}$	4	4	6	$\max_i \min_j a_{ij} \neq \min_j \max_i a_{ij}$ [a])

a) Es gilt nämlich:

$$\alpha = \max_i \min_j a_{ij} = -3 = a_{12} \rightarrow A_1, \tag{18-8}$$

$$ß = \min_j \max a_{ij} = 4 = a_{31} \vee a_{22} \rightarrow B_1 \vee B_2. \tag{18-9}$$

Sehen die Regeln vor, daß A als erster seine Zahl offen hinschreibt und dann B seine Zahl wählt, ist das Spiel selbstverständlich gelöst. A sollte dann immer die Maximinstrategie wählen. Sehen die Regeln aber vor, daß beide Spieler die von ihnen gewählte Zahl gleichzeitig und verdeckt vor dem anderen hinschreiben, ist es für beide Spieler ungünstig, am Prinzip des geringsten Risikos festzuhalten; denn wenn der eine Spieler in Kenntnis der Spielmatrix davon ausgehen kann, daß der Gegenspieler jenes Prinzip verfolgt, kann er eine Strategie wählen, die seinen eigenen Gewinn und damit gleichzeitig den Verlust des anderen maximiert. Für beide Spieler ist es daher von höchster Bedeutung, sowohl die eigenen Absichten geheimzuhalten als auch diejenigen des Gegenspielers zu erfahren. Um das erstere zu garantieren und das zweite zu verhindern, empfiehlt die Spieltheorie jedem der beiden Spieler, eine gemischte Strategie zu verfolgen: nämlich gewisse oder alle reinen Strategien $[A_i]$ bzw. $[B_j]$ mit einer von ihm zuvor bestimmten Wahrscheinlichkeit auszuwählen; die vorherige Entdeckung durch den Gegenspieler ist dann ausgeschlossen.

Bezeichnen wir die Wahrscheinlichkeit, mit welcher der Spieler A eine Strategie A_i wählt, mit δ_i. Es gelte

$$\delta_i \geq 0 \text{ für jedes } i \in \{1, \ldots, m\} \tag{18-10}$$

und

$$\sum_{i=1}^{m} \delta_i = 1. \tag{18-11}$$

Entsprechend bezeichnen wir die Wahrscheinlichkeit, mit der Spieler B eine Strategie B_j wählt, mit ε_j. Es gelte ebenfalls

$$\varepsilon_j \geq 0 \text{ für jedes } j \in \{1, \ldots, n\}, \tag{18-12}$$

$$\sum_{j=1}^{n} \varepsilon_j = 1. \tag{18-13}$$

Die Zahlungsfunktion H des Spieles, das heißt seine Spielmatrix, hängt nun von den beiden Vektoren δ_i und $[\varepsilon_j]$ ab:

$$H([\delta_i],[\varepsilon_j]) = \sum_{i=1}^{m} \sum_{j=1}^{n} (A_i, B_j)\delta_i \varepsilon_j. \tag{18-14}$$

Es handelt sich um einen Mittelwert, d.h. einen mathematischen Erwartungswert. John von Neumann hat in seinem frühen Aufsatz (NEUMANN 1928) erstmalig bewiesen, daß bei einer solchen Vorgehensweise immer ein Sattelpunkt existiert:

$$\max_{\delta_i} \min_{\varepsilon_j} H([\delta_i],[\varepsilon_j]) = \min_{\varepsilon_j} \max_{\delta_i} H([\delta_i],[\varepsilon_j]). \tag{18-15}$$

Damit kann jedes nicht-eindeutig bestimmte Zwei-Personen-Nullsummenspiel eindeutig gemacht werden: Es können für jeden Spieler optimale Strategien angegeben werden, wenigstens grundsätzlich. Die Beschränkung der verfügbaren Rechenkapazitäten kann es jedoch praktisch unmöglich machen, den Sattelpunkt zu bestimmen, obwohl er existiert. So ist bis heute die Situation etwa beim Schach.

18.4.2 Nicht-Nullsummenspiele

18.4.2.1 Nicht-kooperative Spiele

Wir betrachten ein Spiel zwischen zwei Spielern A und B; A mögen m Strategien $\{A_1, \ldots, A_m\}$, B n Strategien $\{B_1, \ldots, B_n\}$ zur Verfügung stehen. Jeder Spieler besitze eine Spielmatrix; die Elemente $[a_{ij}]$ der Matrix des Spielers A bezeichnen die Zahlungen an A bei allen Strategienkombinationen, die Elemente $[b_{ij}]$ der Matrix des Spielers B bezeichnen die Zahlungen an B bei allen Strategiekombinationen. Die Matrizen seien (auch unabhängig vom Vorzeichen) nicht identisch. Solche Spiele werden deshalb auch "Bimatrix-Spiele" genannt.

Setzen wir nun voraus, daß die Spieler ein nicht-kooperatives Spiel spielen. Ein in der Literatur immer wieder genanntes Beispiel ist das *Gefangenendilemma*: Zwei Landstreicher A und B werden des Mordes beschuldigt, festgenommen und isoliert voneinander inhaftiert. Sie haben keine Möglichkeit der Kommunikation. Da die Behörden keine stichhaltigen Beweise haben, verfahren sie mit Kenntnis der Inhaftierten folgendermaßen: Wenn A gesteht, B aber nicht, wird A freigelassen, B wegen Mordes bestraft; umgekehrt gilt dasselbe. Wenn beide gestehen, werden ihnen mildernde Umstände zugebilligt; die Bestrafung ist geringer. Wenn beide nicht gestehen, können sie nur wegen unerlaubten Waffenbesitzes mit einer leichten Strafe belegt werden.

Auch für das nicht-kooperative Bimatrix-Spiel sucht die Spieltheorie optimale Strategien für beide Spieler und Gleichgewichtspunkte, an denen keiner von beiden Ursache hat, seine Strategien zu ändern. Ein Gleichgewichtspunkt eines Bimatrixspiels ist ein Strategienpaar ($A_{i'}$, $B_{j'}$) mit der Eigenschaft

$$a_{ij} \geq a_{ij} \wedge b_{ij} \geq b_{ij}. \qquad (18\text{-}16)$$
$$\bar{i}, \bar{j} = \text{const.}$$

Dies ist das berühmte *Nash*-Gleichgewicht (s. KREPS 1987). Der Autor hat 1994, zusammen mit *J. C. Harsanyi* und *R. Selten,* den Nobelpreis erhalten.

Für das eben geschilderte Gefangenendilemma bedeutet diese Lösung, daß jeder der beiden Landstreicher gesteht. Denn A muß damit rechnen, daß B gesteht (B_j = Geständnis von B); das Maximum erreicht er dann, wenn er ebenfalls gesteht (A_i = Geständnis von A). Für B gilt die gleiche Überlegung. Für jeden Spieler ist es ungünstig, den Gleichgewichtspunkt zu verlassen, solange der Gegenspieler an ihm festhält. Nun kann ein Bimatrix-Spiel im Bereich der reinen Strategien gar keinen, einen oder mehrere Gleichgewichtspunkte aufweisen. An der zuletzt genannten Eigenschaft ist nichts zu ändern, dagegen läßt sich (wenigstens grundsätzlich) immer ein Gleichgewichtspunkt finden, wenn die Spieler wie bei den Nullsummenspielen von den reinen zu den gemischten Strategien übergehen.

18.4.2.2 Kooperative Spiele

Wir nehmen dieselbe Situation an wie im vorhergehenden Abschnitt 18.4.2.1, allerdings mit dem Unterschied, daß nun Kooperation zwischen den beiden Spielern erlaubt ist und auch stattfindet. Dies möge bedeuten:

1) Die Spieler können vor Beginn des Spieles und während seines Verlaufes Informationen austauschen; die Informationen werden unverzerrt aufgenommen.

2) Die Spieler können Vereinbarungen treffen; die Vereinbarungen werden eingehalten.

Die *Informationen* können alles betreffen, was die Spieler für mitteilenswert halten. *Vereinbarungen* können die Spieler über ihre Ziele und ihr Vorgehen treffen. Beides hängt eng miteinander zusammen. Die Spieltheorie unterstellt den beiden Spielern, daß sie mindestens das Ziel haben, sich gemeinsam besser zu stellen, als sie ohne Kooperation dastünden. Beim Gefangenendilemma bereitet es den beiden Spielern keine Schwierigkeiten, dieses Ziel zu konkretisieren und daraus die notwendigen Vorgehensweisen abzuleiten, sofern sie kooperieren dürfen und sofern sie sich (was wir vorausgesetzt hatten) aufeinander verlassen können: Beide werden leugnen, jeder erhält das gleiche Spielergebnis. Dabei haben wir natürlich vorausgesetzt, daß jedem Spieler die geringe Strafe für unerlaubten Waffenbesitz einen größeren Nutzen (oder geringeren Nutzenentgang) stiftet als die Strafe, die er beim Gestehen des Mordes erhielte.

Häufig werden die Auszahlungsmatrizen jedoch so beschaffen sein, daß die beiden Spieler nur ihren gemeinsamen Nutzen maximieren können. Dann müssen beide auch Vereinbarungen über die Verteilung der gemeinsamen Beute treffen, sonst kommt die Kooperation nicht zustande. Dieser Teilungspunkt kann nicht aus dem Spiel bestimmt werden, sondern nur aus der Persönlichkeit der Spieler: Das Spiel hat keine spielbedingte Lösung, sondern nur einen Lösungsbereich.

18.5 Endliche strategische Spiele zwischen mehr als zwei Personen

Sind an einem Spiel mehr als zwei Personen beteiligt, stellt die Spieltheorie sich die Frage, ob und welchen Spielern sie Koalitionen empfehlen sollte und wie die Bedingungen dieser Koalitionen zu gestalten sind. Die Regel lautet, daß Koalitionen denjenigen Spielern zu empfehlen sind, denen die Gruppenbildung einen Vorteil gegenüber einem Alleingang verschafft. Spiele, in denen die Koalitionen diese Bedingungen erfüllen, heißen "wesentliche Spiele"; "unwesentliche Spiele" erfüllen die Bedingung nicht.

Werden Koalitionen von der Theorie nicht empfohlen und von den Spielern nicht geschlossen, ist das Spiel also nicht kooperativ, dann existiert bei gemischten Strategien jedes Spielers ein Gleichgewichtspunkt, der eine Verallgemeinerung von Ausdruck (18-16) auf mehr als zwei Spieler darstellt.

Ist es vorteilhaft, Koalitionen zu schließen, dann will die Spieltheorie Anweisungen geben, wie die Koalitionsgewinne unter die Mitglieder zu verteilen sind, und sie will angeben, wie stabil die Spiellösungen sind. In bezug auf Tarifverhandlungen z. B. könnten kooperative Spiele, wenn sie überhaupt anwendbar sind, den Arbeitgebern und den Arbeitnehmern angeben, ob und inwiefern es für sie vorteilhaft wäre, Arbeitgeberverbände und Gewerkschaften zu gründen und diesen anzugehören (s. dazu

GÜTH 1978, S. 107-125; als weitere Literatur zur Spieltheorie außer der bereits zitierten s. AUMANN/HART 1994 a und b; AUMANN 1987; GÜTH 1992; HOLLER/ILLING 1993; KRELLE 1968; MORGENSTERN 1956; ROSENMÜLLER 1977).

18.6 Ist die Spieltheorie empirisch, und ist sie bewährt?

Auch an dieser Stelle, analog unserem Vorgehen bei der Theorie des Haushaltes und der Theorie der Unternehmung, fragen wir nur, ob die spezifischen Annahmen der Spieltheorie empirisch und bewährt sind; das umfassendere Problem, ob Menschen sich im Sinne der Rationaltheorie verhalten, diskutieren wir in Kapitel 20.

Die Spieltheorie ist, um es zu wiederholen, eine geborene dezisive Theorie, an die zunächst nicht die Frage gestellt werden kann, ob sie empirisch und bewährt ist. Wenn die dezisive Theorie allerdings den Anspruch erhebt, Adressaten in konkreten Entscheidungssituationen anwendbare Anweisungen zur Lösung von deren Entscheidungsproblemen zu geben, dann muß sie explikative Elemente enthalten, die mit der obigen Frage konfrontiert werden dürfen (s. Abschnitt 17.2). Dies ist auch dann der Fall, wenn die Spieltheorie, darin wiederum der neoklassischen Mikroökonomik völlig ähnlich, benutzt wird, um beobachtetes wirtschaftliches Verhalten zu erklären: Es wird dann angenommen, daß die Personen, deren Verhalten zu erklären ist, die Anweisungen der dezisiven Theorie befolgt haben, wodurch diese gleichzeitig auch zu einer explikativen wird (s. Abschnitte 17.2 und 17.4). Die Spieltheorie wird in der Volkswirtschaftslehre (und in vielen anderen Wissenschaften und Lebensbereichen, was uns hier aber nicht zu interessieren braucht) zu beiden Zwecken benutzt, weshalb es erlaubt und sinnvoll ist, sie zu befragen, ob sie empirisch und bewährt ist.

Wir beginnen mit dem *dezisiven* Gebrauch der Spieltheorie. Wenn ein Spieler A die Anweisungen der Theorie befolgen will, dann muß er offensichtlich eine Spielmatrix besitzen und eine Nutzenfunktion, mit der er die Elemente der Spielmatrix bewertet. *Kenntnis der Spielmatrix* bedeutet, daß der Spieler A jede seiner eigenen möglichen Strategien, jede der möglichen Strategien seines oder seiner Gegenspieler kennt und außerdem jedes Ergebnis, das eintritt, wenn jede seiner möglichen Strategien mit jeder möglichen Strategie seiner Gegenspieler zusammentrifft. Eine solche Kenntnis der Spielmatrix besteht aber höchstens bei sehr einfachen Gesellschaftsspielen (wie wir eines in Abschnitt 18.4.1.3 zitiert haben), schon nicht mehr bei komplizierteren Spielen, etwa beim Schach, und schon gar nicht in realen Situationen, in denen Menschen wirtschaftliche Entscheidungen treffen müssen. Strikt dezisive Anwendungen der Spieltheorie auf ökonomische Probleme setzen denn auch in aller Regel voraus, daß die Spieler die Spielmatrix kennen, machen aber keinerlei Versuche, diese Annahme zu prüfen und zu beweisen. Dasselbe gilt für die *Nutzenfunktion,* mit denen die Spieler die Spielergebnisse zu bewerten haben: Es wird vorausgesetzt, daß die Spieler eine solche Funktion besitzen. Typische Beispiele solcher Vorgehensweisen bieten etwa NASH 1950 und 1953, welche die Spieltheorie auf Tarifverhandlungen anwenden; Beispiele zu Hauf findet man selbst in Büchern, die sich "Angewandte Spieltheorie" oder ähnlich nennen (etwa BASAR 1986; BRAMS/SCHOTTER/SCHWÖDIAUER 1979; GÜTH 1992; ICHIISHI/NETMAN/TAUMAN 1990). *C. J. Harsanyi* hat die sichere Kenntnis über Spielmatrix und Nutzenfunktion des Gegenspielers durch die Kenntnis der Häufigkeitsverteilungen dieser Größen ersetzt (s. dazu SELTEN 1982; als Beispiel s. HARSANYI/SELTEN 1972); der Algorithmus wird dadurch komplizierter, aber keineswegs anwendbar. Gegenbeispiele, in denen Spielmatrix und Nutzenfunktion von Menschen in realen Situationen auf glaubwürdige Weise angegeben werden, sind mir nicht bekannt geworden. Fazit: Die Anweisungen sind nicht zu befolgen, selbst wenn die Adressaten dies wollten, weil die explikativen Elemente der dezisiven Theorie unempirisch sind. Es handelt sich durchweg um rein mathematische Modelle ohne Bezug zur Wirklichkeit.

Was den Einsatz der von Haus aus dezisiven Spieltheorie zur *Erklärung* von wirtschaftlichem Verhalten und dessen Ergebnissen angeht, so ist hierzu dasselbe zu sagen wie zur Benutzung der neoklassischen Haushaltstheorie zur Ableitung von Nachfrage- und Angebotsfunktionen (s. Abschnitt 17.4.3): Aus einer unterstellten Spielmatrix, einer unterstellten Nutzenfunktion und der Annahme, daß alle Adressaten sich an die Anweisungen der dezisiven Theorie halten, können Funktionen von beobachtbaren und beobachteten Variablen abgeleitet werden, deren Parameter ökonometrisch bestimmt werden können, vorausgesetzt natürlich, Spielmatrix und Nutzenfunktion enthalten solche beobachtbaren Variablen. Aus den resultierenden Funktionen sind die T-theoretischen Begriffe "Spielmatrix" und "Nutzenfunktion" *Ramsey*-eliminiert.

Beispiele für diese Vorgehensweise bieten etwa ALLEN 1979, der die Zolltarifreduzierungen in den GATT-Verhandlungen von 1963 bis 1967 erklären will; GATELY 1979, der das Verhalten der in der OPEC organisierten Ölförderer erklären will.

Auch wenn die Funktionen sich an empirischen Daten bewähren (was selten der Fall ist; als bekanntes Beispiel s. SELTEN 1978), folgt daraus nicht die Wahrheit der zugrundeliegenden Theorie; diese leistet höchstens eine Systematisierung der Ableitung. Nach meinem schon öfter geäußerten Dafürhalten sollten jedoch Axiome, die sich als falsch erwiesen haben (und zweifellos ist es falsch, daß Menschen in realen Entscheidungssituationen die Anweisungen der Spieltheorie befolgen), nicht zur Herleitung überprüfbarer Aussagen benutzt werden, weil hierdurch der Sinn des axiomatischen Systems verkehrt wird (s. dazu Abschnitt 6.2).

19 Über Gleichgewichtsmodelle

19.1 Der Begriff des "Gleichgewichtes" und des "Ungleichgewichtes"

"Gleichgewicht" beschreibt im ursprünglichen Verständnis den Zustand einer Hebelwaage: Bei gleich langen Balken befindet sich die Waage im *Gleichgewicht*, wenn in ihren Waagschalen gleich große Gewichte liegen, so daß die Balken waagerecht stehen.

Als *Metapher* wird der Begriff in außerordentlich vielen Lebensbereichen benutzt. Wir sagen (um nur einige Beispiele zu nennen), daß ein Radfahrer sich im Gleichgewicht befindet, wenn er nicht stürzt; daß ein Mensch unter Gleichgewichtsstörungen leidet, wenn ihm schwindelig ist; daß zwei Staaten sich in bezug auf ihre Militärmacht im Gleichgewicht befinden, wenn keiner den anderen angreifen kann, ohne selbst eine Niederlage hinnehmen zu müssen; daß ein Lebensraum von Pflanzen, pflanzenfressenden und fleischfressenden Tieren sich im Gleichgewicht befindet, wenn keine der Arten in einem definierten Zeitraum in ihrem Bestand zunimmt oder abnimmt. Der metaphorische Gebrauch des Begriffes bringt es mit sich, daß "Gleichgewicht", obwohl natürlich immer auch ein gewisser Anklang an den ursprünglichen Sinn mitschwingt, in jeder Anwendung etwas anderes bedeutet.

Dies gilt in ganz besonderer Weise für die Volkswirtschaftslehre, in welcher "Gleichgewicht" zu den zentralen Begriffen gehört. Wir werden hier jedoch nicht in eine Darlegung aller oder mindestens vieler - je nach Situation - verschiedener metaphorischer Bedeutungen des Begriffes eintreten (s. dazu JAEGER 1981, S. 671-678; MILGATE 1987; PHELPS 1987), sondern uns auf wenige Fälle beschränken. Ein in vielen Teilen der Volkswirtschaftslehre verwendeter Gleichgewichtsbegriff ist der folgende:

Gegeben sei ein mathematisches Modell einer Wirtschaft, bestehend aus Gleichungen, die ihrerseits aus mathematischen Operationszeichen, Konstanten (Parametern) mit bekannten Werten und Variablen mit unbekannten Werten zusammengesetzt sind. In diesem Modell besteht ein *Gleichgewicht*, wenn es Werte der Variablen gibt, die das Gleichungssystem simultan erfüllen, oder: wenn das Gleichungssystem lösbar ist. Handelt es sich um ein spieltheoretisches Modell, wird das Gleichgewicht der "Sattelpunkt des Spieles" genannt (s. Abschnitte 18.4.1.3 und 4).

Je nachdem, was die Variablen des mathematischen Systems bezeichnen und wie umfangreich das Modell ist, hat das eben definierte formale Gleichgewicht verschiedene inhaltliche Bedeutungen:

Besteht das Modell aus der unter einer Nebenbedingung zu maximierenden Nutzenfunktion eines Haushaltes [s. Gleichungen (17.4-1 und 2) sowie (17.4-3 und 4) in Abschnitt 17.4.1], bezeichnen wir die Lösung [s. Gleichung (17.4-8)] als das "Dispositionsgleichgewicht des Haushalts" oder einfacher als "Haushaltsgleichgewicht"; damit verbunden ist die Vorstellung, daß der Haushalt die errechneten nutzenmaximierenden Gütermengen nicht nur zur Kenntnis nimmt, sondern auch kauft und damit seinen Nutzen maximiert.

Besteht das Modell aus der zu maximierenden Gewinnfunktion einer Unternehmung [s. Gleichungen (17.5-2) und (17.5-7) in Abschnitt 17.5.2], bezeichnen wir die Lösung [s. Gleichungen (17.5-4) und 17.5-11)] als das "Dispositionsgleichgewicht der Unternehmung" oder einfacher als das "Unternehmensgleichgewicht"; damit verbunden ist die Vorstellung, daß die Unternehmung die errechnete gewinnmaximierende Produktmenge herstellt, verkauft und damit ihren Gewinn auch tatsächlich maximiert.

Haushalts- und Unternehmensgleichgewicht sind *partielle Gleichgewichte* (s. dazu Abschnitt 14.2), insofern als die Gleichungen, die das Verhalten der Aktoren beschreiben, nur einen Teil aller endogenen Variablen des betreffenden Modells erklären (z.B. erklären sie nicht die Faktor- und Produktpreise). Ebenfalls um ein partielles Gleichgewicht handelt es sich, wenn die Mengen und Preise nur eines Gutes auf einem Markte erklärt werden.

Besteht das Modell aus der Menge aller mikroökonomischen Angebots- und Nachfragefunktionen aller Haushalte und aller Unternehmen für alle Güter [s. Gleichungen (19.3-1) bis (19.3-11) in Abschnitt 19.3.1], abgeleitet aus der Maximierung der Nutzenfunktionen und der Gewinnfunktionen, nennen wir die Lösung das "totale mikroökonomische Marktgleichgewicht"; damit verbunden ist die Vorstellung, daß alle Marktteilnehmer ihre Pläne realisieren und, da diese Pläne optimiertes Verhalten bedeuten, alle zusammen und jeder für sich das bestmögliche Ergebnis erzielen.

Ist das Modell statisch (d.h. sind die Variablen nicht von der Zeit abhängig [s. dazu Abschnitt 14.2]), wird auch das Gleichgewicht "statisch" genannt; ist das Modell dynamisch, wird auch das Gleichgewicht "dynamisch" genannt. In der gleichgewichtigen neoklassischen Wachstumstheorie (s. KRELLE 1985) hat das zu der Vorstellung geführt, daß alle Variablen sich mit gleichbleibenden Raten ändern, daß die Wachstumsraten der Variablen also konstant sind.

"Ungleichgewicht" ist als Nicht-Existenz von Gleichgewicht definiert: In einem mathematischen Modell einer Wirtschaft besteht dann ein *Ungleichgewicht*, wenn das Modell nicht lösbar ist. Für die oben angegebenen Fälle bedeutet dies, daß der Haushalt, obwohl er es anstrebt, seinen Nutzen nicht maximiert; daß das Unternehmen obwohl es das anstrebt, seinen Gewinn nicht maximiert; daß bei der Betrachtung eines Marktes oder aller Märkte mindestens ein Marktteilnehmer seine Pläne nicht verwirklicht; im Grenzfall, daß kein Marktteilnehmer seine Pläne verwirklicht; daß in Wachstumsmodellen die Variablen sich nicht mit gleichbleibenden Raten ändern.

19.2 Der Gleichgewichtsbegriff in der Volkswirtschaftslehre

19.2.1 In der theoretischen Volkswirtschaftslehre

Die heutige theoretische Volkswirtschaftslehre (im Verständnis der Dichotomie "Theorie-Empirie" in Abschnitt 14.2), sofern sie ihre Aussagen in der Form mathematischer Modelle macht, ist zum weitaus größten Teil Gleichgewichtstheorie, zu einem kleineren Teil Ungleichgewichtstheorie (s. BENASSY 1987). Das soll heißen: Das Erkenntnisinteresse der Konstrukteure dieser mathematischen Modelle besteht darin herauszufinden,

- ob in dem Modell ein Gleichgewicht im formalen Sinn existiert oder nicht;
- was die Bedingungen für Gleichgewicht oder Ungleichgewicht sind;
- ob es nur ein Gleichgewicht im Modell gibt oder mehrere (Eindeutigkeit oder Mehrdeutigkeit des Gleichgewichtes);
- ob das Gleichgewicht oder das Ungleichgewicht stabil ist (ob das Modell die Tendenz hat, ein einmal erreichtes Gleichgewicht zu verlassen; ob ein ursprünglich im Ungleichgewicht sich befindendes oder durch exogene Einflüsse in ein Ungleichgewicht gebrachtes Modell auf ein Gleichgewicht zustrebt oder im Ungleichgewicht verharrt, dabei vielleicht sich immer weiter vom Gleichgewicht wegbewegt);
- was die Eigenschaften des Gleichgewichtes oder des Ungleichgewichtes sind.

In mikroökonomischen mathematischen Modellen (etwa den im vorigen Abschnitt aufgeführten) ist, wie erwähnt, mit dem Begriff des "Gleichgewichts" immer die Vorstellung verbunden, daß die Wirtschaftssubjekte ihre Pläne erfüllen, mit dem Begriff des "Ungleichgewichtes", daß mindestens ein Wirtschaftssubjekt seine Pläne nicht erfüllt; in makroökonomischen mathematischen Modellen ist das vielleicht manchmal nicht ganz so deutlich, bei näherem Hinschauen zeigt sich jedoch, daß dieselbe inhaltliche Interpretation des formalen Gleichgewichts- oder Ungleichgewichtsbegriffes benutzt wird wie in der Mikroökonomik.

Zwei Beispiele: In der neoklassischen makroökonomischen Wachstumstheorie bedeutet Gleichgewicht die Erfüllung aller Pläne. In der "Neuen Makroökonomik", einer Ungleichgewichtstheorie (als deutschsprachige Darstellung s. K. W. ROTHSCHILD 1981; wichtige Aufsätze in HAGEMANN/KURZ/SCHÄFER 1981), die in der theoretischen Volkswirtschaftslehre eine gewisse Außenseiterrolle spielt, bedeutet Ungleichgewicht ausdrücklich, daß es Wirtschaftssubjekte gibt, die ihre Pläne nicht erfüllen können.

Da die heute herrschende theoretische Volkswirtschaftslehre zum weitaus größten Teil ihre Aussagen in Form mathematischer Modelle macht, können wir sagen, daß sie zum weitaus überwiegenden Teil Gleichgewichts-, zu einem sehr viel kleineren Teil Ungleichgewichtstheorie ist. Einen noch kleineren Raum nehmen Theorien ein, in denen weder der Gleichgewichts- noch der Ungleichgewichtsbegriff die dominierende Rolle spielen. Es handelt sich um die Sozialökonomische Verhaltensforschung (s. Kapitel 21) und um die Evolutorische Wirtschaftstheorie

(z. dieser s. NELSON 1995, ARNDT 1994). Beide sind der Überzeugung, daß der Gleichgewichtsbegriff der neoklassischen Theorie zur Beschreibung der wirtschaftlichen Entscheidungen und des stetigen Wandels der Wirtschaft untauglich sei, ebenso der Ungleichgewichtsbegriff, weil beide inhärent statisch seien.

Der Begriff des "Gleichgewichtes" spielt außer in der theoretischen Volkswirtschaftslehre (verstanden im Sinne der Dichotomie "Theorie - Empirie") auch mindestens in einem Teilbereich der Theorie der Volkswirtschaftspolitik (verstanden im Sinne der Dichotomie "Volkswirtschaftstheorie - Theorie der Volkswirtschaftspolitik" [s. Abschnitt 14.2]) eine konstituierende Rolle, nämlich in der neueren Wohlfahrtsökonomik (s. dazu KÜLP 1982; FELDMAN 1987): Es handelt sich dabei um die Anwendung des Modells des totalen mikroökonomischen Gleichgewichts (s. Abschnitt 19.3) auf wirtschaftspolitische Fragen, genauer: um die Definition des von der Wirtschaftspolitik anzustrebenden Zieles, nämlich des Gleichgewichtes, und die Herleitung der Mittel, mit denen dieses Ziel erreicht werden kann (s. Abschnitt 19.3.3). Wir wollen es unentschieden lassen, ob auch in anderen Bereichen der Theorie der Volkswirtschaftspolitik der Gleichgewichtsbegriff so wichtig ist wie in der neueren Wohlfahrtsökonomik.

19.2.2 In der empirischen Volkswirtschaftslehre

In diesem Abschnitt wollen wir den Begriff der "empirischen Volkswirtschaftslehre" so verstehen, wie in Abschnitt 14.2: Die Empirie (oder Ökonometrie) hat die Aufgabe, die Hypothesen der theoretischen Volkswirtschaftslehre mit empirischen Daten zu konfrontieren.

Betrachten wir zuerst den Fall, daß Daten aus der Vergangenheit sowie mathematische Modelle zu deren Erklärung vorliegen; es geht darum, die Parameter der Gleichungen zu bestimmen und sie statistischen Tests auf Signifikanz zu unterwerfen (s. Abschnitt 16.4.1). Dieser Vorgang basiert auf dem mathematischen Gleichgewichtsbegriff: Die Parameter müssen so gewählt werden (und die Methoden der mathematischen Statistik sorgen dafür), daß die bekannten Werte der Variablen das Gleichungssystem simultan erfüllen. Anders als in der theoretischen Volkswirtschaftslehre wird aber hier der mathematische Gleichgewichtsbegriff nicht zu einer Eigenschaft der betrachteten Wirtschaft hypostasiert, derart, daß alle Pläne aller Wirtschaftssubjekte sich erfüllt haben. Er ist lediglich ein Analyseinstrument zur Bestimmung von Parametern; mit ihm ist durchaus vereinbar, daß die durch die Empirie gewonnenen Werte der Variablen dadurch zustandegekommen sind, daß viele Pläne vieler Wirtschaftssubjekte (oder auch: alle Pläne aller Wirtschaftssubjekte) sich nicht erfüllt haben: Zahlen über Arbeitslosigkeit etwa oder über Bankrotte spiegeln ja das Fehlschlagen von Plänen wider, gehen aber dennoch in die empirischen Modelle ein, ungestört durch die Tatsache, daß die Bestimmung der Parameter auf dem mathematischen Gleichgewichtsbegriff beruht. Hiermit ist bereits gesagt, daß es nicht die theoretischen Gleichgewichtsmodelle sind, deren Parameter bestimmt werden; vielmehr benutzt die Ökonometrie Modelle, die sie speziell für ihre Zwekke konstruiert hat. Nur die angewandten Gleichgewichtsmodelle (s. Abschnitt 19.4) halten bei der Bestimmung der Parameter am Gleichgewichtsbegriff der Theorie fest.

Betrachten wir nun den Fall, daß mit Hilfe eines ökonometrischen Modells eine Prognose (s. Kapitel 12) über zukünftige Zustände oder zukünftige Ereignisse der Wirtschaft gemacht werden soll: Das Gleichungssystem mitsamt den Werten der Parameter liegt vor, ebenso die Werte der Variablen aus vergangenen Perioden, die in dem System berücksichtigt sind. Die Aufgabe besteht darin, diejenigen Variablenwerte vorauszuschätzen, die - in das Modell eingesetzt - diejenigen zukünftigen Variablenwerte ergeben, die man prognostizieren möchte. Auch diese Vorgehensweise beruht - wie die Bestimmung der Parameter aus Vergangenheitswerten der Variablen - auf dem mathematischen Gleichgewichtsbegriff. Wiederum aber wird dieser nicht hypostasiert, sondern dient lediglich als ein Instrument der wissenschaftlichen Vorgehensweise: Es müssen zwar Variablenwerte gefunden werden, die das System gleichzeitig erfüllen, aber sie bedeuten nicht, daß alle Pläne erfüllt werden, sondern können auch bedeuten, daß Pläne nicht erfüllt werden; die Schätzung künftiger Arbeitslosenzahlen mag wiederum als Beispiel dienen.

19.3 Das totale mikroökonomische Gleichgewicht

19.3.1 Die Axiome und der Gleichgewichtszustand

Aus allen Gleichgewichtsmodellen, die in der Volkswirtschaftslehre existieren (mikro- und makroökonomische, statische und dynamische, Partial- und Totalmodelle) wähle ich dasjenige des totalen mikroökonomischen statischen Gleichgewichtes zur Darstellung aus, weil es der Kern der Neoklassik ist und weil es am intensivsten von allen Gleichgewichtsmodellen in der Theorie der Wirtschaftspolitik benutzt worden ist. Wir betrachten das in Abschnitt 15.1 eingeführte mikroökonomische statische Modell einer realen Volkswirtschaft. Die Gleichungen (15.1-1) bis (15.1-8) werden unverändert in diesen Abschnitt mit den Nummern (19.3-1) bis (19.3-8) übernommen, aber sie werden hier nicht noch einmal abgedruckt. Über die in Abschnitt 15.1 gemachten Annahmen hinaus möge hier zusätzlich gelten:

Jeder Haushalt maximiere unter der Bedingung der gegebenen Erstausstattung seine Nutzenfunktion (19.3-1), wodurch er seine Angebots- und Nachfragefunktionen (19.3-2) bestimme (s. Abschnitt 17.4). Alle Güter der Erstausstattung, die der Haushalt nicht verkauft, und alle Güter, die er hinzukauft, mögen in der betrachteten Periode verbraucht werden, es werde also nichts gespart. Für eine zweite Periode müßte also eine neue Erstausstattung zur Verfügung gestellt werden.

Jedes Unternehmen maximiere seine Gewinnfunktion

$$\forall j \forall h \left[y_h^j \cdot p_h - k_h^j\left(y_h^j\right) \rightarrow \max! \right], \tag{19.3-9}$$

$k^j\left(y_h^j\right)$: Funktion der minimierten Produktionskosten des Gutes h in der Firma j,

wodurch es eine Angebotsfunktion (19.3-3) und seine Nachfragefunktionen (19.3-4) bestimme (s. Abschnitt 17.5). Die Unternehmen mögen am Anfang der Periode keine Ausstattung besitzen. Sie müssen auf dem Markt Güter kaufen, diese transformieren und die Produkte wieder verkaufen. Am Ende der Periode sollen sie keine Güter mehr besitzen.

Der *Markt für das Gut h* befindet sich im Gleichgewicht, wenn die Gesamtnachfrage nach diesem Gute gleich seinem Gesamtangebot ist; der Ausgleich von Angebot und Nachfrage wird durch die Gesamtheit aller Preise herbeigeführt, so daß wir den Gleichgewichtszustand schreiben können mit:

$$\exists [p_h] \left\{ Y_h([p_h]) - R_h([p_h]) = X_h([p_h]) \right\}, \tag{19.3-10}$$

$$[p_h] = \{p_1, \ldots, p_h, \ldots, p_n\}.$$

Es handelt sich um ein partielles Marktgleichgewicht.

Die gesamte Wirtschaft befindet sich im Gleichgewicht, wenn die Aussage (19.3-10) auf sämtliche Güter ausgedehnt wird:

$$\exists [p_h] \forall h \left\{ Y_h([p_h]) - R_h([p_h]) = X_h([p_h]) \right\}. \tag{19.3-11}$$

In Worten: Es besteht ein Preisvektor derart, daß für alle Güter h gilt: das Angebot an einem Gute h entspricht genau der Nachfrage nach diesem Gute.

19.3.2 Existenz, Eindeutigkeit und Stabilität des Gleichgewichtes

Das Modell des totalen mikroökonomischen Gleichgewichtes ist erstmals von WALRAS 1874 vorgestellt worden. Von Anfang an war mit ihm die Frage verbunden, ob es lösbar sei, genauer: unter welchen Bedingungen Werte der Variablen existierten, die das Modell simultan erfüllten und die auch gleichzeitig noch ökonomisch sinnvoll seien (negative Preise z.B. sind ökonomisch nicht sinnvoll). Die Frage bezog sich immer auf die Eigenschaften, die das Modell haben muß, damit es lösbar sei), oder anders ausgedrückt: Es ging und geht um die *formalen Bedingungen der Möglichkeit,* das Modell zu lösen.

Leon Walras und alle ihm folgenden Ökonomen konnten bis in die 30er Jahre dieses Jahrhunderts diese Bedingungen nicht angeben (bis auf die eine, daß die Anzahl der unabhängigen Gleichungen gleich der Anzahl der Unbekannten sein müsse). Erst dann gelang dem Wiener Mathematiker *Abraham Wald* der mathematisch stringente Nachweis der Bedingungen, unter denen Modelle von Tauschwirtschaften eindeutig lösbar sind (WALD 1933, 1934, 1936). Seine Arbeiten wurden von ARROW/DEBREU 1954, DEBREU 1959 sowie MCKENZIE 1959 und 1961 weiter geführt (s. dazu auch GEANAKOPLOS 1987; DEBREU 1987; MCKENZIE 1987); diese Publikationen gelten heute als der allgemeine, mathematisch vollständige Nachweis der Bedingungen der Möglichkeit für die Lösbarkeit von mikroökonomischen Totalmodellen. Diese Bedingungen lassen sich auszugsweise so skizzieren (s. JÄGER 1981, S. 680):

- die Menge aller für einen Haushalt möglichen Konsumpläne ist abgeschlossen und konvex,
- für keinen Haushalt gibt es einen Sättigungskonsum,
- die Präferenzen jedes Haushalts sind stetig,
- die Indifferenzkurven jedes Haushaltes sind konvex zum Ursprung,
- in der Produktion der Güter gibt es keine steigenden Skalenerträge,
- die Produktion ist irreversibel.

Die Bedingungen für die *Eindeutigkeit* der Lösbarkeit des Modells enthalten weitere Restriktionen, die häufig ökonomisch nicht sinnvoll sind. Die Wirtschaftstheorie bevorzugt (wahrscheinlich auch deshalb) im allgemeinen Modelle mit mehr als einer Lösungsmöglichkeit (s. dazu ALLINGHAM 1987; JÄGER 1981, S. 683f.).

Was die *Stabilität* (zur Definition des Begriffes s. Abschnitt 19.2.1) des Gleichgewichtes angeht, so sucht die Theorie auch hier nach den Bedingungen der Möglichkeit dieser Eigenschaft der Modelle. Es gibt zwar Untersuchungen statischen Charakters, adäquat kann die Frage aber nur mit Hilfe von Differenzen- oder Differentialgleichungen, in denen die Zeit als Variable erscheint, behandelt werden. Damit wird der Rahmen der *statischen* Theorie verlassen. Auch auf diese Untersuchungen, genau so wenig wie auf diejenigen zur Eindeutigkeit einer möglichen Lösung, gehen wir nicht weiter ein, da sie für unsere Fragestellung (Ist das Modell empirisch, und ist es bewährt?) keine neuen Aspekte bringen, sondern verweisen auf die Literatur (s. GANDOLFO 1987; JÄGER 1981, S. 684-691).

19.3.3 Optimalität des Gleichgewichtes

Angenommen, es existierten in einer konkreten Volkswirtschaft für einen bestimmten Zeitraum oder -punkt alle die Bedingungen, die wir in den Abschnitten 17.4/5 und 19.3.1/2 aufgestellt haben, und aus ihnen könne ein Preisvektor für alle Güter abgeleitet werden derart, daß das Angebot an einem jeden Gute gleich der Nachfrage nach diesem Gute sei, angenommen also, die Gleichgewichtsbedingung (19.3-11) treffe für einen bestimmten Zeitraum oder -punkt für eine konkrete Volkswirtschaft zu, dann bedeutet dies: Jedes Unternehmen maximiert für jedes von ihm hergestellte Gut seinen Gewinn; jeder Haushalt maximiert seinen Nutzen. Denn aus diesen Annahmen sind ja alle Angebots- und alle Nachfragefunktionen hergeleitet worden, deren gleichzeitige Erfüllung das totale mikroökonomische Gleichgewicht bedeutet. Dieses Ergebnis - daß jeder Teilnehmer am Wirtschaftsprozeß seinen Nutzen oder seinen Gewinn maximiert - wird als "Optimum" bezeichnet.

Das Optimum hängt selbstverständlich von den gemachten Annahmen ab, von denen eine traditioneller Weise besonders hervorgehoben wird: die Erstausstattung der Haushalte mit Gütern. Wenn wir annehmen, daß für jede denkbare Erstausstattung der Haushalte ein und nur ein Gleichgewicht existiert, dann gibt es so viele denkbare totale mikroökonomische Gleichgewichte, als es denkbare Erstausstattungen gibt, d.h. unendlich viele. Ob und unter welchen Bedingungen es möglich ist, eines von ihnen als das beste, das optimum optimorum auszuzeichnen, besprechen wir später in diesem Abschnitt.

Jedes totale mikroökonomische Gleichgewicht hat die folgenden Eigenschaften, die als seine Marginalbedingungen bezeichnet werden und die nichts anderes sind als die Bedingungen erster Ordnung des Nutzen- bzw. des Gewinnmaximums eines Haushaltes bzw. einer Unternehmung in bezug auf ein Gut, verallgemeinert auf alle Güter und auf alle Haushalte bzw. alle Unternehmen:

Marginalbedingung für den Konsum:

$$\forall g \forall h \forall k \exists p_g \exists p_h \left[\left| \frac{dx_h^k}{dx_g^k} \right| = \frac{p_g}{p_h} \right], \tag{19.3-12}$$

x	:	Menge des Gutes h bzw. g, das der Haushalt konsumiert,
$k \in \{1, ..., m\}$	:	laufende Nummer der Haushalte,
$h \in \{1, ..., n\}$	:	laufende Nummer der Güter,
$g \in \{1, ..., n\}$	:	laufende Nummer der Güter,
$g \neq h$.		

Für alle Haushalte und für alle Güter gilt: Es gibt zwei Preise zweier je verschiedener Güter, derart, daß die Grenzrate der Substitution dieser beiden Güter in der Konsumtion, absolut genommen, gleich dem umgekehrten Verhältnis ihrer Preise ist.

Marginalbedingung für den Faktoreinsatz in der Produktion:

$$\forall g \forall h \forall i \forall j \exists p_g \exists p_h \left[\left| \frac{dr^j_{ih}}{dr^j_{ig}} \right| = \frac{p_g}{p_h} \right], \tag{19.3-13}$$

r^j_{ig}, r^j_{ih} : Menge des Gutes g bzw. h, das die Unternehmung j zur Produktion des Gutes i einsetzt,

$g \neq h$,

$j \in \{1, ..., s\}$: laufende Nummer der Unternehmen,

$i \in \{1, ..., n\}$: laufende Nummer der produzierten Güter.

Für alle Güter und für alle Unternehmen gilt: Es gibt zwei Preise zweier je verschiedener Güter, derart, daß die Grenzrate der Substitution dieser beiden Güter als Faktoren in der Produktion, absolut genommen, gleich dem umgekehrten Verhältnis ihrer Preise ist.

Marginalbedingung für die Gütertransformation:

Güter werden nicht nur als Faktoren eingesetzt, sondern (sofern nicht Kuppelproduktion vorliegt, die wir hier ausschließen) ein Gut kann immer nur auf Kosten eines anderen oder aller anderen hergestellt werden, d.h.: Jedes Gut kann in jedes andere transformiert werden, der Verzicht auf das eine Gut dient dabei als Schattenpreis für das andere. Deshalb

$$\forall g \forall h \forall j \exists p_g \exists p_h \left[\left| \frac{dy^j_h}{dy^{j+1}_g} \right| = \frac{p_g}{p_h} \right], \tag{19.3-14}$$

y^j_h: Menge des Gutes h, das die Unternehmung j produziert,

$j \in \{1, ..., s-1\}$,

$g \neq h$.

Für alle Güter und für alle Unternehmen gilt: Es gibt zwei Preise zweier je verschiedener Güter, derart, daß die Grenzrate der Transformation zweier Güter in der Produktion, absolut genommen, gleich dem umgekehrten Verhältnis ihrer Preise ist.

Bedingung der Gleichheit von Substitutionsraten in der Konsumtion mit den Substitutions- bzw. Transformationsraten in der Produktion:

Da die Preise wegen vollständiger Konkurrenz für alle Haushalte und alle Unternehmen gleich sind, sind auch die Substitutionsraten je zweier Güter in der Konsumtion und Produktion bzw. die Transformationsrate einander gleich.

$$\forall g \forall h \forall i \forall j \forall k \exists p_g \exists p_h \left[\left| \frac{dq_h^k}{dq_g^k} \right| = \left| \frac{dr_{hi}^j}{dr_{gi}^j} \right| = \left| \frac{dy_h^j}{dy_g^{j+1}} \right| = \frac{p_g}{p_h} \right]. \tag{19.3-15}$$

Das totale mikroökonomische Gleichgewicht zeichnet sich dadurch aus - das gehört zu den Annahmen, aus denen es abgeleitet wird -, daß die Produktion und der Konsum effizient sind, daß also keine Güter verschwendet werden, oder anders ausgedrückt: Unter den gegebenen Bedingungen, der Anfangsausstattung der Haushalte mit Gütern, wird für jeden einzelnen Teilnehmer am Wirtschaftsprozeß das bestmögliche Ergebnis erzielt. Von irgendeinem Gute kann eine größere Menge nicht hergestellt werden, ohne die Menge mindestens eines anderen Gutes zu verkleinern. Kein Konsument kann seinen Nutzen vergrößern, ohne den Nutzen wenigstens eines anderen Konsumenten zu verringern. Ein solcher Zustand wird "Pareto-Optimum" genannt.

Wie schon erwähnt, existieren in einem mikroökonomischen Totalmodell so viele Pareto-Optima, als es Anfangsverteilungen der Güter über die Haushalte gibt, vorausgesetzt, zu jeder dieser Verteilungen gibt es genau ein Gleichgewicht. Aus der Menge dieser Optima könnte man das optimum optimorum auswählen, wenn eine gesamtwirtschaftliche Wohlfahrtsfunktion aus den Nutzenfunktionen der einzelnen Staatsbürger konstruiert und unter der Nebenbedingung maximiert werden könnte, daß die Produktionsmöglichkeiten der betrachteten Volkswirtschaft beachtet werden:

$$U\left\{u_1\left(\left[x_h\right]\right), \ldots, u_m\left(\left[x_h\right]\right)\right\} \tag{19.3-16}$$

unter der Bedingung

$$f(x_1, \ldots, x_n) = 0, \tag{19.3-17}$$

mit U : Gesamtwohlfahrt des Staates,
$u_1, \ldots, u_m$: Nutzenfunktionen der Konsumenten
$f(x_1, \ldots, x_n)$: Transformationsfunktion aller Güter (Produktionsmöglichkeitsfunktion) der Volkswirtschaft.

Durchweg wird heute die Konstruktion einer gesamtwirtschaftlichen Wohlfahrtsfunktion für unmöglich gehalten, weil die Argumente $u_1, \ldots, u_m$ einer solchen Funktion nur komparative Begriffe seien; die Nutzen zudem nicht objektiv, sondern nur subjektiv gemessen werden könnten und weil drittens in demokratischen Abstimmungen bei unterschiedlichen Einzelpräferenzen keine transitive Gesamtpräferenzordnung zustande komme (ein Argument, das von ARROW 1951 stammt), was natürlich eine notwendige Bedingung für eine Wohlfahrtsfunktion ist.

Ich halte diese Argumente für richtig und gehe deshalb auf eine gesamtwirtschaftliche Wohlfahrtsfunktion nicht weiter ein (s. dazu FELDMAN 1987; KÜLP 1982).

19.3.4 Ist das Modell empirisch, und ist es bewährt?

Die Kernaussage des Modells des totalen mikroökonomischen Gleichgewichtes lautet (s. Abschnitt 19.3.1):

$$\exists[p_h]\forall h\left\{Y_h([p_h]) - R_h([p_h]) = X_h([p_h])\right\}, \tag{19.3-11}$$

In Worten: Es existiert ein Preisvektor aller Güter derart, daß für alle Güter gilt: Die Nachfrage nach einem Gut ist gleich dem Angebot an diesem Gut.

Dies ist eine Aussage mit gemischten Quantoren, einem Existenzquantor und einem Allquantor, oder: Die Aussage besteht aus der Kombination einer Partikuläraussage mit einer Allaussage. Partikuläraussagen und auch Kombinationen anderer Aussagen mit Partikuläraussagen sind durch Singuläraussagen unwiderlegbar (s. Abschnitt 3.6.10). Deshalb ist die Kernaussage des Modells des totalen mikroökonomischen Gleichgewichtes unempirisch (s. Abschnitt 10.2). Die Stücke der Gleichgewichtstheorie, die unter der Überschrift "Existenz des Gleichgewichtes" stehen (s. Abschnitt 19.3.2), überführen nicht etwa, wie man auf Grund der Überschrift vermuten könnte, die Partikuläraussage in eine Singuläraussage, sondern sie handeln über die Bedingungen der Möglichkeit der Existenz eines Gleichgewichtes; die Partikuläraussage verschwindet dadurch nicht.

Wenn der Ausdruck (19.3-11) empirisch gemacht werden soll, wäre folgendes nötig:

- die Nachfrage- und Angebotsfunktionen müßten spezifiziert werden;
- die Werte der Parameter dieser Funktionen müßten angegeben werden;
- schließlich müßte eine raum-zeitliche Randbedingung eingeführt werden, die behauptet, daß das System der spezifizierten Angebots- und Nachfragefunktionen mitsamt den bekannten Parameterwerten für die betrachtete Volkswirtschaft zu einem bestimmten Zeitpunkt oder für einen bestimmten Zeitraum Gültigkeit habe; daß die zu Anfang der Periode in der Volkswirtschaft vorhandenen Güter in genau bestimmter Weise über die Haushalte verteilt seien und daß vollständige Konkurrenz herrsche;
- die Gleichgewichtswerte aller Preise und aller Gütermengen müßten berechnet werden.

Die Aussage dieses Systems lautete, daß zu dem angegebenen Zeitpunkt oder für den angegebenen Zeitraum die berechneten Werte des Preisvektors $[p_h]$ und die berechneten Werte der Gütermengen in der betrachteten Wirtschaft existieren und daß diese Werte Gleichgewichtswerte seien, derart, daß Angebot und Nachfrage nach einem jeden Gut einander gleich seien und daß dies ein Pareto-optimaler Zustand sei.

Eine solche Aussage (die allerdings für das Modell des totalen mikroökonomischen Gleichgewichts nicht in Sicht ist) wäre empirisch. Ich vermute, daß sie auch falsch wäre. Eine kurze Skizze der Wirklichkeit in Hinsicht auf das Gleichgewicht könnte nämlich für die Bundesrepublik Deutschland (und für alle anderen Staaten auch) etwa so aussehen: Die Wirtschaftssubjekte (Haushalte, Unternehmen, staatliche und parastaatliche Einrichtungen, private Organisationen ohne Erwerbsziel) stellen mehr oder weniger explizite Wirtschaftspläne für unterschiedliche Zeithorizonte auf. Ein kleiner Teil dieser Pläne mag völlig in Erfüllung gehen, ihr weitaus größter Teil dagegen wird in der Realisation vom Vorhaben abweichen. Diese Abweichung bedeutet für einige Wirtschaftssubjekte eine große persönliche Katastrophe: Bankrott des Unternehmens; Verlust des Vermögens; Verarmung; langdauernde Arbeitslosigkeit; langdauernde Verschuldung, die zu einem Leben im (sozial definierten) Existenzminimum führt. Für andere Wirtschaftssubjekte (hoffentlich die weit überwiegende Mehrheit) mag die Abweichung der Realität von den Plänen zwar mehr oder weniger ärgerlich und manchmal auch erfreulich sein, aber nicht katastrophal. Alle Wirtschaftssubjekte stellen dauernd neue - mehr oder weniger ausgearbeitete - Pläne auf, die wieder mehr oder weniger gut erfüllt werden.

Es kann also keinem vernünftigen Zweifel unterliegen, daß in der Wirklichkeit der Bundesrepublik Deutschland (und aller anderen Staaten) die Pläne der Wirtschaftssubjekte nur selten, eher zufällig erfüllt werden, sofern solche expliziten Pläne überhaupt aufgestellt werden. In der Wirklichkeit herrscht also und herrschte niemals Gleichgewicht. Gleichgewichtsmodelle, sofern sie mit der Wirklichkeit überhaupt konfrontiert werden könnten, müßten an ihr also scheitern.

Ich vermute weiter, daß ein Anhänger des Modells sich dann darauf berufen würde, daß mindestens eine notwendige Bedingung für das Zutreffen der Aussage nicht erfüllt sei: die vollständige Konkurrenz, und daß deshalb die Allaussage nicht widerlegt sei. Das Modell des totalen mikroökonomischen Gleichgewichtes ist also auch deshalb unempirisch, weil es Aussagen über eine leere Klasse von Ereignissen macht (s. Abschnitt 10.4).

Beide Mängel, die wir in diesem Abschnitt konstatiert haben: die Verwendung von Aussagen mit gemischten Quantoren und von Aussagen über leere Klassen, kennzeichnen die meisten Gleichgewichtsmodelle, die auf der Voraussetzung der vollständigen Konkurrenz basieren; diejenigen unter ihnen, welche neben dem Modell des totalen mikroökonomischen Gleichgewichtes in den letzten 40 Jahren die meiste Arbeit und Aufmerksamkeit der akademischen theoretischen Volkswirtschaftslehre auf sich gezogen haben, dürften die Modelle des gleichgewichtigen Wachstum sein (s. dazu Abschnitt 16.4.2.3). Aber auch viele Gleichgewichtsmodelle, die nicht auf der Voraussetzung vollständiger Konkurrenz beruhen oder nicht einmal auf der Voraussetzung eines vollkommenen Marktes, wie zum Beispiel Modelle des homogenen oder inhomogenen Oligopols (s. KRELLE 1976, S. 130-380), benutzen für ihre Kernaussagen über die Existenz des Gleichgewichtes ausschließlich Ausdrücke mit gemischten Quantoren; sie sind deshalb unempirisch. Sollten diese Ausdrücke in empirische Aussagen überführt werden, dann vermute ich, daß die Modelle an den Fakten scheitern werden (s. Abschnitt 19.4).

Die Kritik an der Gleichgewichtstheorie ist so alt wie diese selber (s. dazu HOLUB 1978; KORNAI 1971; MIROWSKI 1989); der fehlende Bezug zur Wirklichkeit wird dabei immer wieder hervorgehoben. Gleichgewichtstheoretiker pflegen hierauf zu antworten, wie jedes Modell erfasse auch ein Gleichgewichtsmodell nur bestimmte Elemente des Modelloriginals, der wirtschaftlichen Wirklichkeit, und diese Elemente seien realistisch. Es ist natürlich richtig, daß jedes Modell nur Auszüge der Wirklichkeit darstellen kann und darstellen soll; aber diese Auszüge müssen empirisch sein, und die Gleichgewichtsmodelle, die ausschließlich Aussagen mit gemischten Quantoren benutzen, besitzen jene Eigenschaft nicht.

Sind nun die vorliegenden *Ungleichgewichtsmodelle* das bessere Paradigma zur Erklärung der wirtschaftlichen Wirklichkeit? Unter den Begriff "vorliegende Ungleichgewichtsmodelle" will ich das Keynessche Modell, wie es in den Lehrbüchern der Makroökonomik dargestellt ist; die postkeynessche Wachstumstheorie (s. dazu KRELLE 1985, S. 61-75) und die "Neue Makroökonomik" (s. dazu K. W. ROTHSCHILD 1981; HAGEMANN/KURZ/SCHÄFER 1981) fassen. Sie scheinen mir dazu nicht geeignet zu sein, und dies aus zwei Gründen:

1) Die Ungleichgewichtsmodelle sind *makroökonomisch,* die Wirklichkeit aber ist *mikroökonomisch* und kann faktisch nicht in die makroökonomischen Modelle abgebildet werden (s. dazu Kapitel 15). Über die Wirklichkeit, wie wir sie weiter vorn in bezug auf das Gleichgewicht bzw. das Ungleichgewicht skizziert haben, enthalten die makroökonomischen Ungleichgewichtsmodelle nichts und können auch von ihr nichts enthalten.

2) Auch die Ungleichgewichtsmodelle sind stärker an den *mathematischen Eigenschaften* ihrer selbst (der Modelle also) als an der *Wirklichkeit interessiert.* Anders ausgedrückt: Auch die Ungleichgewichtsmodelle sind auf den *formalen* Begriff des Gleichgewichts und seiner Verneinung fixiert. Besonders deutlich läßt sich dies an den *postkeynesschen* Wachstumsmodellen zeigen, nach denen der totale Zusammenbruch der Wirtschaft das wahrscheinliche, ihr normales (gleichgewichtiges) Fortbestehen das unwahrscheinliche Ereignis ist. Aber auch das *Keynessche* Modell und die Neue Makroökonomik legen meiner Meinung nach zu viel Gewicht auf fortdauernde Ungleichgewichte, was durch ihre mathematischen Eigenschaften verursacht ist, statt die Wirtschaft als eine Aufeinanderfolge von Zuständen abzubilden, die dadurch zustande kommen, daß Menschen sich bemühen, ihre Pläne zu realisieren, ohne dies jedoch jemals voll zu erreichen, ohne aber auch die Gesamtwirtschaft normaler Weise in Großkatastrophen zu stürzen. Hiermit soll nicht behauptet wer-

den, daß der gegenwärtige Stil des Wirtschaftens - sowohl in den entwickelten als auch in den unterentwickelten Ländern - nicht in absehbarer Zeit in eine ökologische Katastrophe führen wird, die nicht nur das Wirtschaften, sondern das Leben überhaupt radikal verändern wird. Solche Ungleichgewichte gehören aber bis heute noch nicht zum Inhalt der normalen Ungleichgewichtsmodelle.

Gleichgewichtsmodelle und Ungleichgewichtsmodelle sind Zwillinge: Sie sind sich darin gleich, daß sie beide nicht zu den Real-, sondern zu den Formalwissenschaften gehören, und daß ihnen beiden fälschlicherweise Informationsgehalt über die Wirklichkeit zugeschrieben wird. Nur Theorien, in denen weder der Gleichgewichts- noch der Ungleichgewichtsbegriff die dominierende Rolle spielen, sind geeignet, ein zutreffendes Bild der Wirklichkeit zu liefern.

19.4 Angewandte Gleichgewichtsmodelle

19.4.1 Eigenschaften und Zweck der Modelle

Die Behauptung des vorhergehenden Abschnittes 19.3.4, daß nicht nur das Modell des totalen mikroökonomischen Gleichgewichts, sondern viele (wenn nicht alle) Gleichgewichtsmodelle unempirisch oder doch falsch seien, könnte durch die Aussage widerlegt werden, daß es angewandte, berechnete Gleichgewichtsmodelle gibt (seit den 60er Jahren in den USA, seit Mitte der 80er Jahre auch in Deutschland), die sowohl empirisch als auch bewährt seien (zu den Berechnungsmethoden solcher Modelle s. SCARF 1987 und 1984, TODD 1984). Solche Gleichgewichtsmodelle haben die folgenden Eigenschaften:

1) Es sind Modelle in Form von mathematischen Gleichungen.

2) Sie behaupten, daß ein Gleichgewicht in dem Modell besteht, etwa der Form, die wir in Abschnitt 10.4, Gleichung (10-7) gebracht haben:

$$\exists[p_i]\ \forall i\left\{x_i^A([p_i]) = x_i^N([p_i])\right\}, \qquad (19.4\text{-}1)$$

x_i^A: Angebotsmenge des Gutes i,
x_i^N: Nachfragemenge des Gutes i,
$[p_i]$: $p_1, \ldots, p_i, \ldots, p_n$.

3) Die Gleichungen sind spezifiziert.

4) Die Werte der Parameter sind numerisch angegeben.

5) Die Gleichgewichtswerte der Variablen (Preise und Mengen), die das Modell simultan erfüllen, sind numerisch bestimmt.

6) Es wird behauptet, daß die eben beschriebenen (spezifizierten und gelösten) Gleichungssysteme zutreffende Modelle bestimmter Volks-

wirtschaften (oder bestimmter Teile von solchen) für bestimmte Zeitpunkte oder Zeiträume seien.

Alle Forderungen, die wir in Abschnitt 19.3.4 an das Modell des totalen mikroökonomischen Gleichgewichts gestellt haben, damit es als empirisch gelten könne, würden, wenn die Behauptungen zuträfen, von den angewandten Gleichgewichtsmodellen also erfüllt. Sind sie tatsächlich empirisch und, wenn sie das sind, auch bewährt?

Bevor wir jene Fragen behandeln, geben wir einige weitere Informationen über solche Modelle: Die angewandten Gleichgewichtsmodelle werden benutzt, um die Wirkung politischer Eingriffe in einen Zustand der Wirtschaft zu simulieren, der als Gleichgewicht interpretiert wird. Es wird häufig angenommen, daß ein neuer Gleichgewichtszustand erreicht wird, der Vergleich des neuen (hypothetischen) Zustandes mit dem alten (als real angenommenen) Gleichgewichtszustand gibt Auskunft darüber, wie Wohlfahrtsverluste und -gewinne sich auf die im Modell identifizierten Wirtschaftseinheiten verteilen (s. dazu MANSUR/WHALLEY 1984, S. 86). An Stelle der politischen Eingriffe können auch externe Schocks betrachtet werden (z.B. die Ölpreiserhöhung durch die OPEC). Es ist auch möglich, daß der neue Zustand nicht als Gleichgewicht modelliert wird, sondern nur eine Strukturänderung der Wirtschaft angibt.

An politischen Eingriffen in einen als Gleichgewicht vorgestellten Zustand werden modelliert:

- Änderung von Steuersätzen,
- Neueinführung von Steuern,
- Einführung von Exportsubventionen,
- staatliche Investitionen in die Infrastruktur (s. dazu SCARF/SHOVEN 1984b, S. XI; die einzelnen Artikel in PIGGOTT/WHALLEY 1991).

Die vorgelegten Modelle (s. vor allem JORGENSON 1984; MANSUR/WHALLEY 1984, S. 88-90 und S. 96-98; PIGGOTT/WHALLEY 1991) sind durchweg makroökonomisch, viele von ihnen unterscheiden aber eine größere Anzahl von Wirtschaftsbereichen, Gütern und Haushalten. Von einem mikroökonomischen Totalmodell kann jedoch keine Rede sein.

Ob die angewandten Gleichgewichtsmodelle empirisch und bewährt sind, d.h. ob sie zutreffend die Realität, von der sie ein Modell zu sein behaupten, abbilden, läßt sich gut beurteilen, wenn wir darlegen, wie ihre zu Anfang dieses Abschnittes beschriebenen Eigenschaften festgelegt werden.

19.4.2 Die Spezifizierung der Gleichungen

Es müssen Angebots- und Nachfragefunktionen der Haushalte sowie Angebots- mitsamt Nachfrage- und Kostenfunktionen der Unternehmen bestimmt werden. Die Haushaltsfunktionen werden praktisch immer aus der Maximierung der jeweiligen Nutzenfunktionen unter Beachtung der Budgetrestriktionen abgeleitet; als Nutzenfunktionen werden durchweg solche vom Typ *Cobb-Douglas*, manchmal auch vom Typ CES unterstellt. Die Funktionen der Unternehmen werden aus der Annahme der Kostenminimierung und der Gewinnmaximierung abgeleitet; als Produktfunktionen dienen wiederum *Cobb-Douglas*- oder CES-Funktionen.

Selbst wenn es sich um Mikromodelle handelte, würde die Vorgehensweise Zweifel an der Wahrheit der abgeleiteten Funktionen hervorrufen, da die Haushalte keine Nutzenfunktionen (s. Abschnitt 17.4.1), die Unternehmen keine substitutionalen Produktfunktionen (s. Abschnitt 17.5.4) besitzen, ganz abgesehen davon, daß sie auch nicht versuchen, irgend etwas zu maximieren (s. Kapitel 20). Da es sich aber um Makromodelle handelt, muß zusätzlich auch noch die Lösung des (praktisch unlösbaren) Aggregationsproblems vorausgesetzt werden (s. Abschnitt 15.5). Dennoch: Da aus der Falschheit der Axiome nicht die Falschheit der abgeleiteten Theoreme folgt (s. Abschnitt 3.7.6), kann an dieser Stelle nicht ausgeschlossen werden, daß die abgeleiteten Funktionen wahr sind und sich deshalb in eventuellen empirischen Tests bewähren.

19.4.3 Die Bestimmung der Parameter

Das Problem, die Parameter eines Gleichgewichtsmodells zu bestimmen, kann folgendermaßen beschrieben werden (nach LAU 1984): Sei

$$\mathbf{f}(\mathbf{y}; \mathbf{x}; \boldsymbol{\beta}; \boldsymbol{\varepsilon}) = \mathbf{0} \qquad (19.4\text{-}2)$$

das Gleichgewichtsmodell

mit $\mathbf{y}$: Vektor der endogenen Variablen,
$\mathbf{x}$: Vektor der exogenen Variablen,
$\boldsymbol{\beta}$: Vektor der Parameter,
$\boldsymbol{\varepsilon}$: Vektor der Störgrößen,
$\mathbf{f}$: den verschiedenen Funktionen.

Das Problem, den Vektor $\boldsymbol{\beta}$ zu bestimmen unter Annahme eines Wertes für die einzelnen ε oder von Verteilungen für die einzelnen ε, ist rein formal dasselbe wie in Abschnitt 16.4.1 (Gleichung 16-1), inhaltlich unterscheiden sich die beiden Gleichungen dadurch, daß es sich hier um ein Gleichgewichtsmodell handelt, dort aber nicht. Dies bedeutet, daß der Schätzer $\bar{\boldsymbol{\beta}}$ des wahren Wertes $\boldsymbol{\beta}$ in angewandten Gleichgewichtsmodellen imstande sein muß, wenn man in ein solches Modell die Werte der exogenen Variablen eines empirischen Gleichgewichtszustandes einsetzt, die Gleichgewichtswerte der endogenen Variablen zu erzeugen, so daß

$$\mathbf{f}(\mathbf{x}; \mathbf{y}; \bar{\boldsymbol{\beta}}; \boldsymbol{\varepsilon}=\mathbf{0}) = \mathbf{0} \qquad (19.4\text{-}3)$$

gilt ($\boldsymbol{\varepsilon}=\mathbf{0}$ wird als Kennzeichen eines Gleichgewichtszustandes angesetzt).

Der Modellbauer kann eine Schätzung $\bar{\boldsymbol{\beta}}$ für den Vektor $\boldsymbol{\beta}$ erhalten

- durch willkürliche Wahl,
- durch Übernahme aus anderen empirischen Studien,
- durch Ökonometrie,
- durch Eichung (Kalibrierung).

Wir gehen nur auf die beiden letzten Möglichkeiten ein.

Die *ökonometrischen* Methoden (s. Abschnitt 16.4.1) setzen das Vorhandensein einer größeren Menge von empirischen Daten für dasselbe Phänomen (etwa den Preis eines bestimmten Gutes) voraus, die dann als Zufallsstichproben aus großen oder unendlichen Gesamtheiten interpretiert werden; die Daten stammen entweder aus Querschnitt- oder aus Längsschnittanalysen. Für den Vektor ε werden bestimmte Verteilungen unterstellt. Da die empirischen Daten in aller Regel keine Gleichgewichtssituationen repräsentieren (s. Abschnitt 19.3.4), produziert der Schätzer $\bar{\beta}$ auch für angenommene Gleichgewichtssituationen

$$f(y;\ x;\ \bar{\beta};\ 0) \neq 0. \qquad (19.4\text{-}4)$$

Diesen Mangel versucht man dadurch zu beheben, daß man die Parameter so wählt, daß (19.4-3) für angenommene Gleichgewichtszustände erfüllt ist.

Die *Eichung (Kalibrierung)* nimmt einen bestimmten empirischen Zustand der betrachteten Wirtschaft (meistens den Zustand eines Jahres) als einen Gleichgewichtszustand an, der die Bedingung (19.4-1) erfüllt. Da nun keine reale Wirtschaft sich jemals in einem Zustand des totalen Gleichgewichts befindet (s. Abschnitt 19.3.4), werden die Daten bereinigt, derart, daß sie die Gleichgewichtsbedingung (19.4-1) erfüllen. Dieser Datenkörper wird "Eichgleichgewicht" ("benchmark equilibrium data set") genannt. Die Parameter des Gleichgewichtsmodells werden nun so bestimmt, daß, wenn man in die Gleichungen die Werte der exogenen Variablen des Eichgleichgewichtes einsetzt, das Modell als Lösung der endogenen Variablen die Werte des Eichgleichgewichtes produziert.

Die Eichung, wie eben beschrieben, ist das bei der Bestimmung der Parameter von angewandten Gleichgewichtsmodellen weitaus am häufigsten benutzte Verfahren (s. dazu LAU 1984; MACKINNON 1984; MANSUR/WHALLEY 1984; SCARF/SHOVEN 1984b). Gegenüber den ökonometrischen Methoden ist es sehr viel einfacher, benötigt vor allem viel weniger empirische Daten, ist aber aus ökonometrischer Sicht unvertretbar, da das Eichgleichgewicht als eine Stichprobe vom Umfang eins anzusehen ist, mit welcher man nicht seriös die empirischen Parameter von Gleichungen bestimmen kann.

19.4.4 Sind die Modelle empirisch, und sind sie bewährt?

Auf den ersten Blick hat es den Anschein, daß die angewandten Gleichgewichtsmodelle empirisch sind: Die Gleichungen sind spezifiziert; die Werte der Parameter sind berechnet; die Gleichgewichtswerte der Variablen sind numerisch bestimmt; es wird behauptet, daß die Modelle bestimmte Zustände realer Wirtschaften abbilden. Der Schein trügt jedoch: Die angewandten Gleichgewichtsmodelle sind unwiderlegbar, und damit erfüllen sie nicht das in diesem Buch postulierte und akzeptierte Kriterium der Empirizität (s. Abschnitt 10.2). Denn sie beziehen sich auf

Gleichgewichtszustände, bestimmen an ihnen ihre Parameter, die es in der Wirklichkeit nicht gibt, die vielmehr von den Wissenschaftlern nur im Datensatz erzeugt worden sind. Sie machen also Aussagen über leere Mengen, und solche Aussagen sind durch Empirie unwiderlegbar (s. dazu Abschnitt 10.4). Mindestens einer der Autoren, die in der Literatur über angewandte Gleichgewichtsmodelle prominent sind, gibt das auch unumwunden zu, wobei er den Tatbestand (man könnte sagen: "natürlich") als erstrebenswert charakterisiert:

> "One could perhaps characterize current applied models as part of a move towards a new positivism in economics. This positivism is not of the traditional Popperian type where one attempts to positively test hypotheses, but positivism in the sense of allowing for positive judgements on policy options to be made by modellers.
>
> Taken to the extreme these applied general equilibrium models are such that a determinstic fit of models to single or even multiple data points becomes feasible, in which case statistical testing makes little sense.
>
> These issues also raise questions concerning the way we use models. Do we rely only on statistical tests or do we allow judgement to enter? Are we willing to examine our own perceptions of ourselves and our social institutions, in the belief that this is what shapes our policy making, rather than limit ourselves merely to attempting to track an often illusive objective reality" (WHALLEY 1985, S. 35-37).

Ich stimme der Diagnose zu, daß die angewandten Gleichgewichtsmodelle nicht getestet werden können, und deshalb opponiere ich strikt der Meinung, daß sie eine brauchbare Grundlage für wirtschaftspolitische Ratschläge abgeben könnten.

20 Über Rationalität

20.1 Rationales Verhalten

Rationales Verhalten - das wichtigste Axiom der neoklassischen Wirtschaftstheorie und der Spieltheorie in allen ihren Ausprägungen - ist in den Kapiteln 17 bis 19 vielfach behandelt worden:

Wir haben das Rationalprinzip in seiner zweifachen Form definiert (Abschnitt 17,2); wir haben darstellt, daß es in der Haushaltstheorie die Form der Nutzenmaximierung (Abschnitt 17.3), in der Unternehmenstheorie die Form der Gewinnmaximierung (Abschnitt 17.5) annimmt. Wir haben gezeigt, wie das Rationalprinzip, von Haus aus eine Regel, durch die Annahme, daß alle Haushalte und Unternehmen es befolgen, zu einer Allaussage transformiert wird, die als grundlegendes Axiom zur Erklärung wirtschaftlichen Verhaltens benutzt wird. Wir haben schließlich referiert, daß das Maximierungsverhalten aller Wirtschaftssubjekte (unter weiteren Annahmen, die uns hier nicht zu interessieren brauchen) zum totalen Gleichgewicht führt, welches Pareto-optimal ist (Abschnitt 19.3). Wir haben gezeigt, daß auch die Spieltheorie rationales Verhalten ihren Adressaten vorschreibt (Kapitel 18).

Unsere Kritik an diesen Axiomen des rationalen Verhaltens war immer dieselbe: Die Wirtschaftssubjekte hätten nicht die notwendigen Kenntnisse, um sich an die Anweisungen zu halten, selbst wenn sie wollten, und deshalb täten sie es auch nicht: Die Haushalte kennten keine Nutzenfunktion der unterstellten Art; die Unternehmen kennten keine substitutionale Produktfunktion, die ansteigende Grenzkosten impliziert; beide hätten im allgemeinen nicht die notwendigen Rechenfähigkeiten zur Maximierung ihrer Zielfunktionen, wenn sie solche besäßen; allein schon aus diesen Gründen existiere kein Gleichgewicht in der Wirtschaft; die Spieler schließlich kennten keine Spielmatrizen mit den unterstellten Eigenschaften, die notwendigen Rechenkenntnisse dürften sie ebenfalls nicht haben. Andere Wissensanforderungen, über die wir hier schweigen, z.B. die Kenntnis von Wahrscheinlichkeitsverteilungen, seien ebenfalls nicht zu erfüllen (zu einer alle Illusionen zerstörenden Behandlung des Informationsproblems bei rationalem Verhalten und Gleichgewicht s. ARROW 1987).

Diese Art der Kritik läßt die Frage offen, ob die Wirtschaftssubjekte die Anweisungen der Rationaltheorie befolgen würden, wenn sie nur könnten. Im folgenden behandeln wir diese Frage.

Den einflußreichsten Beitrag zu einer anderen Auffassung von Rationalität dürfte *Herbert A. Simon*, der Nobelpreisträger für Wirtschaftswissenschaften des Jahres 1978 geleistet haben (SIMON 1987a und b; 1983; 1982; 1979, 1976; 1957): Menschen, wie sie seien, könnten die Wissensanforderungen der Rationaltheorien nicht erfüllen, und (darauf kommt es uns in diesem Zusammenhang besonders an) sie strebten auch nicht die *Maximierung* einer Nutzenfunktion an, sondern nur die Erfüllung eines *befriedigenden Anspruchsniveaus*. Den Ansatz nennt er "beschränkte Rationalität" ("bounded rationality"):

> "Theories of bounded rationality can be generated by relaxing one or more of the assumptions of SEU [subjective utility] theory. Instead of assuming a fixed set of alternatives among which the decision-maker chooses, we may postulate a process for generating alternatives. Instead of assuming known probability distributions of outcomes, we may introduce estimating procedures for them, or we may look for strategies for dealing with uncertainty that do not assume knowledge of probabilities. Instead of assuming the maximization of a utility function, we may postulate a satisficing strategy. The particular deviations from the SEU assumptions of global maximization introduced by behaviourally oriented economists are derived from what is known, empirically, about human thought and choice processes, and especially what it known about the limits of human cognitive capacity for discovering alternatives, computing their consequences under certainty or uncertainty, and making comparisons among them" (SIMON 1987a, S. 266).

Die erstmalige Veröffentlichung des Konzepts der beschränkten Rationalität (SIMON 1976, 1. Auflage 1945) hat in den USA eine Flut empirischer Überprüfungen ausgelöst. In der Einleitung zur dritten Auflage des Buches gibt *Simon* einen kleinen Überblick über diese Studien, wobei er zu dem Ergebnis kommt, daß sie seine These bestätigen (SIMON 1976, S. XXXI; als jüngsten Überblick über das Konzept s. CONLISK 1996).

Stark von *Simon* beeinflußt, hat *Reinhard Selten* neben seinen Beiträgen zur rationalen Spieltheorie, für die er 1994 mit zwei anderen Wissenschaftlern den Nobelpreis erhalten hat, in Laborexperimenten das Konzept der eingeschränkten Rationalität untersucht und bestätigt gefunden, allerdings hat er bis 1973 die Beschränkung der Rationalität allein auf die Beschränkung der kognitiven Fähigkeit der Menschen zurückgeführt (SELTEN 1990). Die Tatsache jedoch, daß Wirtschaftssubjekte Empfehlungen der rationalen Spieltheorie nicht befolgen, die auch ohne jede Vorbildung einsichtig sind (SELTEN 1978), hat ihn die Überzeugung gewinnen lassen, daß Menschen keine Nutzenfunktion besitzen und daß sie überhaupt nichts maximieren (SELTEN 1994; s. dazu auch KAHNEMANN 1994). Er führt dies darauf zurück, daß die menschliche Motivstruktur nicht so beschaffen sei, daß die Menschen bei ihren Entscheidungen sich ausschließlich von der Rationalität im Sinne der Rationaltheorien leiten ließen (SELTEN 1990), so daß sie auch dann, wenn sie die notwendigen Informationen besäßen, die Anweisungen nicht befolgen würden.

Es scheint mir sicher zu sein, soweit man über Tatsachen überhaupt Sicherheit erlangen kann (s. Abschnitt 8.2 und 8.3), einerseits, daß wir über den Prozeß der menschlichen Entscheidungsfindung noch sehr wenig wissen (s. dazu auch Abschnitt 21.1), andererseits, daß die Menschen die Anweisungen der Rationaltheorien nicht befolgen, und zwar sowohl deshalb, weil sie es nicht können, als auch deshalb, weil sie es nicht wollten, wenn sie es könnten: Das grundlegende Axiom aller Rationaltheorien ist falsch.

20.2 Rationale Erwartungen

Das Konzept der rationalen Erwartungen, kreiert von MUTH 1961 und dann vor allem von *Robert Lucas* propagiert, wofür dieser den Nobelpreis des Jahres 1995 erhalten hat, beruht auf der Kontradiktion der Aussage, mit welcher der vorhergehende Abschnitt schließt:

"Das grundlegende Axiom aller Rationaltheorien ist wahr."

Herbert Simon, an dessen akademischer Institution, der Graduate School of Industrial Administration (GSIA) des damaligen Carnegie Institute of Technologie in Pittsbourgh, Muth 1961 (und auch davor) arbeitete, beschreibt in seiner Autobiographie das Konzept so:

"The theory of rational expectations offered a direct challenge to theories of bounded rationality, for it assumed a rationality in economic actors beyond any limits that had been previously been considered even in neoclassical theory. The name of the theory reveals its general idea: It claims that people's rationality extends even to their expectations about an uncertain future, such expectations being derived, in fact, from a valid model of the economy, shared by all decision makers" (SIMON 1991, S. 250).

Wir formulieren die Elemente der "rationalen Erwartungen", die gegenüber den herkömmlichen Rationaltheorien neu sind, noch einmal etwas anders:

1) Es existiert ein und nur ein zutreffendes Modell der Wirtschaft.

2) Das Modell erlaubt zutreffende Aussagen über die künftige Entwicklung der Wirtschaft.

3) Alle Wirtschaftssubjekte kennen dieses Modell und sind imstande, die zutreffenden Prognosen aus ihm abzuleiten.

Von allen drei Aussagen wird in diesem Buch behauptet, daß sie falsch seien.

Das Modell, das *Lucas* benutzt, ist ein makroökonomisches neoklassischen Gleichgewichtsmodell der gesamten Wirtschaft, und das heißt: Alle Preis sind flexibel und markträumend; alle Pläne der Wirtschaftssubjekte erfüllen sich; die herrschende Arbeitslosigkeit ist freiwillig. Zwei bekannte, aus diesem Modell abgeleitete Aussagen lauten:

- Wirtschaftspolitische Maßnahmen, die das Preisniveau betreffen, haben keine Realwirkungen, sondern nur Preiswirkungen, sofern sie angekündigt oder sonst bekannt sind;
- zyklische Schwankungen des realen Sozialproduktes (Konjunkturschwankungen) entstehen durch nicht vorhergesehene externe Schocks, die das Preisniveau verändern.

Ich verzichte darauf, die Gleichungen vorzuführen, die natürlich auch stochastische Störterme enthalten (mit dem Erwartungswert null); ich verzichte auch darauf, meiner Fassungslosigkeit darüber Ausdruck zu geben, daß solche Modelle formuliert, von der Zunft der Wissenschaftler geglaubt und auch noch mit einem Nobelpreis ausgezeichnet werden (im nächsten Abschnitt wird jedoch die Rationalität der Nationalökonomen diskutiert), sondern ich beschränke mich darauf, den zu Anfang dieses Abschnitts zitierten Bericht von *Herbert Simon* weiter zu zitieren, weil darin von *Robert Lucas* die Rede ist:

"Jack's [Muth] proposal was at first not much noticed by the economics profession, but a decade later it caught the attention of a new young assistant professor at GSIA, Robert Lucas, who had just completed his doctorate at the University of Chicago.*"

"*... the Economics Department at Chicago, under the influence of Milton Friedman, had become ultra orthodox in its adherence to the neoclassical faith, and completely intolerant of alternative religions. Bob Lucas was a product of the new Chicago School" (Haupttext und Fußnote: SIMON 1991, S. 250).

Literaturhinweis:

Die meisten Arbeiten von *Lucas* sind bequem in zwei Sammelwerken zugänglich: LUCAS 1987 und LUCAS/SARGENT 1981. Die Literatur über "Rationale Erwartungen" ist umfangreich. Ich beschränke mich auf die folgenden Lexikonartikel: Arrow 1987, S. 72f.; Sargent 1987; Savin 1987.

20.3 Die Rationalität der Nationalökonomen

In den Kapiteln 15 und 17 bis 19 sowie in den vorhergehenden Abschnitten dieses Kapitels haben wir die Kerngebiete der herrschenden Volkswirtschaftslehre darauf geprüft, ob sie empirisch und bewährt seien, ob sie also die Ansprüche der Autoren an ihre eigenen Produkte erfüllen. Die Ergebnisse, noch einmal zusammengefaßt, sind:

Die *Makroökonomik* ist zwar in vielen Stücken empirisch, aber überwiegend falsch. Dies liegt daran, daß ihre grundlegende Voraussetzung, die Übereinstimmung der Makrofunktionen mit den Mikrofunktionen, nicht erfüllt ist und nicht erfüllt werden kann, weil das Aggregationsproblem unlösbar ist.

Die *mikroökonomische neoklassische Haushaltstheorie* geht von falschen Axiomen aus: Die Haushalte besitzen keine Nutzenfunktion, und sie maximieren auch nichts. In den aus jenen Axiomen abgeleiteten Angebots- und Nachfragefunktionen sind die Begriffe "Nutzenfunktion" und "Maximierung" zwar eliminiert, aber es ist wissenschaftlich intolerabel, falsche Axiome zu benutzen: Die abgeleiteten Theoreme können dann nur zufällig wahr sein, und wenn sie wahr sind, dann aus anderen Gründen als wegen der benutzten Axiome.

In der *mikroökonomischen neoklassischen Unternehmenstheorie* ist die Situation ähnlich. Die Firmen besitzen keine Produktfunktionen der unterstellten Art, und auch sie maximieren nichts: Die Angebots- und Nachfragefunktionen der Unternehmen sind aus falschen Axiomen abgeleitet.

Die *Spieltheorie,* überwiegend als dezisiv angesehen, gibt unbefolgbare Anweisungen, weil die Spieler in den allermeisten Fällen die benötigten Kenntnisse, die der Spielmatrizen, nicht besitzen.

Wenn die Adressaten der Rationaltheorien die Anweisungen befolgen könnten, dann täten sie es nicht, weil sie es nicht wollen.

Die *Theorie des wirtschaftlichen Gleichgewichts,* sowohl in der theoretischen als auch in der angewandten Form, handelt über einen nicht existenten Gegenstand, eine leere Menge: In der Wirklichkeit gibt es kein wirtschaftliches Gleichgewicht, weder ein statisches noch ein dynamisches, weder ein partielles noch ein totales.

Die herrschende Volkswirtschaftslehre (mainstream economics) ist von dieser Kritik völlig unbeeinflußt: Makroökonomik, Mikroökonomik, Spieltheorie, Gleichgewichtstheorie werden betrieben, als gäbe es diese Argumente nicht. Woran liegt das? Oder anders gewendet: Ist die Ignorierung der Kritik rational? Diese Frage gehört nicht mehr zur Wissenschaftstheorie in dem hier definierten Sinn (s. Abschnitt 1.12), sondern zur Wissenschaftspsychologie und -soziologie, aber angesichts des Ergebnisses der wissenschaftstheoretischen Prüfung drängt sich die Frage auf und wird deshalb behandelt.

Eine Ursache der Ignorierung könnte darin bestehen, daß den Anhängern der herrschenden Lehre die Kritik, weil von einer kleinen unbekannten Minderheit vorgetragen, unbekannt ist. Es trifft zwar zu, daß die Kritik nur von einer Minderheit der Nationalökonomen geteilt wird, aber zu dieser gehören auch prominente Wissenschaftler, die wir zitiert haben. Tatsächlich sind die referierten Einwände wohl den meisten Angehörigen des Hauptstromes, wenigstens vage, bekannt.

Dies angenommen, könnte die Ursache für die Wirkungslosigkeit der Kritik darin bestehen, daß sie von der Mehrheit der Nationalökonomen als falsch erkannt und deshalb nicht beachtet wird: ein höchst rationales Verhalten. Selbstverständlich ist es möglich, daß die gesamte referierte Kritik falsch ist. Wer sie aus diesem Grunde verwirft, sollte ihre Falschheit jedoch nachweisen. Tatsächlich jedoch gibt es in der herrschenden Nationalökonomik nicht einmal eine ernstzunehmende Auseinandersetzung mit der hier referierten Kritik, viel weniger eine Widerlegung. Die Anhänger der herrschenden Volkswirtschaftslehre, besonders die Vertreter der Gleichgewichtstheorie sind vielmehr, meistens unreflektiert, der Meinung, daß ihre Gleichgewichtsmodelle einen Bezug zur Realität haben. In diesen Irrtum mögen sie gefallen sein, weil die theoretischen Begriffe ihrer Modelle ("Preise", "Güter", "Wirtschaftssubjekte", "Haushalte", "Unternehmen", "Angebot", "Nachfrage", "Wirtschaftliches Wachstum" und so fort) in der Alltagssprache und in Realwissenschaften (darunter auch in der empirischen Volkswirtschaftslehre) existierende Phänomene bezeichnen, was jedoch nicht dazu führen muß, daß die Modelle empirisch und bewährt sind (zu einem ähnlichen Argument s. MORGENSTERN 1972, S. 1164f.).

Gerard Debreu schreibt z.B. in der Einleitung zu seiner berühmten "Werttheorie": "Die zwei zentralen Probleme der Theorie, die in dieser Monographie dargestellt werden, sind erstens die Erklärung der Güterpreise aus der Interaktion der Wirtschaftssubjekte einer Volkswirtschaft mit Privateigentum, zweitens die Erklärung der Rolle der Preise in einem optimalen Zustand der Volkswirtschaft" (DEBREU 1976, S. VII). Und später in diesem Buch: "Anhand von Beispielen kann nun der Begriff Gut eingeführt werden. Das einfachste Beispiel ist eine wirtschaftliche *Ware* wie Weizen, ..., z.B. No. 2 Red Winter" (DEBREU 1976, S. 36f.). Weitere Zitate ähnlicher Art ließen sich in großer Menge beibringen.

Wilhelm Krelle, dessen gleichgewichtsorientierte Lehrbücher über zahlreiche Gebiete der theoretischen Volkswirtschaftslehre von dem Glauben an den Realitätsbezug der Modelle durchtränkt sind, widmet das Schlußkapitel seiner "Theorie des wirtschaftlichen Wachstums" gerade diesem Problem. Wir bringen zwei Zitate: "Es ist richtig, daß die Grenzproduktivitätstheorie der Verteilung die Wirklichkeit nicht adäquat beschreibt. Macht jeder Art spielt bei der Verteilung eine nicht zu vernachlässigende Rolle ... Sie [die Grenzproduktivitätstheorie] gibt andere Züge der Wirklichkeit - bei gegebenen sozialen und politischen Verhältnissen - approximativ richtig wieder, und das ist eine große Hilfe für das Verständnis *dieses* Teils der Wirklichkeit" (KRELLE 1985, S. 791f.); man vergleiche mit diesem Satz das zum Schluß des Kapitels 17 zitierte Dictum *Oscar Morgensterns* über die Grenzproduktivitätstheorie. Und der Schlußsatz des ganzen Buches: "So kann man zusammenfassend feststellen, daß die hier vorgestellten makroökonomischen Ansätze der Wachstumstheorie den bisherigen Angriffen gut standgehalten haben und daß diese Theorie die beste Grundlage für die Analyse und Beurteilung längerfristiger wirtschaftlicher Entwicklungen darstellt, die im Augenblick verfügbar ist" (KRELLE 1985, S. 821).

Der Glaube, daß die Gleichgewichtsmodelle einen Bezug zur Realität hätten, tritt besonders deutlich bei der Benutzung des Modells des totalen mikroökonomischen Gleichgewichtes in der Wohlfahrtsökonomik zu Tage (wir lassen die ältere Wohlfahrtsökonomik außer Betracht und sprechen nur von der neueren, die sich von der älteren unter anderem dadurch unterscheidet, daß sie nur ordinale Meßbarkeit des individuellen Nutzens annimmt): Das Modell des totalen mikroökonomischen Gleichgewichtes dient ihr zur Begründung der Aussage, daß die Marktwirtschaft als Ordnungssystem allen anderen Systemen mindestens gleichwertig, wenn nicht überlegen ist (s. dazu z.B. SOHMEN 1976). Damit will ich keineswegs bestreiten, daß die Marktwirtschaft anderen Ordnungssystemen tatsächlich überlegen ist, aber ich bestreite entschieden, daß zum Beweis dieser Behauptung ein rein formales, nicht-empirisches Modell geeignet ist.

So scheint zur Erklärung der Unempfindlichkeit, welche die herrschende Volkswirtschaftslehre gegenüber der vorgebrachten Kritik an den Tag legt, nur *Thomas S. Kuhns* These (s. Abschnitt 10.3.2) übrig zu bleiben: Die Vertreter des neoklassischen Paradigmas halten, ungeachtet aller Schwierigkeiten, an diesem fest, weil kein neues zur Hand ist, was ebenfalls (gleichgültig, was *Kuhn* sagt) als rational bezeichnet werden kann (s. Abschnitte 10.3.2.2 und 3). Nun behaupte ich aber, daß ein neues Paradigma, wenigstens in Umrissen, existiert: die Sozialökonomische Verhaltensforschung (s. Kapitel 21). Wie läßt sich dennoch das Festhalten der Mehrheit der Nationalökonomen vor allen an der Rationaltheorie und ihrer Krönung, der allgemeinen Gleichgewichtstheorie, erklären?

Wie alle sozialen Phänomene wird auch dieses viele Ursachen haben, und die einzelnen Wissenschaftler mögen von unterschiedlichen Ursachenkombinationen sich leiten lassen. Der folgende Katalog der Hypothesen impliziert deshalb nicht, daß alle Nationalökonomen von ihnen in gleicher Weise beeinflußt sind; ich möchte lediglich behaupten, daß der Katalog mögliche (aber nicht alle) Ursachen für das zähe Leben des neoklassischen Paradigmas enthält.

Die individualistische Theorie des Haushaltes und der Unternehmung ist ein (spätes) Kind der europäischen Aufklärung, welche die Befreiung des Individuums aus Bevormundungen aller Art angestrebt hat und anstrebt, so daß die Neoklassiker sich als Mitstreiter in diesem attraktiven Programm fühlen können.

Die Theorie des Pareto-optimalen Gleichgewichts und ihr notwendiger Bestandteil, die Hypothese der Nutzenmaximierung, befriedigen das tiefverwurzelte menschliche Harmoniebedürfnis. Im Streit der Wirtschaftssysteme scheint das Paradigma die tatsächliche Überlegenheit der real existierenden Marktwirtschaft über die real existierenden Zentralverwaltungswirtschaft theoretisch zu begründen.

Das mathematisch formulierte allgemeine Gleichgewichtsmodell - eine Übernahme aus der Physik, spezieller: aus der *Newton*schen Mechanik (s. dazu MIROWSKI 1989) - schien die Wissenschaftlichkeit der Volkswirtschaftslehre zu garantieren. Nun hat aber im Laufe der Entwicklung das Erkenntnisinteresse der Mathematik, einer Formalwissenschaft, das Erkenntnisinteresse der Ökonomik, einer Realwissenschaft, verdrängt: Nicht mehr die Ökonomik bedient sich der Mathematik, um ihr spezielles Problem zu lösen: die Erklärung der Wirklichkeit; sondern die Mathematik bedient sich der Ökonomik, um formale Probleme zu formulieren und zu lösen. Die theoretische gleichgewichtsorientierte Volkswirtschaftslehre in ihrem heutigen Zustand ist, gleichgültig, wie ihre Vertreter sie einstufen, keine Realwissenschaft, sondern eine Formalwissenschaft, und eine solche hat per definitionem mit der Realität nichts zu schaffen (s. Abschnitt 1.2.2). Diese Entwicklung ist ermöglicht worden einerseits dadurch, daß ein beträchtlicher Teil der Personen, die in den westlichen Ländern theoretische Volkswirtschaftslehre betreiben, von der Ausbildung her Mathematiker sind (es ist mir keine andere Wissenschaft bekannt, die ihren Nachwuchs von einer anderen Disziplin ausbilden läßt), das Erkenntnisinteresse dieser Wissenschaft übernommen haben und das Erkenntnisinteresse einer Realwissenschaft vermutlich gar nicht kennen; andererseits dadurch, daß diejenigen theoretischen Volkswirtschaftler, die von der Ausbildung her keine Mathematiker sind (wenn sie nicht von Anfang an von Professoren der Volkswirtschaftslehre ausgebildet wurden, die selber Mathematiker sind) vom Glanz dieser Wissenschaft so eingeschüchtert wurden, daß sie sich ihr unterworfen haben statt sich ihrer zu bedienen.

Während die vorstehenden Hypothesen die *intellektuelle Attraktivität* des neoklassischen Paradigmas betreffen, macht die folgende eine Aussage über die *Ausübung* der Volkswirtschaftslehre. In der Zeit nach dem zweiten Weltkrieg haben die nordamerikanischen Ökonomen die intellektuelle Herrschaft über die Disziplin errungen (die Ökonomen in vielen anderen Ländern, insbesondere in Deutschland, pflegen nur noch nachzubeten, was die Amerikaner vorbeten), die ihnen dann durch die Verleihung der Nobel-Gedächtnispreise für Wirtschaftswissenschaften sowohl bestätigt als auch gesichert worden ist: Von den 40 bisher (von 1969 bis 1996) ausgezeichneten Wirtschaftswissenschaftlern arbeiteten zum Zeitpunkt der Auszeichnung 28 (70 %) an nordamerikanischen Universitäten (oder ihre letzte Stellung war dort), 21 von diesen (53 % aller Laureaten, 75 % der amerikanischen) gehörten den folgenden Universitäten an: Chicago, Harvard, MIT, Yale, UC Berkeley, Princeton, Stanford, die als die führenden gelten und von denen zum größten Teil ihr eigener, aber auch der Nachwuchs der meisten anderen volkswirtschaftlichen Fakultäten in Nordamerika stammt. An ihnen dominiert die formalisierte, gleichgewichtsorientierte Wirtschaftswissenschaft, und so gehören die meisten amerikanischen Preisträger dieser Richtung an. Wenn eines der Ziele von Wissenschaftlern der Erfolg in der akademischen Welt ist (und daß dies so ist, dürfen wir mit großer Wahrscheinlichkeit annehmen), dann haben die Nordamerikaner keinen Anlaß, von dem bisherigen Paradigma abzuweichen. Denn es ist unsicher, ob ihnen die übrigen Nationen und die Schwedische Akademie der Wissenschaften auf diesem Wege sofort folgen würden. Für die Angehörigen anderer Nationen ist diese Strategie weniger klug, weil für sie nur gelegentlich Brosamen vom Tische der Herrschenden fallen werden; ihre Chancen bestünden darin, zu einem anderen Paradigma überzugehen, das gegenüber dem neoklassischen den Vorzug der Wahrheit hätte.

Daß die meisten Nationalökonomen an dem neoklassischen Paradigma festhalten, hat also erkennbare Gründe. Bedauerlicher Weise bestehen sie nicht aus dem inhärenten Ziel der Wissenschaft, der Erkenntnis der Wahrheit.

21 Über die Sozialökonomische Verhaltensforschung

21.1 Das Forschungsprogramm

Wenn wir den Gegenstand der explikativen Volkswirtschaftslehre durch die folgenden Fragen kennzeichnen (die weitaus meisten Volkswirtschaftler dürften dieser Kennzeichnung zustimmen):

> *"Welche Entscheidungen treffen Wirtschaftssubjekte über wirtschaftliche (d.h. knappe und disponible) Güter? Warum treffen sie die Entscheidungen so, wie sie sie treffen? Welche Folgen haben die getroffenen Entscheidungen sowohl für die Entscheidenden selber als auch für andere Individuen als auch für die gesamte Wirtschaft?",*

dann ist die explikative Volkswirtschaftslehre eine Wissenschaft, die einen bestimmten Ausschnitt des gesamten menschlichen Verhaltens, nämlich desjenigen, das sich auf wirtschaftliche Güter bezieht, darzustellen und zu erklären versucht. Insofern ist die explikative Volkswirtschaftslehre Verhaltensforschung. Da es kaum disponible Güter gibt, die nicht knapp sind, ist der Gegenstandsbereich der Volkswirtschaftslehre praktisch das gesamte menschliche Verhalten unter den eben aufgeführten Fragestellungen. Auch dieser Kennzeichnung ihrer Wissenschaft dürften die meisten akademischen Volkswirtschaftler zustimmen; aus einer solchen Einstellung heraus läßt sich etwa der Imperialismus der Ökonomik erklären, der darin besteht, daß immer mehr Gebiete menschlichen Verhaltens einer Erklärung mit den Axiomen der neoklassischen Mikroökonomik unterworfen werden (s. Abschnitt 17.2).

Daß es neben der Verhaltenswissenschaft "Neoklassische Mikroökonomik" noch eine andere auf ökonomische Entscheidungen bezogene Verhaltenswissenschaft gibt, die "Behaviorismus" oder "Ökonomische Psychologie" oder "Wirtschaftspsychologie" oder "Soziologie der Marktbeziehungen" oder "Sozialökonomische Verhaltensforschung" genannt wird, ist darauf zurückzuführen, daß ihre Anhänger jene mainstream-economics für unzureichend, für unempirisch oder für falsch halten, während sie der Kennzeichnung der explikativen Volkswirtschaftslehre, wie wir sie eben vorgenommen haben, durchaus zustimmen. Die Anhänger der Sozialökonomischen Verhaltensforschung (ich sehe diesen Namen für den besten an, weil er den Gegenstand der Forschungsrichtung benennt und ihre Eigenständigkeit als ökonomische Wissenschaft gegenüber Psychologie, Sozialpsychologie und Soziologie betont) können, so verschieden sie sonst auch immer sein mögen, durch einige gemeinsame Grundüberzeugungen gekennzeichnet werden; die folgenden Formulierungen stützen sich in großem Maße auf SIMON 1987b und SCHMÖLDERS 1953, zwei Väter dieses Forschungsansatzes, ohne sie jedoch wörtlich zu zitieren; in mancher Hinsicht gehen sie auch über diese beiden Publikationen hinaus:

1) *Es gibt Gesetze menschlichen Handelns;* durch diese können die oben skizzierten Phänomene erklärt werden. Diese Überzeugung mag

angesichts des bisher doch recht geringen Erfolges bei dem Bemühen, solche Gesetze zu finden, recht kühn erscheinen. Ohne eine solche Überzeugung müßte man jedoch die Wissenschaft vom menschlichen Verhalten aufgeben: Die Überzeugung hat motivierende Kraft, wir können sie auch als metaphysische Überzeugung bezeichnen. Dementsprechend ist sie so formuliert, daß sie durch Erfahrung nicht widerlegt werden kann: als Partikuläraussage.

2) *Der gesamte Wirtschaftsprozeß und seine Ergebnisse beruhen ebenso wie das Verhalten von Institutionen auf dem Verhalten von Individuen und müssen deshalb auf dieses zurückgeführt werden.* Die Anhänger der sozialökonomischen Verhaltensforschung vertreten deshalb durchweg den methodologischen Individualismus (s. Abschnitt 15.1); der Makroökonomik stehen sie wegen deren praktisch unlösbaren Aggregationsproblemen (s. Abschnitt 15.5) im allgemeinen sehr reserviert gegenüber. Hiermit ist vereinbar, daß Institutionen, überindividuelle Regeln, überindividuelle Einschränkungen (z.B. die Wirtschaftsordnung oder Teile von ihr) das Verhalten des Einzelnen tiefgreifend beeinflussen. Aber auch diese Regeln und Institutionen können letztlich durch die Entscheidungen von Individuen über knappe Güter erklärt werden (hierin stimmen die Anhänger der Sozialökonomischen Verhaltensforschung durchweg mit den Vertretern des neoklassischen Neuen Institutionalismus überein; auch hier liegt ein Aggregationsproblem vor, das bis heute ungelöst ist). Auch der methodologische Individualismus ist eine durch Erfahrung unwiderlegbare metaphysische Überzeugung. Die beiden Beispiele für solche Überzeugungen mögen zeigen, daß jedem menschlichen Verhalten notwendig irgendwelche durch Empirie nicht angreifbare Einstellungen zu Grunde liegen.

3) *Die Theorien über das Verhalten der Individuen und dessen Ergebnis müssen empirisch sein.* Ich will nicht behaupten, daß alle Anhänger der Sozialökonomischen Verhaltensforschung unter "Empirizität einer Theorie" genau dasselbe verstehen, aber ich vermute, daß ein großer Teil von ihnen der Aussage zustimmen würde, daß Theorien nur dann empirisch sind, wenn sie mit Fakten in Widerspruch geraten können (s. Abschnitt 10.2).

4) Die Forscher müssen die empirischen Daten soweit als möglich selbst operationalisieren und deren Erhebung selbst vornehmen oder mindestens überwachen, weil nur so die Gültigkeit der Daten garantiert werden kann, d.h. die Erfüllung der Forderung, daß die Operationalisierung der Begriffe deren theoretischer Bedeutung entspreche. Die Sekundäranalyse bereits vorhandener Daten soll nicht ausgeschlossen sein, aber sie soll nicht, wie in der heutigen empirischen Volkswirtschaftslehre üblich (s. Abschnitte 16.3 und 16.5.2), den Hauptweg der Forschung darstellen. Als Untersuchungsanlagen kommen alle denkbaren in Frage: Experimente (sowohl im Labor als auch im Feld), Feldforschung, historische Forschung, Simulation an Modellen, Aktionsforschung; als Methoden der Datenerhebung ebenfalls alle möglichen: Beobachtung (von der

Beobachtung des Verhaltens von Menschen bis zur Beobachtung von Meßinstrumenten), Befragung, Analyse von Dokumenten aller Art.

5) *Die Entscheidungssituation der Wirtschaftssubjekte ist durchweg nicht wohl definiert* (Abschnitt 17.2), *sondern sie ist schlecht definiert.* Die Entscheidungssituation ist also durchweg dadurch charakterisiert, daß mindestens eine der folgenden Aussagen auf sie zutrifft (es können auch mehrere oder alle gleichzeitig zutreffen): Der Entscheidende kann seine Ziele nicht klar und widerspruchsfrei definieren, sondern nur vage und manchmal auch widersprüchlich; die angestrebten Ziele können faktisch miteinander unvereinbar sein; der Entscheidende hat keine volle Kenntnis aller Faktoren seiner Entscheidung (und auch nicht der Häufigkeitsverteilungen dieser Faktoren), etwa der Mittel, mit denen er seine Ziele erreichen kann, sowie der Umweltbedingungen, sondern nur sehr beschränkte Kenntnis, im Grenzfall gar keine; der Entscheidende besitzt keinen Algorithmus, der ihm eindeutig angibt, durch den Einsatz welcher Mittel in welcher Quantität er seine Ziele am effizientesten erreichen kann; unter anderem besitzt der Entscheidende deshalb keinen solchen Algorithmus, weil seine Kapazität, Informationen aufzunehmen und zu verarbeiten, nicht unbeschränkt, sondern beschränkt ist. Dies soll nicht heißen, daß die Wirtschaftssubjekte sich nur irrational verhalten, sondern, daß Rationalität realistisch nicht so definiert werden kann, wie die neoklassische Mikroökonomik, die Spieltheorie und die statistische Entscheidungstheorie es tun. Oder: Die Rationalität ist beschränkt (s. Abschnitt 20.1). Auch irrationales Verhalten wird als Möglichkeit zugelassen.

Den unter Punkt 5) gegebenen überwiegend negativen Beschreibungen der Entscheidungssituation wird häufig eine aus der Psychologie stammende positive Beschreibung gegenübergestellt (s. FREY/GÜLKER 1988, S. 169f.; BAXTER 1993, Kapitel 7), die möglicherweise (das ist eine normale Konsequenz des Unterschiedes von negativen und positiven Aussagen) unter den Anhängern der Sozialökonomischen Verhaltensforschung weniger Zustimmung findet als die negativen:

6) Ein großer Teil des menschlichen Verhaltens wird nicht durch bewußte Entscheidungen gesteuert (Erkennen des Problems, Erwägen von Alternativen, Wahl einer Alternative), sondern ohne großes Nachdenken durch *Routine*; häufig entspricht dieses Routineverhalten der Rolle, die der Mensch in einer bestimmten Situation auszufüllen hat (s. KIRSCH 1977a, S. 65f.); häufig beruht das Routineverhalten aber auch auf früheren bewußten Entscheidungen, die habitualisiert worden sind. Ohne Routine wäre kein Mensch der Fülle der täglichen Anforderungen gewachsen; insofern ist sie nicht irrational.

7) Anstelle von Algorithmen wenden die Entscheidenden auch bei ihren bewußten Entscheidungen *Urteilsheuristiken* an: einfache Entscheidungsregeln, die, aus vielfältigen Quellen stammend (Erfahrung, Tradition, Vorurteilen, früheren rationalen Erwägungen), die Menschen in

komplexen Situationen durch radikale Vereinfachungen zu Entscheidungen befähigen, jedoch nicht immer das vom Standpunkt der unbeschränkten Rationalität aus als möglich betrachtete Optimum garantieren.

8) Anstelle der Maximierung einer Zielfunktion streben die Entscheidenden häufig ein *befriedigendes Anspruchsniveau* an.

9) Die Entscheidenden entscheiden nicht nur nach eigenem Überlegen, sondern lassen sich durch *Gruppenprozesse* und *Meinungsführer* beeinflussen. Hierdurch wird auch das anzustrebende befriedigende Anspruchsniveau mitbestimmt. Im Denkschema der Neoklassik hieße das: Die Nutzenfunktion ist nicht exogen gegeben und unveränderlich, sondern sie ist endogen und veränderlich.

10) *Affekte* können im Entscheidungsprozeß den kognitiven Prozeß tiefgreifend bestimmen.

11) Die Entscheidenden besitzen *kognitive Schemata,* darunter auch *Erklärungsschemata* für ihre Erfahrungswelt, gemäß denen sie Informationen selektiv aufnehmen und verarbeiten, wodurch ihre Entscheidungen beeinflußt werden.

Wiederum: Dies alles bedeutet nicht, daß die Menschen sich durchweg irrational verhalten, sondern nur, daß die faktische Rationalität anders ist, als neoklassische Mikroökonomik, Spieltheorie und statistische Entscheidungstheorie sie sich vorstellen. Diese Ausführungen zeigen übrigens, daß die von der Sozialökonomischen Verhaltensforschung vertretene Entscheidungstheorie *kognitiv* ist; die ursprüngliche behavioristische Beschränkung auf ein *Reiz-Reaktions-Schema* zur Erklärung menschlichen Verhaltens wird nur noch von wenigen Wissenschaftlern eingehalten.

12) *Explikative und dezisive Theorie müssen strikt voneinander unterschieden werden:* Es ist nicht möglich, durch eine dezisive Theorie (auch wenn sie anwendbar wäre) das tatsächliche Verhalten der Entscheidenden zu erklären. Andererseits sind dezisive Theorien legitim und sinnvoll; sie müssen aus technischen Umformulierungen bewährter explikativer Theorien bestehen, wobei die notwendigen Werturteile vom Wissenschaftler zumindest klar zu kennzeichnen sind, wenn sie nicht vom Aktor geliefert werden (s. Abschnitt 13.4).

Die eben skizzierten Grundüberzeugungen können wir das "Forschungsprogramm" der Sozialökonomischen Verhaltensforschung nennen. Seine Fragestellung, sein Gegenstand also ist genuin ökonomisch; viele, wenn nicht alle Methoden jedoch, und auch manche Hypothesen, welche die Sozialökonomische Verhaltensforschung verwendet, hat sie von anderen Wissenschaften übernommen: Die Methoden der Operationalisierung und der Erhebung von Daten ebenso wie die Anlage von Untersuchungen (Laborexperiment, Feldforschung etc.) stammen aus der Psychologie, der Sozialpsychologie und der Soziologie. Die stochastische Interpretation von Theorien, die Gestaltung von Stichproben, die Methoden der Datenverarbeitung kommen aus der mathematischen Wahrscheinlichkeitsrechnung und aus der mathematischen Statistik. Die Verhaltenshypothesen stammen zum Teil aus der Psychologie, der Sozialpsychologie und der Soziologie. Das alles bewirkt nicht, daß die Sozialökonomische Verhaltensforschung Teil jener Wissenschaften ist. Sie ist durch ihre Fragestellung Wirtschaftswissenschaft, nimmt sich allerdings die Freiheit, ihre Methoden und Hypothesen von dort zu entleihen, wo sie am besten entwickelt worden sind, ohne sich jedoch jenen Wissenschaften zu unterwerfen. Langfristig dürfte die Sozialökonomische Verhaltensforschung auch selber zur Entwicklung der von ihr benutzten und benötigten Methoden beitragen, ebenso wie zur Formulierung der grundlegenden Axiome über das Verhalten der Menschen.

Wie schwierig auch immer es ist zu bestimmen, was im Sinne von KUHN 1978 ein Paradigma ist: Viele Anhänger der Sozialökonomischen Verhaltensforschung dürften der Auffassung sein, daß dieses Programm ein Paradigma ist, das an die Stelle des jetzt herrschenden Paradigmas "Neoklassik" treten sollte.

Das Programm der Sozialökonomischen Verhaltensforschung ist prononciert empirisch; insofern können wir den ersten Teil der Frage, die wir hier stellen ("Sind die Theorien empirisch, und sind sie bewährt?") mindestens in Hinsicht auf die Absichten der Sozialökonomischen Verhaltensforschung mit "ja" beantworten; ob sie auch ihre Absichten verwirklicht hat und ob ihre Theorie sich bewährt haben, soll exemplarisch im nächsten Abschnitt geprüft werden.

21.2 Die Forschungspraxis

21.2.1 Überblick

Zunächst muß ich den Leser bitten, die Überschrift dieses Abschnittes nicht so zu verstehen, als beabsichtigte ich, eine vollständige oder auch nur repräsentative Darstellung der gegenwärtigen und zurückliegenden Sozialökonomischen Verhaltensforschung zu geben. Dazu fehlt mir selbst der vollständige Überblick, und wenn ich ihn hätte, würde weder der hier vorgegebene Raum für eine solche Darstellung ausreichen noch würde sie dem Zweck dieses Buches entsprechen. Ich beabsichtige lediglich, dem Leser auf Grund meiner wahrscheinlich systematisch verzerrten Kenntnis über durchgeführte Projekte einen Eindruck von den Arbeitsgebieten der Sozialökonomischen Verhaltensforschung zu verschaffen, um dann zwei Projekte daraufhin zu prüfen, ob sie empirisch und bewährt sind.

In den Vereinigten Staaten von Amerika ist die Sozialökonomische Verhaltensforschung wenn nicht begründet, so doch stark befördert worden durch *Herbert A. Simons* Veröffentlichung "Administrative Behavior" von 1945 (SIMON 1976; s. auch die in Abschnitt 20.1 zitierten Veröffentlichungen *Simons*). Sie hat eine große Menge empirischer Untersuchungen ausgelöst, darunter solche von *Simon* selber. Sie beschäftigen sich mit der Entlohnung von Managern, dem Wachstum von Unternehmen, der Entwicklung der Lohnquote, der Zielfunktion von Unternehmen, der Nutzenfunktion von Individuen, den Entscheidungen unter Unsicherheit (s. als kurzen Bericht darüber SIMON 1987b).

Diese Untersuchungen enthalten durchweg Gesetzesaussagen der Form: $\forall x\ [F(x)]$, z.B.: Für alle Entscheidenden in Organisationen (x) gilt, daß sie mit eingeschränkter Rationalität entscheiden: F(x). Während hypothetische Gesetze desselben Abstraktionsgrades in der neoklassischen Mikroökonomik bestenfalls dazu dienen, überprüfbare Behauptungen abzuleiten, etwa eine Nachfragefunktion (s. Abschnitt 17.4.3), aber niemals selbst direkt überprüft werden, tendiert die Sozialökonomische Verhaltensforschung nicht nur in den USA, sondern auch in den anderen Ländern dahin, ihre Gesetzesbehauptungen direkt zu überprüfen, indem die Begriffe operationalisiert werden und ihre Anwendbarkeit auf konkrete Situationen behauptet wird; das heißt also: Aus den Allaussagen werden entsprechende Singuläraussagen abgeleitet und überprüft. Die Operationalisierung der Begriffe zieht dabei einen großen Teil der Arbeit auf sich, ebenso die Erhebung der benötigten Daten. Der Darlegung der Erhebungsinstrumente wird großer Raum gewidmet, einfach deshalb, weil bis zu einer bestimmten Erhebung Kenntnisse über die zu erklärenden Fakten nicht vorhanden waren. Weitergehende Ableitungen aus den hypothetischen Gesetzen und ihre Überprüfung stehen dagegen noch nicht im Zentrum der empirischen Forschung, kommen aber vor. Auf manchen Betrachter (regelmäßig solche, die selber noch niemals empirische Forschung betrieben haben) wirkt das wie theorieloses Messen. Meiner Meinung nach ist das ein totales Mißverständnis, was bei der etwas genaueren Analyse einiger Untersuchungen (s. Abschnitt 21.2.2/3) gezeigt werden soll.

Die von *Simon* angestoßenen Untersuchungen über das Entscheidungsverhalten in Organisationen haben auch westdeutsche Wissenschaftler - in der Hauptsache gehören sie der Betriebswirtschaftslehre an - zu ähnlichen und weiterführenden Studien angeregt. Ich nenne hier - stellvertretend für andere - WITTE 1972. Eine lehrbuchmäßige Zusammenfassung der Theorien gibt KIRSCH 1977a, b, c.

Wenn über Sozialökonomische Verhaltensforschung in den Vereinigten Staaten von Amerika gesprochen wird, muß außer *Herbert Simon* auch *George Katona* als einer der Väter dieser Forschungsrichtung genannt werden. Von der Psychologie herkommend (in diesem Fach hat er in Göttingen 1921 promoviert) war er von 1946 bis zu seiner Emeritierung 1972 Professor für Volkswirtschaftslehre und Psychologie an der Universität von Michigan in Ann Arbor. Er hat sich dort vor allem der Erforschung des Kosumentenverhaltens gewidmet und mit diesen Untersuchungen großen Einfluß sowohl auf ähnliche Bestrebungen in anderen Ländern, z.B. der Bundesrepublik Deutschland, als auch (sowohl in den USA als auch hier) auf die spezielle Betriebswirtschaftslehre "Marketing" (dazu s. KROEBER-RIEL 1980) ausgeübt. *Katona* hat auch Befragungsergebnisse über Kaufabsichten von Konsumenten dazu benutzt, Konjunkturvorhersagen zu machen; diese Prognosen, die auch ein deutsches Pendant (Konsumklima-Index; s. dazu SCHMÖLDERS 1978, S. 152-157) besitzen, haben sich als überraschend treffsicher erwiesen. Eine lehrbuchmäßige Zusammenfassung der Theorien und Vorgehensweisen stellt KATONA 1975 dar. Einen Überblick über neuere wirtschaftspsychologische Forschungen gibt WISWEDE 1988.

In der Bundesrepublik Deutschland ist die Sozialökonomische Verhaltensforschung unabhängig von den nordamerikanischen Entwicklungen von *Günter Schmölders* begründet worden, der, von der deutschen Historischen Schule der Volkswirtschaftslehre herkommend, deren Bestrebungen - empirische Forschung zu treiben und eine empirische Theorie zu schaffen - von Vorgängen der Vergangenheit auf solche der Gegenwart übertragen hat. Die programmatische Äußerung ist SCHMÖLDERS 1953. Der Autor hat an der Universität zu Köln, seiner langjährigen Wirkungsstätte, und dann in dem rechtlich selbständigen Verein "Forschungsstelle für empirische Sozialökonomik" Schüler und Mitarbeiter um sich versammelt (auch ich gehöre zu ihnen), die versucht haben, das Programm in empirische Forschung umzusetzen. Die Sachgebiete, auf die sich diese Studien erstreckten und noch erstrecken, waren und sind vielfältig: Volkswirtschaftliche Finanzwissenschaft, hier vor allem das Verhalten der Steuerzahler gegenüber dem Zahlungsanspruch des Staates, das Verhalten der Finanzbehörden und der finanzpolitische Willensbildungsprozeß im Parlament; das Verhalten der privaten Haushalte in bezug auf Sparen, Konsum, Geld, Betätigung in der legalen und illegalen Schattenwirtschaft; das Verhalten der Unternehmer in bezug auf Investitionen, Innovationen, Standortwahl; Probleme der Arbeits- und der Bildungsökonomik, wie Mobilität von Führungskräften, Ausbildung und Einkommen, Gründe für den Aufstieg in Arbeitsorganisationen, Arbeitsanforderungen und Bildungsbedarf in öffentlichen Verwaltungen und in Privatunternehmen. Diese Aufzählung der Sachgebiete macht deutlich, daß die Sozialökonomische Verhaltensforschung von Anfang an den Anspruch erhoben hat, die Entscheidungen von Wirtschaftssubjekten über alle nur denkbaren wirtschaftlichen Güter zu untersuchen und nach Möglichkeit zu erklären.

Der bisher gegebene - sicher unvollständige - Überblick über die Sozialökonomische Verhaltensforschung in der Bundesrepublik Deutschland und in den Vereinigten Staaten von Amerika sollte den Leser nicht zu dem Fehlurteil verleiten, sie sei auf diese beiden Länder und auf die genannten Autoren beschränkt. Sie existiert in allen westlichen Ländern und wird von vielen Wissenschaftlern gepflegt. Gute, aber sicher auch nicht vollständige Eindrücke von ihr vermitteln die folgenden Publikationen:

- der Sammelband eines Symposions über "Applied Behavioural Economics", das die (amerikanische) *Society for the Advancement of Behavioral Economics* und die (europäische) *International Association for*

Research in Economic Psychology 1986 gemeinsam veranstaltet haben (MAITAL 1988);

- ein Sammelwerk in zwei Bänden mit bedeutenden Zeitschriftenaufsätzen zahlreicher Autoren über Sozialökonomische Verhaltensforschung (EARL 1988 a und b);
- ein Sammelwerk ebenfalls in zwei Bänden mit eigens geschriebenen Beiträgen zahlreicher Autoren (GILAD/KAISH 1986 a und b);
- ein Lehrbuch der Sozialökonomischen Verhaltensforschung bietet BAXTER 1993.

Auch diese Publikationen erheben in aller Deutlichkeit den Anspruch, daß die Sozialökonomische Verhaltensforschung das zutreffende Paradigma für alle Sachgebiete der Volkswirtschaftslehre ist.

21.2.2 Erstes Beispiel: Steuermentalität

Als erstes Beispiel für praktizierte Sozialökonomische Verhaltensforschung wähle ich eine international vergleichende Untersuchung aus, die von *G. Schmölders* initiiert worden ist: eine Untersuchung über den Einfluß der Steuermentalität auf das Verhalten sowohl der Steuerpflichtigen als auch der Steuerbehörden (Veröffentlichungen: BEICHELT/BIERVERT/DAVITER/SCHMÖLDERS/STRÜMPEL 1969; DAVITER/KÖNKE/SCHWERIN 1969).

Unter "Steuermentalität" wurde in der Untersuchung die Einstellung einer Person zum gesamten Steuerwesen verstanden. Die grundlegende Hypothese lautete, wie in der Inhaltsbeschreibung der Untersuchung bereits angedeutet, daß die Steuermentalität einer Person ihr Verhalten gegenüber dem Zahlungsanspruch des Staates mit beeinflußt und daß, wenn größere Gruppen oder eine ganze Bevölkerung die gleiche Steuermentalität und das gleiche Verhalten aufweisen, die Steuerbehörden auf dieses Verhalten und diese Mentalität reagieren. Als Untersuchungsanlage wurde ein Vergleich zwischen der Bundesrepublik Deutschland, Frankreich, Großbritannien, Italien und Spanien gewählt, einerseits, weil man davon ausging, daß zwischen diesen Ländern Steuermentalität und Steuerverhalten systematisch variieren; andererseits, weil die Autoren hofften, die Politiker beim Versuch der Steuerharmonisierung im kommenden gemeinsamen europäischen Markt auf Grund ihrer Ergebnisse beraten zu können.

Die Steuermentalität ist in den erwähnten Ländern durch etwa gleichlautende Fragen gemessen worden (BEICHELT u.a. 1969), welche sich auf die Gerechtigkeit des Steuersystems; die Vorstellungen, die sich mit der Steuer verbinden; die Einstellung zu Steuerdelikten bezogen. Diese letztere Gruppe von Fragen bezeichnet die Steuermoral. Ohne weitere Prü-

Darstellung 21/1[a]: Steuermentalität, Steuertechnik und Nettoergiebigkeit des Steuersystems im internationalen Vergleich

	Großbritannien	Bundesrepublik Deutschland	Frankreich	Italien	Spanien
Steuermentalität	Positive Steuermentalität, große Kooperationsbereitschaft mit dem Staat (gute Steuermoral)	eher negative Steuermentalität, Tendenz zur Gegnerschaft verbunden mit niedriger Steuermoral	negative Steuermentalität, traditionelle Aversion gegen Eindringen in die Privatsphäre	nachhaltige negative Steuermentalität, persönliche Opferwilligkeit nur gegenüber der Familie entwickelt, Opferabweisung gegenüber dem Staat	eher positive Steuermentalität, hoch entwickelter Patriotismus mit Opferwilligkeit zugunsten des Staates
Aktivität der Finanzverwaltung (Steuertechnik)	erreicht durch: Finanzverwaltung der "leichten Hand" (z.B. keine Betriebsprüfung) und Gewährung von Schlupflöchern aller Art	aufgefangen durch hochspezialisiertes Kontrollsystem und perfekte Finanzverwaltung	gut ausgebildete Finanzbeamte kapitulieren vor der negativen Einstellung des Steuerbürgers und begnügen sich mit einer pauschalen Besteuerung nach äußeren Merkmalen, die allerdings gesetzlich gewollt ist	eine laxe Finanzverwaltung duldet eine große Divergenz zwischen objektiver Steuerschuld und subjektiver Zahllast	Finanzverwaltung verzichtet auf den durch die positive Steuermentalität an sich möglichen Zugang zur Steuerquelle
Konfrontationsgrad (Staat/Bürger)	garantiert: geringe Konfrontation	bringt mit sich: starke Konfrontation - intensive Kontrolle - strenge Strafen - Unbequemlichkeit der Veranlagungstechnik - hoher "versteckter" öffentlicher Bedarf	relativ groß, von Mißtrauen bestimmt und zurückgedrängt	relativ klein, trotzdem vom Bürger heftig wahrgenommen	klein, geringes Belastungsgefühl, präzisere Besteuerung eher erwünscht
Geschätzte Nettoergiebigkeit des Steuersystems	hoch	hoch	niedrig	(sehr) niedrig	(eher) niedrig

[a]) Entnommen aus HANSMEYER/MACKSCHEIDT 1977, S. 573.

fung gingen die Autoren davon aus, daß, je laxer die Steuermoral, desto geringer auch die Befolgung der Steuergesetze, sofern deren Beachtung nicht mit genauer Prüfung und drastischen Strafen durch die Finanzbehörden erzwungen wird.

Das Verhalten der Steuerbehörden wurde dadurch erfaßt, daß geprüft wurde, wie die geltenden Steuergesetze, die zu diesem Zwecke analysiert wurden, angewendet werden. Die benötigten Informationen stammen aus der einschlägigen Literatur jener Länder und aus Expertenbefragungen.

Die Ergebnisse des internationalen Vergleichs sind in Darstellung 21/1 zusammengefaßt: Die Steuermentalität ist negativ in der Bundesrepublik Deutschland, in Frankreich und Italien, die Steuermoral ist niedrig. In Frankreich und Italien haben die Steuerbehörden darauf verzichtet, die Gesetze über Einkommensbesteuerung deren Wortlaut nach durchzusetzen, das Einkommen wird vielmehr nach äußeren Merkmalen (wie Zahl der Hausangestellten, Verfügbarkeit eines Landhauses) geschätzt und besteuert; in der Bundesrepublik Deutschland wird mit scharfen Kontrollen und strengen Strafen die Einhaltung der Gesetze erzwungen. In Großbritannien und Spanien ist die Steuermentalität positiv, die Steuermoral hoch. In Großbritannien verläßt sich die Steuerverwaltung darauf, daß die Steuerpflichtigen die Gesetze einhalten und verzichtet deshalb auf Kontrollen nach dem deutschen Muster. In Spanien beschränkt sich die Steuerverwaltung bei der Einkommensteuer wie in den anderen romanischen Ländern auf die Besteuerung nach äußeren Merkmalen, obwohl eine genauere Erfassung der Bemessungsgrundlagen möglich wäre. Konfrontationsgrad zwischen Staat und Steuerzahler sowie die geschätzte Nettoergiebigkeit des Steuersystems kann man leicht den entsprechenden Zeilen der Darstellung 21/1 entnehmen. Auch in dieser Untersuchung nimmt die Darlegung der Erhebungsergebnisse einen breiten Raum ein (wie wir das weiter oben ganz allgemein konstatiert hatten), und das meiner Meinung nach zu Recht, denn die berichteten Tatsachen waren bis dahin unbekannt.

Soweit die Skizze dieser international vergleichenden Untersuchung. Erfüllt sie die Anforderungen (Empirizität und Bewährtheit der Theorie), die wir auch an die herrschende Volkswirtschaftslehre gestellt haben? Die zu Grunde liegende Theorie behauptet, daß die Steuermentalität sowohl das Verhalten der Steuerpflichtigen als auch der Steuerbehörden beeinflußt. Diese Aussage ist als ein Gesetz aufzufassen; die Studie operationalisiert sowohl das Verhalten der Steuerbehörden als auch die Steuermentalität, während sie das Verhalten der Steuerpflichtigen nicht direkt, sondern nur indirekt erfaßt: im Spiegel des Verhaltens der Steuerbehörden. Gleiche Steuermentalität in verschiedenen Ländern führt nun zu unterschiedlichem Verhalten: Negative Steuermentalität und entsprechende niedrige Steuermoral der Steuerzahler veranlaßt die westdeutschen Steuerbehörden zu rigoroser Überwachung und drakonischen Strafen, was die Steuerzahler wiederum zur Beachtung der Gesetze bringt;

die gleichen Einstellungen der Steuerzahler veranlassen die französischen und italienischen Behörden zum Verzicht auf die buchstabengetreue Durchsetzung der Einkommensteuergesetze, demgemäß zahlen die Pflichtigen weniger als sie sollten. Mutatis mutandis ist die Situation beim Vergleich von Großbritannien und Spanien ähnlich.

Diese Rekonstruktion der Ergebnisse zeigt, daß die Theorie widerlegbar ist und damit unseren Ansprüchen an Empirizität genügt. Streng genommen ist die Theorie auch widerlegt, weil gleiche Mentalität und gleiche Moral zu unterschiedlichem Verhalten führt. Die Autoren der Untersuchung betrachten die Theorie jedoch nicht als widerlegt: Sie führen intervenierende Variable ein: die unterschiedliche Bereitschaft der Deutschen auf der einen, der Franzosen und Italiener auf der anderen Seite, sich staatlichem Zwang zu unterwerfen (die Erklärung des Unterschiedes im Verhalten der britischen und spanischen Steuerbehörden bei ähnlicher Steuermentalität der jeweiligen Steuerpflichtigen wird weniger klar gegeben). Die Einführung solcher zusätzlichen Hypothesen haben wir im wissenschaftstheoretischen Teil dieses Buches (Abschnitt 10.4) als durchaus vernünftig erklärt, sofern diese zusätzlichen Hypothesen nicht nur für den einen - widerlegenden - Fall gelten sollen, sondern allgemein. Dies ist hier der Fall. Eine Wiederholung dieser schon 30 Jahre alten Untersuchung täte allerdings dringend not, um die Hypothesen von neuem zu prüfen und dabei die intervenierenden Variablen mitzuerfassen. Solche Wiederholungen scheitern in der Bundesrepublik Deutschland jedoch in der Regel an institutionellen Gegebenheiten, über die wir in Abschnitt 21.3 sprechen.

21.2.3 Zweites Beispiel: Arbeitsanforderungen an Führungskräfte

Als zweites Beispiel für praktizierte Sozialökonomische Verhaltensforschung wähle ich eine Trilogie von Untersuchungen aus, die ich über einen Zeitraum von etwa 15 Jahren initiiert und geleitet habe. Gegenstand dieser Untersuchungen waren die Arbeitsanforderungen an Führungskräfte privater Großunternehmen (BRINKMANN/RIPPE 1972), der Öffentlichen Verwaltung (BRINKMANN/PIPPKE/RIPPE 1973) und mittelständischer Unternehmen (BRINKMANN/KNOTH/KRÄMER 1982). Die Hypothese in allen drei Untersuchungen lautete, daß die Arbeitsanforderungen an Führungskräfte einerseits von deren Aufgabe in der jeweiligen Organisation bestimmt würden; andererseits von bestimmten Eigenschaften dieser Organisation, wie Branche und Größe; drittens aber, daß es auch Anforderungen gebe, die von der speziellen Aufgabe des einzelnen Arbeitenden und von bestimmten Eigenschaften der Organisation unabhängig seien, vielmehr durch Eigenschaften, die allen betrachteten Organisationen zukämen, verursacht würden. Die Untersuchungsergebnisse sollten für Ausbildungsempfehlungen zukünftiger Führungskräfte und für eine

Abschätzung des zukünftigen quantitativen Bedarfs solcher Personen verwendet werden.

Die Untersuchungen standen vor der Schwierigkeit, daß es in der Literatur weder eine geeignete Begriffsapparatur speziell zur Erfassung der Arbeitsanforderungen von Führungskräften gab noch daß die vorhandenen Instrumente zur Beschreibung von Anforderungen einfacher ausführender Arbeiten (wie etwa das REFA-Schema) auf die fundamentale Tatsache Rücksicht nehmen, daß die Arbeit ein zeitlich ausgedehnter Vorgang ist und deshalb die Arbeitsanforderungen über die Zeit nicht gleichmäßig verteilt sein müssen, sondern sehr ungleichmäßig verteilt sein können, bei nicht normierten Arbeiten tatsächlich auch höchst ungleich verteilt sind. Die zeitliche Verteilung der Arbeitsanforderungen haben die Autoren dadurch zu erfassen versucht, daß, nachdem sie erste Kenntnisse durch ausgedehnte teilnehmende Beobachtung von Führungskräften erworben hatten, die Versuchspersonen gebeten wurden, am Ende des Vormittags und am Ende des Nachmittags aus ihrer gesamten Arbeit einen bestimmten Abschnitt auf einem standardisierten Erhebungsschema zu protokollieren, und dies zehn Arbeitstage lang.

Die Erhebungsschemata enthielten, obwohl sie von Untersuchung zu Untersuchung weiterentwickelt und auch den Besonderheiten der jeweils untersuchten Organisationen angepaßt wurden, immer die folgenden Arten von Kategorien:

Wissen: Eine Wissensanforderung an einen Menschen besteht darin, daß er sich einer Aussage, eines Systems von Aussagen oder von Verfahrensweisen erinnern soll, die er früher einmal gelernt und in seinem Gedächtnis gespeichert hat.

Kommunikative Anforderungen: Kommunikative Arbeitsanforderungen entstehen durch den Umgang eines Menschen mit anderen Menschen; dabei werden unvermeidlicher Weise Informationen vermittelt. Die betrachtete Arbeitskraft muß diese Informationen möglichst genau verstehen oder weitergeben können (Inhaltsaspekt der Information), und sie muß sich dabei auf den Kommunikationspartner einstellen können (Beziehungsaspekt der Information); ein wichtiger Teilbereich dieses Aspektes ist die Motivation, die Beeinflussung, die mit Kommunikation fast durchgängig bezweckt wird.

Formale Anforderungen: Formale Anforderungen bestehen darin, daß ein Mensch erkennen muß, welches Problem in einer konkreten Arbeitssituation zu lösen ist, und daß er geeignete Informationen und Techniken zur Lösung dieses Problems findet (in seinem Gedächtnis oder in externen Wissensspeichern), sie bei Bedarf neu schafft, neu ordnet, kombiniert, verarbeitet und anwendet.

In den erwähnten Studien sind diese Kategorien vielfältig aufgegliedert worden. Ganz knapp können die Ergebnisse folgendermaßen zusammengefaßt werden:

Kommunikative Anforderungen: In allen untersuchten Organisationen, unabhängig von deren Zweck und deren Größe, ist die Arbeit aller Führungskräfte, unabhängig auch von deren Funktion und hierarchischen Position, durch praktisch pausenlosen Umgang mit anderen Menschen gekennzeichnet; dabei ist das gesprochene Wort die weitaus wichtigste aller Kommunikationsarten. Dieses Ereignis mag angesichts der Tatsache, daß Organisationen Verbindungen von Menschen sind, trivial erscheinen, ist es aber keineswegs, wenn man bedenkt, daß die Ausbildung auf den Universitäten, welche für Führungskräfte als angemessen betrachtet wird, den kommunikativen Aspekt von deren Arbeit völlig vernachlässigt, vielmehr vom Idealbild des einsamen Forschers ausgeht.

Formale Anforderungen: Auch die formalen Anforderungen an die untersuchten Führungskräfte werden, wie die kommunikativen, weder von deren Funktion noch hierarchischen Position noch von Art oder Größe der Organisation merklich beeinflußt. Vielmehr scheint es so zu sein (ich wähle diese vorsichtige Ausdrucksweise, weil gerade die Erfassung formaler Arbeitsanforderungen extrem kompliziert ist), daß von den Führungskräften die allerwenigsten dauernd Entscheidungen des höchsten Schwierigkeitsgrades, aber auch die wenigsten dauernd Entscheidungen des niedrigsten Schwierigkeitsgrades oder Routineentscheidungen treffen müssen, sondern daß ihre formalen Anforderungen aus einer Mischung aller Schwierigkeitsstufen bestehen, so daß sie insgesamt ein mittleres Niveau erreichen.

Wissensanforderungen: Die Wissensanforderungen werden erheblich durch den Zweck und die Größe der Organisation, in der die Führungskräfte arbeiten, sowie durch deren Aufgabenbereich (Funktion) bestimmt: Die Wissensanforderungen an die Führungskräfte der öffentlichen Verwaltung sind andere als die, welche an die Führungskräfte der Privatunternehmen gestellt werden. Die Wissensanforderungen an Führungskräfte von Großorganisationen, gleichgültig, ob dies öffentliche Verwaltungen oder Privatunternehmen sind, unterscheiden sich von den Anforderungen an die Führungskräfte der kleineren Unternehmen dadurch, daß jene hochspezialisiert sind, diese nicht. Das soll heißen: Die Angehörigen der Großorganisationen beschäftigen sich (mit sehr wichtigen Ausnahmen, die gleich genannt werden) überwiegend mit solchen Wissensgebieten, die mit ihrer Funktion, ihrem Aufgabenbereich zusammenhängen, die Angehörigen der kleineren Unternehmen dagegen beschäftigen sich auch in nicht zufälliger Häufigkeit mit Wissensgebieten, die außerhalb der ihnen zugewiesenen Funktion liegen (s. dazu SCHUMACHER 1986). Alle Führungskräfte, gleichgültig, was ihre Funktion ist, gleichgültig, ob ihre Organisation groß oder klein, eine öffentliche Behörde oder ein Privatunternehmen ist, sehen sich mit gewissen Wissensanforderungen konfrontiert, die deshalb "funktionsüberschreitend" genannt werden. Sie betreffen durchweg Leistungen, welche die Führungskräfte an ihre Organisation abgeben müssen, um diese am Leben zu halten: Personalangelegenheiten, Kostenprobleme und Organisationsprobleme gehören zu ihnen. Alle Wissensgebiete werden natürlich genauer aufgegliedert und benannt, als es in dieser kurzen Zusammenfassung geschieht.

Die Autoren haben in einer dezisiven Umformulierung dieser Ergebnisse vorgeschlagen, die Ausbildung von künftigen Verwaltungsfachleuten (etwa Diplom-Kaufleuten) so zu gestalten: In einem ersten Teil des Studiums müßte eine wirklich allgemeine Managementwissenschaft gelehrt werden, die sich um die Vermittlung von formalen und kommunikativen Fähigkeiten sowie derjenigen Wissenselemente bemüht, die in allen zweckgerichteten Organisationen verlangt werden. In einem zweiten Teil des Studiums, am besten nach einer Berufsphase, welche die Absolventen auf bestimmte Stellen in bestimmten Organisationen gelangen läßt, müßten ihnen die Spezialanforderungen dieser Stellen vermittelt werden, unter Auffrischung und Vertiefung der allgemeinen Anforderungselemente.

Handelt es sich hier um eine empirische und um eine bewährte Theorie? Wie durchweg bei der Sozialökonomischen Verhaltensforschung dürfte auch in Hinsicht auf die eben vorgestellten Studien beim Leser zunächst der Eindruck entstehen, daß die Untersuchungen außerordentlich viel Gewicht auf die Erhebung von Daten und die Beschreibung von Tatsachen legen, aber relativ wenig auf die Formulierung allgemeiner Gesetze und deren Überprüfung. Dies ist insofern richtig, als die Sozialökonomische Verhaltensforschung, wie es einer reifen empirischen Wissenschaft angemessen ist (s. Abschnitt 16.1), ihre Daten selbst zu operationalisieren und zu erheben (oder deren Erhebung mindestens zu überwachen) versucht. Da im allgemeinen kaum Informationen über die zu untersuchenden Gebiete zur Verfügung stehen und auch diese benötigten Informationen durchweg noch nicht operational definiert sind, muß die Sozialökonomische Verhaltensforschung, wie die vorgeführten Beispiele und auch die Vorgehensweise von *Simon* (s. Abschnitt 21.2.1) zeigen, sich diesen vernachlässigten Schritten intensiv widmen. Dadurch werden die Partikuläraussagen, die in den heuristischen Thesen am Anfang der Untersuchungen zunächst meistens enthalten sind und die nicht widerlegt werden können (s. Abschnitt 3.6.10), in widerlegbare Singuläraussagen überführt. Damit werden auch Gesetzeshypothesen widerlegbar, sofern die Singuläraussagen aus solchen abgeleitet sind.

Dies ist durchaus der Fall. In den besprochenen Untersuchungen lauten die Hypothesen, wie zu Anfang dieses Abschnittes erwähnt, daß die Arbeitsanforderungen an Führungskräfte zum Teil in bestimmter Weise von Eigenschaften der Organisationen abhängen, in denen diese Führungskräfte arbeiten, zu einem anderen Teil von diesen Eigenschaften dagegen unabhängig sind. Auf Grund der empirischen Ergebnisse sind diese Hypothesen spezifiziert worden, derart, daß aus ihnen anstelle der unwiderlegbaren Partikuläraussagen widerlegbare Singuläraussagen abgeleitet werden. Deshalb können die Gesetzeshypothesen durch weitere Untersuchungen überprüft und widerlegt werden.

21.3 Die Sozialökonomische Verhaltensforschung: das herrschende Paradigma der Volkswirtschaftslehre?

Im letzten Abschnitt dieses Buches verlasse ich noch einmal wie in Abschnitt 20.3 die Wissenschaftstheorie - die Beurteilung von wissenschaftlichen Veröffentlichungen an Hand von Kriterien, die aus der Logik abgeleitet sind - und wende mich der Sozialökonomik des Wissenschaftsprozesses zu. Nach KUHN 1978 wird ein wissenschaftliches Paradigma aufgegeben, wenn dieses bei der Lösung der Rätsel, auf die es angewandt werden soll, in immer größere Schwierigkeiten gerät, derart, daß die Erklärung dieser Rätsel das Aussagensystem immer komplizierter und unübersichtlicher macht und an anderen Stellen des Systems neue Rätsel schafft; wenn von außen, von den Anwendern des Paradigmas außerhalb des Wissenschaftsbetriebes, Druck auf die Wissenschaftler ausgeübt wird, das herrschende Paradigma wegen seiner Schwierigkeiten aufzugeben und ein neues vorzulegen; schließlich, wenn ein anderes Paradigma zur Verfügung steht, das mindestens die Hoffnung erweckt, die Rätsel besser lösen zu können als das herrschende Paradigma (S. 79-89; s. dazu auch Abschnitt 10.3.2).

Das heute in der Volkswirtschaftslehre herrschende Paradigma, die Neoklassik, befindet sich, wie in diesem Buch deutlich geworden sein dürfte, bei der Lösung der ihm aufgegebenen Rätsel in beträchtlichen Schwierigkeiten (s. die Zusammenfassung in Abschnitt 20.3).

Ihnen gesellt sich von außen, allerdings durch die inneren Schwierigkeiten verursacht, zumindest in der Bundesrepublik Deutschland das weitere Problem hinzu, daß die traditionellen Klienten der Volkswirtschaftslehre sich von ihr abwenden: die Rekrutierer von Personal in Privatunternehmen sowie die Öffentlichkeit im weitesten Sinn (inklusive von Behörden aller Art bis hinauf zu den Regierungen), wenn sie Erklärung und Rat für wirtschaftliche Probleme benötigen.

Diejenigen, die in Privatunternehmen über die Einstellung von Verwaltungspersonal entscheiden, dem eine Karriere im Unternehmen eröffnet wird, ziehen heute in der Bundesrepublik die Absolventen der Betriebswirtschaftslehre durchweg den Absolventen der Volkswirtschaftslehre vor, in der Hauptsache wohl deshalb, weil sie der Meinung sind, daß die Volkswirtschaftslehre an den Universitäten sich nicht mit realen Problemen beschäftigt. Das Nachfrageverhalten der Rekrutierer hat auf dasjenige der Studenten durchgeschlagen: Die Volkswirtschaftslehre an den Universitäten der Bundesrepublik Deutschland sieht sich überall da, wo auch Betriebswirtschaftslehre als Studienrichtung gewählt werden kann, einem enormen Rückgang ihrer Absolventenzahlen konfrontiert. Dadurch wird in den Verteilungskämpfen um Personal und sonstige knappe Mittel die Position der Volkswirtschaftslehre sehr geschwächt. Daß gewisse ihrer Vorlesungen und Seminare überhaupt noch auf eine beachtenswerte Nachfrage stoßen, wird dadurch verursacht, daß sie vorgeschriebene Bestandteile des Curriculums der Betriebswirtschaftslehre sind.

Was die Stellung der Öffentlichkeit im weitesten Sinn zur Volkswirtschaftslehre angeht, so will ich darauf verzichten, die Benutzung ökonomischer Theoreme in der Wirtschaftspolitik zu untersuchen: Einerseits würde das zu weit führen, andererseits garantieren auch durchführbare Ratschläge, die aus technischen Umformulierungen bewährter empirischer Theorien bestehen (s. Abschnitt 13.4), nicht, daß die Regierung sich an sie hält. Ich will deshalb lediglich einige Impressionen über die Resonanz der Volkswirtschaftslehre in der Presse wiedergeben: Die jährlichen Prognosen der fünf großen makroökonomisch orientierten und als "führend" bezeichneten Wirtschaftsforschungsinstitute in der Bundesrepublik Deutschland sowie des Sachverständigenrates zur Begutachtung der wirtschaftlichen Entwicklung werden in vielen Presseerzeugnissen inzwischen mit einem unüberhörbaren Unterton der Ironie wiedergegeben, vor allem dann, wenn die neuesten Prognosen zusammen mit solchen aus früheren Jahren und den später eingetretenen tatsächlichen Entwicklungen veröffentlicht werden. Die jährlichen Tagungen des Vereins für Socialpolitik (der wissenschaftlichen Vereinigung der deutschsprachigen Nationalökonomen) finden ein eher gequältes Echo, das weit hinter dem der Juristentage und selbst mancher Jahrestagungen der Deutschen Gesellschaft für Soziologie zurücksteht. Genug davon, es soll hier um nicht mehr als die Impression gehen, daß auch in der Öffentlichen Meinung die herrschende Volkswirtschaftslehre unter Druck geraten ist.

Zwei der drei Bedingungen für den Wechsel des Paradigmas in einer Wissenschaft liegen bei der Volkswirtschaftslehre also vor. Ist auch die dritte erfüllt, steht ein neues Paradigma zur Verfügung und ist die Sozialökonomische Verhaltensforschung geeignet, diese Rolle zu übernehmen? Außer diesem Forschungsansatz käme höchstens noch die Spieltheorie als neues Paradigma der Nationalökonomik in Frage. Dafür ist sie meiner Meinung nach jedoch ungeeignet, weil sie die meisten Fehler des neoklassischen Ansatzes beibehalten hat: Sie ist eine dezisive Entscheidungstheorie und schon deshalb zur Erklärung von Verhalten ungeeignet; ihre explikativen Elemente sind unempirisch, so daß die Adressaten ihre Empfehlungen, selbst wenn sie wollten, nicht befolgen könnten; sie ist Gleichgewichtstheorie (s. Kapitel 18). Alle diese Mängel besitzt die Sozialökonomische Verhaltensforschung nicht, sondern die genau entgegengesetzten Vorzüge: Sie ist explikativ; sie ist empirisch; sie verfügt über Gesetzeshypothesen; es stehen ihr Methoden für die Operationalisierung, die Erhebung und die Verarbeitung der von ihr benötigten empirischen Daten zur Verfügung; manche ihrer Gesetzeshypothesen haben sich bewährt; es besteht Hoffnung, daß weitere Hypothesen formuliert werden, die sich bewähren werden; auf Grund der bewährten Hypothesen können befolgbare Ratschläge zur Erreichung vorgegebener Ziele erteilt werden; der Gegenstandsbereich der Sozialökonomischen Verhaltensforschung erstreckt sich auf sämtliche wirtschaftlichen Güter, über die Menschen überhaupt Entscheidungen treffen können. Die Sozialökonomische Verhaltensforschung ist geeignet, das neue dominierende Paradigma der Volkswirtschaftslehre zu werden.

Im Lehr- und Forschungsbetrieb der Nationalökonomik an den Universitäten der Bundesrepublik Deutschland, der Vereinigten Staaten von Amerika, Großbritanniens und Frankreichs kann jedoch, obwohl in allen diesen Ländern die Sozialökonomische Verhaltensforschung besteht, von einem Wechsel des Paradigmas keine Rede sein. Im Gegenteil, der neoklassische Ansatz wird von seinen Anhängern, wie weiter vorn erwähnt, ungeachtet seiner Schwierigkeiten (die von den Anhängern in Abrede gestellt werden) auf immer mehr Gebiete menschlichen Verhaltens angewandt. Für diese bemerkenswerte Resistenz gibt es Gründe, von denen einige in Abschnitt 20.3 dargelegt worden sind. Überblickt man diese, so wird man zu der Meinung kommen, daß mit einer schnellen Ablösung der Neoklassik als des herrschenden Paradigmas der Volkswirtschaftslehre nicht zu rechnen ist, daß aber andererseits die unlösbaren Schwierigkeiten, die diesem Forschungsansatz inhärent sind, irgendwann zu seiner Verdrängung führen werden und daß dann die Sozialökonomische Verhaltensforschung - als die einzige zur Zeit sichtbare Alternative - gute Chancen hat, das herrschende Paradigma zu werden.

Diese Aussage - und damit kehren wir zur Wissenschaftstheorie zurück - erfüllt offenbar nicht die Anforderungen, die an eine wissenschaftliche Prognose zu stellen sind (s. Abschnitt 12.1): Sie bezeichnet nicht Ort und Zeitpunkt des zukünftigen Ereignisses; nach unserer eignen Nomenklatur handelt es sich also um eine Prophezeiung. Daß wir sie gebracht haben, mag durch die Hypothese erklärt werden, daß für die Menschen, wie sie sind, für ihre Motivation und ihr Verhalten, unwissenschaftliche Prophezeiungen häufig eine größere Bedeutung haben als wissenschaftliche Prognosen.

Literaturverzeichnis

AIGNER, D. J./HSIAO, C./KAPTEYN, A. 1984: Latent variable models in econometrics, in: GRILICHES/INTRILIGATOR 1984, S. 1321-1393.

ALBERT, H. 1966: Das Werturteilsproblem im Lichte der logischen Analyse, in: GÄFGEN 1966, S. 25-52.

ALBERT, H. 1967: Probleme der Wissenschaftslehre in der Sozialforschung, in: KÖNIG 1967, S. 57-102.

ALBERT, H. 1968: Trakat über kritische Vernunft, Tübingen.

ALBERT, H. 1989: Kritischer Rationalismus, in: SEIFFERT/RADNITZKY 1989, S. 177-182.

ALLEN, D. L. 1979: Tariff games, in: BRAMS u.a. 1979, S. 270-284.

ALLEN, R. G. D. 1966: Mathematical economics, New York.

ALLEN, R. G. D./HICKS, J. R. 1934: A reconsideration of the theory of value, in: Economica 1, S. 52-76 und 196-219.

ALLINGHAM, M. 1987: Uniquess of equilibrium, in: The New Palgrave. A dictionary of economics. Volume 4, S. 753-755, London u.a.

ARNDT, H. 1994: Lehrbuch der Wirtschaftsentwicklung. Die Evolutorische Wirtschaftstheorie in ihrer Bedeutung für die Wirtschafts- und Finanzpolitik. 2., überarbeitete Auflage, Berlin.

ARROW, K. J. 1951: Social choice and individual values, New York-London.

ARROW, K. J. 1987: Economic Theory and the hypothesis of rationality, in: The New Palgrave. A dictionary of economics. Volume 2, S. 69-75, London u.a.

ARROW, K. J./DEBREU, G. 1954: Existence of an equilibrium for a competitive economy, in: Econometrica 22, S. 265-290.

ASTER, E. v. 1921: Geschichte der neueren Erkenntnistheorie (von Descartes bis Hegel), Berlin-Leipzig.

AUMANN, R. J. 1987: Game Theory, in: The New Palgrave. A dictionary of economics. Volume 2, S. 460-482, London u.a.

AUMANN, R. J./HART, S. (HRSG.) 1994: Handbook of game theory with economic applications, a: Volume 1, b: Volume 2, Amsterdam u.a.

AUTORENKOLLEKTIV 1971: Mathematik für ökonomische und ingenieurökonomische Fachrichtungen. Teil I: Mathematische Grundlagen, Berlin.

BARTMANN, H. 1981: Verteilungstheorie, München.

BASAR, T. (HRSG.) 1986: Dynamic games and applications in economics, Berlin u.a.

BAXTER, J. L. 1993: Behavioural foundations of economics, New York.

BECKER, G. S. 1982: Der ökonomische Ansatz zur Erklärung menschlichen Verhaltens, Tübingen.

BEICHELT, B./BIERVERT, B./DAVITER, J./SCHMÖLDERS, G./STRÜMPEL, B. 1969: Steuernorm und Steuerwirklichkeit. Band II: Steuermentalität und Steuermoral in Großbritannien, Frankreich, Italien und Spanien, Köln-Opladen.

BENASSY, J.-P. 1987: Disequilibrium analysis, in: The New Palgrave, A dictionary of economics. Volume 1, S. 858-863, London u.a.

BLAUG, M. 1980: The methodology of economics or how economists explain, Cambridge-London-New York u.a.

BLAUG, M. 1985: Economic theory in retrospect. 4. Auflage, Cambridge.

BOCHENSKI, J .M./MENNE, A. 1973: Grundriß der Logistik. Aus dem Französischen übersetzt, neu bearbeitet und erweitert von Albert Menne. Vierte, erweiterte Auflage, Paderborn.

BOCHENSKI, J. M. 1956: Formale Logik. Orbis Academicus. Problemgeschichten der Wissenschaft in Dokumenten und Darstellungen. 2., erweiterte Auflage, Freiburg-München.

BOLAND, L. A. 1987: Stylized facts, in: The New Palgrave. A dictionary of economics. Volume 4, S. 535f., London u.a.

BORKOWSKI, L. 1976: Formale Logik. Logische Systeme. Einführung in die Metalogik, Berlin.

BOWLEY, A. L. 1924: Mathematical groundwork of economics, Oxford.

BRAITHWAITE, B. 1955: Scientific explanation, Cambridge.

BRAMS, S. J./SCHOTTER, A./SCHWÖDIAUER, G. (HRSG.) 1979: Applied game theory, Würzburg-Wien.

BRIDGMAN, P. W. 1927: The logic of modern physics, New York. Deutsch: Die Logik der modernen Physik, München 1932.

BRIEFS, G. 1965: Gewerkschaften (I) Theorie, in: Handwörterbuch der Sozialwissenschaften. Vierter Band, Stuttgart-Tübingen-Göttingen, S.545-561.

BRINKMANN, G. 1981a: Ökonomik der Arbeit. Band 1. Grundlagen, Stuttgart.

BRINKMANN, G. 1981b: Ökonomik der Arbeit. Band 2. Die Allokation der Arbeit, Stuttgart.

BRINKMANN, G. 1984: Ökonomik der Arbeit. Band 3. Die Entlohnung der Arbeit, Stuttgart.

BRINKMANN, G./KNOTH, B./KRÄMER, W. 1982: Führungskräfte kleinerer Unternehmen. Arbeitsanforderungen und Ausbildungsbedarf, Berlin.

BRINKMANN, G./PIPPKE, W./RIPPE, W. 1973: Die Tätigkeitsfelder des höheren Verwaltungsdienstes. Arbeitsansprüche, Ausbildungserfordernisse, Personalbedarf, Opladen.

BRINKMANN, G./RIPPE, W. 1972: Qualität und Quantität des Bedarfs an Führungskräften der Wirtschaft Nordrhein-Westfalens bis zum Jahre 1990, Opladen.

BUNDESANSTALT FÜR ARBEIT 1981: Klassifizierung der Berufe. Systematisches und alphabetisches Verzeichnis der Berufsbenennungen (Gliederung nach Berufsklassen für die Statistik der Bundesanstalt für Arbeit). Stand: Dezember 1980, Nürnberg.

BURGER, E. 1966: Einführung in die Theorie der Spiele. 2., durchgesehene Auflage, Berlin.

BUTLER, A. 1990: A methodological approach to chaos: Are economists missing the point?, in: Federal Reserve Bank of St. Louis Review 72, S. 36-48.

CARNAP, R. 1959: The methodological character of theoretical concepts, in: FEIGL/SCRIVEN 1959.

CARNAP, R. 1961a: Introduction to semantics and formalization of logic, Cambridge, Mass.

CARNAP, R. 1961b: Der logische Aufbau der Welt - Scheinprobleme in der Philosophie. 2. Auflage, Hamburg.

CARNAP, R. 1962: Logical foundations of probability. 2. Auflage, Chicago.

CARNAP. R. 1964: The logical syntax of language. 6. Auflage, London.

COASE, R. H. 1973: The nature of the firm, in: ECONOMICA 4, S. 386-405.

CONLISK, J. 1996: Why bounded rationality? in: Journal of Economic Literature 34, S. 669-700.

CZAYKA, L. 1991: Formale Logik und Wissenschaftsphilosophie. Einführung für Wirtschaftswissenschaftler, München-Wien.

DAVITER, J./KÖNKE, J./SCHWERIN, O. 1969: Steuernorm und Steuerwirklichkeit. Band I: Steuertechnik und Steuerpraxis in Frankreich, Großbritannien, Italien und Deutschland, Köln-Opladen.

DEBREU, G. 1959: Theory of value, New York.

DEBREU, G. 1976: Werttheorie. Eine axiomatische Analyse des ökonomischen Gleichgewichtes (Übersetzung von DEBREU 1959), Berlin-Heidelberg-New York.

DEBREU, G. 1987: Existence of general equilibrium, in: The New Palgrave. A dictionary of economics. Volume 2, S. 216-219, London u.a.

DEUTSCHER DELPHI-BERICHT ZUR ENTWICKLUNG VON WISSENSCHAFT UND TECHNIK 1993: im Auftrag des Bundesministeriums für Forschung und Technologie (BMFT), Bonn.

DORFMAN, R. 1987: Marginal productivity theory, in: The New Palgrave. A dictionary of economics. Volume 3, S. 323-325, London u.a.

DOWNS, A. 1968: Ökonomische Theorie der Demokratie, Tübingen.

DUBISLAV, W. 1931: Die Definition. 3. Auflage, Leipzig.

DUHEM, P. 1906: La théorie physique, son objet et sa structure, Paris. In deutscher Übersetzung: Ziel und Struktur der physikalischen Theorien, Leipzig 1908.

EARL, P. E. 1988: Behavioural economics. a: Volume 1; b: Volume 2, Hants.

ENGELS, F. 1878: Herrn Eugen Dührings Umwälzung der Wissenschaft (Anti-Dühring), in: MARX/ENGELS: Werke. Band 20, Berlin (Ost), S. 5-282.

ENGELS, F. 1973: Aus Engels' Vorarbeiten zum "Anti-Dühring", in: MARX/ENGELS: Werke. Band 20, Berlin (Ost), S. 573-596.

ENZYKLOPÄDIE I, II: ENZYKLOPÄDIE PHILOSOPHIE UND WISSENSCHAFTSTHEORIE, unter ständiger Mitwirkung von Siegfried Blasche, ... in Verbindung mit Gereon Wolters, herausgegeben von Jürgen Mittelstraß, Mannheim-Wien-Zürich, 1980: Band 1: A-G (I), 1984: Band 2: H-O (II).

ESSLER, W. K. 1973: Wissenschaftstheorie III. Wahrscheinlichkeit und Induktion, Freiburg-München.

FEIGL, H. 1959: Some major issues and developments in the philosophy of science of logical empiricism, in: FEIGL/SCRIVEN 1959, S. 3-37.

FEIGL, H./MAXWELL, G. (HRSG.) 1962: Minnesota studies in the philosophy of science. Volume 3. Scientific explanation, space and time, Minneapolis.

FEIGL, H./SCRIVEN, M. (HRSG.) 1959: Minnesota studies in the philosophy of science. Volume 1. The foundations of science and the concepts of psychology and psychoanalysis. 3. Auflage, Minneapolis.

FEIGL, H./SCRIVEN, M./MAXWELL, G. (HRSG.) 1958: Minnesota studies in the philosophy of science. Volume 2. Concepts, theories and the mind-body problem, Minneapolis.

FELDMAN, A. M. 1987: Welfare economics, in: The New Palgrave. A dictionary of economics. Volume 4, S. 889-895, London u.a.

FEYERABEND, P. K. 1962: Explanation, reduction and empirism, in: FEIGL/MAXWELL 1962, S. 28-97.

FEYERABEND, P. K. 1965: Wissenschaftstheorie, in: Handwörterbuch der Sozialwissenschaften. Zwölfter Band, Stuttgart-Tübingen-Göttingen, S. 331-336.

FEYERABEND, P. K. 1976: Wider den Methodenzwang, Frankfurt am Main.

FISHER, F. M. 1987: Aggregation problem, in: The New Palgrave. A dictionary of economics. Volume 1, S. 53-55, London u.a.

FISZ, M. 1973: Wahrscheinlichkeitsrechnung und mathematische Statistik. 7. Auflage, Berlin (Ost).

FREGE, G. 1879: Begriffsschrift, Halle 1879, Neudruck Darmstadt 1964.

FREY, D./GÜLKER, G. 1988: Psychologie und Volkswirtschaftslehre: Möglichkeiten einer interdisziplinären Zusammenarbeit, in: Jahrbuch für Neue Politische Ökonomie 7, Tübingen, S. 168-191.

FRIEDMAN, M. 1953: The methodology of positive economics, in: ders: Essays in positive economics, Chicago, S. 3-43.

FRIEDMAN, M. 1957: A theory of the consumption function, Princeton.

FUSS, M. A. 1987: Production and cost functions, in: The New Palgrave. A dictionary of economics. Volume 3, S. 995-1000, London u.a.

GÄFGEN, G. (HRSG.) 1966: Grundlagen der Wirtschaftspolitik, Köln-Berlin.

GÄFGEN, G. 1963: Theorie der wirtschaftlichen Entscheidung. Untersuchungen zur Logik und ökonomischen Bedeutung des rationalen Handelns, Tübingen.

GANDOLFO, G. 1987: Stability, in: The New Palgrave. A dictionary of economics. Volume 4, S. 461-464, London u.a.

GATELY, D. 1979: OPEC pricing and output decisions. A partition function approach to OPEC stability, in: BRAMS u.a. 1979, S. 303-312.

GEANAKOPLOS, J. 1987: Arrow-Debreu model of general equilibrium, in: The New Palgrave. A dictionary of economics. Volume 1, S. 116-124, London u.a.

GEIGANT, F./HASLINGER, F./SOBOTKA, D./WESTPHAL, H. M. (HRSG.) 1994: Lexikon der Volkswirtschaft. 6., neubearbeitete Auflage, Landsberg/Lech.

GERFIN, H. 1964: Langfristige Wirtschaftsprognose, Tübingen-Zürich.

GIERSCH, H. (HRSG.) 1985: Probleme und Perspektiven der weltwirtschaftlichen Entwicklung. Jahrestagung des Vereins für Socialpolitik, Gesellschaft für Wirtschafts- und Sozialwissenschaften in Travemünde 1984, Berlin.

GILAD, B./KAISH, S. 1986: a: Handbook of behavioral economics. Volume A. Behavioral microeconomics. b: Volume B. Behavioral macroeconomics, Greenwich (Connecticut)-London.

GILES, D. 1991: Some recent developments in econometrics: Lessons for applied economists, in: Economic Record. Supplement, International Economics Postgraduate Research Conference Volume, 1991, S. 3-19.

GÖDEL, K. 1931: Über formal unentscheidbare Sätze der Principia Mathematica und verwandter Systeme I, in : Monatshefte für Mathematik und Physik 38, S. 173-198.

GOLDBERGER, A. S. 1965: Econometric theory, New York-London-Sidney.

GRILICHES, Z. 1974: Errors in variables and other unobservables, in: ECONOMETRICA 42, S. 971-998.

GRILICHES, Z. 1986: Economic data issues, in: GRILICHES/INTRILIGATOR 1986, S. 1466-1514.

GRILICHES, Z./INTRILIGATOR, M. D. (HRSG.) 1983a: Handbook of econometrics. Volume I, Amsterdam-New York-Oxford.

GRILICHES, Z./INTRILIGATOR, M. D. 1983b: Preface to the handbook, in: GRILICHES/INTRILIGATOR 1983a, S. XI-XVII.

GRILICHES, Z./INTRILIGATOR, M. D. 1984: Handbook of econometrics. Volume II, Amsterdam-New York-Oxford.

GRILICHES, Z./INTRILIGATOR, M. D. (HRSG.) 1986: Handbook of econometrics. Volume III, Amsterdam-New-York-Oxford-Tokyo.

GROSSMAN, G. M./HELPMAN, E. 1994: Endegenous innovation in the theory of growth, in: Journal of Economic Perspectives 8, S. 23-44.

GRUNBER/MODIGLIANI 1954: The predictability of social events, in: Journal of Political Economy 62 (1954) S. 465-478.

GUTENBERG, E. 1951: Grundlagen der Betriebswirtschaftslehre. Erster Band. Die Produktion. Erste Auflage (seitdem zahlreiche weitere Auflagen), Berlin-Göttingen-Heidelberg.

GÜTH, W. 1978: Zur Theorie kollektiver Lohnverhandlungen, Baden-Baden.

GÜTH, W. 1992: Spieltheorie und ökonomische (Bei)Spiele, Berlin u.a.

HABERMAS, J. 1964: Wissenschaft und Politik, in: Offene Welt 86, S. 413ff.

HABERMAS, J. 1968: Erkenntnis und Interesse, Frankfurt am Main.

HABERMAS, J. 1970: Zur Logik der Sozialwissenschaften, Frankfurt am Main.

HAGEMANN, H./KURZ, H. D./SCHÄFER, W. (HRSG.) 1981: Die neue Makroökonomik. Marktungleichgewicht, Rationierung und Beschäftigung, Frankfurt-New York.

HALL, R. L./HITCH, C. I. 1939: Price theory and business behavior, in: Oxford Economic Papers.

HAMLYN, D. W. 1967: Epistemology, history of, in: The Encyclopedia of Philosophy. Volume 4, New York, S. 8-38.

HÄNDLER, E. W. 1982: Ramsey-elimination of utility in utility maximazing regression approaches, in: STEGMÜLLER/BALZER/SPOHN 1982, S. 41-62.

HANSMEYER, K. H./MACKSCHEIDT, K. 1977: Finanzpsychologie, in: Handbuch der Finanzwissenschaft. Dritte, gänzlich neubearbeitete Auflage, unter Mitwirkung von Norbert Andel und Heinz Haller herausgegeben von Fritz Neumark. Band I, Tübingen, S. 553-583.

HARSANYI, J. C./SELTEN, R. 1972: A generalized Nash solution for two-person bargaining games with incomplete information, in: Management Science 18, S. P-80 bis P-106.

HEMPEL, C. G. 1958: The dilemma: A study in the logic of theory construction, in: FEIGL/SCRIVEN/MAXWELL 1958, S. 37-98.

HEMPEL, C. G. 1965a: Aspects of scientific explanation and other essays in the philosophy of science, New York.

HEMPEL, C. G. 1965b: Fundamentals of concept formation in empirical science. 8. Auflage, Chicago-London.

HEMPEL, C. G. 1965c: Empiricist criteria of cognitive significance, in: HEMPEL 1965a, S. 101-122.

HEMPEL, C. G. 1965d: Inductive inconsistencies, in: HEMPEL 1965a, S. 53-79.

HEMPEL, C. G./OPPENHEIM, P. 1948: Studies in the logic of explanation, in: Philosophy of Science 15, S. 135-175, wiederabgedruckt in: HEMPEL 1965a, S. 245-290.

HENDERSON, J. M./QUANDT, R. E. 1983: Mikroökonomische Theorie. Eine mathematische Darstellung. 5., überarbeitete Auflage, München.

HENN, 1964: Ökonometrie, in: Handwörterbuch der Sozialwissenschaften. Achter Band, Stuttgart-Tübingen-Göttingen, S. 51-59.

HOLIEB; H. W. 1978: Der Konfliktansatz als Alternative zur makroökonomischen Gleichgewichtstheorie, Göttingen.

HOLLER, M. J./ ILLING, G. 1993: Einführung in die Spieltheorie. 2., verb. u. erw. Aufl.

HOLTHAM, G./LLEWELLYN, J./RICHARDSON, P./SAMUELSON, L. 1985: Representing recent policy concerns in Interlink - A progress report, in: GIERSCH 1985, S. 505-518.

HÖNIGSWALD, R. 1933: Geschichte der Erkenntnistheorie (Geschichte der Philosophie in Längsschnitten, herausgegeben von Prof. Dr. W. Moog-Braunschweig, 9), Berlin. Reprografischer Nachdruck Darmstadt 1976.

HOYER, U. 1977: Ist das zweite Newtonsche Bewegungsaxiom ein Naturgesetz?, in: Zeitschrift für allgemeine Wissenschaftstheorie 8, S. 292-301.

ICHIISHI, T./NEYMAN, A./TAUMAN, Y. 1990: Game theory and applications, San Diego u.a.

JÄGER, K. 1981: Gleichgewicht, ökonomisches, in: Handwörterbuch der Wirtschaftswissenschaft. Dritter Band, Stuttgart-Tübingen-Göttingen, S. 671-699.

JEVONS, W. S. 1871: The theory of political economy, New York.

JOCHIMSEN, R./KNOBEL, H. (HRSG.) 1971a: Gegenstand und Methoden der Nationalökonomie, Köln.

JOCHIMSEN, R./KNOBEL, H. 1971b: Einleitung. Zum Gegenstand und zur Methodik der Nationalökonomie, in: JOCHIMSEN/KNOBEL 1971a, S. 11-66.

JORGENSON, D. W. 1984: Econometric methods for applied general equilibrium analysis, in: SCARF/SHOVEN 1984a, S. 139-203.

KAHNEMANN, D. 1994: New challenges to the rationality assumption, in: Journal of Institutional and Theoretical Economics 150, S. 18-36.

KALAI, E./POSTLEWAITE, A./ROBERTS, J. 1979: Arbritation of exchange situation with public goods, in: BRAMS u.a. 1979, S. 198-203.

KALDOR, N. 1934: The equilibrium of the firm, in: Economic Journal XLIV, S. 60-76.

KALDOR, N. 1963: Capital accumulation and economic growth, in: LUTZ 1963, S. 177-222.

KANT, I. 1786: Grundlegung zur Metaphysik der Sitten. Zweyte Auflage, Riga.

KATONA, G. 1975: Psychological economics, New York-Oxford-Amsterdam.

KEUTH, H. 1978a: Methodologische Regeln des kritischen Rationalismus. Eine Kritik, in: Zeitschrift für allgemeine Wissenschaftstheorie 9, S. 236-255.

KEUTH, H. 1978b: Realität und Wahrheit. Zur Kritik des kritischen Rationalismus, Tübingen.

KEYNES, J. M. 1936: The general theory of employment, interest and money, London.

KEYNES, J. N. 1906: Studies and exercises in formal logic. Vierte Auflage 1906, neu gedruckt 1928, London.

KILLINGSWORTH, M. R. 1983: Labor supply, Cambridge (England) u.a.

KIRKPATRICK, G. 1985: The structure of the Kiel multicountry model, in: GIERSCH 1985, S. 533-548.

KIRSCH, W. 1977 a, b, c: Einführung in die Theorie der Entscheidungsprozesse. Zweite, durchgesehene und ergänzte Auflage der Bände I bis III als Gesamtausgabe, a: Verhaltenswissenschaftliche Ansätze der Entscheidungstheorie. b: Informationsverarbeitungstheorie des Entscheidungsverhaltens. c: Entscheidungen in Organisationen, Wiesbaden.

KLAUS, G. (HRSG.) 1969: Wörterbuch der Kybernetik, Frankfurt-Hamburg.

KLAUS, G./BUHR, M. (HRSG.) 1972: Marxistisch-Leninistisches Wörterbuch der Philosophie, Reinbek bei Hamburg.

KLAUS, J. 1974: Produktions- und Kostentheorie, unter Mitarbeit von G. Hahn, Stuttgart.

KLEIN, L. R. 1985: Perspectives of future world trade - Some results of project LINK, in: GIERSCH 1985, S. 469-486.

KLOTEN, N. 1958: Mikro- und Makroanalyse als Grundlage wirtschaftspolitischer Entscheidungen, in: Zeitschrift für die gesamte Staatswissenschaft 114, S. 28-46, wiederabgedruckt in: JOCHIMSEN/KNOBEL 1971a, S. 339-353.

KNORR, K. D. 1980: Wissenschaftsforschung/Wissenschaftssoziologie, in: SPECK 1980, S. 767-771.

KÖNIG, R. (HRSG.) 1967: Handbuch der empirischen Sozialforschung. 1. Band. 2., ergänzte und erweiterte Auflage, Stuttgart.

KORNAI, J. 1971: Anti-equilibrium. On economic systems theory and the tasks of research, Amsterdam-London.

KOUTSOYIANNIS, A. 1984: Modern microeconomics. 2. Auflage, London-Basingstoke.

KRAFT, V. 1950: Der Wiener Kreis. Der Ursprung des Neopositivismus. Ein Kapitel der jüngsten Philosophiegeschichte, Wien.

KRELLE, W. 1962: Verteilungstheorie, Tübingen.

KRELLE, W. 1968: Präferenz- und Entscheidungstheorie, unter Mitarbeit von Dieter Coenen, Tübingen.

KRELLE, W. 1976: Preistheorie. 2. Auflage, Tübingen.

KRELLE, W. 1978: Wirtschaftsprognosen mit ökonometrischen Modellen - Probleme und Erfahrungen, in: ALBERT u.a.: Ökonometrische Modelle und sozialwissenschaftliche Erkenntnisprogramme, Mannheim-Wien-Zürich, S. 13-39.

KRELLE, W. 1985: Theorie des wirtschaftlichen Wachstums, Berlin-Heidelberg-New York-Tokyo.

KRELLE, W./SANDERMANN, G. 1980: Empirische Wirtschaftsforschung, in: Handwörterbuch der Volkswirtschaft. 2., verbesserte Auflage, Wiesbaden, Sp. 211-234.

KREPS, D. M.: Nash equilibrium, in: The New Palgrave. A dictionary of economics. Volume 3, S. 584-588, London u.a.

KROEBER-RIEL, W. 1980: Konsumentenverhalten. Zweite, neu gefaßte und wesentlich erweiterte Auflage, München.

KROMREY, H. 1980: Empirische Sozialforschung. Modelle und Methoden der Datenerhebung und Datenauswertung, unter Mitarbeit von Rainer Ollmann, Opladen.

KUHN, T. S. 1978: Die Struktur wissenschaftlicher Revolutionen. Zweite, revidierte und um das Postscriptum von 1969 ergänzte Auflage, Frankfurt am Main.

KÜLP, B. 1982: Wohlfahrtsökonomik I: Grundlagen, in: Handwörterbuch der Wirtschaftswissenschaft. Neunter Band, Stuttgart-Tübingen-Göttingen, S. 469-486.

KÜLP; B. 1994: Verteilung. Theorie und Politik. 3., völlig neu bearbeitete und erweiterte Auflage, Stuttgart-Jena.

KUTSCHERA, F. v. 1967: Elementare Logik, Wien-New York.

KUTSCHERA, F. v. 1972: Wissenschaftstheorie I, II. Grundzüge der allgemeinen Methodologie der empirischen Wissenschaften. 2 Bände, durchnumeriert, München.

KÜTTNER, M. 1981: Theorie unter dem Non-Statement-View und der Kuhnsche Wissenschaftler, in: Zeitschrift für allgemeine Wissenschaftstheorie 12, S. 163-177.

KÜTTNER, M. 1989: Prognose, Voraussage, in: Seiffert/Radnitzky 1989, S. 275-280.

KUZNETS, S. 1937: National income and capital formation, 1919-1935, New York.

KUZNETS, S. 1941: National income and its composition, 1919-1938. 2 Bände, New York.

LAKATOS, I. 1974: Falsifikation und die Methodologie wissenschaftlicher Forschungsprogramme, in: LAKATOS/MUSGRAVE 1974, S. 89-189.

LAKATOS, I. 1982: Die Methodologie der wissenschaftlichen Forschungsprogramme, Braunschweig.

LAKATOS, I./MUSGRAVE, A. (HRSG.) 1974: Kritik und Erkenntnisfortschritt, Braunschweig.

LAU, L. J. 1984: Comments (to MANSUR/WHALLEY 1984) in: SCARF/SHOVEN 1984a, S. 127-137.

LEINFELLNER, W. 1967: Einführung in die Erkenntnis- und Wissenschaftstheorie. 2., erweiterte Auflage, Mannheim.

LENZEN, W. 1980a: Erkenntnistheorie im Verhältnis zur Wissenschaftstheorie, in: SPECK 1980, S. 171-175.

LENZEN, W. 1980b: Falsifikation, in: SPECK 1980, S. 226-229.

LEONTIEF, W. 1971: Theoretical assumptions and nonobserved facts, in: American Economic Review 61, S. 1-7.

LESTER, R. A. 1946: Shortcomings of marginal analysis for wage-employment problems, in: American Economic Review 36, S. 63-82.

LESTER, R. A. 1947: Marginalism, minimum wages, and labor markets, in: American Economic Review 37, S. 135-148

LOMPE, K. 1966: Wissenschaftliche Beratung der Politik. Ein Beitrag zur Theorie anwendender Sozialwissenschaften, Göttingen.

Lutz, F. (HRSG.) 1963: The theory of capital, London.

MACHINA, M. J./ROTHSCHILD, M. 1987: Risk, in: The New Palgrave. A dictionary of economics. Volume 4, S. 201-206, London u.a.

MACHLUP, F. 1946: Marginal analysis and empirical research, in: American Economic Review 36, S. 519-554.

MACHLUP, F. 1947: Rejoinder to an antimarginalist, in: American Economic Review 37, S. 148-154.

MACHLUP, F. 1960: Der Wettstreit zwischen Mikro- und Makrotheorien in der Nationalökonomie, Tübingen.

MACKINNON, J. 1984: Comments (to Jorgenson 1984) in: SCARF/SHOVEN 1984a, S. 203-207.

MAITAL, S. (HRSG.) 1988: Applied behavioural economics. Zwei Bände (durchnumeriert), New York.

MANSUR, A./WHALLEY, J. 1984: Numerical specification of applied general equilibrium models: estimation, calibration, and data, in: SCARF/SHOVEN 1984a, S. 69-127.

MARCHI, N. DE (HRSG.) 1988: The Popperian legacy in economics. Papers presented at a symposion in Amsterdam, December 1985, Cambrigde.

MARX, K. 1867: Das Kapital. Kritik der politischen Oekonomie. Erster Band, zitiert nach: Marx/Engels: Werke. Band 23, Berlin (Ost) 1962.

MCCLOSKEY, D. 1985: The rhetoric of economics, Madison.

MCKENZIE, L. 1955: Competitive equilibrium with dependent consumer preferences. The second symposium on linear programming. National Bureau of Standards and Department of the Air Force, Washington, D.C., S. 277-294.

MCKENZIE, L. 1959: On the existence of general equilibrium for a competitive economy, in: Econometrica 27, S. 54-71.

MCKENZIE, L. 1961: On the existence of general equilibrium: Some corrections, in: Econometrica 29, S. 247-248.

MCKENZIE, L. W. 1987: General equilibrium, in: The New Palgrave. A dictionary of economics. Volume 2, S. 498-512, London u.a.

MENGER, C. 1871: Grundsätze der Volkswirtschaftslehre, Wien, wiederabgedruckt in: ders.: Gesammelte Werke. Band I, Tübingen 1968.

MENGER, K. (HRSG.) 1933: Ergebnisse eines mathematischen Kolloquiums. Band 6, Leipzig-Wien.

MENGER, K. (HRSG.) 1934: Ergebnisse eines mathematischen Kolloquiums. Band 7, Leipzig-Wien.

MENNE, A. 1966: Einführung in die Logik, Bern.

MERTENS, D. 1973: Der Arbeitsmarkt als System von Angebot und Nachfrage, in: Mitteilungen aus der Arbeitsmarkt- und Berufsforschung 6, S. 229-235.

MEYERS ENZYKLOPÄDISCHES LEXIKON Nr. 17, 1978: Artikel "Newtonsche Axiome", S. 174.

MILGATE, M. 1987: Equilibrium: Development of the concept, in: The New Palgrave, A dictionary of economics. Volume 2, S. 179-183, London u.a.

MIROWSKI, P. 1989: The rise and fall of the concept of equilibrium in economic analysis, in: Recherches Economiques de Louvain 55, S. 447-468.

MITCHELL, W. C./KING, W. I./MACAULAY, F. R./KNAUTH, O. W. 1921: Income in the United States: Its amount and distribution, 1909-1921, New York.

MÖLLER, R. 1983: Interpersonelle Nutzenvergleiche, Göttingen.

MORGENSTERN 1929: Wirtschaftsprognose. Eine Untersuchung ihrer Voraussetzungen und Möglichkeiten, Wien 1928.

MORGENSTERN, O. 1956: Spieltheorie, in: Handwörterbuch der Sozialwissenschaften. Neunter Band, Stuttgart-Tübingen-Göttingen, S. 706-713.

MORGENSTERN, O. 1965: Über die Genauigkeit wirtschaftlicher Beobachtungen. 2., völlig neu bearbeitete und erweiterte Auflage, Wien-Würzburg.

MORGENSTERN, O. 1972: Thirteen critical points in contemporary economic theory: An interpretation, in: Journal of Economic Literature 10, S. 1163-1189.

MUTH, J. F. 1961: Rational expectations and the theory of price movements, in: Econometrica 29, S. 315-335.

MYRDAL, G. 1933: Das Zweck-Mittel-Denken in der Nationalökonomie, in: Zeitschrift für Nationalökonomie 4, wiederabgedruckt in: ders.: Das Wertproblem in der Sozialwissenschaft, Schriftenreihe des Forschungsinstituts der Friedrich-Ebert-Stiftung, Hannover 1965, S. 213-233.

NADIRI, M. I. 1987: Production: Neoclassical theories, in: The New Palgrave. A dictionary of economics. Volume 3, S. 992-995, London u.a.

NAGEL, E. 1961: The structure of science. Problems in the logic of scientific explanation, New York-Chicago.

NASH, J. 1950: The bargaining problem, in: Econometrica 18, S. 155-162.

NASH, J. 1953: Two-person cooperative games, in: Econometrica 21, S. 128-140.

NELSON, R. R. 1995: Recent evolutionary theorizing about economic change, in: Journal of Economic Literature 33, S. 48-90.

NERLOVE, M./DIEBOLD, F. X. 1987: Time series analysis, in: The New Palgrave. A dictionary of economics. Volume 4, S. 646-652, London u.a.

NEUMANN, J. V. 1928: Zur Theorie der Gesellschaftsspiele, in: Mathematische Annalen 100, S. 295-320.

NEUMANN, J. V./MORGENSTERN, O. 1967: Spieltheorie und wirtschaftliches Verhalten, Würzburg (Original: Theory of games and economic behavior, Princeton 1944).

NICKLES, T. 1980: Reduktion/Reduktionismus, in: SPECK 1980, S. 548-553.

NIEHANS, J. 1990: A history of economic theory, Baltimore-London.

OLSON, M. 1968: Die Logik des kollektiven Handelns. Kollektivgüter und die Theorie der Gruppen, Tübingen.

PACK, H. 1994: Endogenous growth theory: Intellectual appeal and empirical shortcomings, in: Journal of Economic Perspectives 8, S. 55-72.

PAGENSTECHER, U. 1987: Verstehen und Erklären in der Nationalökonomie. Methodenkontroversen 1930-1985, Nürnberg.

PAP, A. 1955: Analytische Erkenntnistheorie. Kritische Übersicht über die neueste Entwicklung in USA und England, Wien.

PARETO, V. 1906: Manuel d'économie politique, Mailand.

PHELPS, E. S. 1987: Equilibrium: An expectanional concept, in: The New Palgrave. A dictionary of economics. Volume 2, S. 177-179, London u.a.

PIGGOTT, J./WHALLEY, J. (HRSG.) 1985: New developments in applied general equilibrium analysis, Cambridge (England) u.a.

PIGGOTT, J./WHALLEY, J. (HRSG.) 1991: Applied general equilibrium, Heidelberg.

POPPER, K. R. 1934: Logik der Forschung. Wien. Zitiert nach der 2., erweiterten Auflage, Tübingen 1966.

POPPER, K. R. 1957: Die offene Gesellschaft und ihre Feinde, Bern.

POPPER, K. R. 1965: Prognose und Prophetie in den Sozialwissenschaften, in: TOPITSCH 1965, S. 113-143.

POPPER, K. R. 1974: Das Elend des Historizismus. 4. Auflage. Unveränderter Nachdruck der 3., verbesserten Auflage, Tübingen.

QUINE, W. V. O. 1951: Two dogmas of empiricism, in: Philosophical Review 60, S. 20-43.

RADZICKI, M. J. 1990: Institutional dynamics, deterministic chaos, and self-organizing systems, in: Journal of Economic Issues 24, S. 57-102.

RAMSER, H. J. 1987: Verteilungstheorie, Berlin u.a.

RAMSEY, F. P. 1931: Theories, in: ders.: The foundations of mathematics, herausgegeben von R. B. Braithwaite, London.

REICHENBACH, H. 1949: Philosophische Grundlagen der Quantenmechanik, Zürich.

RIESE, H. 1967: Die Entwicklung des Bedarfs an Hochschulabsolventen in der Bundesrepublik Deutschland, Wiesbaden.

ROBINSON, J. 1934: Euler's theorem and the problem of distribution, in: Economic Journal, wieder abgedruckt in dies.: Collected economic papers. Volume one, Oxford, S. 1-19.

ROSENMÜLLER, J. 1977: Spieltheorie, in: Handwörterbuch der Wirtschaftswissenschaft. Siebenter Band, Stuttgart-Tübingen-Göttingen, S. 177-196.

ROTHSCHILD, K. W. 1969: Wirtschaftsprognose. Methoden und Probleme, Berlin-Heidelberg-New York.

ROTHSCHILD, K. W. 1981: Einführung in die Ungleichgewichtstheorie, Berlin-Heidelberg-New York.

SACHVERSTÄNDIGENRAT zur Begutachtung der gesamtwirtschaftlichen Entwicklung 1979: Jahresgutachten 1979/80: Herausforderung von Außen, Stuttgart-Mainz.

SAMUELSON, P. A. 1938: A note on the pure theory of consumer's behavior, in: Economica 5, S. 61-71.

SAMUELSON, P. A. 1983: Foundations of economic analysis. Enlarged edition, Cambridge (Mass.) u.a. (1. Auflage 1947).

SARGENT, T. J. 1987: Rational expectations, in: The New Palgrave. A dictionary of economics. Volume 4, S. 76-79, London u.a.

SAVIN, N. E. 1987: Rational expectations: Econometric implications, in: The New Palgrave. A dictionary of economics. Volume 4, S. 79-85, London u.a.

SCARF, H. E. 1984: The computation of equilibrium prices, in: SCARF/SHOVEN 1984a, S. 1-49.

SCARF, H. E. 1987: Computation of general equilibria, in: The New Palgrave. A dictionary of economics. Volume 1, S. 556-562, London u.a.

SCARF, H. E./SHOVEN, J. B. (Hrsg.) 1984a: Applied general equilibrium analysis, Cambridge (England) u.a.

SCARF, H. E./SHOVEN, J. B. 1984b: Preface, in: SCARF/SHOVEN 1984a, S. IX-XIII.

SCHLITTGEN, R./STREITBERG, B. H. J. 1987: Zeitreihenanalyse. 2., erweiterte Auflage, München-Wien.

SCHMÖLDERS, G. 1953: Ökonomische Verhaltensforschung, in: Ordo 5, S. 203-244.

SCHMÖLDERS, G. 1978: Verhaltensforschung im Wirtschaftsleben, Reinbek bei Hamburg.

SCHNEIDER, J./ ZIESEMER, T. 1995: What's new and what's old in new growth theory: Endogenous technology, microfoundation and growth rate prediction. A critical overview, in: Zeitschrift für Wirtschafts- und Sozialwissenschaften 115, S. 429-472.

SCHÖLER, K./SCHLEMPER, M./EHLGEN, J. 1993: Konjunkturindikatoren auf der Grundlage von Survey-Daten, in: Jahrbücher für Nationalökonomie und Statistik 212, S. 248-256 und S. 419-441.

SCHÖNFELD, P.1980: Ökonometrie, in: Handwörterbuch der Wirtschaftswissenschaft. Fünfter Band, Stuttgart-Tübingen-Göttingen, S. 633-658.

SCHÜLLER, A. (HRSG.) 1983: Property rights und ökonomische Theorie, München.

SCHUMACHER, O. 1986: Arbeitsteilung zwischen Führungskräften. Eine vergleichende empirische Untersuchung in kleinen und großen Industrieunternehmen, Münster.

SCHUMANN, J. 1992: Grundzüge der mikroökonomischen Theorie. Sechste, überarbeitete und erweiterte Auflage, Berlin u.a.

SCRIVEN, M. 1958: Definitions, explanations and theories, in: FEIGL/SCRIVEN/MAXWELL 1958, S. 99-195.

SEIFFERT, H./RADNITZKY, G. (HRSG.) 1989: Handlexikon zur Wissenschaftstheorie, München.

SELTEN, R. 1978: The chain store paradox, in: Theory and Decision 9, S. 127-159.

SELTEN, R. 1982: Einführung in die Theorie der Spiele mit unvollständiger Information, in: E. STREIßLER (HRSG.): Information in der Wirtschaft. Arbeitstagung der Gesellschaft für Wirtschafts- und Sozialwissenschaften - Verein für Socialpolitik - in Graz 1981, Berlin 1982, S. 81-147.

SELTEN, R. 1990: Bounded rationality, in: Journal of Institutional and Theoretical Economics (Zeitschrift für die gesamte Staatswissenschaft) 146, S. 649-658.

SELTEN, R. 1994: New challenges to the rationality assumption. Comment [zu KAHNEMANN 1994], in: Journal of Institutional and Theoretical Economics (Zeitschrift für die gesamte Staatswissenschaft) 150, S. 42-44.

SIMON, H. A. 1957: Models of man, New York.

SIMON, H. A. 1976: Administrative behavior. A study of decision - making processes in administrative organization. Third edition. With new introduction (1. Auflage 1945), New York.

SIMON, H. A. 1979: Models of thought, New Haven.

SIMON, H. A. 1982: Models of bounded rationality, Cambridge (Ma) (gesammelte Aufsätze zum Thema).

SIMON, H. A. 1983: Reason in human affairs, Oxford.

SIMON, H. A. 1987a: Bounded rationality, in: The New Palgrave. A dictionary of economics. Volume 1, S. 266-268, London u.a.

SIMON, H. A. 1987b: Behavioural economics, in: The New Palgrave. A dictionary of economics. Volume 1, S. 221-225, London u.a.

SIMON, H. A. 1991: Models of my life, ohne Ortsangabe (Basic Books, Harper Collins Publishers, USA).

SNEED, J. D. 1971: The logical structure of mathematical physics, Dordrecht.

SOHMEN, E. 1976: Allokationstheorie und Wirtschaftspolitik, Tübingen.

SOLOW, R. M. 1956: A contribution to the theory of economic growth, in: Quarterly Journal of Economics 70, S. 65-94.

SPECK, J. (HRSG.) 1980: Handbuch wissenschaftstheoretischer Begriffe. 3 Bände (Seitenzahlen durchnumeriert), Göttingen.

STACHOWIAK, H. 1989: Modell, in: SEIFFERT/RADNITZKY 1989, S. 219-222.

STATISTISCHES BUNDESAMT (HRSG.) 1992: Personensystematik. Klassifizierung der Berufe - Systematisches und alphabetisches Verzeichnis der Berufsbenennungen - Ausgabe 1992, Stuttgart 1992.

STEEDMAN, I. 1987: Adding-up Problem, in: The New Palgrave. A Dictionary of Economics. Volume 1, London u.a., S. 21f.

STEGE, C. 1989: Zur Beurteilung der Prognosetätigkeit der "führenden" wirtschaftswissenschaftlichen Forschungsinstitute in der Bundesrepublik Deutschland. Ist Politik via Prognosen möglich? Eine empirische Analyse, Hamburg.

STEGMÜLLER, W. 1973a: Probleme und Resultate der Wissenschaftstheorie und Analytischen Philosophie. Band II: Theorie und Erfahrung. Zweiter Halbband: Theoriestrukturen und Theoriedynamik, Berlin-Heidelberg-New York.

STEGMÜLLER, W. 1973b: Probleme und Resultate der Wissenschaftstheorie und Analytischen Philosophie. Band IV: Personelle und Statistische Wahrscheinlichkeit. 1. Halbband: Personelle Wahrscheinlichkeit und Rationale Entscheidung, Berlin-Heidelberg-New York.

STEGMÜLLER, W. 1973c: Probleme und Resultate der Wissenschaftstheorie und Analytischen Philosophie. Band IV: Personelle und Statistische Wahrscheinlichkeit. 2. Halbband: Statistisches Schließen - statistische Begründung - statistische Analyse, Berlin-Heidelberg-New York.

STEGMÜLLER, W. 1974a: Probleme und Resultate der Wissenschaftstheorie und Analytischen Philosophie. Band I: Wissenschaftliche Erklärung und Begründung. Verbesserter Nachdruck, Berlin-Heidelberg-New York.

STEGMÜLLER, W. 1974b: Probleme und Resultate der Wissenschaftstheorie und Analytischen Philosophie. Band II: Theorie und Erfahrung. Erster Halbband: Begriffsformen, Wissenschaftssprache, empirische Signifikanz und theoretische Begriffe. Verbesserter Neudruck, Berlin-Heidelberg-New York.

STEGMÜLLER, W. 1980: Begriffsbildung, in: SPECK 1980, S. 61-69.

STEGMÜLLER, W./BALZER, W./SPOHN, W. (HRSG.) 1982: Philosophy of economics. Proceedings, Munich, July 1981, Berlin-Heidelberg-New York.

STEGMÜLLER, W./KIBED, M. V. V. 1984: Probleme und Resultate der Wissenschaftstheorie und Analytischen Philosophie. Band III: Strukturtypen der Logik, Berlin-Heidelberg-New York-Tokyo.

STIGLER, G. J. 1941: Production and distribution theories. The formative period, New York, reprinted 1968.

STIGLER, G. J. 1946: The economics of minimum wage legislation, in: American Economic Review 36, S. 358-365.

STIGLER, G. J. 1947: Professor Lester and the marginalists, in: American Economic Review 37, S. 154-157.

SYMANSKY, S. A. 1985: The U.S. budget deficit, monetary policy, and world recovery: An MCM simulation analysis, in: GIERSCH 1985, S. 549-572.

TARSKI, A. 1977: Einführung in die mathematische Logik, Göttingen.

THEIL, H. 1954: Linear aggregation of economic relations, Amsterdam.

THEIL, H. 1966: Applied economic forecasting, Amsterdam-Oxford.

TODD, M. J. 1984: Efficient methods of computing economic equilibria, in: SCARF/SHOVEN 1984a, S. 51-68.

TOPITSCH, E. (HRSG.) 1965: Logik der Sozialwissenschaften. 2. Auflage, Köln-Berlin.

TOYODA, T./HIRANO, M. 1985: The structure and applications of the EPA world economic model, in: GIERSCH 1985, S. 519-532.

VARIAN, H. R. 1992: Microeconomic analysis. 3. Auflage, New York-London.

VINER, J. 1932: Cost curves and supply curves, in: Zeitschrift für Nationalökonomie 3, S. 23-46.

WAELBROECK, J. 1985: How vulnerable are developing countries to external shocks? An application of the World Bank's sensitivity analysis model, in: GIERSCH 1985, S. 487-504.

WAGEMANN, E. 1927: Kreislauf und Konjunktur der Wirtschaft, Leipzig.

WALD, A. 1933: Über die eindeutige positive Lösbarkeit der neuen Produktionsgleichungen, in: MENGER 1933, S. 12-20.

WALD, A. 1934: Über die Produktionsgleichungen der ökonomischen Wertlehre, in: MENGER 1934, S. 1-6.

WALD, A. 1936: Über einige Gleichungssysteme der mathematischen Ökonomie, in: Zeitschrift für Nationalökonomie 7, S. 637-670.

WALRAS, L. 1874: Eléments d'économie politique pure, Lausanne-Paris-Basel 1874-1877. Übersetzung: Elements of pure economics, London 1954.

WATRIN, C. 1975: Arbeitsmarkt, in: Handwörterbuch des Personalwesens, Stuttgart, Sp. 204-211.

WEBER, M. 1904: Die "Objektivität" sozialwissenschaftlicher und sozialpolitischer Erkenntnis, in: Archiv für Sozialwissenschaft, wiederabgedruckt in ders.: Gesammelte Aufsätze zur Wissenschaftslehre. 4. Auflage, Tübingen, 1973, S. 146-214.

WEISSER, G. 1963: Das Problem der systematischen Verknüpfung von Normen und Aussagen der positiven Ökonomik in grundsätzlicher Betrachtung, erläutert anhand des Programms einer sozialwissenschaftlichen Grunddisziplin aus Empfehlungen und Warnungen, in: Probleme der normativen Ökonomie und der wirtschaftspolitischen Beratung, Schriften des Vereins für Socialpolitik, N. F. Band 29, S. 16 ff., Berlin.

WHALLEY, J. 1985: Hidden challenges in recent applied general equilibrium exercises, in: PIGGOTT/WHALLEY 1985, S. 25-41.

WIDMAIER, H. P./FREY, B./ALTWEGG, M./KRAFFT, A./LARDI, P. 1966: Bildung und Wirtschaftswachstum. Eine Modellstudie zur Bildungsplanung, Villingen.

WILLIAMSON, O. E. 1979: Transaction cost economics. The governance of contractual relations, in: Journal of Law and Economics 22, S. 233-261.

WISWEDE, G. 1988: Ökonomische Psychologie - Psychologische Ökonomie. Probleme und Befunde wirtschaftspsychologischer Forschung, in: Zeitschrift für Wirtschafts- und Sozialwissenschaften 108, S. 503-592.

WITTE, E. 1972: Das Informationsverhalten in Entscheidungsprozessen, Tübingen.

WITTMANN, W. 1968: Produktionstheorie, Berlin-Heidelberg-New York.

WOLL, A, 1981: Allgemeine Volkswirtschaftslehre. 7., völlig überarbeitete und ergänzte Auflage, München.

ZERCHE, J. 1979: Arbeitsökonomik, Berlin-New York.

Namenverzeichnis

Sachverzeichnis